심리학으로 만나는 정신건강

심리학으로 만나는 정신건강

2025년 8월 18일 초판 1쇄 찍음
2025년 8월 29일 초판 1쇄 펴냄

지은이 조성근 · 김소정 · 김주은 · 박수미 · 박준호 · 배성훈
심예린 · 이운영 · 이항심 · 원성두 · 조은이 · 홍예영

책임편집 박훈
편집 김천희 · 엄귀영 · 정지현 · 김찬호
디자인 김진운
마케팅 유명원

펴낸이 윤철호
펴낸곳 ㈜사회평론아카데미
등록번호 2013- 000247(2013년 8월 23일)
전화 02-326-1545
팩스 02-326-1626
주소 03993 서울특별시 마포구 월드컵북로6길 56
이메일 academy@sapyoung.com
홈페이지 www.sapyoung.com

ISBN 979-11-6707-189-7 93180

심리학으로 만나는 정신건강

조성근 · 김소정 · 김주은 · 박수미 · 박준호 · 배성훈 · 심예린
이운영 · 이항심 · 원성두 · 조은이 · 홍예영 지음

사회평론아카데미

서문

우리는 매일 "잘 지내요?"라는 인사를 주고받습니다. 그러나 "당신의 마음은 건강하신가요?"라는 질문은 좀처럼 묻지도, 받지도 않습니다. 몸의 피로나 통증에는 금세 반응하면서도, 마음의 불편함과 균열에는 무심해지기 쉽습니다. 하지만 정신건강은 특정한 상황에 처한 사람만의 문제가 아니라, 나이와 직업, 환경을 초월해 모든 이의 삶과 직결된 주제입니다.

이 책은 정신건강을 보다 넓고 깊게 이해하도록 돕기 위해 기획된 교양 교재입니다. 단순히 정신질환의 진단과 치료에 관한 지식에 머무르지 않고, 감정과 스트레스, 회복탄력성, 삶의 의미 등 우리가 일상에서 마주하는 심리적 경험을 다각도로 다룹니다. 심리학적 이론과 연구 결과를 토대로 하면서도, 실제 생활에 적용할 수 있는 활동과 사례를 제시하여 학문과 실천을 자연스럽게 연결하고자 했습니다.

독자 여러분이 이 책을 통해 자신의 마음을 이해하고 돌보는 힘을 기르며, 더 나아가 주변 사람들의 정신건강에도 관심을 확장하길 바랍니다. 이러한 배움과 성찰은 개인의 행복뿐만 아니라 건강한 공동체를 만드는 기반이 될 것입니다.

끝으로, 집필과 편집 과정에서 지혜와 열정을 모아 주신 공동 저자들, 그리고 기획과 제작에 정성을 다해 주신 사회평론아카데미에 깊이 감사드립니다. 이 책이 여러분의 배움과 삶 속에서 오래도록 든든한 길잡이가 되기를 기원합니다.

2025년 여름

대표 저자 조성근

차례

세부 차례

1장

정신건강에 대한 이해

"공부를 같이 잘했던 친구가 있었습니다. 친구는 고2 때 가정형편이 어려워 자퇴를 했습니다. 저는 김장하 선생님을 만났고, 이 자리까지 왔습니다. 만약에 김장하 선생님이 그 친구를 지원했더라면 이 자리에 서는 사람이 누구였을까요? 시골에서는 바쁠 때 모두 일을 시킵니다. 그런데 저의 아버지는 딱 하나! 공부하는 자식에게는 일을 시키지 않았어요. 그래서 저는 공부했습니다. 우리 집에서 대학을 제대로 간 사람이 저밖에 없습니다. 자기의 성취가 모두 자기 덕분이라고 생각하지만 저는 8할은 그 사회 덕분이라고 생각합니다."

- 문형배 전 헌법재판소 재판관의 강연 내용 발췌

이 이야기에 대해 어떻게 생각하는가? 무엇이 인간의 행동을 결정하는가? 지금의 나의 상태는 무엇이 결정하는가? 나의 선택과 노력으로 나의 상황은 바뀔 수 있을까? 대학생이라면 누구나 한번쯤 고민하는 이 질문들에 대해 생각해보자.

1 정신건강과 심리과학
2 정신건강에 대한 관점
3 정신건강에 대한 주요 접근 방법

"당신의 마음(정신)은 건강하십니까?" 이는 최근 우리가 자주 접하는 질문이다. 이 질문을 이해하고 답하기 위해서는 먼저 '건강한 마음'의 기준에 대해 생각해볼 필요가 있다. 그런 기준을 바탕으로 자신의 마음 상태를 점검하고, 그 상태에 영향을 미친 원인을 살펴볼 수 있다. 만약 그 원인을 이해할 수 있다면, 자신의 마음이 더 건강해지도록 노력할 수 있을 것이다. 이 책은 심리학을 기반으로 정신건강을 다루고 있다. 따라서 이 장에서는 먼저 심리학을 이해하는 데 도움이 되는 기초 지식을 소개한다. 이어서 정신건강을 바라보는 관점에 따른 판단 기준과 정신건강의 원인을 설명하는 주요 접근 방법들을 살펴보고자 한다.

1 정신건강과 심리과학

심리학은 인간의 행동과 정보를 처리하는 정신 과정을 과학적으로 연구하는 사회과학의 한 분야이다. 모든 과학의 접근 방법과 마찬가지로, 심리과학에서도 현상을 인식하고 가설을 설정하여 검증한 후 보편성이 갖추어진 지식으로 만들어가는 순서는 같다. 하지만 인간을 대상으로 하는 심리학은 지식을 만들어 내는 방식과 사용하는 방식에서 자연과학이나 공학과는 다소 차이가 있다. 따라서 심리학 지식을 제대로 사용하기 위해서는 심리학에 대한 이해가 필요하다.

1) 심리과학의 필요성

나보다 내 마음을 잘 아는 사람이 있을까? 누구에게나 있는 마음을 이해하기 위해 굳이 과학이라는 도구를 사용해야만 할까? 이러한 질문들은 과학적이고 실용적인 학문인 심리과학의 필요성에 의문을 제기할 때 주로 등장한다.

현대사회를 살아가는 우리는 과학적 지식을 교육받으며 자라왔다. 그러나 정작 자신의 일상과 관련된 문제를 마주할 때에는 과학적 사고가 충분히 적용되지 않는 경우가 종종 있다. 이에 대해 심리학자들은 인간이 지니는 보편적인 편향의 모습을 소개함으로써 심리과학의 필요성을 강조한다(Myers & DeWall, 2022).

(1) 후견편향

사람들은 예측할 수 없는 일을 예측할 수 있다고 믿는 경향이 있다. 즉, 어떤 일의 결과를 알고 난 후에 마치 처음부터 그 일이 일어날 것이라고 알고 있었다고 생각한다. 이를 후견편향(hindsight bias)이라 한다. 후견편향은 전 세계 어디서나 남녀노소 모두에게서 나타날 가능성이 높다(Roese & Vohs, 2012).

상반되는 내용을 제시하고 사람들의 반응을 살펴보면 후견편향의 모습을 쉽게 발견할 수 있다. '사랑하는 두 사람이 떨어져 있게 되면 낭만적 매력은 감소한다'고 한다. 당신은 어떻게 생각하는가? 반대로, '사랑하는 두 사람이 떨어져 있게 되면 낭만적 매력은 증가한다'고 한다. 당신은 어떻게 생각하는가? '이렇게 당연한 것을 연구하나?'라고 생각한다면 연구 자체보다 당연하게 여기는 생각을 짚어보자. 상반되는 내용에 모두 동의했다면 전형적인 후견편향의 모습이다. 우리는 이미 지나가 버린 일들을 보면서 '그럴 줄 알았어', '이미 예상했었어'라는 말을 하기도 한다. 하지만 미래를 정확하게 예측할 수 있는 사람이 있을까? 특히, 부정적인 상황에서 후견편향을 보이면 마음이 편하지 않다. 힘들 때 이러한 모습이 반복된다면, 자신의 사고를 들여다보아야 한다. 후견편향은 보편적인 인간들의 모습이기 때문에 옳고 그름을 평가하기보다 자신이 왜 후견편향을 보이는지를 알아보는 것이 필요하다.

(2) 과신

사람들은 자신의 판단과 결정을 실제보다 더 과신(overconfidence)하는 경향이 있다. 즉, 자신이 내리는 판단이 실제보다 더 옳다고 생각한다. 고등학교 시절 주기적으로 치렀던 시험을 생각해보면 쉽게 자신에 대한 과신의 모습이 보일 것이다. 매번 시험성적은 시험 직후 예상한 점수보다 낮았을 것이다.

자신의 신체에 대해서도 과신의 모습이 나타난다. 사람의 눈(안구) 크기는 얼마나 될까? 많은 사람이 탁구공만큼 크다고 생각한다. 심지어 주먹만큼 크다고 하는 사람도 있다. 눈을 감고 손으로 만져보면, 안구 지름은 약 2.4cm로 생각만큼 크지 않다. 오감을 통해 정보를 받아들이지만, 그중에 시각이 80% 정도를 차지한다. 우리는 눈을 통해 세상을 보기 때문인지 눈이 크다고 생각하는 것 같다.

과신은 행동에서도 흔히 나타난다. 대학생을 대상으로 한 연구에 따르면, 많은 학생들이 자신의 행동을 예측할 수 있다고 믿었지만 실제 행동은 그렇지 않았다(Vallone et al., 1990). 이들은 과제를 수행하는 데 필요한 시간을 실제보다 짧게 예측하는 경향을 보였으며, 그 결과 계획보다 더 많은 시간이 소요되었다. 하지만 이러한 경향을 개인의 부족함으로 보기보다는, 인간에게서 보편적으로 나타나는 인지적 특성으로 이해할 수 있다. 따라서 우리는 더 나은 결정을 내리기 위해 어떤 요인을 고려해야 하는지 생각해볼 필요가 있다.

(3) 우연한 사건에서 질서 찾기

인간은 과학자로 태어난다고 한다. 인간의 아기는 5개월만 되어도 중력의 법칙을 이해한다. 즉, 떨어지는 물체를 당연하게 여긴다. 규칙이나 법칙을 알게 되면 훨씬 더 편안해지고, 세상에 대한 적응이 빨라지므로 사람들은 생활에서 일어나는 사건들 속에서 근본적인 질서를 찾고 의미를 부여하는 경향이 있다. 그런데 이 모습이 오히려 판단을 흐리게 하기도 한다. 연예인이 미소 지을 때 자신을 보고 웃었다고 우기기도 하고, 모르는 외국어 노랫말을 우리말처럼 듣기도 한다. 심지어 사람들은 달 표면의 무늬를 보고 방아를 찧는 토끼의 모습을 떠올리기도 한다. 이는 우리나라만의 현상이 아니다. 캐나다의 원주민들은 달에서 물동이를 옮기는 여인을, 동유럽 사람들은 긴 머리의 여인을 보았다고 전한다. 모르거나 예측할 수 없는 세상은 불편하기에 자기가 보고 싶은 대로 세상을 보는 경향이 있다(Tullett et al., 2015). 그런데 고장이 난 시계도 하루에 두 번은 맞는 것처럼 이러한 우리들의 모습을 지지하는 사건들이 발생하기도 한다. 이처럼 의미를 부여하고자 하는 우리의 행동은 종종 엉뚱한 결론을 내리게 할 수 있다.

미래를 예측할 수 있다는 착각과 자신을 과신하는 것, 그리고 자신이 보고 싶은 대로 보려는 경향은 우리의 판단을 흐리게 할 수 있다. 이러한 모습에서 벗어나 실제에 이르기 위해서는 과학적 사고가 필요하다. 즉, 자신의 행동과 판단에 대해 끊임없이 의문을 제기하고 검증하며 그 결과를 바탕으로 사고하는 태도가 필요하다. 이를 과학적 태도라 한다. 심리학자들은 과학적 태도를 갖추고 인간의 행동과 정신 과정을 연구한다. 일상생활에서도 합리적으로 문제를 해결하고 올바른 의사결정을 위한 과학적 태도는 과학자뿐만 아니라 우리에게도 필요하다. 인간관계나 건강 관련 지식의 선택에서도 마찬가지이다.

2) 심리과학 연구의 이해

인간의 마음과 행동은 아주 오래전부터 탐구되어 왔지만, 우리는 아직도 우리를 다 알지 못한다. 심리학자들은 우리의 마음과 행동을 과학적으로 연구한다. 즉, 심리학자들은 우리의 행동에는 반드시 이유가 있다고 생각하며, 그 이유를 찾기 위해 가설을 세우고 검증하는 과정을 수행한다. 이러한 과정에서 주로 사용되는 방법이 바로 관찰과 실험이다. 관찰과 실험을 통해 인간의 행동과 정신 과정에서 나타나는 다양한 현상을 설명하고, 이를 바탕으로 행동을 예측하거나 통제할 수 있다.

일반적으로 청춘, 낭만, 열정과 같은 긍정적인 이미지와 연관되는 청년기이지만, 실제로는 청년들이 다른 연령대의 성인들보다 외로움을 더 많이 느끼는 경향이 있다(이윤영·민윤기, 2018; Victor & Yang, 2012). 코로나19 팬데믹 상황에서 사람들이 느끼는 외로움은 증가했는데, 특히 외로움을 호소한 청년의 증가 비율이 다른 연령대보다 높게 나타났다(Weissbourd, 2020). 국제노동기구(ILO, 2020)와 미국질병통제예방센터(CDC, 2020)의 조사에 따르면, 청년들은 팬데믹 이전보다 심각한 불안과 우울을 경험하고 있으며, 자살을 고려하는 등 정신건강 측면에서 위험한 상태를 보이는 경우가 증가하고 있는 것으로 나타났다. 즉, 팬데믹 상황에서 청년들은 다른 연령대보다 정신건강 문제를 더 많이 겪었다. 우리는 이 현상을 어떻게 이해할 수 있을까? 사회적 단절이 청년들에게 더 심각한 이유는 무엇일까?

청년들은 여러 가지 이유로 외롭고 불안하고 우울할 수 있으며, 이러한 문제들은 서로 복잡하게 얽혀있다. 심리학자들은 청년들의 외로움, 우울, 불안, 자살 등의 문제들을 청년기의 발달 특성과 사회적 환경과 연관 지어 검증하고 설명하고자 한다. 그리고 그 연구 결과를 바탕으로 효과적인 문제해결 전략을 제시한다. 이러한 전략은 청년 개개인의 어려움을 완화하는 데 도움을 줄 뿐만 아니라, 유사한 위험 상황에서 정신건강 문제를 예방하는 데도 기여할 수 있다. 특히 사회적 고립은 다른 연령대보다 청년들의 정신건강에 더 큰 위협이 될 수 있다. 따라서 심리학 연구를 통해 개발된 실천 가능한 개입 전략들은 일상 속에서 고립의 위기에 놓인 청년들을 지원하는 데 유용하게 활용될 수 있다.

인간의 마음과 행동을 구성하는 요소는 매우 다양하다. 심리학 연구자들은 이러한 요소들을 구체적으로 표현하고 의사소통하기 위해 '변인'이라는 용어를 사용한다. 심리학자들이 연구하는 외로움, 불안, 우울감, 자살, 단절, 고립, 개인의 특성 등은 모두 변인에 해당한다. 연구자들은 이들 변인 간의 관계를 밝혀내고, 우리는 그 연구 결과를 실제 문제해결에 활용한다. 즉, 앞으로 이 책에서 접하게 되는 정신건강과 관련된 마음이나 행동에 대한 지식은 대부분 과학적 연구 결과를 기반으로 한다. 이때 사용된 연구 방법의 절차나 증거의 적절성은 학계의 동료평가를 통해 검증된 것이다. 따라서 우리는 이러한 연구자들의 지식을 신뢰하고 잘 활용하면 된다. 하지만 연구 결과들이 소개되고 전달되는 과정에서 오해가 생길 수 있다. 여기에서는 우리가 연구 결과를 받아들일 때 주의할 점들을 설명하고자 한다.

(1) 상관관계

심리학 연구는 다양한 변인들 간의 상관관계를 분석하여 인간의 마음과 행동을 설명한다. 이러한 상관관계를 통해 우리는 사람들의 심리적 특성과 행동을 보다 잘 이해할 수 있다. 한 변인의 관찰값이 커지거나 작아질 때, 다른 변인의 관찰값도 같은 방향으로 변한다면 이를 정적 상관이라고 한다. 반대로, 한 변인의 값이 커질 때 다른 변인의 값이 작아지거나, 반대로 작아질 때 다른 변인의 값이 커진다면 이는 부적 상관이라고 한다.

심리학에서는 이러한 상관의 방향과 정도를 통해 변인들 간의 관련성을 파악하고, 특정 심리적 특성이나 행동을 예측하는 데 활용한다. 연구 결과 두 변인 사이에 상관이 관찰되었을 때, 심리학자들은 일정한 표현 방식을 사용한다. 예를 들어, 아이들의 TV 시청시간과 독서시간 사이에 부적 상관이 나타났다면, 'TV 시청시간이 긴 아이일수록 독서시간이 적었다' 또는 '독서시간이 적은 아이일수록 TV 시청시간이 길었다'라고 보고한다(Kaiser, 2003). 그러나 'TV를 보는 아이는 책을 읽지 않는다'라고 보고하는 경우는 없다. TV 시청시간과 독서시간이라는 두 변인 사이에 관련이 있는 것이지, 한 변인이 다른 변인의 원인이라고 할 수 있는 근거는 없기 때문이다. 물론 두 변인이 서로 원인이 될 가능성이 있지만, 그보다는 두 변인 사이에 연결되는 다른 변인이 존재할 가능성이 더 크다. 아동의 행동에는 부모의 영향력이 크게 작용한다는 점을 고려하면, 독서시간에 영향을 주는 요인이 TV 자체가 아닐 수도 있음을 쉽게 알 수 있다. 정말 TV 자체가 원인이 되는지를 알고 싶다면 아주 견고하게 통제된 실험을 통해서 밝혀야 한다. 인간을 대상으로 그러한 실험은 쉽지 않기 때문에 우리는 짐작을 할 뿐이다. 상관관계에 기반한 연구 결과를 마치 원인과 결과의 관계인 것처럼 착각하게 되면, '책을 읽게 하고 싶다면 TV를 없애라'와 같은 극단적인 결론에 이르게 될 수 있다. 이러한 잘못된 해석은 연구 결과의 의미를 왜곡하고, 부적절한 판단으로 이어질 위험이 있다.

(2) 인과관계

실험 연구를 통해 두 변인 사이에 원인과 결과의 관계가 예측되고 검증된다면, 이를 인과관계가 있다고 말한다. 많은 심리학 실험 연구는 이러한 인과관계를 규명하기 위해 설계되고 수행된다. 자연과학에서는 실험 환경을 조작적으로 철저히 통제하여 결과를 얻는 경우가 많다. 그러나 인간행동을 연구하는 심리과학에서는 자연과학처럼 실험 환경을 완전히 통제하기 어렵고, 때로는 통제가 불가능한 자연스러운 상황에서도 연구가 이루어진다. 이에 따라 심리학자들은 실험실 안팎에서, 가능한 한 통제가 이루어지면서도 윤리적으로 허용되는 방식으로 실험을 설계하고 수행한다. 심리학에서 가장 흔히 사용되는 실험 방법은 사람들을 두 집단으로 나눈 뒤, 원인이 되는지 알고 싶은 변인을 한 집단에만 적용해 보는 방식이다. 예를 들어, 모유 수유가 아동의 인지 발달에 영향을 미치는지를 알아보고자 할 때, 신생아들을 두 집단으로 나눠 한 집단에는 모유 수유를 시행하고, 다른 집단에는 시행하지 않는다. 이후 아동이 성장하여 지능을 측정할 수 있는 시기에 두 집단의 지능을 비교한다. 이때 아동들의 지능에 통계적으로 의미 있는 차이가 관찰된다면, 모유 수유와 인지 발달 사이에 인과관계가 있을 가능성을 예측할 수 있다. 물론 이러한 연구는 윤리적·현실적 제약으로 인해 실험실에서 엄격하게 수행하기는 어렵다. 따라서 심리학 실험은 비교적 단기간, 그리고 실행 가능한 환경에서 관련 변인을 중심으로 설계되어 수행되는 경우가 많다.

인과관계가 예측된다면, 원인이 되는 변인을 조절함으로써 결과에 해당하는 변인을 변화시킬 수 있다. 심리학 연구는 이러한 인과관계에 대한 가설을 설정하고, 이를 검증하는 과정을 포함한다. 이때 결과에 영향을 미치는 원인 변인은 하나가 아니라 여러 가지일 수 있다. 예를 들어, 청년이 우울감을 느끼는 데에는 다양한 원인이 작용할 수 있다. 연구에서는 그중 일부 변인에 주목하여 가설을 세우고, 그 영향을 검증하는 것이다. 따라서 특정 변인이 우울감에 영향을 미친다는 연구 결과가 있다고 해서, 그것만이 유일한 원인이라고 단정해서는 안 된다. 예를 들어, '인지행동치료를 받은 사람들의 우울증이 호전되었다', '하루 20분 걷는 것이 우울감을 줄였다', '감사 글쓰기가 우울감 개선에 효과가 있었다'는 등의 결과는, 우울감과 관련된 하나의 변인을 중심으로 한 연구 결과일 뿐이며, 이들만이 효과가 있음을 의미하지는 않는다. 심리학자들은 정신건강과 관련된 다양한 변인을 탐색하고 있으며, 우리는 그러한 연구 결과를 바탕으로 정신건강을 더 잘 이해하고, 삶의 질을 향상시키는 데 활용할 수 있다.

(3) 비판적 사고

'과식을 막아주는 10초 호흡', '불안 감소를 위한 10초 호흡', '인간관계를 위한 10초 호흡' 등의 표현을 보면, 마치 10초 호흡이 꼭 필요한 것처럼 느끼게 된다. 우리는 일상생활에서 정신건강과 관련된 수많은 정보에 노출되어 있다. 특히 유명인이나 종교인이 제안하는 행복에 관한 조언이나 주장은 매체나 입소문을 통해 빠르게 확산된다. 하지만 이러한 주장들은 개인의 주관적인 체험이나 신념을 근거로 제시되는 경우가 많다. 이들의 주장이 반드시 틀렸다고 볼 수는 없지만, 그것이 우리에게도 동일하게 적용되는지에 대해서는 신중하게 판단할 필요가 있다. 정보를 단순하게, 혹은 맹목적으로 받아들이기보다는 그 주장의 전제와 근거를 비판적으로 살펴보아야 한다. 예를 들어, '왜 그런 주장을 하는가?', '그 결론은 충분한 증거를 기반으로 하는가?', '해당 증거는 편향 없이 해석되었는가?'와 같은 질문을 던지는 사고방식이 필요하다. 이를 비판적 사고(critical thinking)라고 한다. 비판적 사고는 과학적 태도의 핵심 요소로, 우리가 더 나은 결정을 내릴 가능성을 높여준다. 이는 심리학 지식뿐만 아니라 일상에서 접하는 다양한 정보들을 판단할 때도 매우 중요하며, 거짓 정보나 가짜 뉴스를 사실과 구별하는 데 필수적인 사고방식이다.

2 정신건강에 대한 관점

정신건강을 판단하는 기준은 시대의 변화, 학문적 관점, 개인의 상황 등에 따라 달라질 수 있으며, 이에 대한 다양한 견해들이 존재한다. 이 장에서는 정신건강에 대한 이해를 돕기 위해 병리적 관점과 안녕 관점으로 나누어 설명하고자 한다.

1) 병리적 관점에서의 정신건강

병리적 관점에서는 정신(마음)에 질병이나 장애가 없는 상태를 정신적으로 건강하다고 본다. 반대로, 정신에 문제가 있거나 장애가 있는 상태는 건강하지 않은 것으로 간주된다. 이 관점에서 정신질환, 정신장애, 심리장애는 유사하거나 동의어로 사용되며, 병리적 이상이 있는지를 기준으로 건강 여부를 판단한다. 정신적으로 건강한 사람은 공식적인 진단을 받은 정신장애가 없을 뿐만 아니라, 일상생활을 정상적으로 영위하며 보편적인 감정 반응을 보인다. 즉, 특별한 문제가 없고 고통을 경험하지 않는다면 건강한 상태로 본다. 반면, 정신적으로 건강하지 않은 사람은 진단된 정신장애가 있거나, 정신적 어려움으로 인해 사회적 관계나 직업적 기능을 유지하는 데 어려움을 겪으며 고통을 경험할 수 있다. 이러한 경우, 치료를 통해 정신적인 문제를 해결함으로써 건강한 상태로 회복될 수 있다. 정신장애가 있는 사람에게는 먼저 약물치료, 전기경련요법, 또는 수술적 치료와 같이 뇌에 직접 작용하는 생물학적 접근이 사용된다. 여기에 심리치료나 상담 등의 심리적 방법이 보조적으로 병행된다.

병리적 관점은 정신건강의 문제를 주로 신체적, 즉 생물학적 원인에서 찾고, 이를 생물학적 방법을 통해 치료하고자 한다. 그러나 현재로서는 치료가 필요한 정신장애를 객관적인 생물학적 검사로 진단할 수 있는 방법은 존재하지 않는다. 예를 들어, 우리가 흔히 알고 있는 우울증이나 공황장애와 같은 질환을 진단할 수 있는 명확한 생물학적 지표는 아직 발견되지 않았다. 그럼에도 불구하고 많은 사람들이 정신장애로 진단을 받고 치료를 이어가고 있다. 이는 정신장애의 진단과 치료가 생물학적 기준보다는 증상과 행동의 관찰을 통해 이루어진다는 점을 의미한다. 따라서 어떤 상태를 질병으로 간주하고 치료할 것인지에 대한 판단 기준을 이해할 필요가 있다. 정신건강 여부를 판단할 수 있는 생물학적 지표가 없기 때문에, 전문가들은 개인의 증상과 행동을 중심으로 정상과 비정상, 건강과 장애를 구분하고, 이에 따라 정신장애를 분류하고 진단한다. 다양한 기준이 존재하지만, 일반적으로 정신장애를 판단할 때 중요하게 여겨지는 핵심 기준들에 대해 다음에서 살펴보고자 한다.

(1) 통계적 기준

인간의 다양한 특성을 측정해보면, 대부분의 경우 특성값은 평균값 근처에 집중되며, 평균에서 멀어질수록 그 빈도는 점차 감소하는 경향을 보인다. 통계적 기준은 이러한 분포의 특성을 이용하여 정상과 비정상을 구별한다. 즉, 평균으로부터 일정 거리 이상 떨어진 경우를 비정상 범주로 간주하는 것이다. 우리가 일상에서 접하는 다양한 심리검사들도 이러한 기준을 바탕으로 제작된다.

그러나 단순히 평균에서 벗어났다는 이유만으로 그 특성을 이상하거나 문제로 간주하는 것은 적절하지 않을 수 있다. 예를 들어, 지능이나 매력과 같은 특성은 값이 높을수록 바람직하게 여겨지며, 편견이나 원한은 값이 낮을수록 더 긍정적으로 평가된다. 불안이나 공포처럼 적절한 수준이 오히려 기능적으로 도움이 되는 특성도 존재한다. 또한, 정상의 범위를 어디까지로 설정할 것인지, 혹은 인간이 지닌 심리적 특성을 정량적으로 측정하고 객관화하는 것이 실제로 가능한지에 대해서도 다양한 의견이 존재한다. 따라서 통계적 기준은 유용한 도구가 될 수 있지만, 그것이 곧 절대적인 판단 기준은 아님을 이해할 필요가 있다.

(2) 규범적 기준

사람이 행동하거나 판단할 때에는 사회가 공유하는 가치 판단의 기준, 즉 규범이 존재한다. 어떤 사람의 행동이 사회적 규범에 부합하는지는 정상과 비정상을 구분하는 하나의 기준이 될 수 있다. 일반적으로 우리는 규범을 벗어난 행동을 일탈이라고 부르며, 이를 비정상적인 행동으로 간주하기도 한다. 그러나 사회적 규범을 기준으로 정상과 비정상을 판단하는 데에는 분명한 한계가 있다. 규범은 문화, 시대, 상황에 따라 달라지고 변할 수 있기 때문이다. 예를 들어, 남성의 화장이나 개고기 섭취와 같은 행동은 불과 한 세대 만에 정상과 비정상을 판단하는 기준이 크게 달라졌다. 또한 전쟁 중 군인의 살인행위처럼, 동일한 행동이라도 상황에 따라 평가가 달라질 수 있다.

이처럼 고정된 '정상 상태'를 모든 상황에 적용하는 것은 어렵다. 시대가 변화함에 따라, '그때는 맞고 지금은 틀리다' 혹은 '그때는 틀리고 지금은 맞다'는 판단이 가능해지기 때문이다. 따라서 개인의 행동이 정상인지 비정상인지를 판단할 때에는 반드시 사회적·문화적 맥락을 함께 고려해야 한다.

(3) 부적응 기준

사람은 대부분의 상황에서 환경에 적응하며 살아간다. 그러나 적응하지 못하는 경우도 있으며, 그 원인은 매우 다양하다. 이때 적응을 저해하는 심리적 기능, 즉 인지, 정서, 행동 등의 손상이 정상과 비정상을 구분하는 기준이 될 수 있다. 예를 들어, 심리적 기능의 손상으로 인해 학업이나 직업을 안정적이고 생산적으로 수행하지 못하거나, 친밀한 인간관계를 유지하는 데 어려움을 겪는 경우, 우리는 그 상태를 비정상적인 적응의 실패로 간주하기도 한다.

하지만 적응에 어려움을 보이는 사람을 주변에서 쉽게 부적응자로 판단해서는 안 된다. 적응 여부를 객관적으로 판단할 수 있는 명확한 기준을 설정하는 것은 어렵고, 종종 평가자의 주관에 따라 판단될 수 있기 때문이다. 또한, 부적응의 원인이 되는 심리적 기능 손상의 정확한 원인을 파악하는 것 역시 쉽지 않다. 이는 문제가 인지적인지, 정서적인지, 동기와 관련된 것인지 명확히 구분하기 어렵기 때문이다.

(4) 주관적 기준

개인이 느끼는 고통과 불편감을 기준으로 정상과 비정상을 구별할 수도 있다. 이 기준은 다른 기준들과 달리, 개인의 주관적인 견해나 감정 상태가 판단의 근거로 사용된다. 겉보기에 인간관계나 직업활동 등에서 일상생활을 잘 유지하고 있는 것처럼 보일지라도, 당사자가 극심한 고통을 호소한다면 비정상적인 상태로 간주될 수 있다. 실제로 임상 장면에서는 부적응뿐만 아니라, 명확한 외적 문제 없이도 주관적인 고통이나 불편감을 호소하는 경우가 많다.

그러나 이 기준 역시 정상과 비정상을 구별하는 데 한계가 있다. 예를 들어, 사랑하는 사람의 죽음과 같은 상실 상황에서 고통을 느끼는 것은 자연스러운 반응이며, 단순히 그 고통이 크다고 해서 비정상으로 판단할 수는 없다. 물론 상황에 비해 지나치게 과도한 반응을 보일 경우 비정상으로 간주될 수 있지만, 고통의 정도를 객관적으로 측정하고 평가하는 것은 쉽지 않다. 또한 사람마다 고통을 표현하는 방식과 강도가 다르며, 때로는 고통을 과장하거나 조작할 가능성도 존재한다. 반대로, 부적응적인 행동을 하면서도 전혀 불편함을 느끼지 않는 사람도 있을 수 있다.

지금까지 우리는 일반적으로 사용되는 정상과 비정상을 구별하는 여러 기준들을 살펴보았다. 각 기준은 고유의 장점과 한계를 지니고 있기 때문에, 실제 상황에서는 이들을 복합적으로 고려하여 판단할 필요가 있다. 현재 연구자들은 이러한 다양한 기준을 바탕으로 정신건강 상태를 평가할 수 있는 도구들을 개발해오고 있다. 이와 관련하여, 교재 31~32쪽에 제시된 활동 과제를 수행하여 자신의 현재 상태를 점검해보자. 그리고 한 학기 수업이 끝난 후, 동일한 과제를 다시 수행해보자. 수행 결과의 점수가 변했는지, 혹은 변하지 않았는지 그 이유를 스스로 탐색해보면 자기이해와 정신건강 인식에 큰 도움이 될 것이다.

2) 안녕 관점에서의 정신건강

안녕 관점에서는 정신(마음)에 질병이나 장애가 없는 상태를 넘어, 개인이 안녕의 상태에 있을 때 비로소 정신적으로 건강하다고 본다. 세계보건기구(WHO) 역시 이 관점을 채택하고 있으며, 정신건강에 대해 "자신의 능력을 실현하고, 일상적인 스트레스에 잘 대처하며, 생산적으로 일하고, 공동체에 기여할 수 있는 안녕 상태"라고 정의한다.

물론 '안녕'이라는 개념은 개인에 따라 다르게 인식될 수 있는 추상적인 개념이다. 그러나 이는 인간이 끊임없이 탐색해온 질문, 즉 '나는 누구인가?', '어떻게 살아가야 하는가?'에 관한 존재론적 탐구와 깊이 연관된다. 안녕은 완전하고 이상적인 삶, 자아실현, 의미 있는 삶, 성숙한 삶, 충만한 삶, 행복한 삶 등의 개념으로도 표현된다.

한편, 병리적 관점에서의 정신건강은 다양한 기준을 바탕으로 비교적 명확하게 정상과 비정상을 구별할 수 있다. 실제로 심리학의 하위 분야인 이상심리학이나 임상심리학에서는 비정상행동과 정신장애에 대한 효과적인 치료법 개발에 오랫동안 초점을 맞춰왔다. 그러나 최근에는 안녕 관점의 정신건강에 대한 관심이 커지고 있다. 정신장애의 치료와 재발 방지, 예방을 중심으로 활동하던 연구자들은 이제 성장과 행복 증진까지 포괄하는 접근을 제안하고 있다. 즉, 정신건강은 단순히 증상이 없는 상태가 아니라, 개인이 적응 능력을 기르고, 행복하고 의미 있는 삶을 살아갈 수 있는 능력을 갖추는 것까지 포함되어야 한다는 주장이다(Ralph & Corrigan, 2005). 이처럼 성장, 자기실현, 행복 등을 핵심으로 하는 안녕 관점은 심리학의 하위 분야인 긍정심리학과 밀접한 관련이 있다. 이제 다음에서는 긍정심리학에서 제안하는 정신적으로 건강한 상태에 대해 살펴보고자 한다.

(1) 즐거운 삶: 정서적 안녕 상태

정서적으로 안녕한 정신건강 상태는 즐거운 삶으로 나타난다. 정서적 안녕 상태는 과거와 현재의 삶에 대해 느끼는 전반적인 행복감과 긍정 정서(Keyes & Lopez, 2002), 또는 자신의 삶에 만족하며 긍정 정서를 경험하는 것(Seligman, 2006)으로 정의한다. 즉, 즐거운 삶은 과거와 현재, 그리고 미래에 대해 긍정적인 정서로 살아가는 것이다.

정서는 긍정적일 수도 있고 부정적일 수도 있다. 과거와 현재, 그리고 미래에 대해 긍정 정서를 가지는 방법은 무엇일까? 과거의 삶에 대해서는 수용과 감사를, 현재의 삶에 대해서는 적극적인 참여와 몰입을, 미래의 삶에 대해서는 낙관성과 희망을 가질 때 긍정 정서를 경험할 수 있다(Seligman, 2006).

먼저 과거에 대해 살펴보자. 과거의 삶에 대해 생각하면 어떤 정서가 느껴지는가? 긍정 정서일 수도 있고 부정 정서일 수도 있다. 생각과 정서의 관계에 대해서는 다양한 견해가 있다. 현재 시점에서는 정서가 생각에 영향을 줄 수도 있고, 생각이 정서를 유발할 수도 있다. 하지만 과거 시점에 대해서는 다르다. 과거의 정서는 현재의 생각으로 이어지지 않는다. 현재의 생각만이 과거의 정서에 영향을 미칠 뿐이다. 즉, 과거에 어떤 일이 있었는지가 중요한 것이 아니라, 지금 내가 그 일을 어떻게 해석하느냐에 따라 과거에 대한 정서가 달라진다. 따라서 자신의 기억을 의도적으로 재구성하거나 해석을 바꾸면, 그에 따라 경험하는 정서도 달라질 수 있다고 본다. 우리의 기억은 사진이나 복사물이 아니다. 우리의 뇌는 실제로 알고 있는 정보와 추론한 내용을 뒤섞어서 이야기를 지어낸다. 그리고 이 둘을 완벽하게 구별하지 못하는 경향이 있다. 그러므로 과거에 대해 생각하는 방식은 실제 일어난 사건 그 자체와 다를 수 있다. 과거에 대해 긍정 정서를 가지는 방법은 지금 이 순간의 생각과 해석 방식이 중요한 역할을 한다. 과거의 좋은 일은 감사하는 마음을 갖게 해주고, 힘들고 괴로웠던 일은 용서를 배우는 기회가 될 수 있다. 이렇게 하면 과거를 긍정적으로 바라볼 수 있다.

현재의 긍정 정서는 쾌락(pleasures)과 만족(gratification)으로부터 발생한다. 쾌락은 감각적인 즐거움을 누리는 상태로, 순간적으로 즐겁지만 금세 사라지며, 쾌락만으로는 삶을 만족스럽게 유지하기 어렵다. 반면, 만족은 자신이 좋아하는 활동에 몰입하여 시간 가는 줄 모를 정도로 빠지고, 그 활동을 더 잘하기 위해 노력하며, 자신의 강점을 계발하고자 하는 과정을 통해 얻어진다. 만족에 대해 진지하게 생각하고 의미를 찾는 과정은 자신이 가진 강점과 미덕을 발견하고 그것을 삶에서 실천하려는 태도로 이어질 수 있다. 이러한 노력은 인간이 본래 지닌 자연스러운 성향, 즉 인간의 본성으로 볼 수 있다. 만족감은 지금 이 순간에 참여하고 몰입하는 것에서 시작하며, 쾌감보다 오래 지속된다. 이는 다양한 심리치료들이 '지금 여기'를 다루는 이유이기도 하다. 권석만(2010)은 대학생들이 참여와 몰입을 통해 느낄 수 있는 다양한 즐거움을 소개하며, 이를 배움의 즐거움, 우정의 즐거움, 희망의 즐거움, 자유의 즐거움, 사랑의 즐거움, 도전의 즐거움, 낭만의 즐거움으로 제시했다.

미래의 긍정 정서는 낙관성과 희망으로 나타날 수 있다. 낙관성과 희망은 삶에서 시련이 닥쳤을 때 포기하지 않고 버티게 하는 힘이 되며, 개인의 능력을 키우고 새로운 일에 도전하게 만든다. 또한, 이러한 태도는 신체적 건강 유지에도 긍정적인 영향을 미친다. 낙관적인 사고방식은 타고나는 성향만이 아니라, 현재의 삶 속에서 학습을 통해 기를 수 있는 능력이다(Seligman, 2006). 이와 같은 낙관성과 희망은 스트레스를 다루거나 정서를 조절할 때도 매우 중요한 자원이 된다. 앞으로 이어지는 장에서 이러한 내용을 어떻게 적용할 수 있는지를 살펴본다.

(2) 적극적인 삶: 심리적 안녕 상태

심리적으로 안녕한 정신건강 상태는 개인이 적극적인 삶을 살아가는 모습으로 나타난다. 심리적 안녕은 개인이 일상생활에서 잘 기능하고, 주어진 환경에 적응하며, 매일의 삶에 열정적으로 참여함으로써 자신이 추구하는 가치를 실현하고 잠재력을 발휘하는 상태를 의미한다(Seligman, 2006). 이러한 심리적 안녕 상태는 환경에 대한 통제감, 타인과의 긍정적인 인간관계, 자율성, 개인적 성장, 삶의 목적성, 자기수용의 6가지 핵심 요소로 구성된다고 설명되기도 한다(Ryff & Keyes, 1995).

환경에 대한 통제감은 자신의 생활 환경을 효과적으로 관리하고, 발생하는 문제를 잘 처리하는 능력에 대한 믿음을 의미한다. 타인과의 긍정적 인간관계는 인간관계의 상호적 속성을 이해하고, 타인의 행복에 관심을 가지며, 타인과 따뜻하고 신뢰할 수 있는 관계를 형성하는 능력을 포함한다. 자율성은 사회적 압력이나 타인의 기대가 아닌 자신의 내면적 기준으로 행동을 결정하고 자신을 평가하는 태도를 나타낸다. 개인적 성장은 자신이 끊임없이 발전하고 확장되고 있으며, 자신의 잠재력을 실현하고 있다고 느끼는 자기계발 과정을 의미한다. 삶의 목적성은 삶에 대해 일관성 있는 목적과 목표를 가지고 있으며, 이를 추구하며 살아가는 상태를 의미한다. 자기수용은 자신의 과거를 긍정적으로 받아들이고, 긍정적 특성과 부정적 특성을 모두 가진 자신을 인정하고 받아들이는 태도를 말한다. 이러한 6가지 요소로 이루어진 일상생활을 적극적인 삶이라 할 수 있다.

적극적인 삶의 모습은 단기간에 실현되지 않는다. 즐거운 삶이 누적될 때 비로소 적극적인 삶의 모습이 만들어진다. 즉, 순간에 참여하고 몰입하는 과정에서 느끼는 만족감이 즐거운 삶을 만들고, 즐거운 삶이 하루하루 쌓이면 적극적인 삶으로 이어진다. 그러므로 청년기 사람들은 즐거운 삶에서 적극적인 삶으로 나아가고 있다고 할 수 있다. 사람들은 즐거운 삶과 적극적인 삶 속에서 자신을 이해할 수 있게 된다.

(3) 의미 있는 삶: 사회적 안녕 상태

사회적으로 안녕한 정신건강 상태는 의미 있는 삶으로 나타난다. 사회적 안녕 상태는 개인의 즐거움과 이익뿐만 아니라 자신이 속한 사회에 적극적으로 참여하고 기여하는 것(Seligman, 2006)으로 정의된다. 이러한 사회적 안녕 상태는 사회적 수용, 사회적 실현, 사회적 기여, 사회적 일치, 사회적 통합으로 표현되기도 한다(Ryff & Keyes, 1995).

사회적 수용은 사람들의 다양성을 잘 인식하는 것과 더불어 존중하고 수용하며 타인에 대해 긍정적인 태도를 지니는 것을 의미한다. 사회적 실현은 다른 사람에 도움이 될 뿐만 아니라 사회가 긍정적으로 변화하고 있다는 믿음을 의미한다. 사회적 기여는 자신이 사회에 도움을 주고 있으며 다른 사람들이 자신의 기여를 인정하고 있다고 느끼는 상태이다. 사회적 일치는 사회가 합리적이고 정의롭다고 인식하며, 사회적 이슈에 관심을 가지고 적극적으로 반응하는 태도를 포함한다. 사회적 통합은 공동체로부터 편안함과 지지를 받고, 공동체에 소속감을 느끼는 정도를 의미한다.

이러한 5가지 요소로 구성된 일상은 개인이 자신보다 더 큰 공동체를 위해 봉사하고 공헌하고 있다는 자각을 가능하게 하며, 이를 통해 삶의 의미와 목적을 발견하도록 돕는다. 다시 말해, 개인은 살아가는 이유와 방향성을 인식하게 된다. 물론 청년기는 이러한 새로운 가치에 접근하고 이를 삶에 통합하기에는 경험적으로 아직 미숙한 시기일 수 있다. 그러나 즐거운 삶이 적극적인 삶으로 이어지고, 적극적인 삶이 개인적 만족을 넘어 보다 의미 있는 삶으로 확장된다는 점에서, 청년기에는 이러한 삶의 방향성을 인식하는 것만으로도 중요한 출발점이 된다.

3 정신건강에 대한 주요 접근 방법

정신건강의 원인을 설명하는 완전무결한 변인이나 이론을 찾을 수 있을까? 정신건강은 매우 복합적인 현상이기 때문에, 단 하나의 변인이나 이론만으로 그 원인을 완전히 설명하기는 어렵다. 그렇기 때문에 정신건강을 이해하고 설명하기 위해 다양한 연구들이 수행되어 왔으며, 이들 연구는 생물학적, 사회문화적 그리고 심리학적 접근 방법을 통해 정신건강을 설명하고 있다.

1) 생물학적 접근

생물학적 접근은 정신건강의 원인을 신체에서 찾는다. 즉, 뇌의 구조와 생화학적 기능, 그리고 유전적 요인 등에서 원인을 찾는다.

(1) 뇌와 유전자

인간의 뇌는 약 1,000억 개의 신경세포(뉴런)로 구성되어 있다. 신경세포 간의 연결 부위(시냅스)에서는 다양한 기능을 담당하는 신경전달물질이 분비되고 흡수된다. 이 과정에 문제가 생기면 심리적 기능에 영향을 미칠 수 있으며, 그 결과로 정신건강과 관련된 행복감이나 우울감에도 변화가 나타날 수 있다. 예를 들어, 세로토닌과 노르에피네프린은 우울증과 관련 있으며, 도파민은 조현병과 관련 있는 것으로 알려져 있다. 그러나 하나의 신경전달물질이 하나의 심리적 기능과 단순하게 연결되는 것은 아니다. 최근 신경과학의 발전으로 인해 새로운 신경전달물질들이 계속 발견되고 있으며, 그 기능 또한 점차 밝혀지고 있다.

인간은 진화의 산물이다. 육체뿐만 아니라 마음도 진화의 산물이며, 진화는 유전을 통해 이루어진다. 우리 몸은 약 60조 개의 세포로 구성되어 있고, 세포 안에 있는 세포핵에는 유전 물질을 담고 있는 염색체가 있다. 염색체는 주로 DNA로 구성되어 있으며, DNA를 이루는 염기서열 중에서 단백질을 만들어내는 부분을 유전자라고 한다. 인간은 20,000개 정도의 유전자를 가지고 있다.

정신건강의 원인도 유전으로 설명할 수 있다. 인간의 특성은 단일 유전자가 아닌 유전자 집단의 영향을 받는다. 807,553명을 대상으로 유전자를 분석한 결과, 우울증은 269개의 유전자와 102개의 유전적 변이와 관련이 있는 것으로 나타났다(Howard et al., 2019). 사람들이 느끼는 행복감은 여러 해에 걸쳐서 안정적으로 유지되며(Diener & Lucas, 1999), 이는 유전의 영향일 가능성이 높다(Lykken & Tellegen, 1996).

행동유전학은 인간의 행동에 영향을 주는 유전과 환경의 상대적인 영향력을 다루는 학문이다. 행동유전학자들은 일란성 쌍생아 간의 유사성과 이란성 쌍생아 간의 유사성을 비교한다. 또한, 입양아를 양부모 그리고 생물학적 부모와 비교하여 유사한 특성과 그렇지 않은 특성을 찾는다. 서로 떨어져서 자란 일란성 쌍생아의 행복감은 매우 높은 상관을 보였으며, 반면에 서로 떨어져서 자란 이란성 쌍생아의 행복감은 낮은 상관을 보였다(Lykken, 1999). 이는 행복감에 유전적 요인이 중요한 영향을 미친다는 근거가 된다.

행복은 유전적 요인(50%), 삶의 상황(10%), 그리고 개인의 동기와 의지에 따른 자발적 활동(40%)에 의해 결정된다고 알려져 있다(Lyubomirsky, Sheldon, & Schkade, 2005). 이는 인간의 여러 특성이 유전의 영향을 받듯, 행복감 역시 일정 부분 유전적으로 결정된다는 점을 보여준다. 그러나 동시에, 행복이 전적으로 유전에 의해 결정되는 것은 아니라는 사실도 강조한다. 20세기 중반까지는 인간행동을 주로 환경적 요인으로 설명하는 경향이 강했으나, 1970년대 이후 쌍생아 연구를 포함한 행동유전학 연구들은 성격 형성과 같은 개인 특성이 유전적 영향을 받는다는 점을 밝혀냈고, 오늘날에는 유전과 환경이 함께 인간행동을 형성한다는 견해가 일반적으로 받아들여지고 있다.

(2) 유전과 환경의 상호작용

유전과 환경의 요인을 모두 공유하는 일란성 쌍생아는 같은 사람일까, 아니면 다른 사람일까? 일란성 쌍생아뿐만 아니라 형제자매, 친구, 세상에 존재하는 이들 중에 같은 사람은 없다. 즉, 우리는 모두 다른 사람이다. 연구자들은 사람들이 왜 서로 다른지를 설명하기 위해 유전과 환경의 상호작용 이론을 제안했다.

인간의 유전자는 반드시 발현되는 것이 아니라, 상황에 따라 발현되거나 발현되지 않을 수 있다. 이때 유전자 발현에 영향을 미치는 중요한 요인은 환경이다. 분자행동유전학(유전자의 구조와 기능이 환경과 어떻게 상호작용하여 행동에 영향을 미치는지를 연구하는 분야)과 후생유전학(DNA 염기서열의 변화 없이 유전자 발현에 영향을 주는 환경적 요인을 다루는 분야)은 이러한 유전자 조절 과정을 설명한다. 즉, 유전자는 고정적으로 작동하는 것이 아니라 환경에 반응하며, 환경적 경험은 유전자의 스위치를 켜거나 꺼서 특정 유전 기제를 활성화하거나 억제할 수 있다.

어미로부터 분리된 갓 태어난 쥐의 뇌 부위 유전자를 매일 일정 시간 살펴본 결과, 우울증과 관련된 많은 유전자가 발현했고, 이 쥐는 성체가 된 이후 우울증 증상을 보였다(Nestler, 2019). 이는 환경적 스트레스가 정신건강과 관련된 유전자 발현을 조절할 수 있으며, 이러한 변화가 유전자 수준에서 일어나 다음 세대로 유전될 가능성도 있음을 시사한다.

환경은 단순히 개인을 둘러싼 배경이나 외적 조건만을 의미하지 않는다. 유전이 부모로부터 물려받은 생물학적 요소라면, 환경은 개인이 태어난 이후 살아가면서 겪는 모든 경험을 포함한다. 유전과 환경은 서로 영향을 주고받으며, 능동적인 인간의 의지적 활동은 환경을 변화시키고, 변화된 환경은 다시 개인에게 영향을 미친다. 즉, 나의 행동이 상황을 바꾸고, 바뀐 상황 속에서 나는 이전과는 다른 사람이 될 수 있으며, 다시 변화된 환경이 나를 변화시킨다. 이러한 순환적 상호작용 때문에 우리는 결코 같은 환경 속에 살지 않는다. 같은 부모 밑에서 자란 형제자매가 서로 다른 이유도 여기에 있다. 어린 시절에는 외모나 성격이 비슷해 보이던 일란성 쌍생아도, 시간이 지날수록 점점 더 큰 차이를 보이게 된다. 결국 현재의 '나'는 유전과 환경이 끊임없이 상호작용한 결과라고 할 수 있다.

2) 사회문화적 접근

정신건강의 원인은 사회문화적 관점에서도 설명될 수 있다. 즉, 환경을 구성하는 배경과 상황 속에서 그 원인을 찾을 수 있다. 예를 들어, 부모나 가족 간의 갈등은 개인에게 심리적 고통을 유발할 수 있으며, 낮은 사회경제적 지위는 심리장애의 위험 요인으로 작용한다(WHO, 2004). 또한, 현대사회의 과도한 경쟁, 사회안전망의 부족과 같은 구조적 요인들 역시 정신건강에 부정적인 영향을 미치고 있다. 실제로 우리나라는 OECD 국가 중 우울증 유병률과 자살률이 가장 높은 수준으로 보고되고 있다(OECD, 2020, 2023).

개인은 가족, 지역사회, 국가, 문화, 사회경제적 지위 등 다양한 사회체계의 일부이며, 이러한 체계로부터 영향을 받는 동시에 체계에 영향을 미치기도 한다. 브론펜브레너는 인간이 미시체계, 중간체계, 외부체계 및 거시체계와 상호작용한다고 제안했다(Bronfenbrenner, 2006). 미시체계는 가족, 형제자매, 친구, 학교와 같이 개인에게 직접 영향을 주는 근접 환경이며, 중간체계는 미시체계들 간의 연결망이다. 개인들은 미시체계 내에서뿐만 아니라 미시체계 간의 가치 충돌 속에서도 스트레스를 받을 수 있다. 외부체계는 개인이 직접 관여하지는 않지만 간접적으로 영향을 주는 환경이다. 예를 들어, 부모의 직업 환경은 부모 자신뿐만 아니라 자녀의 정신건강에도 영향을 미칠 수 있다. 거시체계는 개인이 속한 문화로, 정치, 경제, 법, 교육, 종교 등의 사회제도를 포함한다. 왜곡된 외모나 부의 기준을 강조하는 문화는 섭식장애, 불안, 우울 등 정신건강 문제를 유발할 수 있다.

3) 심리학적 접근

정신건강을 이해하기 위해서는 생물학적, 사회문화적 접근뿐만 아니라, 개인의 내면과 삶의 경험에 주목하는 심리학적 접근도 중요하다. 이는 정신건강의 원인이 개인의 과거 경험, 지식, 신념 등 심리적 요인에서 비롯될 수 있기 때문이다. 특히, 정서 반응, 인지 과정, 지각 방식의 차이는 개인이 스트레스나 어려움을 어떻게 받아들이고 반응하는지에 영향을 미쳐 정신건강 상태를 좌우할 수 있다. 이러한 관점에서 정신건강을 설명하려는 다양한 심리학 이론들이 제안되어 왔으며, 각 이론은 고유한 방식으로 심리적 메커니즘을 이해하고자 한다.

최근에는 질병의 치료를 넘어, 예방은 물론 건강을 증진하는 요인을 탐색하는 건강심리학, 그리고 인간의 강점과 덕성을 계발하고 행복을 추구하는 긍정심리학 등이 정신건강을 안녕 관점에서 설명하고 있다. 또한, 인간 발달 전반에 걸친 변화와 그 원인을 탐색하는 발달심리학적 접근 역시 정신건강을 이해하는 데 중요한 틀을 제공한다. 예를 들어, 많은 사람들은 청년기를 지나면서 정서적 불안정성과 같은 신경증적 성향이 점차 감소하는 경향을 보이며, 이러한 변화는 개인이 생애 주기 전반에서 언제 가장 행복하거나 스트레스를 많이 경험하는지를 파악하는 데 도움을 준다.

정신건강을 올바르게 이해하기 위해서는 거대한 이론이나 통일된 설명체계가 필요할 것 같지만, 실제로 그런 이론은 존재하지 않는다. 행복감이나 우울감의 원인이 다양하듯, 정신이 건강하거나 그렇지 않은 이유 역시 다양하다. 정신건강과 관련된 여러 변인을 생물학적, 사회문화적, 심리학적 접근으로 구분하여 설명하려는 시도는 인간이 그만큼 복잡하고 다면적인 존재임을 보여준다. 각 접근 방식은 나름의 설명력을 지니며, 어느 하나가 다른 방법보다 우월하다고 판단하기는 어렵다.

접근 방식마다 설명의 범위와 중요도가 다르기 때문에 단순 비교 역시 적절하지 않다. 따라서 인간의 정신건강을 온전히 이해하기 위해서는 검증된 다양한 변인을 통합적으로 고려하는, 즉 여러 접근이 통합된 생물·심리·사회적 접근이 필요하다.

요약

1. 심리학은 인간의 행동과 정보를 처리하는 정신과정을 과학적으로 연구하는 사회과학의 한 분야이다.
2. 심리학은 자연과학이나 공학처럼 지식을 만들어가는 과정은 유사하지만, 인간을 대상으로 하기 때문에 그 지식을 생성하고 활용하는 방식에는 차이가 있다. 따라서 심리학 지식을 제대로 활용하려면 심리학에 대한 올바른 이해가 필요하다.
3. 심리학 연구에서 보편적으로 사용되는 상관연구는 변인들 간에 관찰되는 상관의 방향과 정도를 바탕으로, 그들 간의 관련성을 예측하는 데 목적이 있다. 하지만 상관연구는 인과관계를 설명하지는 못한다.
4. 실험 연구는 윤리적 제약 속에서 이루어지지만, 변인 간 인과관계를 밝힘으로써 정신건강을 증진하고 삶의 질을 향상시키는 데 기여할 수 있다.
5. 정신건강에 대한 관점은 다양하며, 그중 병리적 관점은 정신질환이나 장애가 없는 상태를 건강으로 간주한다. 이 관점에서는 통계적 기준, 규범적 기준, 부적응 기준, 주관적 기준 등을 통해 정신건강 여부를 구분한다.
6. 안녕 관점은 정신에 질병이나 장애가 없는 상태를 넘어서, 심리적 안녕 상태에 이를 때 진정으로 건강하다고 본다. 이 관점에서 정신이 건강한 상태는 즐거운 삶, 적극적인 삶, 의미 있는 삶의 모습으로 나타난다.
7. 정신건강의 원인은 생물학적, 사회문화적, 심리학적 접근을 통해 다양하게 설명될 수 있다. 그러나 정신건강을 보다 정확하게 이해하기 위해서는 이러한 요인들을 개별적으로 분리하기보다, 생물·심리·사회적 관점에서 통합적으로 접근하는 것이 바람직하다.

활동

1. 이 검사는 우울 정도를 알아보기 위한 것이다. 최근 2주간 각 문항에 해당하는 증상을 얼마나 자주 경험했는지 확인하고, 해당하는 번호에 O표를 하여 총점을 계산한 뒤, 나의 우울 수준이 어느 정도인지 알아보자.

한국인 우울 척도(National Depression Scale)

번호	문항	전혀 그렇지 않다 (해당 없음)	가끔 그렇다 (2일 이상)	자주 그렇다 (1주 이상)	거의 매일 그렇다 (거의 2주)
1	하루 종일 우울하다.	0	1	2	3
2	평소에는 즐겁던 일이 재미없어졌다.	0	1	2	3
3	죽고 싶다.	0	1	2	3
4	마음속에서 뭔가 치밀어 오르는 것 같다.	0	1	2	3
5	사소한 일도 결정하기가 어렵다.	0	1	2	3
6	자신감을 잃었다.	0	1	2	3
7	앞으로도 좋은 일이 생길 것 같지 않다.	0	1	2	3
8	안절부절못하거나 느려졌다는 말을 듣는다.	0	1	2	3
9	잠을 지나치게 많이 자거나 적게 잔다.	0	1	2	3
10	식욕이 지나치게 늘거나 줄었다.	0	1	2	3
11	피곤하고 기진맥진한 상태이다.	0	1	2	3
12	하루를 생활하기가 버겁다.	0	1	2	3
총 점					

- 해석: 모든 문항의 점수를 더하시오.
- 0~8점: 정상
- 9~18점: 경증 수준의 우울장애
- 19~28점: 중등도 수준의 우울장애
- 29~36점: 중증 수준의 우울장애

출처: 국립정신건강센터, 2024

2. 이 검사는 불안 정도를 알아보기 위한 것이다. 최근 2주간 각 문항에 해당하는 증상을 얼마나 자주 경험했는지 확인하고, 해당하는 번호에 O표를 하여 총점을 계산한 뒤, 나의 불안 수준이 어느 정도인지 알아보자.

한국인 불안 척도(National Anxiety Scale)

번호	문항	전혀 그렇지 않다 (해당 없음)	가끔 그렇다 (2일 이상)	자주 그렇다 (1주 이상)	거의 매일 그렇다 (거의 2주)
1	이유 없이 불안하다	0	1	2	3
2	안절부절못한다.	0	1	2	3
3	불안이나 걱정으로 일상생활이 안 된다.	0	1	2	3
4	나쁜 일이 일어날까 두렵다.	0	1	2	3
5	걱정이 많다는 것을 알면서도 걱정을 멈출 수 없다.	0	1	2	3
6	집중하는 것이 어렵다.	0	1	2	3
7	금방 피로해진다.	0	1	2	3
8	신경이 날카롭다.	0	1	2	3
9	근육이 긴장된다.	0	1	2	3
10	잠들기가 어렵거나 자는 도중 자꾸 깬다.	0	1	2	3
11	두근거림, 떨림, 입마름 등의 증상이 있다.	0	1	2	3
총 점					

- 해석: 모든 문항의 점수를 더하시오.
- 0~9점: 정상
- 10~16점: 경증 수준의 불안장애
- 17~24점: 중등도 수준의 불안장애
- 25~33점: 중증 수준의 불안장애

출처: 국립정신건강센터, 2024

2장

스트레스

준혁은 대학교 4학년으로 졸업을 앞두고 취업과 대학원 진학 사이에서 진로를 결정하지 못해 스트레스를 받고 있다. 가정 형편이 넉넉하지 않아 부모님은 졸업 후 직장에 취직하는 것을 바라시지만, 자신은 고등학교 때부터 꿈꿔왔던 국제봉사단체에 들어가기 위해 NGO(비정부기구) 대학원에 진학하기를 원한다. 일주일 전에 본가에서 부모님과 진로 문제로 갈등이 있었고, 이로 인해 마음이 심란해서 집에 돌아와 늦은 밤에 술과 함께 아주 매운 음식을 먹기도 했다. 그런 상황에서 학기 초에 새로 이사를 온 윗집이 새벽마다 청소기를 돌려서 그 소리 때문에 잠을 제대로 못 자고 있다. 중간고사가 얼마 남지 않았지만, 층간 소음이 계속되어 요 며칠 두통과 감기까지 겹치며 시험 공부에 집중하지 못하고 있다. 스트레스를 받을 때 잠시 음악을 듣거나 산책을 하기도 하지만, 최근에는 매운 음식을 먹거나 술을 마시는 일이 잦아졌다.

현대사회를 살아가면서 준혁과 마찬가지로 사람들은 가정, 학교, 직장, 대인관계, 환경 등 다양한 상황에서 무수히 많은 스트레스를 경험하고 있다. 세상은 앞으로 더욱 복잡해질 것이고, 일상에서 경험하는 스트레스는 점점 더 가중되어 우리의 건강을 위협할 것이다. 하지만 스트레스는 노력한다고 해서 그 자체가 없어지지 않고 일생 동안 대면하므로, 무작정 회피하기보다 잘 이해하고 대처하는 것이 중요하다. 이 장에서는 먼저 스트레스가 무엇이고, 어떤 이론으로 설명할 수 있는지, 스트레스를 일으키는 원인은 무엇이며 어떻게 측정하는지에 대해 알아보고자 한다. 더불어 스트레스와 건강 간의 관계를 알아보고 스트레스에 대처하는 다양한 방법들을 살펴볼 것이다.

1 스트레스에 대한 이해

스트레스(stress)는 학문 분야와 연구자에 따라 다양하게 정의되고 연구되어 왔으며, 아직까지 통일된 개념이나 정의는 명확히 정립되지 않았다. 다만, 스트레스를 어떤 관점으로 보는가에 따라 크게 3가지로 나눌 수 있다. 첫째, 스트레스를 '환경으로부터 받는 자극'으로 보는 관점으로, 출근 때마다 겪는 교통 체증, 태풍이나 장마로 인한 재난 경험 등이 여기에 해당된다. 둘째, 스트레스를 '자극에 대한 반응'으로 보는 관점으로, 취직을 위한 면접시험을 앞두고 목이 뻐근하고 두통과 같은 신체 증상을 경험하는 것이다. 셋째, 스트레스를 '자극과 개인 간의 상호작용'이라고 간주하는 관점으로, 외부 자극이 모두 스트레스가 아니라 자극을 해석하는 방식에 따라 스트레스 여부가 달라진다는 것이다. 예를 들어, 프로야구 신인 선수가 승패를 결정짓는 타석에 들어섰을 때 엄청나게 긴장되어 피하고 싶을 수 있지만, 자신의 실력을 마음껏 드러낼 수 있는 기회라고 생각하면 설레고 가슴이 두근거릴 것이다.

어떤 관점으로 스트레스를 바라볼 것이냐에 따라 그 개념은 달라질 수 있고, 각 학문 분야에서도 해당 관점에 따라 연구 방향과 결론이 달라질 수 있다. 생리학이나 의학에서는 스트레스를 반응의 관점에서 바라보며, 심리학에서는 자극과 개인의 상호작용이라는 관점에 초점을 둔다.

한편, 대부분의 사람들은 스트레스를 부정적인 것으로 생각하는 경향이 있지만, 실제로 모든 스트레스가 부정적인 상황에서만 나타나는 것은 아니다. 스트레스는 일반적으로 디스트레스(distress)와 유스트레스(eustress)의 2가지 유형으로 구분된다. 디스트레스는 부정적인 자극에 의해 발생하는 스트레스로, 가족의 질병, 실직, 경제적 어려움 등과 같이 개인에게 정신적·정서적 고통을 유발하는 상황에서 나타난다. 반면 유스트레스는 결혼, 승진, 출산 등과 같이 긍정적인 사건임에도 불구하고, 그에 따른 책임감이나 변화에 대한 부담으로 인해 긴장과 스트레스를 경험하는 상태를 말한다. 유스트레스는 동기 유발이나 성과 향상에 긍정적인 영향을 미치기도 한다.

1) 스트레스를 설명하는 이론

스트레스를 바라보는 관점에 따라 학문 분야의 연구 초점이 달라지며, 그 연구 결과에 따라 다양한 이론들이 만들어졌다. 여기에서는 스트레스를 반응의 관점에서 제안한 생리학자 한스 셀리에(Hans Selye)의 이론과 자극과 개인 간의 상호작용 관점에서 제안한 심리학자 리처드 라자러스(Richard Lazarus)의 이론을 소개하겠다.

(1) 생리학적 이론

내분비계 생리학자인 셀리에는 스트레스의 존재를 생물학적 측면에서 증명하고자 했다. 그는 서로 다른 질병을 가진 사람들이 유사한 양상의 고통을 경험하는 현상에 주목했다. 그리고 자신이 관찰한 현상이 동물 실험을 통해서도 동일하게 나타나는지를 연구했다. 실험용 쥐에게 해로운 약물, 상처, 추위, 더위 등 여러 자극을 제공한 후, 자극의 종류와 관계없이 공통된 신체 반응(예: 궤양)이 나타나는 것을 발견했다. 그는 다양한 자극이 어떤 생리적 반응을 유발하는지를 탐구하며, 이를 질병의 발생과 연관 지어 연구했다.

셀리에는 연구 초기에 스트레스라는 용어를 '자극'과 같은 의미로 사용했지만, 이후에는 유기체에게 나타나는 '반응'으로 간주했다. 이를 구별하기 위해 자극에 해당하는 것을 '스트레스원(stressor)', 반응을 '스트레스'라는 용어로 칭했다. 이러한 용어에 기반해 스트레스를 스트레스원이 달라도 일반적 신체 반응이 나타나는 '비특정적 반응'이라고 정의했다. 즉, 자극의 종류와 관계없이 유사한 생리적 반응이 나타난다는 점에 주목하고, 이를 일반 적응 증후군(general adaptation syndrome: GAS)이라 명명했다.

일반 적응 증후군은 유해한 자극을 받는 상황에서 스스로를 방어하려는 일반화된 시도이며, 그림 2.1과 같이 세 단계로 이루어져 있다(Selye, 1982).

첫 번째는 경고 반응(alarm reaction) 단계로, 스트레스원에 대한 방어가 교감신경계를 통해 이루어진다. 이 단계에서는 긴급한 상황에 직면했을 때, 위협에 맞서 싸우거나 회피하기 위해 자동적으로 나타나는 생리적 각성 상태인 투쟁-도피 반응(fight-or-flight response)이 나타난다. 이때 스트레스 호르몬인 에

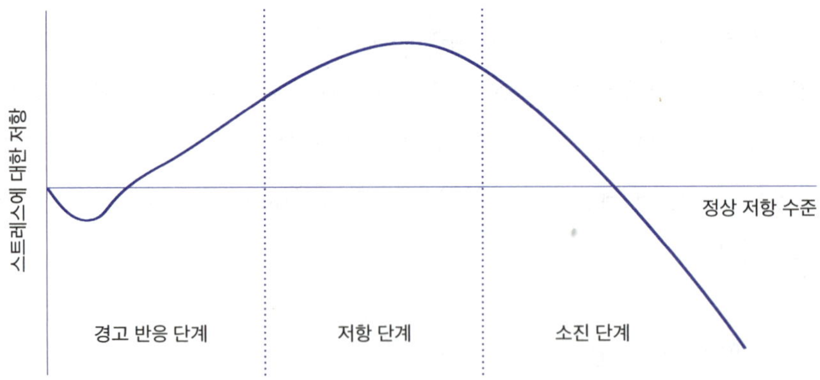

그림 2.1 일반 적응 증후군의 단계
출처: Selye, 1982

피네프린(epinephrine)이 분비되며, 호흡, 혈압, 심박수는 증가하고 소화기계의 활동이 저하된다.

스트레스원이 사라지지 않고 지속되면 두 번째인 저항(resistance) 단계로 넘어간다. 갑작스러운 스트레스원에 점차 적응해 가기 때문에 표면적으로 문제가 없어 보이지만, 몸 안에서는 여전히 생리적 불균형 상태가 지속되고 있다. 이 상태가 장기간 유지되면 신경계 및 내분비계의 변화가 지속적으로 일어나고, 이는 질병의 발병으로 이어질 수 있다. 이러한 저항으로 위궤양, 고혈압을 비롯한 심혈관계 질환, 갑상선기능항진증 등이 생기며 면역계가 약화되어 감염병에 쉽게 걸리게 된다.

마지막으로 세 번째인 소진(exhaustion) 단계에서는 몸이 버티는 능력이 한계에 다다르게 되고, 저항 능력이 없어져 결국 질병에 걸리게 된다. 응급 상황에서 신체를 활성화시키는 방향으로 작용하는 교감신경계는 저항 단계에서 매우 높아진다. 이를 낮추기 위해 신체 기능을 안정시키고 에너지를 보존하여 긴장과 피로를 회복시키는 방향으로 작용하는 부교감신경계가 비정상적으로 과도하게 활성화되면, 오히려 신체 기능 저하를 초래할 수 있다. 이 단계에서 새로운 스트레스원이 나타나거나 더 이상 신체 자원이 보충되지 않으면 대부분의 신체 기능이 소진되어 질병에 걸리거나 사망까지 이르게 된다.

(2) 심리학적 이론

자극과 개인 간의 상호작용 관점에서 스트레스를 바라본 심리학자 라자러스는 외부 자극에 해당하는 사건 그 자체는 스트레스가 아니며 그것을 개인이 해석하는 방식에 따라 스트레스 여부가 결정된다고 제안했다. 즉, 이는 스트레스를 외부 자극이나 자극에 대한 반응으로 보는 이분법적 개념이 아니라, 자극을 받아들이는 사람의 인지적 과정으로 이해하는 입장이다.

사람들이 외부 자극을 해석하는 과정은 일차평가, 이차평가, 재평가 순서로 진행된다(Lazarus & Folkamn, 1984). 일차평가(primary appraisal)는 일어난 사건이 자신의 안녕과 관련하여 긍정적·부정적인지 또는 관련이 없는지 등을 평가하는 것이다. 직장에서 팀장으로 승진한 경우, 일차적으로 그 사건이 자신에게 어떤 의미인지를 해석한다. 긍정적 평가는 해당 상황이 나의 안녕에 도움이 된다고 해석하는 것으로, 예를 들면 '팀장을 맡게 되어 내가 하고 싶었던 업무 개편을 더 구체적으로 추진할 수 있게 되었다'고 생각하는 경우이다. 부정적 평가는 어떤 사건이 해롭거나 위협적 또는 도전적 의미가 있다고 해석하는 것이다. 해로움은 이미 과거에 벌어진 상황이고(예: 작년에 팀장 대우를 맡았는데 다른 팀원들과의 의사소통이 원활하지 않아 많이 고생했다), 위협은 미래에 해로움이 예측되는 상황이며(예: 팀장을 하게 되면 다른 팀장들과 경쟁관계가 되어 업무 협조가 잘 될지 걱정이다), 도전은 위협 이외에 긍정적 결과도 있다고 판단하는 상황이다(예: 팀장을 맡아서 업무 개편을 진행하면 이전보다 훨씬 더 수평적이고 효율적인 조직체계가 될 것 같다). 각각의 상황을 어떻게 해석하느냐에 따라 다른 정서가 나타나는데, 해로움은 실망·슬픔·분노, 위협은 두려움·걱정·불안, 도전은 기대·흥분을 경험하게 된다.

다음으로, 이차평가(secondary appraisal)는 일차평가가 부정적일 때 진행되며 자신이 그 사건을 적절하게 대처할 수 있는 능력이 있는지를 평가하는 것이다. 이때 스스로에게 '어떤 대처 자원을 사용할 수 있는가?', '대처 자원이 있다면 그것을 성공적으로 적용할 수 있는가?', '이러한 과정을 통해 스트레스가 감소될 수 있는가?'를 질문하게 된다. 일차평가에서 부정적이었지만 이차평가에서 충분히 대처할 수 있다고 생각하면 일차평가와는 다른 해석을 하게 된다. 예를 들어, 팀장 간 경쟁관계 때문에 승진을 위협으로 평가했지만(일차평가), 팀장 중 친한 입사동기로부터 업무 협력에 힘써주겠다는 말을 듣고 승진을 도전으로 평가하게 되었다면(이차평가), 팀장 승진은 이제 더 이상 스트레스가 되지 않는다.

마지막 단계인 재평가(reappraisal)는 일차 및 이차평가에서 파악하지 못했던 새로운 정보를 사용하여 해석이 달라지는 것이다. 예를 들어, 같은 팀원들 가운데 자신과 소통이 원활한 사람이 없어서 스트레스를 받았지만(이차평가), 팀원들과 자주 접촉해서 만나보니 오해가 풀려 의사소통에 큰 어려움이 없을 것 같다고 판단하면(재평가), 더 이상 스트레스로 해석하지 않게 된다. 그러나 이 단계에서 스트레스가 항상 감소되는 것은 아니며, 새로운 정보가 부정적으로 해석될 경우 오히려 스트레스가 높아질 수 있다.

2) 스트레스의 원인

스트레스를 발생시키는 요인을 스트레스원이라고 한다. 스트레스원에는 우리가 일생을 살아가면서 경험하는 여러 가지 문제들이 포함될 수 있다. 우리가 일상적으로 자주 경험하는 사소한 사건부터 삶의 과정에서 마주하는 중요한 사건, 그리고 살아가면서 한 번도 경험하지 못할 수도 있거나 드물게 경험하게 되는 사건까지 그 범위가 매우 넓다. 여기서는 스트레스를 일으키는 외부 자극인 다양한 사건들에 대해서 살펴본다.

(1) 외상 사건

외상 사건(traumatic event)은 사람들에게 커다란 충격을 주는 스트레스원으로 평생에 걸쳐 아주 드물게 경험하거나 한 번도 겪지 않을 수도 있다. 외상 사건에는 태풍, 지진, 홍수와 같은 자연재해뿐만 아니라 전쟁, 테러, 범죄와 같은 인위적 사고도 포함되며, 이를 통틀어 '재난'이라고 부르기도 한다. 전 세계적으로 자연재해로 인한 사망자와 피해자가 점점 증가하고 있으며, 우리나라에서도 자연재해뿐만 아니라 성수대교와 삼풍백화점 붕괴, 세월호 참사, 이태원 참사 등 여러 인재가 발생해왔다.

자연재해와 같이 의도되지 않은 사고에 비해 전쟁처럼 의도된 것들은 사람들에게 더 광범위하게 영향을 미친다. 즉, 사건이 발생한 이유 속에 사람의 의도가 담겨 있는지 여부에 따라 스트레스 유발 정도가 달라진다. 예를 들어, 산불로 인한 피해가 발생했을 때, 그것이 단순한 사고가 아니라 누군가의 의도적인 방화로 밝혀진다면, 사람들은 더 큰 스트레스를 느끼고 그 영향도 더 오래 지속될 수 있다.

이러한 사건들로 인해 스트레스의 정도가 심각해지면 외상후 스트레스장애(posttraumatic stress disorder: PTSD)로 발전하게 된다. 외상 사건(예: 실제적 또는 위협적 죽음, 심각한 상해, 성폭력 등에 노출됨)을 경험한 후 나타나는 PTSD 증상은 일반적으로 4가지 범주로 구분되며, 크게 ① 외상과 관련된 반복적 생각(예: 지진 경험이 계속 생각남), ② 외상과 관련된 자극의 회피(예: 지진을 경험했던 도로를 피해 다님), ③ 인지와 정서의 부정적 변화(예: 세상은 위험하다고 생각함, 공포를 지속적으로 느낌), ④ 각성과 반응의 변화(예: 주위의 조그만 소리에도 과도하게 놀람) 등이 나타난다. 소방관이나 응급구조사, 경찰관 등 직업적으로 외상에 노출될 위험이 높은 사람들은 PTSD로 진단될 가능성이 더 높다.

사건의 의도적 여부뿐만 아니라, 사건이 발생한 장소와의 거리나 사건 이후 경과된 시간 또한 스트레스의 정도와 밀접한 관련이 있다. 사건 발생지와 가까운 곳에 있었던 사람일수록 스트레스 반응이 더 높았으며, 시간이 지남에 따라 스트레스 수준은 점차 감소하는 경향을 보인다. 외상 사건은 아무런 경고 없이 갑자기 발생하므로 다른 사건들에 비해 미리 예방하기 어려우며, 그 사건에서 살아남은 사람들 또는 희생자의 유가족들은 이전과 삶이 확연히 달라지는 고통스러운 경험을 하게 된다.

(2) 생활 사건

외상 사건은 평생에 한 번 겪을까 말까 할 정도로 드물게 발생하지만, 생활 사건(life event)은 삶의 과정에서 비교적 자주 경험되며, 일생 전반에 걸쳐 스트레스원으로 작용한다. 실직, 이혼, 사별처럼 부정적 사건은 생활의 변화를 초래하고 살아가는 데 있어서 재적응이 요구된다. 이와 반대되는 승진, 결혼, 출산 등의 생활 사건은 부정적 사건이 아님에도 불구하고 삶의 변화와 재적응이 요구된다는 점에서 스트레스를 발생시키기도 한다.

앞서 살펴본 외상 사건과 생활 사건의 특징을 비교해보면, 첫째, 외상 사건은 갑작스럽게 발생하며 대체로 예측이 어렵지만, 생활 사건은 이에 비해 비교적 서서히 진행되는 경향이 있다. 예를 들어, 범죄 피해는 예기치 못하게 경험하지만 결혼이나 은퇴와 같은 사건들은 일정한 과정을 통해서 진행된다. 둘째, 외상 사건은 많은 사람들에게 광범위한 영향을 미치지만 생활 사건은 당사자나 그 주변의 소수에게 영향을 준다. 셋째, 외상 사건은 언제나 부정적인 스트레스를 초래하지만, 생활 사건은 긍정적인 의미를 지닐 수도 있으며, 그에 따른 변화와 적응이 요구된다. 대학 진학이나 이직, 승진은 스트레스를 주기도 하지만 도전과 같은 긍정적 측면을 지니고 있다. 이후 소개할 사회 재적응 평가 척도(Holmes & Rahe, 1967)에는 다양한 생활 사건들이 제시되어 있으며, 이를 많이 경험할수록 스트레스가 높아진다고 가정한다.

(3) 일상 사건

출근 때마다 겪는 교통 체증, 퇴근 후 주차 공간 부족, 잠자리에 들려고 할 때 위층에서 들리는 층간 소음 등은 외상 사건이나 생활 사건과 유사한 크기의 충격은 아니다. 하지만 이처럼 거의 매일 경험하는 사소한 일상 사건들로 인해서 우리는 상당한 스트레스를 받게 된다. 일상 사건은 일상적 골칫거리(daily hassle)라고도 불리며, 이는 '안녕감에 해롭거나 위협적인 것으로 평가된 일상생활의 경험과 상태'를 의미한다. 이러한 사건들은 대부분 반복적, 만성적으로 일어나고 통제하기 어려운 경우가 많다. 과거에는 외상 및 생활 사건이 스트레스에 미치는 영향에 대해 초점을 두고 연구가 이루어졌으나, 최근에는 일상 사건이 더 많은 스트레스를 발생시킨다는 측면에서 연구가 진행되어 왔다. 일상 사건으로 인해 나타나는 스트레스는 생활반경 곳곳에서 발생하며, 그 원인은 물리적 환경과 심리사회적 환경으로 나눌 수 있다.

물리적 환경은 개인이 거주하는 환경의 특성에 따라 스트레스 수준에 영향을 줄 수 있으며, 대표적인 요인으로는 오염, 밀집, 소음 등이 있다. 이 중 오염은 주로 신체에 부정적인 영향을 미치지만, 심리적 측면에서도 무시할 수 없는 영향을 끼친다. 오염된 환경에서 거주한 사람들은 그렇지 않은 사람들에 비해 스트레스와 관련된 신체적·심리적 증상을 더 많이 경험한 것으로 나타났다(Matthies et al., 2000). 또한 오염된 환경을 개선하기 어렵고 더 이상 통제할 수 없다고 인식할 때, 스트레스 수준은 더욱 높아진다.

다음으로, 밀집은 단순히 물리적으로 인구 밀도가 높은 상황을 의미하는 것이 아니라, 그러한 환경에서 개인이 주관적으로 불쾌하게 느끼는 혼잡감을 의미한다. 예를 들면, 운동 경기나 공연을 볼 때 사람들 간의 밀도는 매우 높지만 밀집되어 있다고 느끼지 않으며 오히려 그러한 상황을 즐기기도 한다. 반면 축제로 인해 거리가 복잡하면 불편함을 경험하게 된다. 사람들은 밀집 상황에서 공격성과 범죄율이 증가하고 업무수행 능력이 감소하며 대인관계가 위축된다. 또한, 사망률에도 영향을 미치는데, 재소자의 사망률은 교도소에 수용된 수감자 숫자의 증가 또는 감소에 따라 비슷한 경향으로 변동하는 것으로 나타났다.

최근에 층간 소음으로 인한 폭력이나 살인 범죄가 사회적 문제로 나타나듯이 소음은 상당한 스트레스원으로 작용한다. 소음은 밀집과 마찬가지로 물리적 속성만으로 결정되는 것은 아니며, 사람들이 소리에 대해 어떤 태도를 보이는지가 중요한 역할을 하므로 주관적 측면이 강조된다. 예를 들어, 이제 막 배워서 연습하는 초등학생의 피아노 소리와 피아니스트의 연주 소리가 똑같이 60데시벨이더라도 후자는 소음이라고 지각하지 않는다. 도시에 사는 사람들에게 있어 객관적인 소음 크기와 수면은 뚜렷한 관련성이 없지만, 주관적으로 소음이 크다고 지각할수록 수면 문제와 질병이 더 많이 나타난다고 보고되기도 한다. 또한 소음이 큰 환경의 아동들은 과제를 수행할 때 빠르게 포기하거나 생리적 각성 상태가 더 오랫동안 지속되는 것으로 나타나기도 한다.

심리사회적 환경은 일상 사건의 경험 빈도를 높여 스트레스를 유발할 수 있다. 우리는 가정, 학교, 직장 등에서 타인과 끊임없이 상호작용하며 살아가기 때문에, 물리적 환경보다 심리사회적 환경에서 더 많은 스트레스를 경험할 수 있다. 이에 관한 주요 스트레스 요인으로는 직무, 차별, 대인관계 등이 있다.

직장에서 근무 조건이나 작업 환경과 같은 물리적 측면도 스트레스원이 될 수 있지만 자신의 직무 역할도 스트레스 정도에 영향을 미친다. 일반적으로 회사에서는 결정을 내리고 결재를 해야 하는 임원에 비해 결정된 사항에 따라 일을 해야 하는 부하 직원이 더 많은 직무 스트레스를 받는 것으로 알려져 있다. 이는 부하 직원이 요구 수준이 높은 업무를 수행하면서도, 해당 업무에 대한 통제력이 부족하기 때문에 더 큰 스트레스를 경험한다고 해석할 수 있다. 그리고 중간관리자는 위로는 상사의 지시를 따르고 아래로는 부하 직원의 요구를 조율해야 하므로, 이중의 역할 부담으로 인해 높은 수준의 스트레스를 경험하는 경우가 많다.

한편, 노인, 여성, 비정규직 등 사회적 약자에 대한 차별이 클수록 스트레스 수준이 높아지고, 이로 인해 심혈관계 질환의 위험도 역시 증가한다(Troxel et al., 2003). 다양한 인종이 살고 있는 미국에서 아프리카계 미국인은 여전히 많은 상황에서 차별을 받고 있으며 학교, 관공서, 병원뿐만 아니라 일상생활에서 눈에 쉽게 띄지 않는 차별 또한 스트레스를 유발하는 요인으로 작용한다.

대인관계는 사람이 외딴 무인도에서 혼자 생활하지 않는 한 모든 일상생활과 밀접하게 관련되어 있으며, 사회적 관계가 부족하거나 단절될 경우 건강상의 위험이 증가할 수 있다. 또한 가정에서 남녀의 역할과 기대의 차이로 인해 스트레스가 발생하고 부부 갈등을 경험하게 된다. 특히 여성은 남성에 비해 가사와 육아에 대한 역할 부담이 증가하여 스트레스를 더 많이 받게 된다. 대인관계는 스트레스를 감소시키지만, 동시에 스트레스의 원인이 되기도 한다. 실제로 청소년과 대학생의 스트레스 사건 중 약 1/3이 대인관계에서 발생한 것으로 나타났다(김교헌·전겸구, 1993; 전겸구·김교헌, 1991).

2 스트레스 측정 방법

스트레스 측정의 필요성은 크게 2가지로 나눌 수 있다. 첫째, 사람들의 스트레스 수준을 평가하여 현재 심리적으로 얼마나 힘든지 파악하고, 이에 따라 적절한 대처와 개입이 가능하게 한다. 둘째, 측정한 스트레스 수준과 건강이나 질병 간의 관계를 파악하여 스트레스의 부정적 영향을 연구하는 것이다. 스트레스 측정 방법은 크게 심리적 측정과 생리적 측정으로 나눌 수 있으며, 다음에서는 각각의 특징과 장단점을 살펴보고자 한다.

1) 심리적 측정

심리적 측정은 일반적으로 스트레스에 관한 자신의 경험을 스스로 평가하는 자기보고식 절차를 따르며, 주로 일상 사건이나 생활 사건에 대한 경험을 묻는 문항들로 구성된다. 자기보고식 측정은 제시된 문항에 대해 자신의 경험 여부(예: '그렇다' 혹은 '아니다')또는 경험 정도(예: 1점 전혀 아니다~5점 매우 그렇다)에 대해 표시하는 방법이다.

생활 사건을 측정하는 대표적 척도는 사회 재적응 평가 척도(Social Readjustment Rating Scale: SRRS)이며(Holmes & Rahe, 1967), 스트레스를 사회적으로 재적응하기 위해 요구되는 에너지나 압력의 총량으로 정의한다(표 2.1 참조). 이 척도는 스트레스를 외부 자극으로 보는 관점에 근거해 제작되었으며 일상생활에서 발생하는 긍정적·부정적 변화가 사람들이 다시 적응해야 하는 압력으로

표 2.1 사회 재적응 평가 척도

순위	주요 생활 사건 (미국판 원척도)	점수	주요 생활 사건 (한국판)	점수
1	배우자의 죽음	100	자식의 죽음	74
2	이혼	73	배우자의 죽음	73
3	별거	65	부모의 죽음	66
4	교도소 수감	63	이혼	63
5	가까운 가족의 죽음	63	형제·자매의 죽음	60
6	상해 혹은 질병	53	배우자 이외 성관계	59
7	결혼	50	별거 후 재결합	54
8	해고	47	부모의 이혼 또는 재혼	53
9	부부간 화해	45	별거	51
10	정년퇴직	45	해고 또는 파면	50
11	가족의 건강 문제	44	친한 친구의 죽음	50
12	임신	40	결혼	50
13	성생활 문제	39	교도소 수감	49
14	새로운 가족이 생김	39	결혼 약속 또는 약혼	44
15	사업의 재정비	39	큰 병 또는 부상	44
⋮	⋮		⋮	

출처: Holmes & Rahe, 1967; 홍강의·정도언, 1982

작용한다고 보았다. 이러한 변화에 많은 에너지를 소모해야 하기 때문에, 해당 척도는 개인이 경험한 사건 자체를 스트레스로 간주한다.

'결혼'이라는 생활 사건에서 요구되는 재적응 노력의 양을 기준으로 설정한 후 스트레스 순위에 따라 목록을 만들었다. 배우자의 사망(100점)이 가장 높고, 결혼(50점)이 중간, 사소한 법률 위반(11점)이 가장 낮다. 지난 1년 동안 경험한 사건들을 모두 표시하고 각 점수를 더한 총점이 스트레스 지수에 해당된다. 총점이 높을수록 질병이 발생할 확률이 증가하고, 질병의 심각도 또한 높아지는 경향을 보였다. 한국에서도 사회 재적응 평가 척도(홍강의·정도언, 1982)가 제작된 바 있는데, 결혼을 기준으로 점수가 가장 낮은 군입대(19점)부터 가장 높은 자식의 죽음(74점)까지의 순서로 구성되어 있다. 이외에도 대학생 스트레스 척도나 직무 스트레스 척도 등이 개발되어 활용되고 있다.

삶의 과정에서 나타나는 주요한 생활 사건과는 달리, 일상에서 반복적으로 발생하는 사소한 스트레스 요인을 측정하는 대표적인 척도로는 '일상의 골칫거리 척도(Daily Hassles Scale)'가 있다. 라자러스와 동료들(Kanner et al., 1981)이 가장 먼저 제작했으며, 집안일, 건강 문제, 시간 압박, 환경 문제, 경제 문제 등 117개 문항들로 구성되어 있다. 국내에서는 부모, 형제·자매, 내가 하는 일의 양, 생활비 등에 대한 걱정거리들을 측정하는 한국판 일상적 스트레스 척도(김정희, 1995)가 개발되었다. 일상의 골칫거리 척도는 생활 사건 척도에 비해서 두통, 감염성 질병을 잘 예측하고 심리건강에 대해서도 예측력이 높은 것으로 알려져 있다.

심리적 측정법은 간편하고 시간과 비용이 적게 드는 장점이 있다. 하지만 주로 자기보고식 절차를 사용하므로 자신의 경험을 실제보다 긍정적 또는 부정적으로 왜곡할 수 있다는 단점이 있다. 일반적으로 보상을 기대하는 상황에서는 부정적인 반응이 더 많이 나타나는 반면, 취업이나 선발과 같은 상황에서는 긍정적인 반응이 더 많이 나타날 수 있다.

2) 생리적 측정

심리적 측정은 그 나름의 장점에도 불구하고 주관적이고 왜곡 가능성이 높다는 한계점이 있는 반면, 생리적 측정은 객관적이고 신뢰도가 더 높다는 장점을 지닌다. 측정 대상에는 스트레스 호르몬(코르티솔, 에피네프린, 노르에피네프린), 심혈관계 반응(혈압, 심박수, 심전도), 호흡, 체온, 피부전기 반응 등이 포함된다.

일반적으로 스트레스 호르몬이 신체 내에서 분비되는 양을 측정하는 방법을 많이 사용한다. 대표적인 스트레스 호르몬인 코르티솔(cortisol)은 부신피질에서 분비되고, 평소에는 먹은 음식을 당분으로 변환시켜 간에 저장해 두었다가 에너지가 필요할 때 당분을 혈액으로 방출하는 역할을 한다. 하지만, 위기 상황에 직면하면 신체가 저항을 위한 에너지를 공급하기 위해 혈압과 포도당 수치를 빠르게 상승시킨다. 스트레스가 만성적으로 지속되면 코르티솔이 과도하게 분비되어 식욕이 증가하고 지방이 축적되며 근육의 단백질을 줄이고 면역 기능이 약해질 수 있다.

코르티솔은 보통 오전에 가장 높은 수치를 보이며 땀, 소변, 타액, 혈액, 머리카락 등으로 측정할 수 있다. 땀은 측정이 간편하고 비침습적이라는 장점이 있지만, 분비량과 성분이 다양한 요인의 영향을 받기 때문에 정확도가 낮다는 한계가 있다. 소변은 한 번의 측정으로 정확한 결과를 얻기 어려워 하루 동안 모아서 평균치를 산출해야 하므로 절차가 복잡하다는 단점이 있다. 타액을 이용한 측정은 비용이 적게 들고 절차도 간단하다는 장점이 있으며, 구강 내 음식물의 영향을 최소화하기 위해 공복 상태에서 채취하는 것이 정확도를 높이는 데 도움이 된다. 혈액은 정맥에서 채취하여 농도를 측정하며, 침습적이고 비용이 많이 든다는 단점이 있지만 신뢰도가 높은 측정 방법으로 평가된다. 머리카락의 경우 오랫동안 축적된 코르티솔 수치를 측정할 수 있어, 급성보다 만성스트레스를 평가하는 데 유용한 방법이다.

에피네프린(epinephrine 또는 아드레날린)과 노르에피네프린(norepinephrine 또는 노르아드레날린)은 부신수질에서 생성되는 물질이며 스트레스 반응, 혈압, 신진대사 조절에 관여한다. 특히, 에피네프린은 싸움이나 공포와 같은 스트레스 상황에서 분비되며 혈관 수축, 심박수 증가, 기관지 팽창에 영향을 미친다. 코르티솔에 비해 몸 안에서 빠르게 감소하기 때문에 측정이 상대적으로 더 어렵다. 에피네프린은 소변이나 혈액을 통해 측정할 수 있다. 혈액검사는 침습적이며 통증이 따른다는 단점이 있지만, 한 번의 채혈로 결과를 확인할 수 있다는 장점이 있다. 반면, 소변을 통한 측정은 24시간 동안 여러 차례 수집해야 하는 번거로움이 있지만, 보다 구체적이고 정밀한 정보를 제공한다는 장점이 있다.

생리적 측정법은 신뢰도가 높고 스트레스를 수량적으로 나타낼 수 있다는 장점이 있지만 측정 과정이 스트레스를 유발할 수 있고 해당 수치가 반드시 스트레스만을 반영하는 것은 아니라는 한계점이 있다. 그러므로, 생리적 측정치만을 단독으로 사용하는 것이 아니라 심리적 측정치를 함께 고려하여 스트레스 수준을 판단하는 것이 더 정확하다고 할 수 있다.

3 스트레스와 건강

스트레스는 질병이나 신체건강에 상당한 영향을 미치며, 그 영향은 직접적 영향과 간접적 영향으로 나눌 수 있다. 직접적 영향은 스트레스가 면역계나 내분비계 등 신체의 생리적 기능에 직접적으로 영향을 미치는 경우를 말한다. 반면, 간접적 영향은 스트레스를 해소하기 위해 음주, 흡연, 폭식 등 건강에 해로운 행동을 하게 되어 질병의 위험을 높이는 경우를 의미한다.

1) 스트레스와 신체의 관계

스트레스를 받게 되면 교감신경계가 활성화되어 생리적으로 각성되며 위급한 상황에 대처하려 한다. 이를 위해 신체는 위험에 맞서거나 도망가는 투쟁-도피 반응을 준비하며 다양한 신체 자원들을 모은다. 외부 자극이 위협적인 것으로 인식되면, 시상하부가 활성화되어 2가지 경로를 통해 신체에 스트레스 반응을 유도하게 된다(그림 2.2 참조).

첫 번째 경로인 부신피질 반응(adrenocortical response)은 '시상하부-뇌하수체-부신피질'이 활성화되는 과정이며 자극을 받은 시상하부(hypothalamus)가 뇌하수체(pituitary gland)를 자극하여 스트레스에 저항하는 부신피질 자극호르몬(adrenocorticotropic hormone: ACTH)을 방출하게 한다. 이 호르몬은 부신의 겉면인 부신피질(adrenal cortex)을 자극하여 코르티솔 등 다양한 호르몬을 방출하게 한다.

두 번째 경로인 부신수질 반응(adrenomedullary response)은 '시상하부-교감신경계-부신수질'로 이어지는 과정이다. 시상하부로 인해 교감신경계가 활성화되면 심박수와 혈압이 높아지고 동공이 확장된다. 또한, 교감신경계는 부신의 안쪽인 부신수질(adrenal medulla)을 자극하여 에피네프린과 노르에피네프린의 분비를 유도하며, 이로 인해 신체는 흥분 상태에 들어가고 식욕과 수면욕은 감소하게 된다. 에피네프린은 내장과 근육의 각성을 지속시키고, 노르에피네프린은 간에 비축된 포도당을 혈액에 방출하여 위급 상황에 빨리 대처할

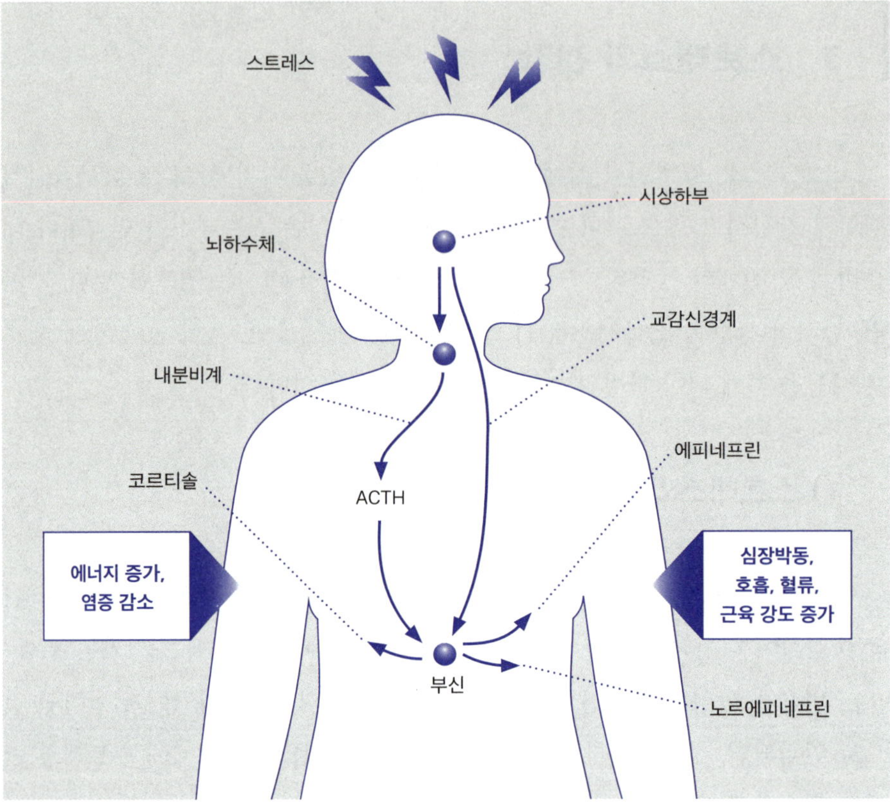

그림 2.2 스트레스와 신체 간의 관계

수 있도록 에너지를 공급한다.

2) 스트레스가 건강에 미치는 영향

스트레스는 면역계, 신경계, 내분비계 등 신체에 변화를 일으켜 직접적으로 영향을 미치므로 다양한 질병을 일으킬 수 있다. 스트레스와 관련된 질병은 경미한 두통부터 심혈관계 질환, 감염성 질병, 만성질환에 이르기까지 다양하게 나타난다.

두통은 일생 동안 대부분의 사람들이 경험하는 흔한 질환이며, 그중 가장 빈도가 높은 유형은 긴장성 두통이다. 이는 주로 목이나 머리의 근육이 긴장될 때 나타난다. 두통을 일으키는 스트레스원은 생활 사건보다 사소한 골칫거리인 일상 사건의 영향이 더 큰 것으로 알려져 있다. 스트레스는 두통이 시작되기

전에 나타나는 경향이 있고, 일시적 두통을 만성두통으로 발전시키거나 두통의 강도를 악화시키는 요인으로 작용한다.

심혈관계 질환(cardiovascular disease: CVD)은 스트레스로 인해 발생할 수 있지만, 이미 심혈관계 질환을 가진 사람에게는 스트레스가 뇌졸중이나 심장발작과 같은 심각한 문제를 유발하는 등 더 큰 부정적 영향을 미치는 것으로 보인다. 구체적으로, 가정이나 직장 스트레스, 경제 문제, 1년 이내의 중요한 생활 사건, 우울, 외적 통제 소재와 같은 스트레스원이 심장발작과 관련이 높았다. 혈압의 경우 직장에서 작업 요구는 높지만 직무 결정권이 낮을 때 작업시간 동안 더 높게 나타났다(Fauvel, 2001).

감기와 같은 감염성 질환은 스트레스를 경험하는 사람들이 그렇지 않은 사람들보다 더 자주 발병하는 경향이 있다. 일상의 경험을 일기로 기록한 부부들을 대상으로 한 연구에서는, 일기 내용에서 부정적 사건이 증가하거나 긍정적 사건이 줄어든 경우 감기에 더 잘 걸리는 것으로 나타났다. 또한, 실험적으로 감기 바이러스에 노출시킨 후 감기 증상의 발현 여부를 관찰한 결과, 스트레스를 유발한 생활 사건의 '심각성'보다 '지속 기간'이 감염 여부에 더 큰 영향을 미치는 것으로 나타났다. 아울러, 대인관계가 좋은 사람은 감기에 덜 걸리는 경향이 있었으며, 스트레스를 높게 지각하는 상위 25%는 하위 25%에 비해 약 2배 더 감기에 걸릴 가능성이 높은 것으로 보고되었다.

스트레스는 질병에 직접적인 영향을 미치기도 하지만, 건강에 해로운 행동을 증가시켜 질병을 간접적으로 유발하는 역할도 한다. 예를 들어, 스트레스를 받게 되면 정서적으로 불안정해지며 이에 대처하기 위해 술을 마시거나 담배를 피우는 등 건강에 부정적 영향을 미치는 행동을 하게 되는 경우가 많다.

음주는 여러 신체 기관에 영향을 미치며 다양한 질병을 유발할 수 있는데, 특히 간에 장기적인 손상을 주게 된다. 과도한 음주는 간에 지방이 쌓이게 하고 붓게 만들며 지속적인 음주는 간을 통과하는 혈액의 흐름을 방해하고 간염을 유발하여 간경변으로 진행되기도 한다. 만성적이고 심각한 음주는 뇌 기능에 손상을 일으킬 수 있으며, 알코올성 치매로 알려진 코르사코프 증후군(Korsakoff syndrome)이 발현되면 새로운 정보를 기억하는 능력이 저하되고, 시간, 장소, 사람을 인식하는 능력에도 문제가 생긴다. 과도한 알코올 섭취는 심장근육의 수축력을 약화시켜 심장의 조절 기능을 저하시킬 수 있다. 또한, 음주를 장기간 지속할 경우 간암, 식도암, 후두암 등의 발병 위험이 높아지며, 음주량이 많을수록 질병의 증상도 더욱 심각해지는 경향이 있다.

흡연은 음주만큼이나, 경우에 따라서는 음주보다 더 건강에 부정적 영향을 미칠 수 있으며 심혈관계 질환의 위험성을 증가시킨다. 흡연자는 비흡연자보다 심혈관계 질환에 걸릴 상대적 위험이 2배 더 높은 것으로 알려져 있다(CDC, 1993). 담배에 포함된 물질인 니코틴은 혈관을 수축시키고 심장박동과 혈압을 높이며, 이로 인해 심혈관계에 상당한 부담을 주게 된다. 특히, 흡연은 폐암의 주된 원인이며 이외에도 구강암, 후두암, 식도암, 췌장암 등에도 관련 있는 것으로 보고되고 있다. 미국의 경우 흡연율이 급격히 증가한 후 20~25년이 지난 1950년부터 1989년까지의 폐암 사망률도 함께 높아졌고, 흡연율이 낮아진 1960년대 중반 이후 20~25년이 지난 뒤 남성의 폐암 사망이 감소한 것으로 나타났다. 한국에서도 이와 유사한 양상이 관찰되며, 이는 흡연이 폐암 발생의 주요 원인 중 하나라는 것을 뒷받침하는 근거가 된다.

4 스트레스와 대처

앞선 사례에서 준혁이 경험하고 있는 스트레스는 어떻게 대처하는 것이 적절할까? 사람마다 스트레스에 대처하는 자신만의 방식이 있는 것처럼, 준혁 역시 잠깐 음악을 듣거나 산책을 하기도 하지만, 주로 과식과 음주에 의존하고 있다. 그는 이러한 행동들이 스트레스 해소에 실제로 도움이 되는지, 아니면 오히려 방해가 되는지를 궁금해한다. 만약 방해가 된다면 보다 적응적인 해결책을 찾아보는 것이 필요하다. 여기에서는 사람들이 스트레스 상황에서 일반적으로 어떻게 대처하는지, 어떤 심리적 자원이 대처에 도움을 주는지, 효과적으로 대처할 수 있는 전략들이 무엇인지 알아보고자 한다.

1) 대처 방식

대처(coping)란 스트레스라고 평가하는 상황에서 나타나는 내적 및 외적 요구를 처리하려는 생각이나 행동을 의미한다(Folkman & Moskowitz, 2004). 즉, 스트레스를 줄이거나 없애려는 노력을 말한다. 이러한 과정에서 개인이 특정한 방식으로 스트레스를 다루는 경향을 대처 방식(coping style)이라고 한다.

대표적 대처 방식으로는 문제 중심 대처(problem-focused coping)와 정서 중심 대처(emotion-focused coping)가 있다(Folkman & Lazarus, 1980). 문제 중심 대처는 스트레스를 일으킨 문제에 직면하여 상황을 바꾸는 것에 초점을 맞춘다. 예를 들어, 기말고사가 얼마 남지 않았을 때 시험을 잘 치르기 위해 시간표를 짜서 공부 계획을 구체적으로 세우는 것이 이에 해당한다. 반면, 정서 중심 대처는 스트레스로 인해 나타나는 부정적 정서를 감소시키는 데 중점을 두는 것이다. 기말고사가 임박함에 따라 불안이 높아졌을 때 시험 공부를 하기보다 마음을 안정시키려고 음악을 듣거나 늦은 밤에 매운 음식을 먹는 행동이 이에 해당한다.

2가지 대처 방식은 모두 스트레스를 해소하기 위한 전략이지만, 상황을 효과적으로 관리하는 데 있어 어느 방식이 더 적절한지는 상황에 따라 달라질 수 있다. 일반적으로는 문제 중심 대처가 더 효과적인 선택으로 간주된다. 이는 스트레스의 원인을 해결하지 않은 채 단지 감정을 진정시키는 정서 중심 대처는 문제를 장기적으로 해결하지 못해 스트레스가 반복될 수 있기 때문이다. 연구 결과에 따르면 문제 중심 대처는 건강에 긍정적 영향을 미치고, 정서 중심 대처는 부정적 영향을 미치는 것으로 알려져 있다(Penley et al., 2002). 하지만 정서 중심 대처가 항상 효과가 없는 것은 아니다. 특히 단기적인 관점에서 볼 때, 감정에 압도되어 아무런 행동도 취하지 못하는 것보다는 먼저 감정을 진정시켜 문제해결을 위한 준비를 가능하게 하는 데 도움이 될 수 있다. 자신이 스트레스원을 통제할 수 있다면 문제 중심 대처가 적합하다. 그러나 재난 상황이나 함께 근무해야 하는 직장 상사처럼 통제하기 어려운 상황에서는, 문제에 직접 대응하기보다 정서를 조절해 마음의 안정을 찾는 정서 중심 대처가 더 적응적일 수 있다.

다른 유형의 대처 방식으로는 접근 대처(approach-oriented coping)와 회피 대처(avoidance-oriented coping)가 있다. 접근 대처는 스트레스를 감소시키기 위해 정보를 탐색하고 취합하며 직접 행동하는 등 적극적 노력을 쏟는 것이다. 예를 들어, 자신의 실수로 직장 동료와 업무 상 갈등이 생겼을 때 직접 찾아가서 사과를 하고 다시 반복되지 않도록 문제의 원인을 찾으려고 하는 것이 이에 해당한다. 회피 대처는 스트레스에 직면하지 않고 그와 관련된 생각이나 감정에서 멀리 벗어나려 하며 문제 자체를 부인하는 것이다. 예컨대, 갈등이 있었던 직장 동료와 마주치면 시선을 피하고 멀리 피해 다니며 마주치지 않으려고 행동하는 것이다.

접근 대처는 문제에 직면하는 동안 단기적으로 어려움을 겪게 되지만 시간이 지날수록 스트레스원으로부터 받는 영향은 줄어들게 된다. 한편, 회피 대처는 스트레스 상황이 빨리 지나가는 경우에는 이득이 될 수 있지만 장기적으로 지속되는 상황이라면 바람직한 방식이라고 하기 어렵다. 2가지 대처 방식 모두 장점이 있지만 전반적으로 접근 대처가 회피 대처에 비해 심리 및 신체건강에 더 유익하고 효과적인 것으로 알려져 있다(Taylor & Stanton, 2007).

2) 대처에 도움이 되는 심리사회적 자원

스트레스를 받았을 때 개인이 가진 심리사회적 자원에 따라 대처 역량은 달라질 수 있다. 이러한 자원에는 건강과 활력, 긍정적 믿음, 문제해결 기술, 물질적 자원, 사회적 기술, 그리고 사회적 지지 등이 포함된다(Lazarus & Folkman, 1984). 최근 연구와 문헌에 따르면, 심리적 측면에서는 심리적 통제감이, 사회적 측면에서는 사회적 지지가 중요한 자원으로 작용하는 것으로 나타났다.

(1) 심리적 통제감

심리적 통제감(psychological control)은 자신의 삶에서 발생하는 사건들을 통제할 수 있다는 믿음으로, 행동을 스스로 결정하고 원하는 결과를 얻어낼 수 있다고 생각하는 것을 의미한다. 스트레스 상황에 직면했을 때, 이를 적절히 통제할 수 있다는 확신은 대처 방식과 효과에 큰 영향을 미친다.

통제 소재(locus of control)에 따라 개인이 느끼는 통제감은 달라질 수 있다. 자신의 삶이 자신을 둘러싼 외부 환경에 의해 결정된다고 믿는 경우는 외적 통제 수준이 높은 것이고, 반대로 자신의 선택과 행동으로 삶을 통제할 수 있다고 믿는 경우는 내적 통제 수준이 높다고 할 수 있다(Rotter, 1966). 따라서 내적 통제 소재가 높은 사람은 성공과 실패가 자신의 노력에 따라 결정된다고 믿는 반면, 외적 통제 소재가 높은 사람은 그 결과가 타인이나 운명과 같은 외부 요인에 의해 좌우된다고 생각하는 경향이 있다. 이러한 통제 소재의 차이는 개인이 스트레스에 직면했을 때 어떤 방식으로 대처하는지에 중요한 영향을 미친다.

요양원에 거주하는 노인들을 대상으로 통제감 여부에 따라 어떤 차이가 나타나는지 살펴본 연구가 있다(Langer & Rodin, 1976). 이 연구에서 통제감이 높은 집단은 식단 선택, 여가활동, 가구 배치, 식물 기르기 등 일상생활의 여러 측면에서 스스로 결정하고 책임질 수 있도록 했다. 그 결과, 이들은 비교 집단보다 더 활동적이고 행동하는 속도가 빠르며, 행복감과 전반적인 안녕감 수준도 더 높았다. 이후의 추적 관찰에서도, 높은 통제감 조건에 있었던 노인들은 비교 집단에 비해 심리적·신체적으로 더 건강하고 사망률도 낮은 것으로 나타났다.

개인의 통제감이 높지 않은 상황에서도, 가까운 가족이나 친구, 교사 등 타인의 협력을 통해 스트레스에 잘 대처할 수 있다고 믿는 것은 스트레스 완화에 도움이 된다. 이를 집단적 통제감 또는 이차적 통제감이라고 하며, 통제감은 개인이 스스로 역량을 갖추는 것도 중요하지만, 타인과의 관계 속에서 이를 공유하고 지지받는 경험 또한 효과적인 방식으로 작용한다(Hou & Wan, 2012).

(2) 사회적 지지

사회적 지지(social support)는 개인이 대인관계에서 받을 수 있는 긍정적 자원이자, 타인에게 사랑과 존중, 보살핌을 받고 서로 연결되어 있는 것을 의미한다. 일반적으로 부모나 배우자를 포함한 가족, 친구와 동료, 교사, 종교 단체나 동호회 같은 공동체에서 사회적 지지를 받게 되며 최근에는 사람 이외에 반려동물에게서 이를 얻는 사람들도 많아졌다.

사회적 지지는 형태에 따라 다양하게 나타나며, 일반적으로 크게 4가지 유형으로 나눌 수 있다. 첫째, 정서적 지지는 가까운 가족이나 지인에게서 많이 받게 되며, 마음을 안정적이고 편안하게 해준다. 예를 들어, 이별과 같은 스트레스를 경험했을 때 따뜻한 위로나 배려, 돌봄 등을 통해 정서적인 안정을 제공한다. 둘째, 정보적 지지는 개인의 판단이나 문제해결에 도움이 되는 정보를 제공하는 것이다. 예를 들어, 대학 후배가 취업에 어려움을 겪고 있을 때 선배가 자기소개서 작성법이나 면접 시 유의사항을 알려주는 경우이다. 셋째, 평가적 지지는 타인이 긍정적 또는 부정적인 피드백을 제공하여 개인이 자신을 평가하는 데 도움이 되도록 하는 것이다. 예를 들어, 교사가 학생에게 잘한 점을 칭찬하고 부족한 점을 지적해 학생의 발전을 돕는 경우가 이에 해당한다. 넷째, 물질적 지지는 생활에 필요한 물건이나 금전적 지원 등 실질적인 도움을 제공하는 것이다. 예를 들어, 태풍이나 산불로 피해를 입은 주민들에게 물과 음식, 임시주택 등을 지원하는 경우가 있다.

사회적 지지를 적절히 받게 되면, 부정적인 사건에 직면했을 때 스트레스 반응이 감소하고 대처 능력이 향상되며, 긍정적인 사건은 더욱 긍정적으로 인식하게 된다. 반대로 사회적 지지가 부족한 경우, 흡연이나 신체활동 부족과 같은 건강에 해로운 행동이 증가하고, 이는 사망률을 높인다. 또한 체중 유지, 운동, 금주나 절주와 같은 건강행동이 수명에 미치는 영향보다 사회적 지지의 영향력이 더 큰 것으로 나타났다(Holt-Lunstad et al., 2010).

사회적 지지는 어떤 방식으로 스트레스의 부정적 영향을 줄일 수 있을까? 직접 효과 가설(direct effect hypothesis)은 사회적 지지가 스트레스 수준 자체를 낮추어 부정적 영향을 줄인다고 설명한다. 즉, 대인관계가 원만하고 타인과의 접촉이 많은 사람은 부정적인 경험을 덜 겪고, 긍정적인 경험을 더 많이 하게 되어 행복과 건강이 향상된다는 것이다. 반면, 완충 가설(buffering hypothesis)은 사회적 지지가 스트레스로 인해 나타나는 부정적인 인지적 반응(예: 억제, 반추)이나 생리적 반응(예: 혈압 상승, 스트레스 호르몬 증가)을 완화시켜 질병으로부터 보호하는 역할을 한다고 본다. 예를 들어, 자신을 지지해 주는 사람이 곁에 있으면 스트레스를 받았던 사건을 억제하지 않고 감정을 털어놓을 수 있으며, 이로 인해 코르티솔 수치가 낮아지고 건강에 긍정적인 영향을 줄 수 있다. 이외에도 사회적 연결망이 촘촘한 사람은 그렇지 않은 사람보다 주위에서 실제적인 도움을 받을 가능성이 높다. 예를 들어, 병원 방문이나 규칙적인 약 복용, 금연·운동과 같은 건강행동을 주변 사람들로부터 권유받고 실천에 옮기기 쉬워, 결과적으로 더 건강한 생활 습관을 유지할 수 있다.

3) 대처 전략

사람마다 스트레스에서 벗어나기 위한 나름의 대처 방식을 가지고 있지만, 모든 노력이 항상 효과적인 것은 아니다. 이에 따라 심리학자들은 스트레스를 보다 효과적으로 다루기 위한 다양한 전략들을 개발하고 발전시켜 왔다. 대표적인 전략으로는 이완훈련(예: 호흡훈련, 점진적 근육이완), 마음챙김훈련, 자기노출, 인지행동적 접근(예: 생각 바꾸기, 스트레스 접종훈련) 등이 있다.

(1) 이완훈련

이완훈련은 스트레스와 관련된 심리적 및 신체적 반응을 감소시킬 수 있는 빠르고 간편한 방법이다. 이 훈련법은 이완된 상태는 긴장 상태와 동시에 나타날 수 없다는 원리에 근거한다. 신체적 긴장을 완화시키면 심리적 불안도 줄어들어 안정된다고 가정한다. 예를 들어, 스트레스로 인해 불안하면 호흡이 빨라지고 몸이 긴장하게 된다. 하지만 깊게 천천히 호흡하고, 긴장된 근육을 이완시키면 불안한 마음이 편안하게 바뀌는 것이다. 이완훈련은 스트레스 관리뿐만 아니라 통증에 대처하는 전략으로도 활용되며, 대표적인 방법으로는 호흡훈련과 점진적 근육이완법이 있다.

① 호흡훈련 우리는 일상에서 호흡을 거의 의식하지 않고 있지만, 호흡은 매 순간 이루어지며, 잘못된 호흡 습관을 바로잡는 것은 매우 중요하다. 호흡훈련은 이러한 호흡 방식을 의도적으로 조절하고 변화시키는 데 도움이 된다. 길을 걷다가 상대방이 자신에게 무례한 행동을 하여 화가 나면 호흡이 짧고 빨라지게 되는데, 이는 호흡과 스트레스가 서로 관련되어 있다는 증거이다. 이때 사람들은 주로 가슴으로 호흡하게 되는데, 이는 자연스러운 호흡 방식이 아니다. 가슴 호흡을 하면 폐에서 산소와 이산화탄소의 교환이 제대로 이루어지지 않아, 체내 이산화탄소 농도가 높아지게 된다. 이러한 상태를 신체는 스트레스로 인식하게 되고, 그 결과 교감신경계가 자극되어 활성화되며, 다시 신체가 긴장하고 호흡이 거칠어지는 악순환이 반복된다.

호흡훈련 방법

1. 평소 호흡 확인하기: 왼손을 가슴 위에, 오른손을 배 위에 놓고 평소대로 숨을 쉬어 본다. 오른손이 올라갔다 내려오는 것이 복식 호흡이다.
2. 편안한 자세 취하기: 누워서 몸의 긴장을 모두 푼다. 만약 시험이나 면접을 보는 경우라면 의자에 앉거나 서 있는 상태에서도 가능하다.
3. 들숨-멈춤-날숨: (입이 아닌) 코로 숨을 천천히 들이쉬면서 배를 부풀리고 잠시 숨을 멈춘다. 이후 천천히 숨을 내뱉으며 배를 꺼트린다.
4. 반복하기: 동작을 5~10분 정도 반복한다. 들숨-멈춤-날숨 동작을 '4초-4초-8초', '4초-7초-8초' 등 연구자에 따라 다양하게 제안하는데, 각자 적절한 시간을 찾아서 반복한다.

분노 감정을 가라앉히기 위해 우리는 자연스럽게 심호흡을 하게 된다. 천천히 깊게 숨을 들이쉬면 분노는 점차 가라앉고, 얕고 짧아졌던 호흡도 서서히 안정된 상태를 되찾는다. 이렇게 안정된 상태가 되면 자연스럽게 배로 숨을 쉬는 복식 호흡이 이루어진다. 스트레스를 받지 않아도 평소에 가슴 호흡을 하는 사람들이 있는데, 호흡훈련을 통해 복식 호흡을 배우는 것이 필요하다. 복식 호흡을 하게 되면 폐로 공기가 천천히 깊게 들어오고 산소와 이산화탄소가 충분히 교환되므로 부교감신경계가 활성화되어 안정된 상태가 된다. 일반적으로 호흡훈련은 단독으로 실행하기보다 점진적 근육이완의 과정에 포함되는 경우가 많다.

② 점진적 근육이완 오래전에 제안된 기법인 점진적 근육이완(progressive muscle relaxation)(Jacobson, 1938)은 현대에 이르러서도 많은 이완훈련의 기초를 이루고 있다. 이 기법은 신체의 여러 근육들을 천천히 긴장 및 이완시키는 연습을 통해 자신의 근육을 효과적으로 이완하게 만들어 준다.

점진적 근육이완을 실시하는 방법은 다음과 같다. 먼저 근육의 긴장과 이완을 하기 전에 호흡훈련에서 배운 복식 호흡을 실시한다. 다음으로 신체 중 한 부분의 근육을 선택하여 숨을 들이쉬면서 긴장시킨다(예: 오른손에 힘을 주어 주먹을 꽉 쥔다). 그리고, 약 10초 동안 긴장을 유지한 후 숨을 내쉬면서 조금씩 근육의 긴장을 풀고 이완시킨다. 이러한 절차를 다른 근육에 동일하게 적용하여 연습한다. 여기서 중요한 점은 다양한 근육들의 긴장된 느낌과 이완된 느낌을 비교하여 잘 기억하는 것이다. 반복을 통해 익숙해지면 자신이 스트레스를 받을 때 주로 어떤 근육이 긴장되는지 쉽게 파악하여 이를 이완시키는 방법을 터득할 수 있다.

점진적 근육이완 절차

1. 편안한 자세로 복식 호흡하기: 바닥에 눕거나 의자에 앉아서 복식 호흡을 한다.
2. 근육 긴장 및 이완: ① 숨을 들이쉬면서 근육을 긴장시킨다. ② 약 10초 동안 긴장을 유지한 후 숨을 내쉬면서 근육을 서서히 이완시킨다.
3. 반복하기: 다른 근육들(발, 종아리, 목, 어깨, 팔 등)에 2번 절차를 반복한다.
4. 긴장 및 이완 느낌 기억하기: 다양한 근육의 긴장 상태와 이완 상태를 비교하여 그 차이를 인식하고 기억한다.

이완훈련은 대학생의 스트레스 관리뿐만 아니라, 수면 문제나 고혈압과 같은 스트레스 관련 건강 문제에 개입하는 프로그램을 구성할 때 중요한 요소로 활용된다. 또한, 이완훈련은 우울과 불안 증상을 완화시키고, 월경 전 증후군이나 두통과 같은 통증 감소에도 효과적인 것으로 나타났다.

(2) 마음챙김훈련

마음챙김(mindfulness)은 본래 불교의 명상 전통에서 유래된 개념으로, '자신이 무엇을 지각하고 생각하는지를 판단하지 않고, 있는 그대로 수용하며 현재 순간에 의도적으로 주의를 기울이는 것'을 의미한다(Kabat-Zinn, 1994). 이는 순간마다 자신이 어떤 경험과 행동을 하고 있는지를 정확하고 편견 없이 관찰하면서 이를 알아차리는 방식으로, 이를 통해 자기이해가 점차 깊어지고 선입견 없이 비판단적으로 자신을 객관적으로 바라보게 된다. 또한, 마음이 과거나 미래에 얽매이지 않고 지금 이 순간을 온전히 경험하도록 돕는다. 예를 들어, 밥을 먹을 때 식사 후 해야 할 일을 걱정하거나, 어제 실수한 조별 발표를 떠올리며 습관적으로 음식을 씹는 것이 아니라, 현재에 집중하면서 밥과 반찬의 맛, 씹을 때 입안에서 느껴지는 촉감 등을 알아차리는 것이 마음챙김이다.

스트레스나 통증으로 힘들어하는 사람들을 위해 존 카밧진(Jon Kabat-Zinn) 박사는 마음챙김 기반 스트레스 감소 프로그램(Mindfulness-Based Stress Reduction: MBSR)을 개발했다. 이 프로그램은 8주 훈련 과정으로 구성되어 있으며, 일상의 활동에 집중하는 마음챙김 명상을 교육한다. 프로그램의 핵심은 사람들이 현재에 집중하지 못하고 과거에 집착하거나 미래에 대한 과도한 걱정에 사로잡힐 때 고통을 경험하게 된다는 점에 기반하고 있다. 이 과정에서는 참가자의 생각을 바꾸려 하거나 특정 생각을 문제로 지적하지 않고, 비판단적인 태도를 유지하도록 한다. 또한 설거지, 청소, 식사, 걷기 등 일상생활의 다양한 순간에 마음챙김을 적용하고, 그러한 상태를 꾸준히 유지할 수 있도록 훈련한다. MBSR은 스트레스를 줄이는 데 효과적일 뿐만 아니라, 우울과 불안을 완화하고 고혈압, 불면증, 만성통증, 소진 증상 등을 개선하는 데에도 도움이 되는 것으로 나타났다. 또한 암 환자의 면역력 향상과 스트레스 호르몬 감소에도 긍정적인 효과가 보고되었다(Carlson et al., 2007).

심리적 또는 신체적 건강을 증진하기 위해 마음챙김을 적용한 다양한 기법들이 개발되어 왔다. 대표적으로는 우울증 치료를 목적으로 개발된 마음챙김 기반 인지치료(Mindfulness-Based Cognitive Therapy: MBCT), 부정적인 생각이나 감정을 억제하거나 변화시키기보다는 있는 그대로 받아들이는 수용전념치료(Acceptance and Commitment Therapy: ACT), 그리고 경계성 성격장애나 기존 치료에 반응하지 않는 사람들을 위해 고안된 변증법적 행동치료(Dialectical Behavior Therapy: DBT) 등이 있다.

(3) 자기노출: 정서 표현

사람들은 직장에서 화가 나는 일이 생기면 카페나 술집에서 친구를 만나 자신의 분노감을 털어놓으면서 스트레스를 해소하는 경우가 많다. 이렇게 자신이 경험했던 일이나 정서를 타인에게 털어놓는 것을 자기노출(self-disclosure)이라고 하며 일반적으로 '자신에 관한 사적 측면을 드러내어 타인에게 전달하는 행동'으로 정의된다(Pennebaker, 1988). 여기서 말하는 사적 측면이란 스트레스나 외상과 관련된 부정적인 사건이나 정서를 의미하며, 이를 드러낸다는 것은 말하기나 글쓰기와 같이 언어적 표현을 통해 노출하는 것을 뜻한다. 이러한 자기노출을 통해 스트레스가 완화되고, 보다 적응적인 방식으로 대처할 수 있게 된다.

심리학자 제임스 페니베이커(James Pennebaker)는 자기노출에 대해 본격적으로 연구를 진행했는데, 처음 관심을 갖게 된 계기는 범죄자의 거짓말 탐지기 반응 때문이었다. 범죄자가 경찰의 심문 과정에서 자신의 죄를 부인할 때에는 심박수나 혈압과 같은 생리적 지표가 상승하지만, 죄를 털어놓는 순간에는 심장박동이 느려지고 혈압이 낮아지는 등 신체가 안정되고 편안해지는 반응이 나타난다. 자백은 자신이 저지른 범죄를 인정하는 것이고, 이로 인해 결국 처벌을 받게 된다는 것을 알고 있음에도 말이다. 즉, 범죄자는 드러내지 않고 억제했던 생각이나 감정을 털어놓은 후에야 후련하게 속박에서 벗어날 수 있었던 것이다.

자기노출은 자신이 경험한 사건이나 정서를 드러내어 심리적 또는 신체적으로 긍정적 효과를 얻는 방법이며, 특히 언어를 통해 안정적으로 정서를 표현하는 것이 중요하다. 여기서 정서 표현은 타인에게 화를 내거나 욕설을 하는 정서 표출이나 정서 폭발과는 구별된다. 이는 말이나 글과 같은 언어적 방식으로 나타내며, 자신이 경험한 정서를 즉각적이고 충동적으로 드러내는 것이 아니라, 일정 정도 심사숙고한 후에 노출하는 것을 의미한다.

관련 연구들에 따르면, 나치 대학살에서 살아남은 생존자들에게 전쟁 경험을 1~2시간 정도 이야기하도록 했을 때, 이후 신체건강이 향상된 결과가 나타났다(Pennebaker et al., 1989). 또한, 아동기 외상 사건을 고백했거나 교통사고, 자살 등으로 배우자를 갑작스럽게 잃은 경험을 타인에게 이야기한 사람들은, 아무에게도 자기노출을 하지 않은 사람들에 비해 감기나 고혈압 같은 질병 발생률과 병원 방문 빈도가 낮았고, 신체 증상 및 건강 문제도 적은 것으로 나타났다(Pennebaker & O'Heeron, 1984, Pennebaker & Susman, 1988).

자기노출은 말하기뿐만 아니라 글쓰기를 통해서도 긍정적인 효과를 나타낸다. 대학생들에게 자신이 경험한 가장 심한 외상 사건에 관한 생각과 정서를 글로 적도록 한 집단은, 외상과 무관한 일상적 사건을 적도록 한 집단에 비해 면역력이 더 높고, 질병으로 인해 학교 보건소를 방문하는 빈도도 낮았다. 또한, 외상 사건에서 경험한 정서를 적은 집단, 외상 사건 자체를 적은 집단, 외상 사건과 경험한 정서를 함께 적은 집단, 그리고 일상의 사소한 사건을 적은 집단을 비교한 결과, 정서를 표현한 집단과 사건과 정서를 모두 표현한 집단이 사소한 사건을 적은 집단보다 질병 발생 빈도가 낮았다. 이처럼 자기노출 시 부정적 사건에서 경험한 정서를 표현하는 것이 건강에 더욱 긍정적인 영향을 미치는 것으로 나타났다. 더불어, 자기노출은 천식, 관절염과 같은 질병에도 효과가 있었으며, 심리적 건강을 넘어 신체적 건강에 더 큰 영향을 끼치는 것으로 보고되었다.

자기노출 방법

1. 자신이 경험한 스트레스나 외상 사건 중 자신을 힘들게 하는 것을 선정한다.
2. 1주일에 3~4회, 한 번에 약 15~20분 동안 해당 사건만이 아니라 그 사건에서 경험했던 깊은 수준의 정서와 생각에 관해 글쓰기를 한다.
3. 글을 쓸 때 문법이나 맞춤법에 과도하게 신경 쓰지 말고 자유롭게 표현한다.

글쓰기를 통한 자기노출은 일반적으로 1주일에 3~4회, 한 번에 약 15~20분 동안 외상 사건이나 그로 인해 경험한 정서에 대해 적는 방식으로 실시한다. 특히, 타인에게 한 번도 털어놓지 않은 심한 스트레스 사건일수록, 그리고 사건 자체보다 정서 표현에 초점을 맞춰 노출할수록 효과가 더 크다.

(4) 인지행동적 접근

인지행동적 접근은 인지행동치료(cognitive behavioral therapy)의 원리에 근거하여 스트레스에 대처하는 전략으로, 일상생활에 적절하게 적응하기 위해 생각(인지), 감정(정서), 행위(행동)를 바람직하게 변화시키고 수정하는 방법이다. 특히, 현실적이지 않거나 부정적으로 치우친 역기능적 생각이 부적응적 정서와 행동을 일으키고 사람들이 경험하는 스트레스 수준에 많은 영향을 미친다고 가정한다. 여기서는 대표적인 방법인 생각 바꾸기와 스트레스 접종 프로그램에 대해 살펴보고자 한다.

① 생각 바꾸기 생각 바꾸기는 인지행동치료에서 인지 재구성(cognitive restructuring)이라고 하며, 역기능적 생각(또는 사고)을 더 건강하고 적응적으로 변화시키는 데 초점을 둔다. 사람들이 스트레스를 경험하는 원인은 사건 자

체보다는 그 사건에 대해 어떻게 생각하는지가 더 큰 영향을 미친다. 따라서 자신이 생각하는 방식을 객관적으로 파악하고 이를 바꾸어 사건을 바라보는 관점을 전환하는 것이다. 생각 바꾸기에 관한 연구와 방법론은 앨버트 엘리스(Albert Ellis)의 합리적 정서행동치료와 에런 벡(Aaron Beck)의 인지치료를 중심으로 발전해왔다.

합리적 정서행동치료(rational emotive behavior therapy: REBT)는 역기능적인 사고를 비합리적 신념으로 명명하며, 사람들이 경험한 사건 자체가 아니라 자신이 가진 비합리적 신념에 의해 사건을 해석함으로써 스트레스나 심리적 고통을 겪는다고 설명한다. 비합리적 신념은 의무적으로 무엇을 해야 한다고 생각하는 당위적 사고('반드시 ~ 해야 한다')와 현실을 있는 그대로 바라보지 않고 더 부풀려서 생각하는 과장적 사고('만약 ~ 하게 되면 끝장이다')가 특징이다.

비합리적 신념의 유형

1. 모든 사람들에게 반드시 사랑과 인정을 받아야 한다.
2. 다른 사람에게 거부당한다면 나는 형편없고 사랑받을 수 없는 사람이다.
3. 가치 있다고 여겨지려면 완벽하게 유능하고 성공해야 한다.
4. 나는 살아가면서 위기나 고통이 거의 없어야 한다.
5. 일이 원하는 대로 되지 않으면 완전히 파멸이다.
6. 사람의 불행은 외부 환경 때문이며, 사람은 그 불행을 막을 수 없다.

비합리적 신념을 바꾸기 위해 자신의 신념에 문제가 있다는 것을 스스로 파악하도록 이끄는 방법인 '논박'을 사용할 수 있다. 논박의 종류로는 논리적 논박, 경험적 논박, 실용적 논박 등이 있다.

논박의 종류

- 논리적 논박: 당신의 신념이 타당하다는 논리적 근거는 무엇인가?
- 경험적 논박: 당신의 신념이 타당하다는 사실적(현실적) 근거는 무엇인가?
- 실용적 논박: 당신의 신념은 당신이 바라는 목적을 성취하는 데 실질적으로 도움이 되는가?

이러한 논박을 통해 비합리적 신념이 이전에 비해 보다 합리적으로 바뀌게 되고, 당위적 사고는 소망적 사고(예: 사람들에게 사랑과 인정을 받고 싶다, 살아가면서 위기나 고통이 없으면 좋겠다)로 대체될 수 있다.

인지치료(cognitive therapy)는 역기능적 사고의 중심에 핵심 신념이 자리 잡고 있으며, 이 핵심 신념이 중간 신념과 자동적 사고를 통해 작용한다고 제안한다. 핵심 신념은 가장 근원적이고 깊은 수준의 믿음이며(예: 나는 무능하다), 자동적 사고는 일상의 상황에서 나타나는 가장 표면적 수준의 생각이다(예: 나는 오늘 중간고사를 망칠 것이다). 중간 신념은 핵심 신념과 자동적 사고를 이어주며, 인생에 대한 태도, 규범, 가정으로 구성되어 있다(예: 시험을 망친다면 인생의 실패자가 될 것이다).

자동적 사고는 상황에 따라 무의식적으로 떠오르는 생각으로, 표면적인 수준에 있기 때문에 다른 사고 과정보다 파악하기 쉽다. 따라서 자동적 사고를 먼저 찾아낸 후, 중간 신념과 핵심 신념 순서로 탐색해 나간다. 자동적 사고를 파악하다 보면, 생각이 왜곡되거나 편향되어 비논리적으로 처리되는 특징이 있음을 알 수 있는데, 이를 인지 오류라고 한다(표 2.2 참조). 인지 오류는 현실을 비합리적으로 해석하는 틀로 작용하기 때문에 똑같은 사건을 경험하더라도 인지 오류가

표 2.2 인지 오류의 유형

유형	설명
이분법적 사고 (dichotomous thinking)	흑백 논리라고도 하며 자신의 경험을 양극단 중 한쪽으로만 범주화하여 해석한다. 예를 들어, 이번 학기에 받은 성적이 모두 A+가 아니기 때문에 실패한 학기라고 생각한다.
과잉일반화 (overgeneralization)	한두 개의 상황에서 경험한 판단에 근거하여 다수의 상황에 광범위하게 적용하여 해석한다. 예를 들어, 1학년 때 친구를 제대로 사귀지 못했으니 대학생활 내내 친구가 없을 것이라고 생각한다.
확대 및 축소 (magnification & minimization)	실제 가치나 중요도를 과도하게 부풀리거나 반대로 사소하고 보잘것 없다고 해석한다. 예를 들어, 발표할 때 목소리가 잠시 떨렸던 것 때문에 망쳤다고 생각하거나(확대), 발표 후 들은 교수님의 칭찬을 의례적인 말이라고 생각한다(축소).
개인화 (personalization)	뚜렷한 근거 없이 문제의 원인을 자신에게 있다고 해석한다. 예를 들어, 직장 상사가 동료 팀원에게 화를 내는 것을 내가 지난주에 실수했던 일 때문이라고 생각한다.
선택적 추상화 (selective abstraction)	중요한 정보가 무시되고 부수적이거나 맥락과 관련 없는 정보에 근거하여 해석한다. 예를 들어, 발표가 끝난 후 소수의 사람이 박수를 치지 않는 것을 보고 자신의 발표 내용이 부실했다고 생각한다.

많은 사람은 사건을 더 부정적으로 해석하여 스트레스를 훨씬 더 많이 받게 된다.

현재 자신의 생각이 합리적이고 적응적인지 파악하고 변화시키기 위해, 5단계로 구성된 A-FROG기법을 활용하여 인지 타당성 평가를 실시할 수 있다. 구체적인 질문은 다음과 같다.

- Alive: 나를 생기 있게 하는가?
- Feel: 이러한 생각의 결과로 기분이 더 좋아지는가?
- Reality: 현실에 근거한 생각인가?
- Others: 다른 사람들과의 관계에 도움이 되는가?
- Goals: 내 목표를 성취하는 데 도움이 되는가?

만약 위의 질문들에 대해서 '그렇다'는 반응이 나오지 않으면 그 생각은 왜곡되고 역기능적일 가능성이 있다고 판단한다.

② 스트레스 접종훈련 스트레스 접종훈련(stress inoculation training: SIT)은 예방접종의 원리와 비슷하게 작은 스트레스를 미리 경험하게 하여 이후 더 강한 스트레스에도 견딜 수 있는 면역력을 키우기 위한 목적으로 개발되었다(Meichenbaum & Cameron, 1983). 이 훈련은 현재와 미래에 있을 어려움에 대처할 수 있는 기술을 알려주며, 여기서 익힌 기술을 일상생활에 적용하도록 훈련하고 재발을 방지하는 전략을 제공한다. 즉, 스트레스에 대처하는 것만이 아니라 예방에도 유용한 프로그램이라고 할 수 있다.

SIT는 3가지 단계(개념화 단계, 기술 획득 및 예행연습 단계, 적용 및 실천 단계)로 구성되어 있다.

먼저, 개념화(conceptualization) 단계에서는 스트레스가 발생하고 지속되는 과정에서 인지와 정서가 어떤 역할을 하는지 이해하고, 자신이 겪는 어려움의 구체적인 원인을 파악한다. 이 과정에서 스트레스의 본질과 스트레스 접종훈련의 개념을 배우며, 스트레스 감소의 원리를 익히게 된다.

다음은 기술 획득 및 예행연습(skills acquisition and rehearsal) 단계로, 다양한 인지적·행동적 대처 기술을 교육하여 스트레스 상황에 적용하는 방법을 알려준다. 이 단계에서는 내적 대화가 적응적 또는 부적응적 행동에 영향을 미친다는 점을 배우고, 자신의 내적 대화를 파악하여 부적응적 행동과 연결되지 않도록 생각 바꾸기(인지 재구성)를 통해 새로운 적응적 행동을 형성할 수 있게 한다. 인지적 측면 이외에 행동적 측면에서는 이완훈련, 자기지시훈련, 사회기술훈련, 시간 관리 프로그램 등을 학습한다. 또한, 연극 배우가 공연을 앞두고 관객 없이 실제처럼 연습하듯, 프로그램 내에서 예행연습을 통해 스트레스 상황에 대응하는 직접적 행동을 점진적으로 익히게 된다.

끝으로, 적용 및 실천(application and follow-through) 단계에서는 훈련을 통해 나타난 변화를 일상생활에 적용하고 오랫동안 지속시키는 것이 핵심이다. 이전 단계에서 배웠던 인지적 및 행동적 대처 기술이 능숙해지면 실제 생활에서 필요한 행동 과제를 수행하고 과제를 점차 늘려간다. 획득한 기술을 유지하기 위해 추후 회기와 격려 회기를 3, 6, 12개월 간격으로 실시한다. 이 훈련 프로그램은 대학생의 성적 향상에 도움을 주었고 외상 사건을 경험한 피해자들의 고통을 관리하거나 우울, 불안, 분노와 같은 정신건강을 개선하는 데 효과를 보였다. 또한, 코르티솔 수치 감소 효과와 외과 수술을 앞둔 환자의 긴장 완화 효과를 비롯하여, 만성피로 증후군 등 신체건강 문제에 대한 긍정적인 효과도 입증되었다.

요약

1. 스트레스는 아직까지 통일된 정의와 개념이 명확히 확립되지 않았다. 스트레스에 대한 관점은 외부 환경에서 받는 자극, 그 자극에 대한 반응, 혹은 자극과 개인 간 상호작용이라는 관점에 따라 다양한 방식으로 정의된다.
2. 스트레스 이론은 스트레스를 반응의 관점에서 보는 셀리에의 생리학적 이론(일반 적응 증후군)과 자극과 개인 간의 상호작용 관점을 제안한 라자러스의 심리학적 이론(일차평가-이차평가-재평가)으로 나뉜다.
3. 스트레스를 발생시키는 원인을 스트레스원이라고 한다. 여기에는 드물게 경험하는 외상 사건, 삶의 과정에서 겪게 되는 주요 생활 사건, 거의 매일 접하는 사소한 일상 사건 등이 포함된다.
4. 스트레스 측정 방법에는 심리적 측정과 생리적 측정이 있다. 심리적 측정은 자기보고식 절차를 따르며, 대표적으로 사회 재적응 평가 척도와 일상의 골칫거리 척도가 있다. 생리적 측정은 스트레스 호르몬, 심혈관계 반응 등 다양한 신체 지표를 대상으로 하며, 신뢰도가 높고 스트레스를 수량화할 수 있다는 장점이 있다.
5. 스트레스가 건강에 미치는 영향은 직접적 영향과 간접적 영향으로 나눌 수 있다. 직접적 영향은 스트레스가 면역계나 내분비계 등 생리학적 기능에 영향을 미치는 것이며, 간접적 영향은 스트레스가 음주, 흡연, 폭식 등 건강에 해로운 행동을 유발하여 질병 위험을 높이는 것이다.
6. 대처 방식은 개인이 스트레스를 다루는 특정한 경향을 의미하며, 정서 중심 대처, 문제 중심 대처, 회피 대처, 접근 대처 등이 있다. 대처 전략은 스트레스를 관리하기 위해 필요한 방법들을 동원하여 시도하는 것으로, 이완훈련, 마음챙김훈련, 자기노출, 인지행동적 접근 등이 포함된다.

활동

1. 자신이 평소에 생각하는 스트레스의 정의를 기술하고, 그 내용이 스트레스의 어떤 관점에 해당하는지 논의해보자.

2. 최근 경험했던 일상 사건(일상의 골칫거리)에 대해서 떠올려보고, 교재에 분류되어 있지 않은 유형이 있는지 논의해보자.

3. 평소에 가장 자주 사용하는 대처 방식이 무엇인지 생각해보고, 그것이 스트레스 해소에 얼마나 도움이 되는지 살펴보자. 또한, 대처 전략 중 쉽게 실천할 수 있는 이완훈련을 해본 후, 어떤 효과가 있었는지 함께 논의해보자.

3장

성격과 정신건강

사물 묘사와 동물 성대모사로 유명한 코미디언 정종철은 외향적이고 유쾌한 성격을 가진 사람으로, 직업적 성공을 이루었고 주변 사람들과도 잘 지내는 사람으로 알려져 있다. 그는 KBS 프로그램 〈강연 100°C〉에 출연해 어렸을 때 자신이 다른 사람들에 비해 못생겼다거나 키가 작다는 생각을 해본 적이 없다고 말해 청중의 폭소를 유발했다. 그 이유는 16가구가 모여 사는 정씨 집성촌에서 태어나 자랐기 때문에 가족과 친척들이 모두 자신과 비슷하게 생겼고 키도 마을에서 두 번째로 컸기 때문이라고 한다. 정종철 씨의 사례를 통해 성격의 발달에서 출생 이후에 어떤 경험을 했는지가 얼마나 중요한지를 알 수 있다. 그런데 성격은 개인의 경험만으로 결정되는 것은 아니며, 다양한 원인이 작용한다.

1 성격의 정의
2 성격 이론
3 성격이 정신건강과 행복에 미치는 영향

성격은 직업적·사회적 기능과 밀접히 관련되어 있다. 기업은 회사에 적합한 성격을 가진 사람을 선발하려 하며, 많은 이가 냉담하고 적대적인 사람보다는 상냥하고 유쾌한 사람을 좋아한다. 이와 같이 성격은 직장생활과 대인관계에 영향을 미치며, 어떤 성격을 가지고 있느냐에 따라 우울, 불안, 스트레스 등 정신건강 수준의 차이가 나타난다. 그러므로 이 장에서는 다양한 성격의 정의를 자세히 살펴보고, 성격 형성에 영향을 미치는 요인을 확인한 다음, 성격이 정신건강과 행복에 미치는 영향을 살펴보고자 한다. 나아가 행복하고 건강한 삶을 위해 우리의 성격 중 바꿀 수 있는 부분이 무엇이고, 이를 어떻게 바꿀 수 있는지를 알아볼 것이다.

1 성격의 정의

성격(personality)이라는 단어는 고대 그리스의 연극에서 배우들이 사용했던 가면, 즉 '페르소나(persona)'에서 유래되었다. 이러한 어원에서 알 수 있듯이, 성격에는 실제 자신이 가지고 있는 모습뿐만 아니라 가면을 쓴 모습, 즉 남들에게 보여주고 싶은 모습, 사회적으로 요구되는 모습 등을 포함한다. 때때로 성격이라는 단어 대신 인격(人格)이라는 단어를 사용하기도 하는데, 사전적으로 인격은 사람으로서의 품격을 의미하므로 성격심리학에서 다루는 성격과는 다르다. 성격의 정의는 관점에 따라 다양하지만, 일반적으로 성격은 '다른 사람과 구별되는 개인의 고유한 특성으로서 생각, 감정, 행동의 일관적인 패턴'으로 정의된다. 조금 더 구체적으로 살펴보면, 성격은 다음과 같은 특징이 있다.

첫째, 성격은 행동과 관련된다. 행동이란 좁은 의미에서는 겉으로 드러나는 움직임이지만, 넓은 의미로는 눈에 보이지 않는 인지와 정서를 포함한다. 더 넓은 의미에서의 행동에는 손에 땀이 나거나 근육에 긴장이 발생하는 생리적 반응을 포함한다.

둘째, 성격은 다른 사람과 구별되는 개인의 고유한, 즉 독특한 행동과 관련된다. 따라서 친구로부터 욕설을 들었을 때, 상처를 받거나 화를 내거나 당황하는 것은 인간의 보편적인 행동이므로 개인의 성격이라고 할 수 없다. 반면에, 자신을 탓하며 우울해하거나 유머로 받아치며 오히려 밝은 미소를 짓거나 아무런 말 없이 조용히 거리를 두고 관계를 끊는 것은 독특한 행동이므로 성격이라고 할 수 있다.

셋째, 성격은 다양한 상황에서 일관적으로 나타나야 한다. 예를 들어, 당신이 사교적인 성격을 가진 사람이라면, 학교든, 공원 같은 공공장소든, 지하철 안에서든 낯선 사람들과 쉽게 말을 걸고 이야기를 나눌 수 있을 것이다.

넷째, 성격은 행동이 지속적이고 안정적으로 나타나야 한다. 즉, 어느 정도의 기간에 걸쳐 유사한 행동을 반복적으로 보일 때 그 사람의 성격이라고 말할 수 있다. 만약 당신이 초등학생 때 수줍음이 많던 초등학교 친구를 성인이 되어 다시 만났다고 가정해보자. 이 친구가 여전히 수줍음이 많다면, 그는 내향적인 성격을 가지고 있다고 볼 수 있다.

우리는 자신과 타인의 성격을 설명할 때, 흔히 '신중하다', '외향형이다', '낙관적이다', '너무 까칠하다', '조금 불친절하다', '무뚝뚝하다' 등 다양한 표현을 사용한다. 그리고 이러한 표현들에는 앞으로 다룰 성격의 유형(type) 또는 특질(trait)이 포함되어 있다. 먼저 성격을 유형으로 보는 것은 사람을 몇 가지 고정된 범주(예: 외향형, 내향형)로 구분하는 방식으로 각 범주 간에 질적인 차이가 있다고 가정한다. 반면, 특질은 성격의 다양한 차원(예: 외향성, 내향성, 낙관성)을 연속적인 스펙트럼으로 보고 차원에 따라 개개인의 차이를 측정하는 방식이다. 즉, 특질은 특정 성향이 강하거나 약하다고 표현할 수 있을 뿐 절대적인 기준으로 나뉘는 것은 아니다. 예를 들어, 철수의 성격에 대해 유형론을 적용하면 외향형 또는 내향형으로 구분된다. 한편, 철수의 성격에 대해 특질론을 적용하면 외향성과 내향성의 정도를 측정하여 규준에 따른 수준(예: 높음, 중간, 낮음)으로 표현된다.

1) 유형론

(1) 히포크라테스의 체액설

성격에 대한 최초의 유형론은 고대 그리스 '의학의 아버지'로 불리는 히포크라테스(Hippocrates, B.C. 460~B.C. 370)가 제안한 체액설이다. 체액설은 우리 몸에 있는 4가지 체액, 즉 혈액, 흑담즙, 점액, 황담즙의 수준에 따라 성격을 각각 다혈형, 흑담즙형, 점액형, 담즙형으로 나눈다.

첫째, 다혈형은 혈액과 관련되며 뜨겁고 습한 성질을 갖는데, 낙천적이고 활동적인 장점이 있다. 반면, 다혈형은 충동적이고 즉흥적이고 감정 기복이 심하고 계획성이 부족하다는 단점이 있다. 우리가 흔히 쓰는 '그 사람은 다혈질이야'라는 표현이 바로 체내에 혈액이 많은 이 유형의 사람을 말하는 것이다.

둘째, 흑담즙형은 차갑고 건조한 성질을 갖는 흑담즙과 관련된다. 흑담즙형은 조용하고 사색적이어서 신중하고 끈기가 있다는 장점이 있다. 반면, 걱정이 많고 완벽주의로 인해 스트레스를 쉽게 받으며 대인관계에서 소극적이라는 단점도 있다. 우울함을 표현하는 전형적인 표현인 '멜랑콜리(melancholy)'가 고대 그리스어로 흑담즙을 의미한다. 그래서 흑담즙형을 우울형이라고도 한다.

셋째, 점액형은 균, 박테리아, 바이러스의 감염을 예방하는 기능을 담당하는 점액과 관련되며 차갑고 습한 성질을 갖는다. 따라서 성격이 차분하고 온화한 장점이 있지만, 변화를 싫어하고 보수적이며 게으르거나 수동적이라는 단점이 있다.

마지막으로, 담즙형은 황담즙(yellow bile)과 관련되며 뜨겁고 건조한 성질을 갖는다. 담즙형은 열정적이고 리더십이 뛰어나며 결단력이 있고 목표 지향적이라는 장점이 있지만, 급하고 공격적이며 지나치게 경쟁적이고 권위적이어서 타인의 감정을 고려하지 못한다는 단점이 있다.

(2) 융의 성격 유형론

두 번째 성격 유형론은 분석심리학의 창시자인 카를 융(Carl Jung)의 성격 유형론이다. 융은 인간의 성격을 구성하는 요소로 태도(attitude)와 심리적 기능(psychological function)을 제안했다. 먼저, 성격 중 태도는 선천적으로 타고나는 특성으로, 사람들이 에너지를 사용하는 방식에 따라 외향형과 내향형으로 구분된다. 외향(extraversion)은 외부 세계에서 에너지를 얻고 사람들과의 상호작용을 통해 활력을 얻는 성향이며, 내향(introversion)은 내면의 세계에서 에너지를 얻고 혼자 있는 시간을 통해 에너지를 회복하는 성향이다. 즉, 사람마다 편안하고 자연스럽게 행동하도록 하는 에너지가 다르다고 보았다.

다음으로, 융은 성격 중 기능을 사람들의 사고와 감정을 처리하는 방식으로 정의하고, 감각, 직관, 사고, 감정 등 4가지로 나누었다. 감각(sensation)은 현재의 사실과 현실적인 정보를 중시하고, 실질적인 경험을 통해 세상을 인식하는 기능이다. 직관(intuition)은 미래나 가능성에 대한 통찰력으로, 구체적인 사실보다는 패턴과 전체적인 그림으로 인식하는 기능이다. 사고(thinking)는 논리적이고 분석적인 사고를 통해 결정을 내리는 기능인 반면, 감정(feeling)은 개인의 가치나 감정에 따라 결정을 내리는 기능이다. 융은 타고난 외향성과 내향성도 심리적 기능에 따라 달라질 수 있다고 생각하고 외향/내향의 태도와 감각/직관, 사고/감정의 심리적 기능을 결합하여 8가지 성격 유형을 제안했다(표 3.1 참조).

표 3.1 융의 성격 유형과 특징

성격 유형	특징
외향적 감각형	실질적이고 현실적인 정보에 중점을 둔 외향적인 성격
내향적 감각형	개인적인 경험을 통해 세상을 이해하려는 내향적인 성격
외향적 직관형	가능성에 대한 통찰력과 직감을 바탕으로 미래를 예측하려는 외향적인 성격
내향적 직관형	내면의 직관을 통해 세상의 패턴을 이해하려는 내향적인 성격
외향적 사고형	논리적이고 분석적인 사고를 통해 외부 세계를 이해하려는 외향적인 성격
내향적 사고형	내면의 논리를 통해 자신만의 체계를 구축하려는 내향적인 성격
외향적 감정형	사회적 관계에서 타인의 감정과 가치를 중시하는 외향적인 성격
내향적 감정형	내면의 가치와 감정을 중요시하고, 외부 세계와의 관계에서 신중한 내향적인 성격

(3) 마이어스와 브릭스의 MBTI

대한민국 국민에게 매우 대중적으로 알려진 MBTI(Myers-Briggs Type Indicator)는 이사벨 마이어스(Isabel Myers)와 그녀의 어머니인 캐서린 브릭스(Katharine Briggs)가 사람들이 성격 유형에 맞는 직업을 찾도록 돕기 위해 개발한 성격검사이다. 융의 성격 유형론을 기반으로 하며, 4가지 지표(외향/내향, 감각/직관, 사고/감정, 판단/인식)를 조합하여 16가지 성격을 유형화했다(표 3.2 참조). 예를 들어, ENTJ(외향, 직관, 사고, 판단) 유형은 융의 외향적 사고형과 유사한 특성을 갖는다.

표 3.2 MBTI의 선호지표와 성격의 선호성향

선호 지표	성격의 선호 성향	선호 지표
외향 (**E**xtraversion)	주의 초점: 에너지의 방향	내향 (**I**ntroversion)
감각 (**S**ensing)	인식 기능: 구체적 자료 또는 직관적 판단에 기초	직관 (I**N**tuition)
사고 (**T**hinking)	판단 기능: 사고 또는 감정에 기초	감정 (**F**eeling)
판단 (**J**udging)	생활 양식: 가치판단적 또는 사실수용적	인식 (**P**erceiving)

주변 사람들의 MBTI 유형을 알게 되면, 내 유형과 같은 것과 다른 것을 파악할 수 있어 그 사람이 왜 나와 다르게 생각하고 다르게 행동하는지를 이해할 수 있다. 즉, MBTI를 통해 자신의 성격에 대한 이해와 타인에 대한 공감이 확장됨으로써 사람들과 소통하고 협력하는 과정에 도움이 될 수 있다. 또한 MBTI는 개개인의 선호 경향을 분류하는 검사 방식으로 진로, 직업 선택 등을 위한 교육상담, 심리상담 자료로 활용되며, 직무 적합성 파악을 목적으로 기업체 채용 과정에서도 활용되고 있다. 요즘은 연예인 프로필에도 MBTI 유형이 소개되고 일부 기업에서는 MBTI 유형에 따른 마케팅이 이루어지는 등, 일명 'MBTI 열풍 시대'이다.

이렇듯 MBTI가 대중적 인지도와 활용도가 높은 것과는 달리, 오래전부터 과학적 신뢰도 부족, 결과의 변동 가능성 등에 따른 비판이 이어져 왔다. 또한

전 세계에 살아가고 있는 수십억 인구를 16가지 유형으로만 분류하는 것이 현실적으로 불가능하다는 지적이 있다. 이에 더해 누군가의 MBTI 유형을 알게 되면 그 사람의 고유한 모습을 간과하고 해당 유형으로 정형화해서 판단하는 편견과 오해가 발생할 수 있다는 점도 주의해야 한다.

2) 특질론

특질론은 성격을 다양한 차원의 연속적인 스펙트럼으로 보고, 개개인의 차이를 측정하는 방식이다. 즉 인간의 행동을 설명하는 다양한 특성들을 범주가 아니라, 차원으로 보고 각 차원이 어느 정도 수준인지 양적인 개념으로 설명하는 것이다. 예를 들어, 외향형 혹은 내향형으로 분류하는 것이 아니라 외향성은 낮지만 우호성은 높은 사람 등으로 표현하는 것이다.

(1) 올포트의 특질론

특질론의 대표적인 심리학자는 미국의 사회심리학자인 고든 올포트(Gordon Allport)이다. 올포트는 인간의 특질을 '개인이 다양한 자극에 대해 특정 방식으로 동일하게 반응하는 경향성'이라고 정의하면서, 공통 특질(common trait)과 개별 특질(individual trait)로 구분했다. 공통 특질은 동일한 문화권에 속한 사람들이 공유하고 있는 특질로서 개인차가 존재하지만 보편적으로 발견되는 특징이 있다. 개별 특질은 개인이 가지고 있는 고유의 행동 성향으로서 다른 사람과의 양적인 비교가 불가능하고 개인적인 삶과 자기에 대한 주관적인 측면이 강조된다. 따라서 공통 특질은 대규모 연구 참여자를 대상으로 법칙정립적 접근법에 의해서 연구되는 반면, 개별 특질은 개별사례 접근법에 의해서 파악할 수 있다.

올포트는 개별사례 접근을 통해 개별 특질에 주요 특질(cardinal trait), 중심 특질(central trait), 이차 특질(secondary trait) 등을 제시했다. 주요 특질은 개인의 성격을 거의 완전히 지배하는 강력한 특질로서 삶의 모든 측면에서 영향을 미치며, 특정한 행동 패턴을 일관되게 유지하도록 만든다. 대부분의 사람들은 이러한 특질을 가지지 않지만, 일부 역사적 인물이나 위대한 지도자들은 뚜렷한 주요 특질을 갖는다. 예를 들어, 테레사 수녀(Mother Teresa)는 이타주의,

아돌프 히틀러(Adolf Hitler)는 권력욕, 마하트마 간디(Mahatma Gandhi)는 비폭력이라는 주요 특질을 꼽을 수 있다. 중심 특질은 한 개인의 성격을 형성하는 핵심적인 특질로서, 특정 상황이 아니라 다양한 상황에서 나타나는 일반적인 성향이다. 중심 특질은 한 개인을 이해하는 데 중요한 역할을 하는데, 보통 한 사람당 5~10개 정도(예: 성실함, 정직함, 친절함, 사교적, 독립적)의 중심 특질을 갖는다. 마지막으로, 이차 특질은 특정한 상황에서만 나타나는 특질로, 중심 특질보다 덜 중요한 요소이다. 특정 조건에서만 발현되거나 특정 조건이 충족되어도 발현되지 않을 수 있기 때문에 행동에 큰 영향을 미치지 않는 특질이다. 일반적으로 친한 사람만이 알아볼 수 있는 개인적인 습관이나 성향에 해당한다. 예를 들어, 어떤 사람이 공식적인 자리에서는 내성적이지만 친한 친구들과 함께하는 자리에서는 외향적이라면, 이 사람의 내성적인 모습은 중심 특질이고 외향적인 모습은 이차 특질인 것이다.

성격에 대한 특질론의 발전에 가장 크게 공헌한 것은 공통 특질을 찾아내기 위해 대규모 표본을 바탕으로 자료를 수집하고 법칙정립적 접근을 사용한 점이다. 법칙정립적 접근은 보편적인 성격특질을 연구하기 위해 대규모 표본을 대상으로 연구하여 일반적인 성격 패턴을 발견할 수 있기 때문에 성격의 예측 가능성을 높일 수 있다는 장점이 있다. 반면, 개인의 독특한 특성을 간과할 수 있고, 성격이 유동적임에도 불구하고 상황적 요인을 반영하지 못할 수 있으며, 개별적인 심층 연구보다는 평균적인 패턴에 집중하므로 개인의 성격에 대한 질적인 분석이 부족하다는 단점도 있다.

(2) 성격 5요인 이론

법칙정립적 접근을 통한 대표적인 특질 이론에는 한스 아이젱크(Hans Eysenck)의 3요인(ENP) 이론,* 레이몬드 카텔(Raymond Cattell)의 16요인, 성격 5요인 이론이 있다. 이들 중 카텔의 16요인은 너무 복잡하고 요인 수가 많다는 문제점이 지적되고, 아이젱크의 3요인은 성격 차원을 좁게 구성한다는 한계점이

* 성격의 3요인 이론은 영국 심리학자 한스 아이젱크(1916~1997)가 개발한 것이다. 외향성(Extraversion-introversion, 신경증(Neuroticism-stability), 정신병 성향(Psychoticism) 등 3가지 구성 요인의 첫 글자를 따서 'ENP 모형'으로 불린다.

있다. 1980~90년대 기본 특질의 수가 5개(신경성, 외향성, 개방성, 우호성, 성실성)라는 연구가 축적되면서 다양한 성격의 5요인 모형(예: Goldberg, 1981; Norman, 1963; Tupes & Christal, 1961)이 대두되었다. 성격 5요인 모형과 혼용되는 'Big 5' 모형이라는 용어를 최초로 사용한 학자는 루이스 골드버그(Lewis Goldberg, 1981)이다.

성격의 5요인 모형은 폴 코스타(Paul Costa)와 로버트 맥크레이(Robert McCrae)에 의해 집대성되었다. 이들은 성격에 대한 어휘 연구를 통해 성격 5요인이 문화적으로 보편적이라는 것을 발견했으며, 진화론적 관점을 취하며 생존과 번식에 중요한 성격 요인으로서 유전적 기반을 지니고 있다고 주장한다. 이들의 연구는 성격검사 개발로 이어져 1978년 NEO-PI를 발표했으며, 이후 1992년 NEO-PI-R, 2005년 NEO-PI-3 등 개정판을 발표했다. 성격 5요인 이론(Five-Factor Theory, FFT; McCrare & Costa, 2003)은 성격의 5요인 모형(Big 5 모형)에 기초하여, 성격이 어떻게 형성되고 작용하는지를 설명하는 이론이다. 이 이론은 다양한 연구 결과를 통합하며, 성격의 형성과 변화 과정을 강조하고, 성격이 개인의 행동, 직업 선택, 인간관계 등에 어떤 영향을 미치는지를 다룬다.

성격 5요인 이론의 구성은 5가지 성격 요인의 영문명의 첫 글자를 따서 약어로 'OCEAN'이라고 부르기도 하는데, 각 요인의 구성 요소와 정의, 하위 요인, 그리고 행동 특징은 표 3.3과 같다.

성격 5요인 이론은 문화보편적으로 적용될 수 있는 이론으로서 개인의 행동, 직업 성과, 대인관계, 정신건강을 예측하는 데 유용하다. 하지만, 성격 5요인 이론을 사용함에 있어 주의해야 할 사항도 있다.

첫째, 각 성격 특성이 독립적으로 작용하는 것은 아니다. 따라서 성격 요인이 어떻게 조합을 이루는지에 따라 개인의 성격을 보다 정밀하게 설명하는 것이 필요하다. 예를 들어, 외향성이 높다고 해도 다른 성격 요인들의 차이에 따라 성격이 다르게 나타날 수 있다. 외향성과 우호성이 모두 높은 A씨는 사교적이고 친절하며, 사람들과 어울리는 것을 즐기며, 타인을 배려하며 협력적이라 팀워크가 좋을 수 있다. 이로 인해 친구들과 원만한 관계를 유지하고, 낯선 사람과도 쉽게 친해질 수 있다. 반면, 외향성은 높은데 우호성이 낮은 B씨는 사교적이지만 경쟁심이 높고 자기주장이 강할 수 있다. 다른 사람의 반응을 신경 쓰기보

표 3.3 성격 5요인 이론의 구성 요소와 특징

요인	정의	하위 요인	행동 특징
개방성 (Openness to experience)	• 다양성을 추구하고 심리적인 경험을 할 때 감동받을 줄 아는 경향성으로, 창의적이고 새로운 경험을 추구하는 정도 • 상상력, 감성, 호기심, 예술적 관심과 관련됨	상상력, 심미안, 감정 자각, 다양한 행위, 지적 호기심, 가치 개방성	• 높음: 창의적, 독창적, 모험적, 다양한 아이디어를 좋아함 • 낮음: 전통적, 보수적, 새로운 경험을 꺼림
성실성 (Conscien-tiousness)	• 물리적 환경이나 정신을 조직화하는 경향성으로, 목표 지향적이고 조직화하는 정도 • 자기통제, 책임감, 계획성, 신뢰성과 관련됨	유능성, 질서정연, 신중성, 책임의식, 성취 추구, 자기절제	• 높음: 체계적, 신중함, 성실함, 목표 달성을 위해 노력 • 낮음: 충동적, 즉흥적, 계획 없이 행동하는 경향
외향성 (Extraversion)	• 열정적이고 다른 사람과 상호작용하는 것을 추구하는 경향성으로, 사회적 상호작용과 자극을 즐기는 정도 • 사교성, 활력, 긍정적 감정, 활동성이 높음	따뜻함, 긍정 정서, 군집성, 주장성, 활동성, 흥분 추구	• 높음: 사교적, 활발함, 에너지 넘침, 타인과 어울리는 것을 좋아함 • 낮음: 내향적, 조용함, 혼자 있는 것을 선호함
우호성 (Agreeable-ness)	• 다른 사람들을 신뢰하고 공감하며 잘 어울리며 지내는 경향성으로, 타인을 배려하고 협력하는 정도 • 친절함, 이타심, 공감, 신뢰성과 관련됨	신뢰성, 솔직성, 이타성, 순응성, 겸손함, 온유함	• 높음: 친절함, 공감 능력이 뛰어남, 협력적 • 낮음: 경쟁적, 냉정함, 비판적 태도를 가짐
신경성 (Neuroticism)	• 생활에서 경험하는 고통에 잘 적응하는 경향성으로, 정서적 불안정성과 부정적 감정을 경험하는 정도 • 불안, 우울, 분노, 스트레스에 취약함	불안, 우울, 스트레스 취약성, 적대감, 자의식, 충동성	• 높음: 감정 기복이 심함, 쉽게 불안해함, 스트레스에 취약 • 낮음: 감정적으로 안정적, 침착함, 스트레스에 강함

다는 자신의 의견을 관철하려는 경향이 있고, 토론에서 공격적일 수 있으며, 논쟁을 즐길 수도 있다. 즉, A씨와 B씨 모두 모두 외향적이지만, A씨는 친절하고 협력적인 리더형이라면, B씨는 카리스마 있지만 논쟁적이고 권위주의적인 리더형이어서 두 사람은 서로 다른 모습을 보일 수 있다.

둘째, 성격 5요인이 생물학적 기반을 갖는 기본적인 성향이기는 하지만 고정불변인 것은 아니다. 우리의 성격은 어떤 인생 경험을 하느냐, 그리고 어떤 외부 영향을 받느냐에 따라 성격 요인이 조절될 수 있다. 예를 들어, 신경성이 높은 C씨는 어릴 때부터 불안과 걱정이 많았고, 작은 실수에도 스트레스를 많이 받았다. 이로 인해 중요한 시험이나 발표가 있을 때마다 긴장을 많이 하고 압박감을 느꼈다. 하지만 성인이 되면서 명상, 운동 등 스트레스 관리 기법을 배우고 실천했고, 긍정심리학에 관심을 가지면서 부정적인 사고 패턴을 조절하는 훈련

을 했다. 또한 신뢰할 수 있는 친구나 배우자와 안정적인 관계를 맺으면서 정서적으로 안정을 찾아갔다. 결국에는 예전보다 감정 조절 능력이 향상되고, 어려운 상황에서도 쉽게 무너지지 않게 되었다. 물론 여전히 예민한 부분이 있지만, 신경증이 낮아지고 정서적 안정성이 향상되었다.

다른 예로, D씨는 어릴 때부터 조용하고 내성적인 성향을 가지고 있어서 혼자 있는 것을 좋아하고, 사람들과 어울리는 것이 부담스러웠다. 하지만 대학 진학 후 다양한 동아리 활동과 팀 프로젝트에 참여하면서 사람들과 교류하는 경험이 많아졌다. 취업한 후 직장에서 발표와 대인관계가 중요한 업무를 맡게 되어 사회적 기술이 발달하게 되었다. 처음에는 어색했지만 점점 타인과의 상호작용이 편해지고, 외향성이 증가하게 되었다. 결국, 내성적이던 성격이 완전히 바뀌지는 않지만, 새로운 환경 속에서 보다 개방적이고 사교적인 태도를 갖추게 되었다. 성격의 5요인 중 우호성은 다른 요인들에 비해 환경의 영향을 더 많이 받는 경향이 있어, 비교적 변화하기 쉬운 특성으로 여겨진다.

셋째, 성격 5요인은 절대적 기준에 의한 것이 아니며, 통계 기법 중 하나인 요인분석에 의해 도출된 것일 뿐 생물학적, 심리학적 이론 기반이 취약하다는 비판이 있다. 특히 성격 강점(예: 정직성, 유머 감각, 종교성 등)과 같은 중요한 성격 특질이 포함되지 않았고, 성격의 내면적 구조나 역동을 설명하는 데는 한계가 있다는 것이다. 국내에서는 성격 5요인에 '정직-겸손(honesty-humility)' 요인을 더해 6요인의 HEXACO 모형(유태용, 이기범, & Ashton, 2007)이 제안되었는데, 정직-겸손의 수준을 평가함으로써 비윤리적, 반사회적, 착취적 대인관계 스타일을 평가할 수 있다.

2 성격 이론

1) 생물학적 관점

성격 형성에는 생물학적 요인(유전, 신경계, 호르몬, 뇌 구조 등)이 중요한 역할을 한다. 즉, 타고난 생물학적 기질에 따라 성격이 형성될 가능성이 높다. 예를 들어, 일란성 쌍둥이는 100% 동일한 유전자를 공유하고, 이란성 쌍둥이는 50%의 유전자를 공유한다. 한 연구에 따르면, 일란성 쌍둥이는 서로 다른 환경에서 자라더라도 성격이 비슷할 가능성이 높은 것으로 나타났다. 특히 외향성과 신경증은 유전의 영향을 상당히 많이 받는 것으로 밝혀졌는데, 쌍둥이 연구에 따르면, 서로 다른 가정에서 자란 일란성 쌍둥이들이 비슷한 수준의 외향성을 보인 반면, 같은 환경에서 자란 이란성 쌍둥이들은 성격 차이가 나타났다. 즉, 유전자의 일치도에 따라 성격의 유사성에 차이가 나타난다는 점은 성격 형성에 있어 유전적 영향이 존재함을 시사한다.

한편, 신경전달물질 중 도파민은 외향성과 밀접한 관련이 있으며, 외향적인 사람일수록 도파민 시스템이 더 활발하게 작동하는 경향이 있다. 도파민은 보상과 즐거움을 느끼게 해주는 신경전달물질이므로, 높은 도파민 민감도를 가진 사람은 새로운 자극을 추구하는 등 외향적인 성격을 나타낼 가능성이 높다. 외향적인 사람들은 새로운 경험을 좋아하고, 사람들과 어울리는 것을 즐기며, 반대로 내향적인 사람들은 자극에 더 민감하게 반응하고, 조용한 환경을 선호하는 경향이 있다.

스트레스 호르몬 중 하나인 코르티솔은 성격 특성과 관련이 있다. 예를 들어, 신경증이 높은 사람은 스트레스에 더 민감하게 반응하며, 코르티솔 수치가 높을 가능성이 크다. 반면, 신경증이 낮은 사람은 코르티솔 수치가 낮고, 스트레스 상황에서도 감정적으로 더 안정적인 경향을 보인다.

뇌의 구조물 중 편도체(amygdala)는 감정을 처리하는 데 중요한 역할을 하며, 특히 두려움과 불안 같은 부정적 정서 반응과 밀접한 관련이 있다. 연구에 따르면, 신경증이 높은 사람들은 편도체의 활성도가 더 높다. 예를 들어, 신경증이 높은 사람들은 위험 상황에 더 민감하게 반응하고 걱정을 많이 하는 반면, 신경증이 낮은 사람들은 불안감이 적고 감정적으로 더 안정적이다.

2) 정신역동적 관점

정신역동적(psychodynamic) 관점은 지그문트 프로이트(Sigmund Freud)와 그 이후의 정신분석가들이 주장한 이론으로, 성격이 무의식적 동기와 어린 시절의 경험에 의해 형성된다고 본다. 이러한 주장이 초기에 제안되었을 때 무의식의 정의와 실재에 대한 논란이 있었다. 하지만 우리가 바쁜 일이 있을 때 중요한 약속을 잊거나, 급할 때 여러 가지를 고려하지 못하고 즉흥적으로 행동한다면 무의식의 영향을 받는 것이다. 즉, 무의식은 의식적인 수준에서 정보를 체계적으로 처리하는 데 사용할 수 있는 자원이 부족할 때 나타나는 자동적 정보처리라고 할 수 있다.

(1) 성격의 지형학적 모형

정신역동적 관점은 인간 정신의 구조를 의식, 전의식, 무의식으로 구분한다. 의식은 현재 자각할 수 있는 생각, 감정, 감각 등을 말한다. 논리적 사고, 의도적인 행동, 지각 등이 이루어지는 영역이다. 예를 들어, 지금 이 문장을 읽고 있는 경험이나 현재 느끼고 있는 감정은 의식의 범주에 포함된다. 전의식은 우리가 조금만 주의를 기울이면 알아차릴 수 있는 정신의 구조라고 정의한다. 예를 들어, 오래된 친구의 전화번호, 어릴 적 추억 등은 특정한 상황에서 떠올릴 수 있다. 무의식은 의식하기에는 지나치게 위협적인 갈등이나 욕구가 저장된 정신의 깊은 영역으로, 본능적 충동, 억압된 기억, 트라우마 등이 포함된다. 예를 들어, 어린 시절의 억압된 기억이나 해결되지 않은 내적 갈등이 무의식에 저장될 수 있다. 무의식은 흔히 꿈, 실수, 방어기제로 나타날 수 있다.

흔히 의식에 대해 '빙산의 일각'이라는 표현을 쓰는 것은 우리의 인지, 정서, 행동은 의식하고 있는 것보다 의식하지 못하는 것에 의해 더 많은 영향을 받는다는 것을 의미한다. 정신역동적 관점에서는 우리가 의식하지 못하는 것, 특히 어린 시절의 경험, 무의식적 갈등, 방어기제, 심리성적 발달 단계별 고착이 성격 발달에 중요한 영향을 미친다고 본다.

(2) 성격의 구조적 모형

프로이트는 초기 성격 이론에서 제안한 지형학적 모형 중 전의식 개념의 타당성에 의문을 갖게 되었고, 이후 정신의 역동적 작용을 보다 잘 설명하기 위해 성격의 구조적 모형을 제안했다. 정신역동이란 여러 가지 힘들이 상호작용함에 따라 성격이 만들어지는 과정으로 정의할 수 있다. 정신적 에너지는 다양한 심리적 과정, 즉 원초아(id), 자아(ego), 초자아(superego)의 사이에서 작용한다. 원초아는 본능적 충동과 욕구(예: 식욕, 성욕, 공격성)를 담당하며, '쾌락 원리(pleasure principle)'에 따라 즉각적인 만족을 원한다. 정신의 구조 중 순전히 무의식적으로 존재하며, 이성적 판단 없이 본능적 욕구를 충족하려 한다. 자아는 현실 세계와의 상호작용을 담당하면서 원초아와 초자아 사이에서 균형을 맞추는 역할을 한다. '현실 원리(reality principle)'를 따르며, 사회적 규범과 개인의 욕구를 조정한다. 주로 의식과 전의식 수준에서 작동하지만, 무의식에도 영향을 준다. 이에 반해, 초자아는 도덕적 기준과 사회적 규범을 내면화한 부분으로서 부모나 사회의 가르침을 통해 형성된다. 자아의 옳고 그름을 판단하는 기능을 하기 때문에 자아비판이나 죄책감을 유발한다.

원초아가 너무 강하면 시험이 있는데 공부보다 게임을 하면서 당장 재미를 추구할 수 있고, 초자아가 너무 강하면 완벽하지 않을 때 자기 또는 타인에 대해 지나치게 비판적일 수 있다. 자아의 힘이 너무 강하면 냉정하고 인색할 수 있고, 반대로 자아의 힘이 너무 약하면 스트레스를 받을 때 회피하거나 의사결정을 내리는 데 어려움을 겪을 수 있다. 각 요소의 힘이 균형을 이룰수록 건강한 성격이 형성될 수 있다.

(3) 어린 시절 경험과 성격 형성

정신역동적 관점에서는 어린 시절의 애착 경험이 성격 형성에 큰 영향을 미친다고 본다. 예를 들어, 부모와의 애착 경험이 서로 다른 A씨와 B씨를 생각해 보자.

A씨의 부모는 정서적으로 안정적이었고, 아이의 감정을 공감해주었다. 그 결과, A씨는 성장하면서 다른 사람을 신뢰하는 성향, 즉 높은 우호성을 갖게 되었고, 대인관계에서 안정적이고 감정적으로 개방적인 성격을 형성하게 되었다. 반면, B씨의 부모는 냉담하거나 일관되지 않은 태도를 보였다. B씨는 정서적으로 방치되거나, 부모의 사랑을 얻기 위해 노력해야 했다. 그 결과, B씨는 불안정한 애착을 형성하고, 타인을 신뢰하는 데 어려움을 느꼈고, 대인관계에서 과도하게 의존하거나 정서적으로 거리를 두는 성향을 보였다.

(4) 무의식적 갈등과 성격

정신역동적 관점에서는 무의식적으로 억압된 감정이 성격 형성과 행동에 영향을 미칠 수 있다고 본다. 무의식적 갈등은 가정 환경의 영향을 많이 받는데, 다음의 C씨의 사례를 통해 무의식적 갈등이 성격 형성에 미치는 영향을 살펴보자. C씨는 엄격한 가정에서 자라면서 감정을 자유롭게 표현하지 못했는데, 특히 화를 내거나 반항하는 것은 절대 용납되지 않았다. 억압된 분노를 무의식적으로 내면화하고, 지나치게 착하고 순응적인 성격을 가지게 되면서 우호성은 높아지고, 자기주장은 낮아졌다. 결국, 겉으로는 친절하지만 내면적으로는 억눌린 감정이 많아 스트레스를 받게 되었다. 성인기가 되어서 이러한 억압된 감정이 신체 증상(예: 두통, 위장장애)으로 나타나게 되었다.

(5) 방어기제와 성격

방어기제(defense mechanism)는 '불안할 때 자신을 보호하기 위해 자아가 사용하는 전략'으로 정의된다. 방어기제는 위협적인 상황 자체를 직접 바꾸기보다는, 그 상황에 대한 지각이나 사고방식을 변화시키는 방식으로 작용하는 정상적인 정신 과정이다. 하지만, 방어기제를 지나치게 많이 사용한다면 심리장애의 신호라고 할 수 있다. 즉, 방어기제는 단기적으로는 심리적 고통을 줄이는 기능을 하지만, 장기적으로는 성격과 행동 패턴에 부정적인 영향을 미칠 수 있다. 정신역동 이론가들이 제안한 방어기제는 수십 가지에 이르는데, 미성숙하고 원시적인 수준에서 성숙한 수준까지 다양하다. 다음에서는 대표적인 방어기제로 억압, 합리화, 투사, 유머 등이 어떻게 성격 형성에 영향을 미치는지를 살펴볼 것이다.

① 억압 억압(repression)은 받아들이기 어려운 감정, 욕망, 충격적인 경험 등을 무의식 속으로 밀어 넣는 과정을 의미한다. 억압을 많이 사용하는 사람은 자신의 감정을 무의식적으로 억누르는 경향이 강하고, 화가 나거나 슬퍼도 표현하지 않고, 감정을 드러내는 것을 어려워할 수 있다. 논리적이고 이성적인 태도를 유지하려 하며, 감정을 조절하는 것에 집착하게 되고, 스트레스를 내면화하면서 신체 증상(예: 두통, 위장장애 등)으로 나타날 가능성이 있다.

억압된 감정은 무의식적으로 왜곡되어 표출될 가능성이 있다. 특히, 반동형성(reaction formation)이라는 방어기제가 함께 작용할 수 있는데, 억압된 감정과 정반대의 태도를 보이며 자신을 방어하려 한다. 예를 들어, 분노를 지나치게 억압할 경우, 과도하게 도덕적이거나 강박적인 성격이 형성될 수 있으며, 억압된 욕구가 무의식적으로 작용하여 때로는 충동적인 행동으로 나타날 수 있다. 이러한 행동에는 예를 들어 몰래 음란물을 시청하거나 성적으로 무분별한 행동을 하는 것 등이 포함될 수 있다.

억압과 유사하면서도 상대적으로 성숙한 방어기제로는 억제(suppression)가 있다. 억압과 억제 모두 불쾌한 감정이나 기억을 의식에서 밀어내는 과정이지만, 억압은 무의식적으로 이루어지는 반면 억제는 의식적으로 이루어진다. 억압은 받아들이기 힘든 감정, 충격적인 기억을 무의식적으로 밀어내는 것인데 반해, 억제는 감정을 인식하고 스스로 조절하여 의식적으로 밀어내는 것이다. 억압된 감정은 무의식적으로 행동에 영향을 미칠 수 있지만(예: 불안, 신체 증상), 억제된 감정은 상황이 지나면 다시 감정을 표현하거나 다룰 수 있다. 예를 들어, 업무 실수로 인해 직장 상사에게 야단을 맞았을 때 화가 났지만 그 자리에서는 참았다가 친구들을 만나서 풀었다면, 분노를 인식하고 적응적으로 조절했으므로 억압이 아니라 억제를 사용한 것이다.

② 합리화 합리화(rationalization)는 자신의 행동이나 감정을 정당화하기 위해 논리적이거나 사회적으로 받아들일 만한 이유를 만들어내는 과정을 의미한다. 즉, 받아들이기 어려운 현실이나 실패, 잘못된 행동에 대한 불편한 감정을 줄이기 위해 논리적 설명을 붙여 스스로를 납득시키는 방어기제이다. 예를 들어, 중요한 시험에서 떨어졌을 때, "시험이 너무 불공평했어. 내가 못 본 게 아니라 시험이 이상한 거야!"라고 정당화하는 것이다. 이러한 합리화 경향이 강한 사람은 실패를 인정하기 어려워하며 자기방어적인 성격 특성을 나타낼 수 있다. 이로 인해 자신의 단점을 직면하지 못하거나 실패를 두려워하며, 타인에게 책임을 전가하는 성격이 형성될 수 있다. 때로는 과도한 자기정당화로 인해 비도덕적인 행동을 정당화하는 성향을 보일 수도 있다.

③ 투사 투사(projection)는 자신의 것으로 받아들이기에는 너무 위협적인 욕구나 충동을, 마치 다른 사람의 것인 것처럼 여기는 방어기제이다. 즉, 이러한 욕구나 충동의 주체를 자기 내부에서 외부로 전환하는 방식이다. 예를 들어, 자신이 타인을 질투하면서 '다른 사람들이 나를 질투하고 있어!'라고 생각한다면 투사가 작동한 것이다. 투사는 자신의 불편한 감정을 타인에게 떠넘기는 방어기제이므로 대인관계에서 방어적이고 의심이 많은 성격을 만들 수 있다. 하지만 투사도 적절한 수준에서 활용되면 자기이해와 성장에 도움을 줄 수 있는데, '저 사람이 날 싫어한다고 느끼지만, 사실 내가 그 사람을 불편해하는 것일 수도 있어'라는 생각은 투사를 건강하게 활용하는 예이다. 한편, 투사는 다른 사람의 감정이나 욕구를 이해하는 데 필요한 공감의 기초가 될 수도 있다. 예를 들어, 배고픈 사람이 배고픈 사람을 알아보고 함께 밥을 먹자고 말을 건넨다면, 투사가 건강한 방향으로 작동한 것이다.

④ 유머 유머(humor)는 스트레스와 불안을 다루는 건강한 전략 중 하나로, 성숙하고 건강한 방어기제로 간주된다. 흔히 긴장된 상황에서 웃음을 통해 감정을 조절하고 현실을 긍정적으로 해석하는 역할을 한다. 유머는 크게 자기고양적 유머, 사회적 유머(친화적 유머), 자기비하적 유머, 공격적 유머로 나눌 수 있다(Martin et al., 2003).

대표적으로 자기고양적 유머는 실패나 실수를 가볍게 받아들이며, 문제해결 능력을 향상시킬 수 있다. 예를 들어, 중요한 발표에서 실수를 했을 때 "제가 인간미가 넘치는 사람입니다"라고 농담하며 분위기를 부드럽게 만드는 경우, 실패한 후에도 "이런 것이 성장의 밑거름이지!"라며 긍정적으로 해석하는 경우 등 결과적으로 어려운 상황에서도 낙천적인 태도를 유지하는 성격이 형성될 수 있다. 또한 친화적 유머(사회적 유머)는 다른 사람들과의 관계를 강화하고 긍정적인 분위기를 조성하기 위해 사용하는 유머이다. 따라서 이 유형의 유머 성향이 높은 사람은 대인관계에서 긴장을 완화하고 분위기를 부드럽게 하기 위해 유머나 농담을 자주 활용하며, 즉흥적인 재치를 잘 발휘하는 경향이 있다. 예를 들어, 회사에서 팀이 실적 부진으로 팀 내의 분위기가 나빠졌을 때, 팀장이 박수를 치며 "우리 팀은 일은 못해도 웃음은 세계 1등이야!"와 같이 이야기함으로써 팀원들의 사기를 북돋고 관계를 나아지게 할 수 있다.

하지만 모든 유머가 긍정적인 것은 아니다. 자기비하적 유머는 스스로를 깎아내리면서 웃음을 유발하는 유머인데, 낮은 자존감과 불안한 성격을 형성할 수 있다. 예를 들어, "나는 원래 못생겼으니까 괜찮아"라며 스스로를 깎아내리거나 "난 원래 운이 없어서 망할 줄 알았어"라고 실패를 정당화하는 경우에 해당한다. 또한 공격적 유머는 타인을 조롱하거나 비꼬는 유머인데, 냉소적이고 대인관계에서 갈등을 일으킬 가능성이 높은 성격으로 발전할 수 있다. 예를 들어, 친구의 실수를 두고 "넌 도대체 어떻게 그렇게 바보 같을 수가 있냐?"라고 농담하거나 상대방의 외모나 특징을 비꼬면서 웃음을 유발하는 경우가 이에 해당한다.

유머는 단순한 웃음의 도구가 아니라, 성격 형성에 중요한 역할을 하는 심리적 요소이다. 건강한 유머는 긍정적인 성격 형성에 도움이 되지만, 부적절한 유머는 부정적인 성격 특성을 강화할 수 있다. 즉, 어떤 유머를 사용하는가에 따라 성격 발달의 방향이 달라질 수 있으며, 나아가 삶의 질에도 영향을 미칠 수 있다.

(6) 성격 발달 단계와 고착

프로이트는 성격은 어린 시절의 심리성적 발달 단계를 거치면서 형성된다고 보았다. 심리성적 발달 단계는 구강기, 항문기, 남근기, 잠복기, 생식기로 구분되는데, 초기 3단계에서 욕구의 결핍 혹은 과잉충족이 일어남에 따라 문제가 발생하면 그 발달 단계에 '고착(fixation)'되어 성격에 영향을 줄 수 있다.

① 구강기 고착 구강기(oral stage, 0~1세)는 입이 주요한 쾌감의 원천이 되는 시기로, 수유와 돌봄이 안정적으로 제공되는지가 영아의 생존과 정서적 안정에 결정적인 영향을 미친다. 따라서 이 시기에 충분한 애정이나 욕구(예: 모유 수유, 부모의 따뜻한 돌봄)가 충족되지 못하면, 이후 구강기적 성격 특성이 형성될 수 있다. 구강기 핵심적인 욕구가 충분히 충족되지 못하면 성인이 되어서도 손톱을 물어뜯거나 과식, 흡연 등의 행동을 보일 가능성이 높고, 타인에게 의존적인 경향을 보일 수 있다. 반면, 구강기에 욕구가 과도하게 충족되면 타인에게 적대적, 공격적, 논쟁적인 성격으로 발달할 수 있다.

② 항문기 고착 항문기(anal stage, 1~3세)에는 항문이 쾌감의 원천이다. 항문기 초기, 생후 18개월 이전에는 부모가 아이에게 배변을 통제할 것을 크게 기대하지 않으며, 오히려 배변행위 자체를 긍정적으로 받아들이고 격려하는 경향이 있다. 하지만 18개월이 지나면 배변훈련이 시작되기 때문에 아이는 배변을 통한 쾌감을 지연시켜야 한다. 따라서 이 시기에 부모가 배변훈련을 너무 엄격하게 시켰다면, 아이는 통제에 대한 강한 압박을 경험할 수 있다. 결과적으로 성인이 되어 완벽주의적이거나 강박적인 성격을 갖게 될 가능성이 있다. 반대로 부모가 너무 자유롭게 배변훈련을 했다면, 자기절제의 어려움을 겪게 되어 즉흥적이고 충동적인 성격이 될 수도 있다.

③ 남근기 고착 남근기(phallic stage, 3~6세)는 쾌감의 원천이 항문에서 생식기로 옮겨가는 시기이고, 초자아가 형성되는 시기이다. 따라서 원초아의 충동과 부모의 기대를 통해 전달되는 사회의 요구 사이에서 갈등을 경험하게 된다. 아이는 성별의 차이를 인식하고, 부모와의 관계에서 오이디푸스 콤플렉스(Oedipus complex) 또는 엘렉트라 콤플렉스(Electra complex)를 경험할 수 있다. 남자아이는 어머니에게 애착을 느끼면서 아버지를 경쟁자로 인식하게 되고(오이디푸스 콤플렉스), 여자아이는 아버지에게 애착을 느끼면서 어머니를 경쟁자로 인식하는(엘렉트라 콤플렉스) 식으로 성별에 따라 다른 모습을 보일 수 있다. 보통 이 시기를 잘 극복하면 아이는 부모와의 동일시를 통해 초자아를 발달시키고 사회적으로 건강한 성격을 형성한다. 하지만 이 단계에 고착이 발생하면 성인이 되어서 자기애적 성격, 경쟁심, 권위적 태도를 보일 수 있고 이성과의 관계에서 시기 및 질투를 경험하는 등 다양한 성격적 특징이 나타날 수 있다.

앞서 살펴보았듯이, 정신역동적 관점에서 성격은 단순히 현재의 환경이나 유전적 요인에 의해 결정되는 것이 아니라, 무의식적 동기, 어린 시절 경험, 심리적 갈등과 방어기제의 작용에 의해 형성된다. 즉, 주양육자와의 애착과 어린 시절 경험은 타인과 관계를 맺는 방식을 결정하게 되고, 무의식적 감정과 갈등으로 인해 발생한 억압된 감정이 행동과 성격에 영향을 줄 수 있다. 또한 주로 사용하는 방어기제가 무엇이냐에 따라 사고 및 행동 패턴이 달라질 수 있고, 성격 발달 단계 중 어떤 단계에 고착되었느냐에 따라 성격 특성이 달라질 수 있다. 이러한 요소들이 결합되어 무의식적으로 형성된 성격이 현재의 행동과 대인관계 방식에 영향을 미친다고 보는 것이 정신역동적 관점이다.

3) 행동주의적 관점

행동주의(behaviorism)는 '인간의 성격이 선천적 기질보다 환경과 학습 경험에 의해 형성된다'고 보는 입장이다. 즉, 성격은 타고난 것이 아니라 외부 환경과 상호작용하며 학습된 행동 패턴의 결과라는 것이다. 행동주의적 관점에서 성격 형성을 설명하는 주요 학자로는 파블로프, 스키너, 반두라 등이 있다.

(1) 파블로프의 고전적 조건형성

고전적 조건형성(classical conditioning)이란 특정한 자극과 반응이 연합되어 성격 특성으로 발전하는 과정을 의미한다. 이반 파블로프(Ivan Pavlov)가 수행한 '파블로프의 개 실험'을 통해 형성된 이론으로, 이에 따르면 행동은 자극과 반응의 연합을 통해 형성된다. 예를 들어, 불안하고 소극적인 성격을 가진 A씨를 생각해보자. 그는 어린 시절 발표를 할 때 부모에게 심하게 꾸중을 들었던 경험이 있었다. A씨에게 원래 발표는 중립 자극이었지만 부모의 꾸짖음이라는 무조건 자극이 불안과 두려움이라는 무조건 반응을 유발하게 된다. 이후에는 발표가 중립 자극에서 조건 자극으로 바뀌고 이후 발표 상황 자체가 불안을 유발하게 되어 발표를 두려워하는 성격이 형성될 수 있는 것이다. 즉, 특정한 경험이 반복되면 특정한 성격 특성이 학습될 수 있다는 것이다. 반대로, 아이가 칭찬과 보상을 자주 경험하면 자신감 있는 성격을 형성할 가능성이 크다. 즉, 발표(중립 자극)와 칭찬·격려(긍정적 자극)가 연합되면서 자신감·즐거움(무조건적 반응)을 경험하게 되면, 이후 발표 상황에서 긍정적인 감정을 느끼며 대담한 성격이 형성될 수 있다. 즉, 환경이 제공하는 자극에 따라 성격은 긍정적으로 형성될 수도, 부정적으로 형성될 수도 있다.

(2) 스키너의 조작적 조건형성

조작적 조건형성(operant conditioning)이란 보상과 처벌을 통해 특정 행동이 증가하거나 감소하는 과정을 의미한다. 조작적 조건형성의 대표적인 학자는 스키너(B. F. Skinner)이지만, 원래는 에드워드 손다이크(Edward Thorndike)의 효과의 법칙(law of effect)에서 유래한다. 효과의 법칙이란 행동에 대한 결과가 어떠한가에 따라 행동이 증가 또는 감소된다는 것인데, 정적 강화(positive reinforcement)는 좋아하는 것을 제시하여 바람직한 행동을 증가시키는 것이고, 부적 강화(negative reinforcement)는 불쾌한 요소를 제거하여 바람직한 행동을 강화하는 것이다. 또한 처벌(punishment)은 바람직하지 않은 행동을 억제하는 것이다. 처벌도 정적 처벌과 부적 처벌로 구분된다. 정적 처벌은 바람직하지 않은 행동이 일어났을 때, 불쾌한 자극을 제공하는 것(예: 꾸중하기, 지적하기 등)이고, 부적 처벌은 바람직하지 않은 행동이 일어났을 때, 좋은 자극을 제거하는 것(예: 놀이시간 제한, 용돈 축소, 핸드폰 사용 금지 등)이다.

예를 들어, 아이가 집에서 조용히 있을 때 부모가 칭찬을 해주면(정적 강화) 점점 조용한 행동을 선호하게 된다. 반대로, 활발하게 행동할 때 부모가 꾸짖으면(정적 처벌) 점점 소극적인 성격이 형성될 수 있다. 외향적 성격도 마찬가지로, 친구들과 어울릴 때 긍정적인 관심을 받으면 점점 사교적인 성격이 형성되고, 발표를 할 때 칭찬을 받으면 점점 자신감 있는 성격이 만들어지는 것이다. 즉, 보상과 처벌의 경험에 따라 성격 형성이 달라질 수 있다.

(3) 반두라의 사회학습 이론

사회학습 이론(social learning theory)은 행동주의 이론 중 하나로 직접적인 보상과 처벌뿐만 아니라 타인의 행동을 관찰하고 모방하면서 성격이 형성된다고 설명한다. 앨버트 반두라(Albert Bandura)는 보보인형 실험을 통해 성인 모델의 공격적인 행동을 본 아이들이 동일한 행동을 모방하는 것을 관찰했다. 이 실험을 통해 부모가 쉽게 화를 내고 폭력적인 태도를 보이면, 아이도 비슷한 방식으로 행동할 가능성이 높아져 공격적인 성격이 생길 수 있다고 주장한다. 반면, 부모가 실패를 두려워하지 않고 도전하는 모습을 보이면, 아이도 도전적인 성격을 갖게 될 가능성이 높다는 것이다. 한편, 주변 친구들이 긍정적이고 활발하면, 비슷한 성격을 가지게 될 가능성이 있다.

반두라는 사회학습의 유형으로 모방학습, 대리학습, 관찰학습 등을 제시했다. 모방학습(modeling)은 부모나 유명인을 모방하며 성격을 형성한다는 것을 말한다. 이는 가장 단순한 사회학습으로, 해석이나 판단 등 인지적 요인의 개입이 없이 자동적으로 이루어지는 경향이 있다. 대리학습(vicarious learning)은 다른 사람이 특정 행동을 해서 보상을 받거나 처벌받는 것을 관찰한 후, 그에 따라 자신의 행동을 조절하는 학습 과정이다. 즉, 직접 경험하지 않아도 타인의 경험을 통해 교훈을 얻고 행동을 변화시킬 수 있다. 대리학습은 타인이 특정 행동(예: 질문하기)을 해서 보상을 받는 것을 관찰하며 그 행동을 더 따라 하게 되는 대리강화(vicarious reinforcement)와 타인이 특정 행동(예: 소리 지르기)을 해서 처벌을 받으면 그 행동을 피하게 되는 대리처벌(vicarious punishment)로 나뉜다.

한편, 관찰학습(observational learning)은 가장 복잡한 사회학습 과정으로 주의 과정, 저장 과정, 운동재생 과정, 동기화 과정 등 4가지 인지 과정으로 이루어진다. 먼저 주의 과정은 모델의 특정 행동에 관심을 갖고 관찰하는 것으로, 모델이 인기 있는 사람, 권위 있는 사람, 능력 있는 사람이라면 주의 효과가 높아질 수 있다. 저장 과정은 관찰한 내용을 기억하는 것으로, 메모를 하거나 머릿속으로 암송을 하면서 기억하려고 노력하는 것이다. 이후 관찰한 행동을 동작으로 재생하는 운동재생 과정을 거쳐, 특정 상황에서 그 행동을 하기로 결심하는 과정이 나타난다. 동기화 과정이 발생하려면 특정 행동으로 인해 직접적으로 강화를 받거나(직접강화) 다른 사람이 강화를 받는 것을 보거나(대리강화) 스스로에게 만족감을 얻는 것(자기강화)이 필요하다.

또한 반두라는 자기효능감(self-efficacy), 즉 자신의 능력에 대한 믿음(예: '나는 할 수 있다')이 성격 형성에 영향을 준다고 주장하며, 성격 형성에서 인지적 요인의 중요성을 강조했다. 따라서 반두라의 사회학습 이론은 나중에 사회인지 이론으로 바뀌게 된다.

이처럼 행동주의적 관점은 환경의 영향을 강조하며, 성격이 후천적으로 변화할 수 있다고 주장한다. 이는 성격을 비교적 고정된 것으로 보는 유전적 또는 정신역동적 결정론과는 대조된다. 하지만 모든 행동이 환경에 의해 결정된다고 보는 것도 일종의 결정론적 입장인 것이다. 또한 내면의 동기와 감정을 고려하지 않으므로 인간의 복잡한 감정을 충분히 설명하지 못하거나 개인의 자유의지를 간과할 위험성도 있다.

4) 인지적 관점

우리 속담에 '꿈보다 해몽이다'라는 말이 있다. 즉, 사실보다 해석이 중요하다는 의미이다. 같은 꿈을 꾸었더라도, 어떤 사람은 좋은 일이 생길 것이라고 기대하는 반면, 다른 사람은 나쁜 일이 일어날까 두려워한다. 또한 우리가 일상적으로 사용하는 말은 개인의 태도, 해석 방식, 가치관 등을 반영하기 때문에, 이러한 사고방식은 성격 형성에 중요한 역할을 한다. 이와 같이, 인지적 관점은 인간의 성격이 외부 환경뿐만 아니라, 개인이 정보를 해석하고 처리하는 방식(즉, 인지적 과정)에 의해 형성된다고 설명한다. 즉, 같은 경험을 하더라도 이를 어떻게 생각하고 해석하느냐에 따라 성격이 다르게 형성될 수 있다는 것이다. 대표적인 인지적 성격 이론으로는 조지 켈리(George Kelly)의 개인적 구성개념 이론, 앨버트 엘리스와 에런 벡의 인지적 접근이 있다.

(1) 켈리의 개인적 구성개념 이론

조지 켈리는 사람들이 세상을 이해하기 위해 자신만의 개인적 구성개념(personal constructs)을 형성한다고 주장했다. 개인적 구성개념 이론은 인간의 마음은 원래 '빈 서판(tabula rasa)', 즉 '백지'이며, 경험을 통해서 만들어지고 발달한다는 존 로크(John Locke)의 경험주의 철학에 기초한다. 또한 한스 바이힝거(Hans Vaihinger, 1911)의 '마치 ~인 것처럼의 철학(philosophy of as if)'의 영향도 받았다. 마치 ~인 것처럼의 철학은 인간이 진리가 아니지만 '진리인 것처럼', 즉 '허구'를 믿는다고 가정한다. 우리가 좋은 성적을 받는 것, 멋진 배우자와 결혼하는 것, 세상에 빛과 소금이 되는 것 등 지금 간절히 바라고 있는 것은 실제가 아니다. 하지만 이러한 바람들을 실제인 것처럼 믿고 부단히 노력하면 꿈이 현실이 되니 허구가 우리에게 유용한 것이 된다.

구성개념이란 과학적 연구에서 관심이 있는 현상을 설명하기 위해 과학자들이 조작적으로 만들어내는 개념이다. 예를 들면, 심리학자들이 연구할 때 주제로 삼는 우울, 불안, 몰입 등이 구성개념이다. 그런데 개인도 과학자들처럼 삶 속에서 개인적 구성개념을 만들어 나간다. 따라서 개인적 구성개념은 각자가 자신의 경험을 표현하는 방식으로서 세상을 해석하고 구성하는 독특한 인지체계를 의미하며, 일종의 인간의 눈과 같은 것이다. 같은 상황을 경험하더라도, 세상을 어떻게 해석하느냐에 따라 성격은 달라질 수 있다. 이러한 해석의 틀은 각자의 개인적 구성개념에 따라 형성된다. 예를 들어, 공무원 시험에 불합격한 두 사람을 가정해보자. A씨는 '이번 시험 실패는 배움의 기회이다'라고 해석하는 개인적 구성개념을 가지고 있다면 시험에 다시 응시하는 등 도전적인 성격을 갖게 될 것이다. 반면, B씨는 '이번 시험 실패는 나의 무능력을 확인한 것이다'라고 해석하는 개인적 구성개념을 가지고 있다면 시험 응시를 쉽게 포기하는 등 소극적이고 회피적인 성격을 갖게 될 것이다. 그런데 켈리는 구성개념이 고정된 것이 아니라서 능동적으로 재구성하는 것이 가능하다는 입장이다. 즉, 사건이나 사물 자체를 변화시킬 수는 없지만 이러한 자극들을 해석하는 방식을 바꿀 수 있다고 주장한다. 켈리는 생각의 전환을 통해 성격을 바꾸는 데 매우 효과적인 것으로 알려진 엘리스의 합리적 정서행동치료, 벡의 인지치료 등 인지행동치료의 개발과 발전에 많은 영향을 미쳤다.

(2) 엘리스와 벡의 인지적 접근

합리적 정서행동치료를 개발한 앨버트 엘리스는 심리학자이고, 인지치료를 개발한 에런 벡은 정신과 의사이다. 이 두 이론가는 서로 다른 학문적 배경을 바탕으로 인지적 접근을 발전시켰다. 하지만 이들은 공통적으로 '사람들은 어떤 일 자체로 인해 괴로워하는 것이 아니라 그 일들에 대한 관점 때문에 괴로워한다'는 고대 그리스 스토아 학파 철학자 에픽테토스(Epictetus)의 가르침에 영향을 받았다. 즉, 성격 형성에 있어서 사건 자체보다 그 사건을 해석하는 방식의 중요성을 강조한다. 예를 들어, 친구에게 문자를 보냈는데 답장이 오지 않는 상황에서, '바쁘겠지, 나중에 답장할 거야'처럼 긍정적으로 해석하는 사람은 보다 안정적이고 긍정적인 성격 경향을 보일 수 있다. 반면, '나를 싫어하나 봐'처럼 부정적으로 해석하는 경우에는 불안하고 의존적인 성격 경향이 강화될 수 있다. 이처럼 동일한 상황에 대한 해석 방식은 개인의 성격 특성과 밀접하게 관련되며, 반복적인 해석 경향은 장기적으로 성격 발달에 영향을 미칠 수 있다.

성격 형성에 대한 인지적 관점은 개인의 주관적 경험을 반영하고, 환경보다 개인의 사고방식이 중요하다는 점을 강조하므로 부정적인 사고 패턴을 바꾸면 성격도 변화할 수 있다는 점에서 긍정적 측면을 가지고 있다. 하지만 사고 과정을 중요시하다 보니 감정과 무의식의 영향을 충분히 고려하지 못해 무의식적 동기나 감정이 성격에 미치는 영향을 간과할 수 있다. 한편, 실제 행동의 변화보다는 사고방식 변화에 중점을 두고 있고, 성격 형성에 미치는 문화적, 생물학적 영향이 과소평가될 수 있다는 한계점도 있다.

3 성격이 정신건강과 행복에 미치는 영향

1) 성격과 정신건강의 관계

수많은 정신장애 중 성격장애는 가장 심각하고 만성적인 장애로서 성격적 역기능과 대인관계 기능의 손상을 특징으로 한다(Kang et al., 2023). 티파니 브라운과 마틴 셀봄(Tiffany Brown & Martin Sellbom, 2021)이 489명의 대학생을 대상으로 성격장애와 정신건강의 관련성을 살펴본 결과, MMPI-3(미네소타 다면적 인성검사 3판)의 척도 점수와 DSM-5(정신질환의 진단 및 통계 편람 5판)에 정의된 성격장애 간에는 유의미한 연관성이 있는 것으로 나타났다. 예를 들어, 부정적 정서성이 높은 사람들은 다양한 성격장애를 나타낼 가능성이 높았다. 또한 영국에서 12,007명의 데이터를 활용해 성격 5요인과 정신건강 간의 관계를 조사한 연구에 따르면, 신경증은 모든 정신건강 문제와 정적 상관관계를 보였으며, 외향성은 사회적 기능장애와 무쾌감, 우울 및 불안과 부적 상관관계를 나타냈다. 한편, 우호성과 성실성은 사회적 기능장애와 무쾌감, 자신감 상실과 부적 상관관계를 보였다. 또한 개방성은 우울 및 불안과는 부적 상관관계를 보였다. 즉, 신경증이 낮고, 외형성, 우호성, 성실성, 개방성이 높은 사람들이 정신적으로 건강할 수 있다는 것이다.

하지만 성격과 정신장애 간의 관계는 매우 복잡하고, 긍정적인 성격 특성도 지나치게 높을 때는 오히려 역효과가 나타날 가능성이 있다. 예를 들어, 성실성이 지나치게 높은 사람들은 과도한 경직성과 완고성으로 인해 강박장애, 인간관계 갈등, 이혼 등 다양한 문제를 경험할 수 있다. 또한 완벽주의를 특징으로 하는 강박적 성격은 마른 체형에 대한 과도한 집착으로 식사를 거부하는 식욕부진증을 유발할 수 있다. 우호성이 높은 사람들은 대체로 주변 사람들과 잘 지낼 수 있겠지만, 남들에게 맞추기 위해 자신의 감정이나 욕구를 지나치게 억제할 경우 인간관계에서 스트레스를 많이 받게 되며, 이로 인해 우울증에 취약해질 수 있다.

한편, 외향성과 상반되는 내향성은 일반적으로 수줍음이 많고 사회성이 부족해서 문제해결 상황이나 대인관계에 부정적인 영향을 미치는 것으로 알려져 있다. 하지만 내향적인 사람들은 부적응적이기만 할까? 대한상공회의소(2004)는 국내 CEO 200명의 성격을 조사한 결과, 본인의 성격을 묻는 질문에서 가장 많은 수의 CEO들이 '양향적'(45.0%)이라고 답했다. 흥미로운 점은 '외향적'(19.1%)이라고 답한 수보다 '내향적'(35.9%)이라고 답한 CEO들이 2배 가까이 많았다는 점이다. 또한 2006년 미국의 일간지 《USA 투데이》에서 미국 내 주요 기업의 최고경영자들을 대상으로 조사한 결과, 60%가 "나는 외향적"이라고 답했지만, 나머지 40%는 "내향적"이라고 응답했다고 한다. 즉, 성공한 리더들 중에도 내향적인 사람들이 많다는 것이다. 내향적인 성격을 가진 사람들이 끈기가 많고 매사에 신중한 편이서 의사결정 속도가 다소 느릴 수 있다. 하지만 오히려 문제해결을 잘하고 대인관계에서도 불필요한 갈등을 유발하지는 않는 등 외향적인 사람들보다 더 적응적일 수 있다.

2) 성격과 행복의 관계

과거에는 나이가 어리고, 돈이 많고, 학력 수준이 높은 사람들이 더 행복하다는 주장이 있었다. 하지만 다수의 심리학 연구를 통해 성격이 낙관적이고, 자존감이 높고, 감사할 줄 아는 사람들이 행복할 가능성이 높은 것으로 밝혀졌다. 성격 5요인 중 행복과 밀접한 관련을 가진 요인은 외향성, 신경증, 성실성 등으로, 외향성이 높을수록, 신경증이 낮을수록, 성실성이 높을수록 행복 수준이 높은 것으로 분석되고 있다. 성격 5요인과 주관적 안녕감의 상관관계는 연구마다 차이가 있기는 하지만, 대체로 외향성, 성실성, 우호성, 개방성 등은 주관적 안녕감에 긍정적 영향을 미치는 반면, 신경증은 부정적 영향을 미치는 것으로 보고되고 있다.

한편, 인간의 약점과 장애보다는 인간의 강점과 덕성에 대해 초점을 두는 긍정심리학적 관점에서 다양한 성격 강점이 행복의 근원이라고 주장한다. 대표적으로 헝가리 출신의 미국 심리학자 미하이 칙센트미하이(Mihaly Csikszentmihalyi)가 제안한 몰입(flow)은 무언가에 흠뻑 빠져 있는 심리상태, 즉 무아지경 상태라고 정의된다. 몰입 수준이 높은 사람들은 외적 보상보다는 과업 자체에 대한 흥미, 즉 내재적 동기가 강한 경향이 있다. 이로 인해 현재 수행 중인 과업에 깊이 집중하게 되며, 이는 직무 성과와 직업 만족에 긍정적인 영향을 미쳐 행복감을 경험할 가능성을 높인다. 특히 분명한 목표가 있는 활동에 참여할 때, 이러한 활동에 즉각적인 피드백이 주어지고, 개인의 기술 수준과 과제 난이도가 적절한 균형을 이룰 때 몰입이 촉진될 수 있다.

3) 성격의 변화

우리는 자신의 성격 때문에 괴로움을 경험할 때가 많다. 내향적인 사람들은 주변 사람들이 많지 않고 새로운 사람을 만나는 것이 쉽지 않아 어려움을 겪는다. 하지만 외향적인 성격을 가진 사람들은 친구들이 많아 행복할 것 같지만, 많은 사람들과 만나다 보니 에너지가 많이 들고 의도하지 않는 갈등을 경험하기도 한다. 이 때문에 우리는 삶을 살아가면서 누군가로부터 성격을 바꾸라는 조언을 듣기도 하고 스스로 성격을 바꾸어야겠다는 생각이 들기도 한다. 그런데 성격은 바꿀 수 있는 것일까? 우리는 성격의 핵심이 일관성이 있고 안정적이기 때문에 바꿀 수 없다고 생각할 수 있다. 물론 성격 특성 중 선천적 기질이나 신경생물학적 기반을 지닌 성격 특질(예: 활동성) 자체를 바꾸는 것은 어렵겠지만, 생각하는 방식이나 행동적 습관은 바꾸는 것이 가능하다.

캐럴 드웩(Carol Dweck)의 마음자세 이론(mind-set theory)에 따르면, 성격 변화에도 믿음이 중요하다. 고정-마음자세(fixed mind-set)를 가진 사람은 성격은 선천적인 것으로 바꿀 수 없다고 믿지만, 성장-마음자세(growth mind-set)를 가진 사람은 성격도 열심히 노력하면 바꿀 수 있다고 믿는다. 드웩은 성공 또는 실패 경험에 타인의 피드백, 개인의 자기개념, 목표, 대인관계에 대한 기대, 대처 방식에 의해 마음자세를 바꾸는 것이 가능하다고 주장한다. 무엇보다도 불만족스러운 어떤 성격 요인을 얼마나 변화시킬 것인지 현실적인 목표를 설정하는 것이 중요하다. 즉, 내향성, 비관주의, 신경증과 같이 상대적으로 안정적인 성격 특성을 단기간에 바꾸려고 하는 것은 현실적으로 불가능한 목표일 수 있다.

성격 변화를 위해 우리가 할 수 있는 노력은 인지적 변화, 행동적 변화, 체험적 변화, 전문가의 도움받기 등이 있다. 인지적 변화는 자신, 타인, 세상에 대한 믿음을 바꾸려고 노력하는 것이다. 예를 들어, 성격적 약점에 대한 재해석이 필요하다. 내향적인 성격은 신중한 성격일 수 있고, 공격적인 성격은 적극적인 성격으로 해석해 볼 수 있다. 행동적 변화는 성격 변화를 위한 작은 실천을 시작하는 것이다. 성격이 내향적이어서 외로움을 느끼고 있다면, 몇 년 동안 소원했던 친구에게 연락해보는 시도를 할 수 있다. 체험적 변화는 정서적 체험과 반응의 변화를 시도하는 것인데, 두려운 상황에 직면해 보거나 실패에 대한 두려움이 있더라도 위험을 무릅쓰는 시도를 해보는 것이다. 마지막으로 자신의 성격 변화에 어려움을 겪는다면 학생상담센터 또는 심리상담센터를 찾아가 전문가의 도움을 받아볼 수 있다.

요약

1. 성격은 개인이 다른 사람과 구별되는 고유한 특성으로, 생각, 감정, 행동의 일관적인 패턴을 의미하며, 이러한 패턴은 지속적이고 안정적으로 나타나야 한다.
2. 성격을 설명하는 이론에는 유형론과 특질론이 있다. 유형론은 사람을 고정된 범주로 구분하는 반면, 특질론은 성격을 연속선상의 차원으로 간주한다.
3. 카를 융의 성격 유형론은 외향/내향, 감각/직관, 사고/감정, 판단/인식의 4가지 차원으로 성격을 구분한다.
4. 특질론의 대표적인 이론으로는 성격 5요인 이론이 있다.
5. 성격에 대한 이론적 접근은 생물학적 관점, 정신역동적 관점, 행동주의적 관점, 인지적 관점 등이 있다.
6. 성실성, 우호성 등 긍정적인 성격 특성도 지나치게 높으면 역효과를 낼 수 있고, 내향성 등 부정적인 성격 특성도 적응적인 측면이 있다.
7. 성격은 행복에 중요한 영향을 미치는 요인 중 하나이며, 특히 몰입은 과업 자체에서 만족감을 얻어 행복을 경험하게 하는 데 기여한다.
8. 성격은 기본적으로 비교적 안정적인 특성이지만, 사고방식이나 행동 습관은 노력에 따라 변화시킬 수 있다.
9. 성격 변화를 위해서는 현실적인 목표를 설정하는 것이 중요하며, 주요 방법으로는 인지적 변화, 행동적 변화, 체험적 변화, 전문가의 도움받기 등이 있다.

활동

성격은 타고나는 부분도 있지만, 노력하면 변화할 수 있는 부분도 있다. 자신의 성격을 객관적으로 이해하고, 변화를 위한 작은 실천부터 시도해보자.

2주간의 성격 변화 프로젝트

1) 성격 5요인 검사(온라인 검사 가능) 또는 자기분석을 통해 자신의 성격을 평가한다.

2) 변화 목표를 설정한다.
   - 변화하고 싶은 성격 1~2가지 선택하기(예: 내향성을 줄이고 외향성을 키우고 싶다, 완벽주의를 줄이고 유연한 태도를 기르고 싶다, 즉흥적인 성격을 조절하고 더 계획적인 사람이 되고 싶다)
   - 성격을 바꾸고 싶은 이유 정리하기(예: 현재 성격이 자신의 삶에 미치는 영향 분석, 변화가 필요한 이유 설명하기)

3) 실천 계획 수립하기(성격 변화를 위한 행동 계획)
   - 구체적인 실천 목표 정하기
   - 변화시키고 싶은 성격을 키우기 위한 실제 행동 정하기
   - SMART 목표 설정 원칙 적용하기: 구체적인(Specific), 측정 가능한(Measurable), 현실적으로 달성 가능한(Achievable), 관련성 있는(Relevant), 제한 시간이 있는(Time-bound) 목표 설정

4) 매일 실천하고 기록하기(변화 과정 기록하기)
   - 날짜: 2025년 3월 10일
   - 목표: 외향성을 높이기 위해 처음 보는 사람에게 먼저 인사하기
   - 실행 결과: 수업에서 옆에 앉은 친구에게 먼저 말을 걸었다!
   - 느낀 점: 생각보다 어렵지 않았고, 반응도 좋았다. 조금 더 자연스럽게 할 수 있도록 연습해야겠다.

5) 최종 보고서 작성(변화 과정 분석 & 성찰하기)
   - 2주 동안 진행한 변화 과정을 정리하여 보고서 작성하기
   - 포함해야 할 내용: 변화를 시도한 성격 특성(선택 이유 포함), 구체적인 실천활동, 실천 과정에서 느낀 점과 변화의 정도, 앞으로 지속할 계획이 있는지, 추가로 변화하고 싶은 점 등

4장

정신장애

윤영은 어린 시절부터 지속적으로 과제를 깜빡하고 프로젝트를 끝내지 못하는 일이 많았다. 주변의 기대와는 달리 윤영은 언제나 마감 직전에 허겁지겁 일을 마치곤 했다. 윤영은 왜 이런 일이 반복되는지 알 수 없었고, 계속된 실패 속에서 자신을 게으르다고 탓하며 자존감이 점점 떨어졌다. 그러던 어느 날, TV에서 ADHD 관련 프로그램을 보던 중, 자신의 문제와 유사한 사례를 발견하고 '혹시 나도 ADHD가 아닐까?'라는 생각을 하게 되었다. 그러나 정신건강의학과에 방문하는 것에 대한 사회적 낙인과 편견이 윤영을 주저하게 만들었다.

요즘 우리는 다양한 매체를 통해 정신건강 문제나 증상에 대한 정보를 쉽게 접할 수 있다. 우울증, 불안장애, ADHD, 조현병과 같은 정신장애와 관련된 이야기가 드라마, 뉴스, 심지어 예능 프로그램에도 등장하며 사람들의 관심을 끌고 있다. 이러한 정보를 접할 때마다 문득 '혹시 나도 그런 건 아닐까?'라는 생각이 들기도 한다. 그러나 여전히 많은 이들은 정신장애를 개인의 나약함이나 의지 부족으로 치부하는 경향이 있다. 혹은 조현병과 폭력성을 연결해 오해하기도 한다. 이러한 편견은 정신건강 문제를 숨기게 만들고, 조기진단과 치료를 방해하는 주요 요인이 된다. 어느 조사에 따르면 4명 중 1명은 평생 최소 1번 이상 정신장애를 겪는다고 하니, 정신장애가 먼 나라의 이야기는 아니며 우리 자신을 위해서라도 정신장애를 제대로 이해하는 것이 중요할 것이다. 이 장에서는 정신장애의 정의와 주요 분류체계를 살펴보고, 진단과 치료, 사회적 접근 방법을 논의함으로써 정신장애에 대한 올바른 이해를 돕고자 한다.

1 이상심리와 정신장애

이상심리학(abnormal psychology)은 이상행동의 원인과 특징을 과학적으로 탐구하고, 이를 예측하고 설명하며 효과적인 진단과 치료 방법을 마련하려는 학문이다. 이상행동의 이상이란 비정상(abnormal)을 뜻한다. 이상행동에 대한 명확한 정의는 없지만, 통상 개인이 경험하는 주관적 고통, 심리적 기능 저하, 통계적으로 드문 행동, 사회적 규범에서 벗어난 행동, 자신 혹은 타인에 대한 위협

가능성 등의 기준이 제시된다. 이상행동이 심화되면 아픈 상태를 의미하는 '병리적(pathological)'이 될 수 있으며, 이는 정신장애(mental disorder)로 이어진다.

정신장애란 말 그대로 정신에 장애가 생긴 것을 뜻하며 인지, 정서, 행동에서 지속적이고 심각한 이상을 나타내고, 일상생활에서 기능 저하를 초래하는 심리적 상태를 의미한다. 비슷한 용어로 정신병리, 정신질환이 있다. 정신장애는 개인의 삶에 심리적 고통을 주고 사회적·직업적 기능을 방해하며, 이러한 상태가 사회적 기대나 문화적 기준에 부합하지 않을 때 진단된다(권석만, 2023; Comer, 2011).

1) 정신장애를 바라보는 관점

과거 정신장애를 이해하려는 시도는 주로 그 원인을 찾는 데 집중되었다. 교통사고가 났을 때 그 원인이 기기의 결함인지, 도로의 문제인지, 인간의 오류였는지를 찾는 것과 같다. 문제의 원인을 밝혀야 해결 방법을 찾을 수 있기 때문이다. 과학이 발달하기 이전 고대와 중세 시대에는 정신장애가 악령이나 귀신에 의해 발생한다고 믿기도 하여, 정신장애를 겪는 사람을 감금하거나 처형하고 엑소시즘과 같은 의식을 통해 치료하려는 시도가 행해지기도 했다. 이렇듯 잘못된 희생을 방지하기 위해서라도 명확한 원인을 찾는 것이 과학적 근거가 필요한 이유라 할 수 있다.

현대에 접어들어 이상심리학과 정신의학은 심리적 요인(정신분석의 무의식적 갈등, 행동주의의 공포 학습, 인지 이론의 인지적 오류 등), 생물학적 요인(도파민 과잉, 세로토닌 부족, 유전자 결함 등), 그리고 환경적 요인(사회적 스트레스, 가족 구조 등) 등으로 정신장애를 설명하면서 주요 요인을 이해하기 시작했고 다양한 치료법(약물치료, 인지치료, 행동치료)을 개발해 왔다. 그러나 정신장애의 원인은 대부분 명확하지 않거나 복합적이어서 하나의 원인으로만 정신장애를 설명하기에는 한계가 따랐으며, 현재는 대부분 다차원적 접근을 선호한다. 이를테면, 정신장애와 관련하여 개인의 생물학적 요인과 사회적 스트레스 간의 상호작용을 살펴보는 것이다. 이러한 복합적인 설명을 통합하는 대표적인 이론 중 하나가 바로 취약성-스트레스 모형(Diathesis-Stress Model)이다(Rende & Plomin,

1992; Zubin & Spring, 1977). 이 모형에 따르면, 정신장애는 단순히 스트레스를 받았다고 발생하는 것이 아니라, 개인이 가진 '취약성(vulnerability)'과 외부에서 오는 '스트레스'가 상호작용할 때 발병 가능성이 커진다. '취약성'에는 유전적 소인, 기질적 특성, 신경생리학적 이상, 인지적 오류, 애착 양식 등의 요소가 포함된다. 이는 사람마다 다르게 타고나거나 성장 과정에서 형성된 내부적 요인이다. 취약성이 높은 사람은 상대적으로 가벼운 스트레스에도 민감하게 반응해 정신장애가 촉발될 수 있다. 반면, 취약성이 낮은 사람은 동일한 스트레스 상황에서도 비교적 안정적인 심리적 조절이 가능하다. 정신장애는 개인 내 요인(취약성)과 환경적 요인(스트레스)의 상호작용 결과로 이해되어야 하며, 이러한 관점은 정신장애의 예방 및 치료에 있어서도 개인 맞춤형 접근의 중요성을 부각시킨다.

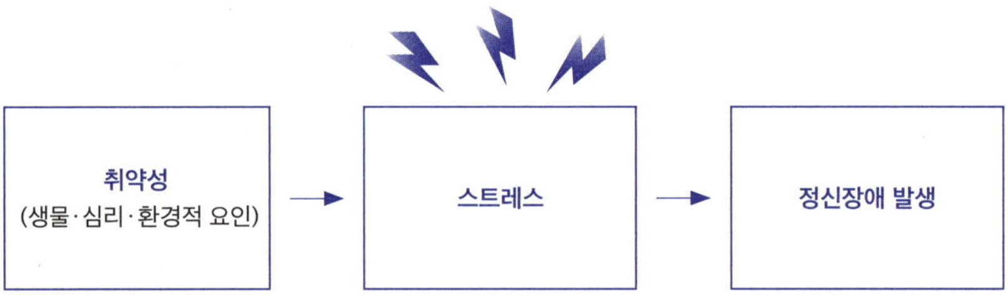

그림 4.1 정신장애의 발생을 설명하는 취약성-스트레스 모형

2) 진단 분류의 주요 개념

제1·2차 세계대전 이후 참전 군인들이 극심한 심리적 충격과 정신건강 문제를 호소하면서 심리 문제를 설명하고 치료하기 위한 진단 기준의 필요성이 대두되었다. 오늘날 사용되는 정신장애의 분류와 진단을 위한 표준체계는 현대에 들어 본격적으로 발전하기 시작했다. 세계보건기구(WHO)에서 발표하는 국제질병분류(International Classification of Disease: ICD)는 암, 고혈압, 당뇨 등의 신체질환을 다루는 분류체계로, 1948년부터 정신장애도 포함하기 시작했다. 미국정신의학협회(American Psychiatric Association)의 정신질환의 진단 및 통계편람(Diagnositc and Statistical Manual of Mental Disorders: DSM)의 초기 버전도 1952년 발간되었다(Tyrer, 2014).

정신장애 진단의 초기에는 단일 원인, 특히 정신분석 이론에 근거해 인간의 무의식적 갈등으로 해석하고 진단하려 했지만, 그 기준은 모호하고 일관성이 부족했다. 예를 들어, 남편이 사망한 후 몇 주 동안 우울한 기분과 삶에 대한 희망 상실을 보고한 40대 여성이 있다고 가정해보자. 1950년대 DSM-I 버전에서는 그녀의 상태를 남편의 죽음이라는 상실 경험에 대한 심리적 반응으로 해석하여 오늘날 우울증의 개념인 '우울한 반응'이라는 진단을 내렸을 가능성이 높다. 또한 이 여성의 반응을 단순히 현재의 상실로만 보지 않고, 어린 시절의 무의식적 상실 경험이나 억압된 감정이 사별을 계기로 표면화되었을 가능성도 함께 고려했을 것이다. 이렇듯 정신과 의사의 주관적 판단과 해석에 의해 진단을 내리다 보니 사람에 의해 진단이 달라지는 문제가 발생했다. 일관적으로 진단할 수 있는가의 문제를 '신뢰도'라 하고 정확하게 진단할 수 있는가의 문제를 '타당도'라 하는데, 기존 진단체계에서는 이 2가지를 확보하기 어려웠다.

보다 객관적이고 과학적인 진단을 위해, 1980년 DSM-III는 구체적인 증상을 기준으로 정신장애를 진단하는 체계를 도입했고, 증상 중심의 접근법은 최신판인 DSM-5-TR까지 이어지고 있다. 증상(symptom)이란 질병이 나타날 때 환자가 보고하거나 느끼는 이상 상태를 의미한다. 감기라는 질병을 진단하기 위해 기침, 콧물, 발열, 재채기 등의 증상이 진단의 단서가 된다. 그러나 이러한 증상 중 일부가 나타났다고 해서 무조건 감기라고 진단할 수는 없다. 예를 들어 기침은 천식과 폐렴에서도 나타날 수 있기 때문이다. 즉, 단일 증상으로는 질병을 정확히 진단할 수 없기에 여러 증상이 함께 나타나는 패턴을 살펴봐야 한다. 증후군(syndrome)은 여러 증상이 특정 패턴으로 함께 나타나는 상태를 의미한다. 감기는 기침, 콧물, 발열, 목 아픔 등의 여러 증상이 함께 나타날 때 진단할 수 있다. 마찬가지로 정신장애도 단일 증상만으로는 진단할 수 없으며 증후군이 나타나야 한다. 예를 들어, 누군가가 "기분이 우울해요"라고 말한다고 해서 이것만으로 우울증을 진단할 수는 없다. DSM-5-TR 진단 기준에 의하면 흔히 우울증이라 불리는 주요우울장애는 우울한 기분, 흥미나 즐거움 감소, 피로감, 수면 문제, 식욕 변화, 집중력 저하, 죄책감, 무가치감, 죽음에 대한 생각 등으로 구성된 증상들이 다발로 묶여 증후군으로 나타나야 한다. 이렇듯 증상과 증후군을 중심으로 한 객관적 기술(descriptive) 접근법은 진단의 신뢰도와 타당도를 확립하는 데 중요한 역할을 했다.

정신장애의 분류체계에 있어 또 하나 다루어야 할 개념은 '범주적 분류'이다. 범주적 분류란, '정신장애를 서로 구분되는 명확한 범주(category)로 나누어 진단하는 방식'을 의미한다. 이 방식은 특정 장애가 있으면 '있다(yes)' 또는 '없다(no)'로 진단하는 이분법적 접근을 취한다. 즉, 환자가 특정 진단 기준을 충족하면 해당 장애로 진단하고, 충족하지 않으면 그 장애에 해당하지 않는 것으로 본다. 예를 들어, 앞서 설명한 주요우울장애의 경우, DSM-5-TR 기준에 따라 환자가 9가지 증상 중 5가지 이상의 증상을 2주 이상 경험해야 주요우울장애로 진단하며, 이를 충족하지 못하면 주요우울장애로 진단하지 않는다. 또한 범주적 접근은 각각의 정신장애가 구분되어 있다고 보고 서로 다른 범주로 분류한다. 예를 들어, 주요우울장애는 우울장애 범주로, 사회불안장애는 불안장애 범주로 분류한다.

분류는 체계적 사고를 돕고, 정보와 지식을 효율적으로 관리하는 중요한 도구이다. 예를 들어, 마트에서 딸기를 사고 싶으면 과일 판매대에서 찾고 우유를 사고 싶으면 유제품 판매대에서 찾으면 된다. 만약 제품이 카테고리별로 정리되어 있지 않으면 마트에서 원하는 물건을 찾기 위해 우왕좌왕하며 혼란을 겪게 될 것이다. 현재 정신장애를 진단하는 범주형 접근은 정신장애를 체계적으로 정리하고 분류하여 진단의 명확성과 일관성을 높이고 효율적으로 소통할 수 있도록 돕는다.

하지만 현실에서 정신장애가 범주형으로 명확히 구분될 수 있는 것은 아니다. 예를 들어, 주요우울장애는 DSM-5-TR 기준에 따라 9가지 증상 중 5가지를 충족해야 하지만, 4가지만 충족하는 사람이라고 해서 고통이 없는 것은 아니다. 또한, 우울증과 불안 증상이 함께 나타나는 경우도 많다. 따라서 범주형 체계의 한계를 이해하는 것이 중요하다. 이러한 한계를 간과하면 정신장애를 지나치게 단순화하거나, 정신장애에 대해 잘못된 방식으로 접근하게 되어 편견과 낙인을 강화할 위험이 있다. 정신장애에 대한 지식이 없는 사람이 인터넷에서 DSM 진단 기준을 검색하고 스스로 증상을 세어 보며 자가진단을 시도하는 경우가 있는데, 이는 정신장애를 잘못 이해한 범주형 사고에서 비롯된 것이라 할 수 있다. 정신장애는 단순히 있다/없다로 구분할 수 없으며, 실제로는 차원적(dimensional)으로 평가해야 한다.

실제로 이러한 문제를 보완하고자 미국국립정신건강연구소(National Institute of Mental Health; NIMH)는 RDoC(Research Domain Criteria) 프레임워크를 제안했다. 이는 전통적인 ICD나 DSM 체계의 범주적 진단 기준에서 벗어나 뇌 기능과 행동 차원에서 정신장애를 이해하고 연구할 수 있는 차원적 접근의 틀을 제공한다(Cuthbert, 2014). 이 접근은 뇌과학, 유전학, 인지심리학 등 다양한 과학적 지식을 통합하여 정신질환을 단순한 질병의 유무가 아닌 정신 기능의 연속선상에서 이해하려는 시도로, 정신건강 진단과 치료 방향에 중요한 시사점을 제공하고 있다. 정신건강 전문가인 정신과 의사나 임상심리학자들은 범주형 접근에만 의존하지 않고, 환자의 증상이 얼마나 심각한지를 평가하는 차원적 접근을 병행하여 진단을 내리며, 이러한 움직임은 DSM 진단체계에서도 DSM-5 버전부터 일부 반영되었다. 예를 들어, DSM-5에서는 일부 장애에서 증상의 심각도를 평가할 수 있는 척도를 도입하고, 성격장애 진단에서는 차원적 특성 모형을 보완적으로 제시했다. 이러한 시도는 정신장애를 연속적인 스펙트럼 위에서 이해하려는 방향성을 보여주고 있다(American Psychiatric Association, 2013; Regier et al., 2013).

2 정신장애의 진단과 치료

1) 진단 분류체계

오늘날 전 세계에서 표준적으로 사용되는 정신장애 분류 및 진단 기준은 크게 2가지로, 국제질병분류(ICD)와 정신질환의 진단 및 통계 편람(DSM)이 있다. 이 둘은 수차례 개정을 거쳐왔으며 현재 최신판은 ICD-11과 DSM-5-TR이다(Read et al., 2019; American Psychiatric Association, 2022). 시대의 변화 및 과학적 연구의 영향 등에 따라 특정 정신장애가 제외되기도 하고, 또 새로운 정신장애가 추가되기도 한다. 예를 들어, 과거 정신장애로 분류되었던 동성애는 1980년대에 이르러 DSM 체계에서 완전히 삭제되었다. 한편, 2019년 WHO는 게임

표 4.1 DSM-5-TR의 정신장애 분류

• 신경발달장애	• 배설장애
• 조현병 스펙트럼 및 기타 정신병적 장애	• 수면-각성장애
• 양극성 및 관련 장애	• 성기능부전
• 우울장애	• 젠더 불쾌감
• 불안장애	• 파괴적, 충동 조절, 그리고 품행장애
• 강박 및 관련 장애	• 물질관련 및 중독장애
• 외상 및 스트레스 관련 장애	• 신경인지장애
• 해리장애	• 성격장애
• 신체증상 및 관련 장애	• 변태성욕장애
• 급식 및 섭식장애	• 기타 정신질환

출처: American Psychiatric Association. 2022

중독으로 불리는 게임사용장애를 질병으로 공식 분류했다.

우리나라에서는 두 진단 체계를 모두 사용하지만 정신장애를 진단함에 있어서는 주로 DSM을 사용한다. 앞으로 이 장에서도 최신판인 DSM-5-TR 기준을 주로 다룰 것이다. DSM-5-TR이 포함하는 정신장애의 큰 범주 분류는 표 4.1과 같다.

각각의 큰 범주 분류에는 세부 정신장애들이 포함되어 있다. 예를 들어 신경발달장애라는 큰 범주의 하위에는 자폐스펙트럼장애, 주의력결핍 과잉행동장애(ADHD), 지적장애(지적발달장애), 특정학습장애, 틱장애 등의 세부 장애가 포함된다. 다음에서는 몇 가지 주요 정신장애를 중심으로 주요 증상과 원인 및 치료를 간략히 소개하고자 한다.

2) 정신장애의 주요 특징과 진단, 원인 및 치료

정신장애는 종류가 매우 다양한 만큼 각각의 특징과 진단 기준, 발생 원인과 치료법 또한 상이하다. 여기에서는 대표적 정신장애인 조현병, 우울장애, 양극성장애, 불안장애, 주의력결핍 과잉행동장애에 관해 살펴볼 것이다.

(1) 조현병

조현병(schizophrenia)은 현실과의 접촉이 깨지는 심각한 정신장애이다. 조현병의 주요 특징과 진단 기준, 원인에 대해 살펴보자.

① 조현병의 특징과 진단 조현병을 겪는 사람은 자신이 듣고, 보고, 생각하는 것이 실제로 존재하는지 확인하고 판단하는 능력이 손상되어 정신적인 혼란을 보인다. 쉽게 말해, 이게 진짜 사실인지 아니면 내 머릿속에서 만들어진 잘못된 상상인지 구분하는 데 어려움을 겪는다. 조현병은 과거에 정신분열증이라고 불렸으나, 이 용어가 부정적인 이미지를 주었기 때문에 지금의 '조현병'으로 명칭이 바뀌었다. '조현'은 '바이올린과 같은 현악기의 줄을 가다듬고 조율한다'는 뜻으로, 정신을 조율하는 기능에 문제가 생겼다는 뜻으로 볼 수 있다.

조현병의 주요 증상은 크게 양성(+)과 음성(-)으로 나뉜다(표 4.2 참조). 양성 증상은 보통의 사람들에게 없는 것이 나타나는 증상이다. 환각, 망상, 와해된 행동과 언어/사고가 여기에 해당한다. 환각이란 존재하지 않는 것이 보이거나 들리는 것과 같이 이상 감각 경험을 하는 것을 말한다. 특히 소리가 들리는 환청이 가장 흔하게 보고된다. 조현병을 겪는 사람은 누군가 자신의 이름을 부르는 소리를 들은 듯 돌아보지만, 실제로는 아무도 없는 상황을 경험할 수 있다. 그러나 이것이 너무 생생해서 현실이라 믿게 된다. 망상은 현실과 맞지 않는 잘못

표 4.2 조현병의 핵심 증상

증상 유형		설명
양성 증상	망상	현실과 동떨어진 잘못된 믿음. 외부 증거에도 불구하고 확고하게 믿음(예: 피해망상)
	환각	실제 자극이 없음에도 감각적으로 무언가를 지각함. 가장 흔한 형태는 환청
	와해된 언어와 사고	말이 논리적으로 연결되지 않거나 비논리적 사고로 인해 말의 일관성이 없음
	와해된 행동 또는 긴장증적 행동	목적 없는 이상행동, 반복행동, 또는 긴장증을 포함한 운동 기능 이상
음성 증상		감정 표현 부족, 언어 빈곤, 의욕 저하, 사회적 위축 등 기능 저하와 관련된 증상들

된 믿음을 굳게 믿는 상태를 뜻한다. 조현병의 망상은 기괴하고 비현실적인 경우가 많은데, 예를 들어 "내 귀에 도청장치가 있다"거나 "누군가 나를 해치려 음식에 독을 넣었다"는 피해망상을 보일 수 있다. 이러한 망상은 너무도 굳건하여 아무리 주변에서 근거가 없다고 하거나 반대의 근거를 설명해도 쉽사리 바뀌지 않는다. 와해된 언어와 사고는 생각이 논리적으로 연결되지 않고, 앞뒤가 맞지 않거나 이해하기 어렵게 사고가 흐르는 것을 말한다. 대화에서도 혼란스럽고 비논리적인 언어 패턴을 보일 수 있다. 예를 들어, "어제 기분이 어떠셨어요?"라는 질문에 "내 이름은 OOO입니다. 피자를 먹었고 꽃이 춤을 춘다"와 같은 앞뒤가 맞지 않는 엉뚱한 답을 하는 것이 와해된 언어와 사고의 예시이다. 또한 와해된 행동은 현실과 맞지 않는 행동, 주변 상황에 맞지 않는 행동 등을 말한다. 예를 들어, 한여름에 두꺼운 패딩 점퍼를 입고 다니는 것이다.

음성 증상은 보통의 사람들에게 있는 것이 없는 증상이다. 감정을 경험하고 표현하는 것이 줄어들어 무표정을 보이거나, 대화에서 말수가 줄어들고 소극적인 태도를 보이며, 기본적인 일상활동이 어려울 정도로 의욕이 없어지는 등의 증상이 있다.

DSM에서는 이와 같은 양성 증상과 음성 증상이 1개월 이상 지속되고, 전체적으로 6개월 이상 증상이 지속되어 직업 유지나 일상활동과 같은 개인의 기능이 현저히 저하될 때 조현병으로 진단한다.

이처럼 조현병은 현실적인 판단력이 손상되기에 적절한 치료를 받지 않으면 개인의 삶이 심각하게 망가질 수 있는 심각한 정신장애 중 하나이다. 그러나 동시에 조현병은 약 150~200명 중 1명이 걸리는 생각보다 흔한 질병이기도 하다(Saha et al., 2005). 주로 10대 후반에서 20대에 처음 나타나는 경우가 많다. 대체로 남성은 10대 후반에서 20대 초반에, 여성은 20대 후반에서 30대 초반에 발병하는 경향이 있다.

② 조현병의 원인　그렇다면 조현병은 왜 생겨나는 것일까? 현대의 이상심리학과 정신의학에서는 조현병을 뇌의 생화학적 결함으로 인한 질병으로 보는 견해가 지배적이다. 즉, 도파민과 같은 신경전달물질의 불균형으로 인해 생겨난다는 것이다. 또한 유전적 요인의 영향이 크기에, 가족 중 조현병 환자가 있으

면 발병 위험이 높다고 알려져 있다. 그러나 조현병은 생물학적 이상으로만 발생하지는 않으며 유전적 요인과 환경적 요인이 복합적으로 작용한다. 취약성-스트레스 모형에 의하면, 유전적 소인이나 뇌 기능 이상과 같은 취약성이 있는 사람이 크게 스트레스를 받을 때 조현병이 발병할 가능성이 높아진다. 이러한 이해를 바탕으로, 조현병의 발생과 관련된 심리사회적 요인을 설명하고자 다양한 가족 이론들이 제안되었다. 비록 현재는 이 이론들이 단독 원인으로 받아들여지지는 않지만, 조현병 환자의 재발 예방과 가족치료의 필요성을 설명하는 데 중요한 기초가 되고 있다. 대표적인 이론으로는 이중구속 이론(Bateson et al., 2007), 고표현 정서(Ma et al., 2021), 의사소통 혼란 이론(Roisko et al., 2014) 등이 있으며, 이러한 이론들은 가족 내 의사소통 방식이나 정서적 반응이 환자의 증상 악화에 영향을 줄 수 있음을 보여준다(표 4.3 참조).

표 4.3 조현병과 관련된 주요 가족 이론

이론/개념명	핵심 개념	예시
이중구속 이론	부모, 특히 주양육자가 모순된 메시지를 반복적으로 전달하여 자녀가 현실 판단에 혼란을 겪고, 그 결과 조현병 발생	어머니가 "나는 네가 솔직해졌으면 좋겠어"라고 말한 뒤, 자녀가 감정 표현을 하자 "왜 그렇게 부정적이야?"라며 비난함
고표현 정서	가족 내 지나친 비난, 과잉간섭, 정서적 과잉반응이 조현병의 재발 위험을 높임	퇴원한 환자에게 가족이 "또 병나면 어떡하려고 그래. 제발 제대로 살아라"라며 비난하고 압박함
의사소통 혼란 이론	가족 내 모호하고 일관되지 않은 의사소통이 자녀의 인지적 혼란을 유발하여 정신병리가 발생하거나 악화될 가능성을 높임	가족 간 대화가 자주 중단되거나 말이 논리적이지 않고, 비언어적 메시지와 말의 의미가 다르게 전달됨

③ 조현병의 치료 조현병의 주요 증상인 망상, 환각, 와해된 사고는 신경전달물질의 불균형과 관련이 있기 때문에 이를 조절하기 위해 약물치료를 우선적으로 실시한다. 약물치료는 증상 완화뿐만 아니라 재발 예방에도 중요하다. 그러나 약물치료만으로 충분하지는 않다. 사회적 기능을 회복하고 일상을 유지하기 위해 인지행동치료, 사회기술훈련, 가족치료와 같은 심리치료를 실시하며, 직업훈련, 취업 지원 등을 통해 사회 복귀를 돕는 것이 중요하다(Mendez et al., 2024; Morin & Franck, 2017). 조현병은 조기에 발견하고 꾸준히 치료하면서 관

리할 경우 일상생활을 유지할 수 있는 가능성이 높지만, 만성화될수록 치료와 회복이 어려워지기 때문에 조기진단과 치료가 무엇보다 중요하다. 이를 위해 환자가 사회적 체계망 안에서 적절한 치료와 재활을 받을 수 있도록 돕고, 일상생활에 적응할 수 있는 환경을 마련하는 것이 필요하다.

(2) 우울장애

우울장애(depressive disorder)는 기분이 비정상적으로 장기간 저하되는 정신장애로, 개인의 정서, 사고, 행동에 심각한 영향을 미쳐 일상생활을 유지하기 어렵게 만든다. 우울장애의 특징과 진단, 원인 및 치료에 관한 정보는 다음과 같다.

① 우울장애의 특징과 진단 누구나 일시적으로 슬프거나 우울한 감정을 느낄 수 있지만, 우울장애는 단순한 우울감과는 구분되는 정신장애이다. 친구와 다투었을 때, 시험에 떨어졌을 때, 직장에서 스트레스를 받았을 때처럼 일상의 다양한 사건들은 우울감을 일으킬 수 있으며, 이는 대부분 시간이 지나면서 자연스럽게 회복된다. 이러한 반응은 정상적인 정서적 반응으로 간주될 수 있다. 한 가지 덧붙이면, 심리학에서는 '정서(emotion)'와 '기분(mood)'을 구분하여 사용한다. 정서는 특정 상황이나 자극에 의해 일시적으로 강하게 유발되는 감정으로, 예를 들어, 친구에게 선물을 받아 기뻐하거나, 시험에 떨어져 슬퍼지는 상태를 말한다. 이는 마치 맑다가도 갑자기 비가 내리는 '날씨'에 비유할 수 있다. 반면, 기분은 비교적 안정적으로 유지되는 장기적인 정서 상태로, 하루, 며칠, 혹은 몇 주 동안 지속될 수 있으며, 이는 '기후'에 비유된다. 예를 들어, 기분은 온종일 비가 오는 날씨나 장기간 이어지는 장마처럼 개인의 전반적인 정서적 분위기를 형성한다.

우울한 기분이 일시적인 정서 반응을 넘어 장기간 지속되고, 그로 인해 일상생활 전반에 심각한 지장을 초래하는 경우 임상적으로 '우울장애'로 진단되며, 일상적으로는 '우울증'이라 불리기도 한다. 예를 들어, 우울장애의 대표적인 유형인 주요우울장애(major depressive disorder)는 진단 기준상 우울한 기분이나 흥미 상실 등의 증상이 2주 이상 지속되며, 사회적·직업적 기능 저하가 나타나야 한다. 이러한 상태는 이유 없이 나타나기도 하고, 앞서 언급한 스트레스 사건 이후에 발현되기도 한다. 그러나 일반적인 우울감과 달리 저절로 회복되기 어려우며, 전문적 도움과 치료적 개입이 필요하다.

주요우울장애의 증상은 크게 9가지로 나뉘며, 이 중 5가지 이상이 2주 이상 지속될 경우 진단이 가능하다. 첫 번째는 하루 중 대부분의 시간 동안 우울한 기분이 지속되는 것이다. 주요우울장애를 겪는 사람은 슬픔이나 공허함을 느끼고, 사소한 일에도 쉽게 눈물을 흘리는 모습을 보인다. 두 번째는 이전에 즐기던 활동이나 취미에 대한 흥미와 즐거움을 상실하는 것이다. 평소 좋아하던 일이나 사람들과의 만남이 더 이상 즐겁지 않게 느껴지며, 일상생활의 모든 것이 무의미하게 느껴질 수 있다. 그 외에도 체중 및 식욕의 변화, 수면 문제(불면 또는 과다수면), 심한 무기력감과 피로, 자신에 대한 과도한 죄책감이나 무가치감, 집중력 저하 및 의사결정의 어려움, 정신운동 지연이나 초조, 죽음에 대한 반복적인 생각 또는 자살 계획 및 시도 등이 포함된다. 이처럼 주요우울장애는 단순한 기분 저하를 넘어서, 정신적·신체적·인지적 기능 전반에 광범위한 영향을 미치며, 자살사고와 같은 심각한 위험을 동반하기도 한다. 따라서 진단 시에는 증상의 종류뿐만 아니라 지속 기간과 기능 저하의 정도를 함께 고려해야 하며, 정확한 평가와 전문적인 개입이 중요하다고 볼 수 있다.

② 우울장애의 원인 우울장애는 다양한 원인에 의해 발생한다. 생물학적 요인으로는 뇌의 신경전달물질인 세로토닌, 도파민, 노르에피네프린의 불균형이 있다. 세로토닌이 부족하면 기분 조절이 어려워져 우울한 기분이 지속되며, 도파민이 부족하면 동기부여와 즐거움을 느끼기 어려워진다. 노르에피네프린이 부족하면 에너지 수준과 각성이 저하되어 무기력감이 나타난다. 이러한 신경전달물질의 불균형이 우울장애의 핵심적인 생물학적 원인으로 보고된다. 심리적 요인으로는 부정적인 사고 패턴이 있다. 에런 백의 인지 이론에 따르면, 우울장애를 겪는 사람은 자신에 대해 부정적으로 생각하고, 세상을 불공평하고 부정적인 곳으로 인식하며, 미래에 대해 비관적으로 생각하는 경향이 있다(Beck et al., 1979). 예를 들어, 우울장애를 겪는 사람은 '나는 무가치한 사람이다', '세상은 나에게 불리하다', '앞으로도 상황이 나아질 가능성은 없다'라고 생각하며, 이러한 부정적인 생각이 우울 증상을 지속시키고 악화시킨다. 환경적 요인도

우울장애 발병에 중요한 역할을 한다. 어린 시절 학대나 가족 내 갈등, 경제적 문제, 사랑하는 사람의 상실과 같은 스트레스 요인은 우울장애의 방아쇠 역할을 할 수 있다. 따라서 생물학적 요인, 심리적 요인, 환경적 요인이 복합적으로 작용하여 우울장애가 발생한다고 볼 수 있다.

③ 우울장애의 치료 우울장애는 마음의 감기라 불릴 만큼 흔하고 유병률이 높다. WHO에 따르면 성인 20명 중 1명은 우울장애를 겪는다. 하지만 흔하다고 해서 가볍게 볼 수 있는 질환은 아니다. 감기를 방치하면 폐렴이나 기관지염으로 악화될 수 있으며 노약자에게 감기는 치명적으로 작용하기도 하듯, 우울장애도 치료하지 않으면 만성화되거나 자살 위험으로 이어질 수 있기 때문에 적절히 치료하는 것이 중요하다. 우울장애의 치료는 약물치료와 심리치료를 병행하는 것이 효과적이다. 약물치료에서는 세로토닌과 같은 신경전달물질의 불균형을 조절하기 위해 항우울제를 사용한다. 대표적 항우울제인 선택적 세로토닌 재흡수 억제제(SSRI)는 세로토닌의 농도를 증가시켜 기분을 개선하고 우울 증상을 완화한다. 세로토닌 외에도 노르에피네프린과 도파민을 동시에 조절하는 약물도 사용된다.

우울장애는 재발 가능성이 높은 질환이다. 연구에 따르면, 우울장애를 겪는 사람의 약 50~80%가 1년 이내에 재발할 수 있으며, 재발 경험이 있는 경우 이후 반복적인 재발 가능성이 더욱 커지는 것으로 알려져 있다. 재발을 막기 위해서는 약물치료와 심리치료를 병행하는 것이 중요한데, 특히 심리치료는 환자의 생각과 행동 패턴을 변화시켜 우울장애의 재발을 예방하는 데 효과적이다 (Furukawa et al., 2021). 우울장애의 심리치료로는 과학적으로 효과가 검증된 인지행동치료가 가장 많이 사용된다. 인지행동치료는 내담자 혹은 환자가 자신의 부정적인 사고 패턴을 인식하고 수정하도록 돕는 치료 방법이다. 예를 들어, 내담자가 최근 실직 및 연인과의 이별을 경험한 경우 '나는 아무 쓸모 없는 사람이야"라는 생각을 하면, 치료자는 '그 생각이 사실인지 증거를 찾아보자'라며 현실적으로 사고를 검토하도록 도울 수 있다(표 4.4 참조). 때로는 내담자의 생각이 사실일 수도 있지만, 치료자는 그 생각이 도움이 되고 유용한지를 검토하며 적응적인 사고를 할 수 있도록 교정한다. 또한 심리치료를 통해 스트레스 대

표 4.4 우울장애의 인지 이론과 치료적 접근의 예

구분	내용
상황	최근 실직과 연인과의 이별을 경험함
부정적 인지삼제	• 자기 자신: "나는 아무 쓸모 없는 사람이야." • 세상: "세상은 나에게 너무 가혹해." • 미래: "앞으로도 달라질 건 없을 거야."
인지 왜곡	• 과잉일반화: "이번에도 실패했으니 앞으로도 다 실패할 거야." • 이분법적 사고: "나는 성공하지 못했으니 완전히 실패자야."
우울 증상과의 관계	반복되는 부정적 사고가 기분을 악화시키고, 무기력과 우울 증상이 지속됨
치료적 접근	인지행동치료를 통해 왜곡된 생각을 점검하고, 보다 현실적이고 균형 잡힌 인지를 형성하도록 도움

처기술을 가르쳐, 어려운 상황에서도 감정 조절을 하도록 하고 일상생활에서의 회복을 돕는다. 이를 통해 환자는 미래에 재발 위험 상황이 발생하더라도 더 건강하게 대응할 수 있다.

(3) 양극성장애

양극성장애도 우울장애와 마찬가지로 기분의 이상에 의한 장애이다. 양극성장애의 특징과 진단, 원인과 치료에 관해 살펴보자.

① 양극성장애의 특징과 진단 양극성장애는 조울증이라고도 불리듯 기분이 비정상적으로 좋아지거나 나빠지는 양극단이 번갈아가며 나타날 수 있다. 양극성장애에서의 주요 특징인 조증은 단순히 기분이 좋은 상태와는 다르다. 조증 환자는 평소와는 다르게 현실과 동떨어진 자신감을 보이고, 상황 판단 없이 과장된 낙관주의에 사로잡혀 무모한 행동을 하고 충동적인 결정을 내릴 수 있다. 목표 지향적 활동을 끊임없이 벌이지만 이것이 현실적이지 않아 목표가 달성되기 어려우며 사회적, 직업적, 경제적 문제를 일으킨다. 예를 들어, 1시간밖에 자지 않았음에도 피로를 전혀 느끼지 않고 밤새 집안 대청소를 하거나 사업계획서를 작성하며 끊임없이 친구들에게 전화를 거는 등의 모습으로 나타난다. 절대 사고가 나지 않는다며 신호를 무시하고 운전하는 무모함을 보일 수도 있다.

양극성장애인데도 우울 증상이 먼저 나타나고 조증이 자주 나타나지 않는다면 우울장애로 오인될 수 있다. 또한 조증은 증상의 심각도와 일상에 미치는 영향에 따라 경조증(hypomania)과 조증(mania)으로 구분하는데, 조증이 심각한 경우 망상이나 환각이 동반될 수 있으며 입원치료가 필요하기도 하다.

양극성장애는 주로 조증 삽화의 유무와 강도에 따라 2가지 주요 유형으로 진단할 수 있다. 제1형 양극성장애는 조증 삽화가 반드시 나타나는 양극성장애의 유형이다. 조증은 최소 1주일 이상 지속되며, 현실 판단의 손상, 기분의 극단적인 고양, 충동적이거나 위험한 행동, 망상이나 환각 등의 정신병적 증상이 동반될 수 있다. 이러한 조증은 흔히 입원치료가 필요할 정도로 일상 기능에 심각한 영향을 미친다. 제2형 양극성장애는 조증까지는 이르지 않는 경조증 삽화와 주요우울 삽화가 나타나는 형태이다. 제1형에 비하여 증상이 비교적 덜 극단적일 수 있으나, 우울 증상이 심하고 만성적일 수 있어 일상생활 영위에 영향을 미친다(표 4.5 참조).

표 4.5 양극성장애의 주요 유형과 특징

구분	조증 삽화	주요우울 삽화	특징
제1형 양극성	있음	있을 수도 있음	• 심각한 직업 및 사회 기능 저하 • 입원 필요 가능성
제2형 양극성	없음 (경조증만 있음)	있음	• 제1형에 비해 증상이 덜 극단적

② 양극성장애의 원인과 치료 양극성장애는 우울장애와 마찬가지로 신경전달물질의 불균형으로 설명되지만 그 기전은 다르다. 조증 상태의 뇌는 자동차의 브레이크가 고장 난 상태로 엑셀을 계속 밟고 있는 것과 비슷하다. 도파민과 노르에피네프린이 과도하게 활성화되어 계속 가속하게 되며 환자는 기분이 지나치게 고양되고 멈추지 못하는 행동을 보인다. 조증 관리를 위해서는 적절한 약물치료가 필수적이다. 대표적인 약물인 리튬(lithium)은 기분 안정제로, 양극성장애 치료에 있어 핵심 약물로 널리 사용된다. 리튬은 기분의 지나친 고양을 억제하고, 재발을 예방하는 데 효과적이다.

또한 심리치료는 브레이크와 엑셀의 균형으로 주행 속도를 조절하듯 일상생활의 생체 리듬을 안정적이고 규칙적으로 유지할 수 있도록 도와 증상이 악화되거나 재발하는 것을 방지하는 데 도움을 줄 수 있다(Gruenberg, 2006; Steardo et al., 2020). 특히 수면 부족과 대인관계 갈등은 증상을 악화시키기 때문에 수면 패턴을 규칙적으로 관리하며, 스트레스와 대인관계 문제를 해결하는 방법을 배운다.

마지막으로, 양극성장애를 겪는 사람의 치료와 회복 과정에서 가족의 역할은 매우 중요하다(Perlick et al., 2010). 특히 조증 상태에서는 당사자가 자신의 상태를 인식하지 못하거나 치료에 대한 동기부여가 부족할 수 있기 때문에 가족에게 장애에 대한 심리 교육을 제공하는 것이 필수적이다. 가족이 약물 관리를 돕고 재발 신호를 조기에 인식하며 적절한 대처 방법을 배우면 재발 예방과 장기적인 회복에 큰 도움이 된다. 조증 상태에서는 충동적인 행동이나 무모한 소비를 하면서 가족 간 갈등을 유발하기 쉬운데, 이러한 행동을 질병의 증상으로 이해하지 못하면 가족은 그 행동에 대해 좌절이나 분노를 느끼며 심리적 스트레스를 경험할 수 있다. 이러한 정서적 부담은 가족 간 갈등을 심화시키고, 증상을 더욱 악화시키는 악순환으로 이어질 수 있다. 따라서 질병에 대한 이해와 교육을 통해 가족들이 양극성장애를 겪는 사람의 행동을 비난하거나 단순한 문제행동으로 보는 것이 아니라, 질병의 일부로 받아들이고 공감할 수 있도록 돕는 것이 중요하다. 가족 간의 의사소통을 개선하고 정서적 지지를 강화하는 과정은 치료 지속성을 높이고, 궁극적으로 가족 전체의 정신건강을 향상시키는 데 기여할 수 있다.

(4) 불안장애

불안장애는 과도한 불안과 두려움이 지속되어 일상생활에 심각한 영향을 미치는 정신장애이다. 불안장애의 특징과 진단, 원인과 치료에 관한 내용은 다음과 같다.

① 불안장애의 특징과 진단 우리는 불안과 공포를 경험하면서 위험을 방지하거나 미리 대비를 하고 실제 위험 상황에 빠르게 대처한다. 누구나 중요한 시험이나 발표를 앞두고 긴장하거나 불안해할 수 있지만, 불안장애는 단순한 걱

정을 넘어서 특정 상황과 무관하게 또는 지나치게 지속되고 통제하기 어려운 불안을 경험하는 것이 특징이다. 이러한 불안은 개인의 직장생활, 학업, 대인관계 등 사회적 기능을 심각하게 저하시킬 수 있으며, 결국 삶의 질을 떨어뜨린다.

불안장애를 이해하기 위해 먼저 불안(anxiety)과 공포(fear)의 차이를 알아볼 필요가 있다. 공포는 즉각적인 위험에 대한 본능적인 반응으로, 명확하고 구체적인 대상에 대한 두려움이다. 불안은 특정한 대상 없이 막연하고 모호한 상황이나 가능성에 대해 느끼는 긴장과 걱정의 상태를 말한다. 예를 들어, 면접을 앞두고 '면접관이 나를 싫어할지도 몰라'라며 근거 없이 계속 걱정하는 것이 불안이다. 공포는 구체적이고 직접적인 위험에 대한 반응인 반면, 불안은 미래의 가능성에 대한 준비 반응과 연결된다.

불안장애의 핵심 증상은 과도한 불안과 걱정이다. 이러한 불안은 단순히 마음속에서만 느껴지는 것이 아니라 신체적 증상과 행동 변화로도 나타난다. 불안장애를 겪는 사람은 끊임없이 '만약 일이 잘못되면 어떡하지?'라는 부정적인 생각에 빠지고, 이로 인해 심장이 빠르게 뛰거나 숨이 가빠지는 등의 신체 증상을 경험할 수 있다. 이러한 불안 상태가 계속되면 소화 문제, 복통, 어지러움, 피로감 등 다양한 신체적 불편감을 겪기도 한다. 더 나아가 불안을 유발할 수 있는 상황을 피하려는 회피행동을 보이기도 한다. 예를 들어 발표가 두려워서 학교나 직장에 가지 않거나, 사람들과의 만남을 회피하는 식으로 일상생활을 피하게 된다. 그러나 이러한 회피행동은 불안을 일시적으로 줄일 수는 있어도 장기적으로는 불안을 더욱 악화시킨다.

불안장애는 다양한 형태로 나타나며, 각각의 불안장애는 불안의 대상과 상황이 다르다. 먼저 범불안장애는 특정한 대상이나 상황 없이 일상 전반에 대해 과도한 불안과 걱정이 지속되는 상태를 의미한다. 환자는 일상적인 문제에도 지나치게 걱정하며, 그로 인해 피로감, 집중력 저하, 수면 문제 등을 겪는다. 예를 들어, "가족에게 무슨 일이 생길까 봐 항상 걱정돼요"라며 불안을 호소하는 경우가 많다. 공황장애는 예기치 않게 극심한 공포와 불안 발작이 나타나는 상태로, 심장이 심하게 뛰거나 숨이 막히는 느낌, 죽을 것 같은 강한 공포를 동반하는 것이 특징이다. 공황장애를 겪는 사람은 이러한 발작이 언제 다시 나타날지 몰라 항상 불안해하며, 공황 발작을 피하기 위해 일상생활에서 특정 장소나 상황을 회피하게 된다. 사회불안장애는 사람들과의 사회적 상황에서 강한 불안을 느끼는 상태로, 타인의 평가에 대한 두려움이 크기 때문에 공적인 자리나 발표 상황을 피하려 한다. 예를 들어, 발표나 모임에서 얼굴이 붉어지고 말을 더듬을까 봐 걱정하며 이러한 상황을 회피하는 것이 사회불안장애의 대표적인 모습이다. 그 밖에 특정한 대상이나 상황에 대해 비정상적으로 강한 공포를 느끼는 특정공포증, 어린아이에게서 많이 나타나며 부모나 가족과 떨어지는 것에 대해 과도한 불안을 느끼는 상태인 분리불안장애 등이 있다.

② 불안장애의 원인과 치료 불안장애는 다양한 원인에 의해 발생한다. 생화학적 요인으로는 신경전달물질의 불균형으로 인한 뇌의 과도한 긴장과 각성 상태가 불안과 관련이 있다. 오후 늦게 커피를 마시고 심장이 두근거리고 밤에 잠을 이루지 못한 경험이 있다면 이는 과도한 각성 상태로 이해할 수 있다. 감마아미노부티르산(GABA)은 뇌를 진정시키는 역할을 하는 신경전달물질로, GABA 수치가 낮아지거나 GABA 기능에 문제가 생기면 뇌가 흥분 상태를 조절하지 못해 불안, 긴장, 공황이 증가하게 된다. 따라서 이를 조절하는 벤조디아제핀(benzodiazepine) 계열의 약물이 불안장애에 대표적으로 사용된다. 그러나 벤조디아제핀은 의존성의 위험이 있어 주의가 필요하며 반드시 전문가의 지시를 따라 복용해야 한다. 이완을 유도하는 심호흡과 명상, 규칙적인 운동, 수면 관리 등이 과부하가 걸린 뇌를 휴식하게 하는 데 도움이 된다.

또한 어린 시절의 경험이나 지속적인 스트레스 상황, 대인관계 문제 등이 불안장애 발병에 영향을 줄 수 있다. 이반 파블로프의 개 실험으로 잘 알려진 행동주의 관점은 조건화 과정을 통해 불안장애가 학습되고 유지된다고 설명한다. 예를 들어, 개에게 물린 경험이 있는 사람은 개를 보면 두려운 감정을 느끼게 되고 시간이 지나면서 모든 개에 대한 공포 반응을 보이게 될 수 있다. 또한 사회적 상황에서 불안감을 느낀 사람은 모임에 참석했을 때 심장이 빠르게 뛰고 땀이 나는 불쾌한 경험을 했기 때문에, 이후에는 사회적 모임을 회피하게 된다. 모임을 회피할 때 불안감이 줄어들기 때문에, 회피행동이 강화되어 계속해서 사회적 상황을 피하게 되고 불안장애가 유지된다. 심리치료로는 전통적인 행동치료와 이를 기반으로 한 인지행동치료가 효과적이다(Carpenter et al., 2018). 이러한 치료는 이완하는 법을 훈련하고 불안 자극에 점진적으로 노출시키는 방법으로 진행된다. 불안 상황을 회피하기보다 점차적으로 마주하게 함으로써 불안 수준을 감소시키며, 내담자가 과도한 불안과 부정적인 사고를 인식하고 이를 보다 현실적이고 긍정적인 사고로 전환할 수 있도록 돕는다.

(5) 주의력결핍 과잉행동장애

주의력결핍 과잉행동장애(attention-deficit/hyperactivity disorder: ADHD)는 주의력 결핍과 충동성, 과잉행동이 주된 특징인 신경발달장애이다. 그중 성인 ADHD의 특징과 원인, 치료에 관해 살펴보자.

① 성인 ADHD의 특징 ADHD는 대개 어린 시절에 증상이 시작되고(DSM 기준으로는 12세 이전), 주로 아동기와 청소년기에 문제행동이 두드러지기 때문에 과거에는 ADHD를 아동·청소년기 장애로 인식하는 경향이 강했다. 흔히 ADHD를 떠올릴 때, 수업시간에 자리에 가만히 있지 못하고 산만하게 돌아다니거나 큰 소리로 떠드는 모습을 연상하는 경우가 많다. 과거에는 아동기에 진단을 받았던 이들의 경우에도 나이가 들면서 ADHD 증상의 형태가 변했기에 아이가 성장하며 증상이 자연스럽게 사라진다고 여겨지기도 했다. 최근의 견해는 ADHD가 성인기까지 지속되고 이어져 사회적, 직업적, 심리적 어려움을 유발할 수 있다고 보고 있다. 그러나 최근 들어 성인 ADHD에 대한 연구 결과들이 발표되고, 미디어와 대중문화를 통해 성인 ADHD와 정신건강에 대한 인식이 증가하면서 의료 현장에서 성인 ADHD 진단과 치료가 더 활발히 이루어지고 있다(Song et al., 2021; Wender et al., 2001).

공식 진단명에 성인 ADHD는 없다. 성인 ADHD는 성인기에 새롭게 발병하는 것은 아니며, 어린 시절에 이미 ADHD 증상을 경험했을 가능성이 크다. 다만, 그 당시 병으로 인지하지 못했거나, 성인이 되면서 증상이 더욱 눈에 띄거나, 새로운 문제로 이어지는 경우가 많다. 성인 ADHD는 과잉행동을 두드러지게 보이지는 않지만 집중력 부족, 시간 관리 어려움, 충동적 결정 등의 문제를 주로 보이는 것을 특징으로 한다. 성인 ADHD의 주요 증상은 크게 주의력 결핍 증상과 과잉행동 및 충동성 증상으로 나눌 수 있다. 우선, 주의력결핍 증상은 집중을 유지하기 어렵고 세부사항을 놓치는 문제로 나타난다. 성인 ADHD를 겪는 사람은 일을 체계적으로 계획하고 조직화거나 시간을 효율적으로 관리하는 데 어려움을 겪으며, 결과적으로 업무 실수가 잦고 일상생활에서 혼란을 경험한다. 예를 들어, 중요한 문서를 작성하다가 금방 주의가 산만해져 다른 일을 시작하거나, 계획을 세웠음에도 마감 기한을 지키지 못하고 실수를 반복하며, 주변 소음이나 작은 일에도 쉽게 방해를 받는다. 또한, 단조롭거나 흥미가 유발되지 않는 지루한 작업을 오랫동안 지속하지 못하고 포기하는 경우도 흔하다.

다음으로, 과잉행동 및 충동성 증상은 충동적 행동이나 참을성 부족으로 나타난다. 성인 ADHD를 겪는 사람은 감정을 조절하는 데 어려움을 겪고, 때로는 사소한 일에도 과하게 반응하며 감정적으로 폭발하는 모습을 보일 수 있다. 예를 들어, 대화 중 상대방의 말을 끊거나 상대방이 말을 끝내기 전에 답을 하고, 깊이 생각하지 않고 즉흥적으로 결정하거나 충동적인 소비를 하며, 줄을 서거나 순서를 기다리는 상황에서 참지 못하고 초조해하는 모습이 나타난다. 이들은 분노나 좌절을 느낄 때 감정을 과하게 표현하는 경우도 많다. 이러한 증상은 직장, 대인관계, 재정 관리, 일상생활 전반에 부정적인 영향을 미친다. 직장에서 보고서를 작성하다가 다른 생각이 들어 일을 마무리하지 못하거나, 사소한 말다툼에서도 화를 참지 못해 관계가 악화되며, 필요하지 않은 물건을 즉흥적으로 사고 나중에 후회하는 일이 많다. 이처럼 성인 ADHD를 겪는 사람은 일상생활에서 잦은 불편과 갈등을 경험하며, 이는 정서적 스트레스와 자존감 저하로 이어질 수 있다.

② 성인 ADHD의 원인 ADHD의 원인은 유전적 요인, 뇌의 기능적 이상, 환경적 요인이 복합적으로 작용하여 발생한다. ADHD는 가족력이 있는 경우 발병 위험이 높다. 연구에 따르면, ADHD는 유전적 요인이 상당 부분을 차지한다. 또한 ADHD 환자의 뇌는 주의 집중과 충동 억제를 조절하는 전두엽(prefrontal cortex)의 기능이 저하되어 있는 경우가 많고, 도파민과 같은 신경전달물질의 불균형도 ADHD 증상을 악화시킨다. ADHD를 겪는 사람들은 주로 뇌에서 도파민 수치가 낮아 저각성 상태(hypoarousal)를 보이는 것으로 알려져 있다. 도파민은 뇌의 보상 시스템과 주의 집중, 동기부여, 감정 조절에 중요한 역할을 하

는 신경전달물질이다. 도파민 수치가 낮으면 뇌의 각성 수준이 떨어지고, 이로 인해 주의력이 쉽게 산만해지고, 반복적인 자극에 반응하지 못하며, 지루함을 빨리 느끼게 된다. 저각성 상태란 뇌가 필요한 수준만큼 활성화되지 못하는 상태로 쉽게 말해 '뇌가 졸고 있다'고 할 수 있다. ADHD를 겪는 사람들은 이 상태에서 지속적으로 자극을 찾고, 흥미로운 일에만 주의를 집중하려는 경향을 보인다.

이러한 이유로 ADHD를 겪는 사람들이 자주 충동적 행동이나 위험한 행동을 하는 것도 뇌가 부족한 자극을 보충하기 위한 노력으로 설명될 수 있다. 흥미롭고 자극적인 활동에 대해서는 뇌의 도파민 수치가 급격히 상승하며 과도하게 몰입하는 상태로 전환되기도 한다. 과몰입 대상은 게임, 취미활동, 특정 주제 연구, 창작활동 등으로 다양하게 나타날 수 있으며, 시간이 흐르는 것조차 잊고 몰입하여 특정 분야에서 창의성과 집중력을 발휘하여 높은 성과를 내기도 한다. 그러나 이러한 경우에도 시간 관리가 어려워 일상생활에 지장을 줄 수 있고, 우선순위 설정을 적절히 하지 못해 중요한 일을 놓칠 수 있다. 이로 인해 다른 사람을 무시하거나 소외시키는 행동으로 오해받을 수 있다.

③ 성인 ADHD의 치료 성인 ADHD 치료는 약물치료와 심리치료를 병행하는 것이 가장 효과적이다. 약물치료로는 메틸페니데이트(methylphenidate)와 같은 약물을 사용하는데, 뇌의 도파민 기능을 조절하여 뇌를 깨우고 각성시키면 주의력과 충동 억제 능력이 향상될 수 있다. 심리치료로는 인지행동치료가 효과적인데, 이 치료법을 통해 시간 관리, 조직화 기술, 충동 조절 방법을 배우고 일상생활에서 더 효율적으로 행동하게 된다. 또한 일정 관리, 업무 분할, 일상의 루틴 만들기와 같은 구체적인 전략을 배우는 것도 도움이 된다. ADHD를 겪는 사람도 적절한 치료와 환경적 지원을 통해 일상생활에서의 기능 향상과 삶의 질 개선이 가능하다. 따라서 성인 ADHD를 단순히 성격 문제나 개인의 의지 부족으로 생각해서는 안 되며, 전문적인 치료와 심리적 지원이 필요하다는 점을 인식해야 한다. ADHD를 겪는 사람들은 치료와 관리로 충분히 자신의 삶을 긍정적으로 변화시킬 수 있으며, 꾸준한 치료와 주변의 이해가 이러한 변화를 더욱 촉진할 수 있다.

3 정신장애에 대한 사회적 인식 및 예방적 접근

1) 정신장애에 대한 사회적 낙인과 편견

과거에 비해 정신장애에 대한 인식이 많이 개선되고는 있지만, 여전히 정신장애는 많은 사람에게 편견과 낙인을 유발하는 주제 중 하나이다(국립정신건강센터, 2022). 일부 사람들은 정신장애를 성격 문제나 의지 부족으로 오해하며, 정신장애를 겪는 사람들을 부정적으로 바라보는 경향이 있다. 이러한 사회적 낙인은 정신장애를 겪는 사람들에게 심리적 부담을 줄 뿐만 아니라, 치료를 주저하게 만드는 요인으로 작용한다. 예를 들어, 우울장애를 겪는 사람은 주변으로부터 '단지 기분이 안 좋은 것', '의지가 없는 것'이라며 무시당하거나, 조현병을 겪는 사람은 '위험한 사람'이라는 잘못된 인식으로 인해 사회적 배제를 경험하기도 한다.

이러한 낙인은 이들이 치료 시기를 놓치게 만들고, 심지어 자신의 상태를 숨기거나 부정하게 만드는 결과를 초래한다. 독감에 걸리면 내과에 가서 약을 먹고 다른 신체 질병이 생기면 검사를 받고 치료를 받듯이, 마음과 정신이 아플 때도 전문가를 찾아가 도움을 요청하고 검사를 받고 적절한 치료를 받아야 한다. 정신장애는 누구나 겪을 수 있는 의학적 문제임에도 불구하고, 사회적 낙인이 존재할 경우 이를 겪는 사람들은 고립되기 쉽고, 취업, 교육, 대인관계 등 다양한 영역에서 차별을 경험할 가능성이 높아진다. 따라서 정신장애에 대한 사회적 인식을 개선하고, 정신건강 문제를 질병의 일부로 이해하는 것이 필요하다.

2) 정신장애 관련 법률과 정책

정신장애를 겪는 사람들이 사회에서 차별 없이 살아갈 수 있도록 돕기 위해서는 법적 보호 장치와 사회적 지원망이 필수적이다. 많은 국가에서는 이들을 지원하기 위해 정신건강복지법과 장애인복지법을 마련하고 있으며, 우리나라의 경우 정신질환의 예방·치료, 정신질환자의 재활·복지·권리보장과 정신건강 친화적인 환경을 조성하기 위해 「정신건강증진 및 정신질환자 복지서비스 지원에 관한 법률」(약칭: 정신건강복지법)을 시행하고 있다. 1996년 「정신보건법」으로 제정된 후 2017년 현재의 법제명으로 전부개정되었다. 이때의 개정 사항 중 가장 큰 변화는 강제입원에 관한 부분이다. 과거에는 가족의 요구와 의사의 판단만으로 강제입원이 이루어지는 경우가 많았으나, 현재는 환자의 인권 보호와 자기결정권 강화를 위해 강제입원 절차가 법적 요건에 따라 엄격하게 규제되고 있다. 특히 2017년 「정신건강복지법」 개정을 통해 정신장애 환자가 본인의 동의 없이 입원하게 되는 경우 진행되는 비자발적 입원 절차를 대폭 강화했다. 이러한 변화는 과거 강제입원이 남용되면서 발생했던 인권침해 문제를 해결하고, 환자가 치료받을 권리와 동시에 자유를 보호받을 수 있도록 하는 데 초점이 맞춰져 있다.

이 법률은 또한 정신건강 증진 및 복지 서비스의 강화를 강조하고 있다. 특히 2021년부터 2025년까지 시행되는 '제2차 정신건강복지기본계획'을 기점으로, 정책 패러다임을 기존의 정신질환자 중심 지원에서 전 국민 대상 정신건강 서비스 제공으로 전환했다(관계부처 합동, 2021). 이 계획은 지역사회 기반의 재활 프로그램과 인프라를 개선하는 동시에 모든 국민이 필요할 때 정신건강 서비스를 이용할 수 있는 환경을 조성하는 것을 목표로 한다. 정신건강 정책의 전환 배경에는 코로나19 이후 정신건강에 대한 관심과 수요가 급증한 것이 큰 영향을 미쳤다. 팬데믹 기간 동안 사회적 거리두기와 격리생활이 장기화되면서 우울장애, 불안장애, 스트레스 관련 정신건강 문제가 증가했고, 이러한 상황은 전 세계적으로 정신건강 문제가 공공의 문제로 대두되는 계기가 되었다. 더불어 핵가족화, 고령화, 사회적 교류 지지망의 약화, 그리고 저성장 시대 청년층의 취업 경쟁 심화와 같은 현대사회의 구조적 변화 역시 정신건강 문제를 심화시키는 주요 요인으로 작용하고 있다.

이에 따라 대한민국 정부는 기존에 정신질환자와 고위험군을 중심으로 제공되던 정신건강 서비스를 전 국민으로 확대하는 방향으로 정신건강복지기본계획을 수립했다. 이전의 정책이 정신질환자의 증상 관리와 치료에 초점을 맞췄다면, 이제는 전 국민의 삶의 질 향상과 정신건강 권리 보장을 목표로 삼고 있다. 이러한 변화는 정신건강 문제를 예방하고 일상적인 정신적 어려움을 겪는 모든 국민이 언제든지 필요한 정신건강 서비스를 받을 수 있도록 환경을 구축하는 데 중점을 두고 있다. 결국, 정부의 새로운 정책 방향은 단순히 정신질환 관리에 그치지 않고, 국민의 전반적인 정신적 웰빙과 인권 증진을 목표로 하여 전 국민을 위한 정신건강 서비스 체계를 강화하는 데 의의가 있다.

3) 조기 발견과 예방적 접근의 중요성

앞서 언급한 정부 정책에서도 알 수 있듯이 정신장애는 예방적 접근이 중요하다. 정신장애는 조기에 발견하고 관리할수록 환자가 더 나은 삶을 영위할 가능성이 높아진다(Compton & Shim, 2020). 많은 정신장애는 초기에 경미한 증상으로 시작되지만, 이를 무시하거나 적절한 치료를 받지 못할 경우 만성화되고 악화될 수 있다. 예를 들어, 우울장애는 초기에는 기분 저하나 피로감으로 나타나지만, 적절한 치료를 받지 않으면 자살충동이나 사회적 고립으로 이어질 수 있다. 조기정신증의 경우 초기에는 불안, 의심, 감각의 예민함, 집중력 저하, 현실감의 약화 등 비교적 경미하고 모호한 증상으로 시작되지만, 적절한 개입 없이 진행될 경우 망상이나 환청 등의 심각한 증상으로 발전할 수 있다. 따라서 정신건강 문제의 초기 징후를 인식하고, 조기에 개입하여 증상의 악화를 예방하는 것이 매우 중요하다.

정신장애를 예방하기 위한 접근법은 1차 예방, 2차 예방, 3차 예방의 세 단계로 나뉘며, 이를 예방차원 모형이라 한다(Felner et al., 1983). 이 모형은 정신장애가 발생하기 전에 위험 요인을 줄이고, 조기에 발견하여 악화를 막으며, 재발을 방지하는 데 목적이 있다. 간략히 설명하자면, 1차 예방은 모든 사람을 대상으로 정신건강 문제의 발생을 미리 막는 것이고, 2차 예방은 고위험군을 대상으로 초기 증상을 발견하고 개입하는 것이며, 3차 예방은 정신장애를 겪는 사람을 대상으로 재발을 막고 사회 적응을 돕는 것이다. 정신건강 문제는 단순히 치료에만 의존하기보다는 예방적 접근을 통해 문제를 미리 차단하거나 악화되지 않도록 관리하는 것이 더 효과적이기 때문에, 이 모형은 정신건강 정책과 개인의 정신건강 관리에 있어 중요한 틀을 제공한다. 예방적 접근은 단순히 치료 후 관리에 그치는 것이 아니라, 정신건강 문제가 발생하기 전에 위험 요인을 줄이고, 회복탄력성(resilience)을 강화하는 것을 목표로 한다. 예를 들어, 스트레스 관리 기술을 배우고, 사회적 지지를 강화하며, 심리적 문제를 해결하는 방법을 익히는 것이 정신장애와 정신건강 문제를 예방하는 데 도움이 된다.

정신장애 예방을 위해서는 다양한 측면에서의 사회적 노력이 필요하다. 학교와 직장, 지역사회 시스템에서 정신건강 문제에 대한 올바른 정보 제공과 인식 개선이 이루어져야 한다. 이를 통해 사람들이 정신건강 문제를 조기에 인식하고, 적극적으로 치료와 지원을 받을 수 있도록 유도할 수 있다. 요즘은 모바일 앱 등 비대면 채널을 통해 심리교육과 서비스에 대한 접근성이 높아졌다. 정신건강 문제가 있는 사람들에게 심리상담, 지역사회 재활 서비스, 고용 지원을 제공하여 사회적 관계망 속에서 안정감을 느낄 수 있도록 하는 사회적 지지체계가 확충되어야 한다. 마지막으로 정신장애에 대한 편견과 오해를 줄이기 위한 캠페인을 통해 정신장애가 누구나 겪을 수 있는 의학적 문제임을 알리고, 사회적 낙인을 줄여야 한다. 정신장애는 단순히 개인의 문제가 아니라, 사회 전체가 함께 해결해야 할 문제이다. 정신장애 환자들이 차별 없이 살아갈 수 있는 환경을 마련하는 것이 궁극적으로 사회 전체의 정신건강을 향상시키는 데 기여할 것이다.

그렇다면, 개인은 정신건강 문제 예방을 위해 어떤 노력을 할 수 있을까? 정신장애는 누구에게나 발생할 수 있는 문제이지만, 조기에 발견하고 예방적 노력을 기울이면 정신건강을 유지하고 문제 발생을 줄일 수 있다. 예방은 일상생활의 작은 실천에서 시작할 수 있다. 심리적 회복탄력성을 강화하고 스트레스 관리 방법을 익히며 규칙적인 생활로 신체 컨디션을 유지함으로써 예방할 수 있다. 또한 나 자신과 다른 사람에게 너그러워지고 다정해지도록 한다. 자기돌봄이란 자신을 격려하고 적절히 휴식을 취하는 등 정서적, 심리적, 신체적 건강을 스스로 챙기는 행동을 의미한다. 타인에게 다정하게 대하는 것은 단순한 예의나 배려를 넘어, 인간관계의 질을 높이고 상대방과 자신 모두의 정신적 안녕을 증진하는 효과를 가져온다. 즉, 사회적 지지 관계를 마련하고 유지하는 것이 정신건강 유지의 핵심이라 할 수 있다.

인터넷이나 대중매체에서 정신건강 관련 정보를 접할 때에는 신뢰할 수 있는 정보인지 출처를 확인하는 것이 필요하다(표 4.6 참조). 스스로 스트레스에

표 4.6 정신건강 정보를 제공하는 주요 웹사이트

구분	주관	주소
국가정신건강정보포털	보건복지부	www.mentalhealth.go.kr
국립정신건강센터	보건복지부 국립정신건강센터	www.ncmh.go.kr
블루터치(Blutouch)	서울특별시	blutouch.net
청년마인드링크	보건복지부, 지자체	mindlink.or.kr (광주) www.djyouthmindlink.co.kr (대전)
지역 정신건강복지센터	보건복지부	www.mentalhealth.or.kr (경기)

대한 대처 능력이 떨어진다고 느낄 때에는 이를 문제로 인식하고 조기에 전문가의 도움을 요청하는 것이 필요하다. 정확한 정보 없이 스스로 진단하거나 문제를 심각하게 인식하지 못하고 방치하면 정신건강 문제가 악화될 수 있기에 전문가의 도움을 받는 것에 대한 두려움을 없애는 것이 중요하다. 이 장에서 반복적으로 언급하듯, 정신건강 문제는 누구에게나 발생할 수 있는 일상적인 건강 문제다. 개인은 정신건강 전문가의 상담과 치료를 받는 것을 신체질환 치료와 동일한 일상적인 관리 과정으로 인식할 필요가 있다. 이를 위해 정신과 의사, 임상심리사, 상담심리사 등 정신건강 분야의 전문가들을 찾아가 도움을 요청하는 것은 회복을 위한 중요한 첫걸음이 될 것이다.

요약

1. 정신장애는 누구나 겪을 수 있는 문제로, 정확한 진단과 치료가 중요하다.
2. 현재 정신장애는 증상 중심의 과학적이고 객관적인 진단체계를 통해 분류되며, 생물학적·심리적·사회적 요인 등을 종합적으로 고려한 다각적인 관점에서 이해되고 치료된다.
3. 과거에는 정신장애와 이상행동이 주로 병리적 관점에서 다루어졌으나, 최근에는 정신건강 문제를 특정 소수의 질환이 아닌 누구나 경험할 수 있는 일상적 건강 문제로 인식하는 방향으로 변화하고 있다.
4. 이러한 인식의 변화는 정신장애를 단순한 치료의 대상으로만 보지 않고, 예방과 관리의 필요성을 강조하며, 개인과 사회 전체의 정신적 안녕을 증진시키는 데 기여할 것이다.

활동

다음 질문을 읽고, 자신의 경험이나 생각을 간략히 작성해보자.

1. 내 주변에서 볼 수 있는 정신건강 관련 문제에는 어떤 것들이 있을까?

2. 정신건강을 병이 아니라 '일상적인 건강 관리'라고 바라본다면, 어떤 점이 달라질까?

3. 내가 실천할 수 있는 정신건강 관리 방법에는 어떤 것이 있을까?

5장

정신건강과 중독

20대 초반의 민호는 자신이 원하던 대학 진학에 실패한 후 점수에 맞춰 지금의 대학에 진학했다. 입학한 학과가 희망했던 전공이 아니었기 때문에 기대가 없고, 학과에서 친구를 사귀는 것도 대학 내 동아리 활동에도 관심이 없다. 그나마 유일한 즐거움은 유튜브로 게임 방송을 보는 것인데, 어느새 이 취미가 일상생활 전반을 잠식하기 시작했다. 최근 1년을 돌아보면 유튜브 게임 방송을 보다가 밤을 새우는 일이 잦아졌고, 그 여파로 다음 날 수업을 자주 빠지게 되었다. 중간고사와 기말고사도 사실상 포기한 상태다. 이제는 유튜브 시청을 줄이고 싶어도 마음처럼 되지 않아 점점 통제력을 잃어가는 느낌이 들고 스스로 중독에 빠지고 있는 것은 아닌지 의문이 들기 시작했다.

1 중독
2 물질중독
3 행동중독

현대사회에서 우리는 다양한 자극과 욕구에 노출되며 살아간다. 이러한 환경 속에서 때로는 특정 행동이나 물질에 지나치게 의존하게 되는 중독 현상이 나타나기도 한다. 중독은 단순한 습관의 문제가 아니라, 개인의 자기조절 능력, 감정 상태, 환경적 요인 등이 복합적으로 작용하는 심리적·행동적 문제이다. 알코올, 니코틴과 같은 물질중독뿐만 아니라 스마트폰, 소셜미디어, 숏폼과 같은 행동중독도 일상 속에서 점점 더 흔하게 관찰되고 있다. 중독은 개인의 정신건강은 물론 학업, 직장, 가족관계 등 삶의 다양한 영역에 부정적인 영향을 미칠 수 있다. 따라서 이 장에서는 중독의 개념과 원인을 이해하고, 물질중독과 행동중독의 특성과 진단 기준, 그리고 중독을 예방하고 조절하기 위한 방법을 살펴봄으로써 중독 문제에 보다 효과적으로 대처할 수 있는 기반을 마련하고자 한다.

1 중독

중독은 '부정적인 결과(negative Consequences)를 경험함에도 불구하고, 강박적(Compulsive)으로 특정 행동이나 사용을 지속(Continuous use)하는 상태'를 말한다. 그래서 이를 '3C'라고 말하기도 한다. 행동주의적 입장에서 보면, 우리가 어떤 행동을 지속하게 되는 것은 그에 따르는 긍정적인 결과를 경험하여 강화되기 때문이다. 그래서 보통은 어떤 행동의 부정적인 결과를 경험하게 되면 다음부터는 그 행동을 멈추거나 피하게 된다. 그러나 중독은 어떤 행동이나 사용이 과도해져서 그로 인한 긍정적인 결과보다 부정적인 결과를 더 많이 경험함에도 불구하고 통제가 불가능한 상태가 되어 강박적으로 지속하는 특성을 가진다.

1) 중독의 주요 요소

중독 여부를 판단할 때는 다음과 같은 5가지 핵심 요소를 중요하게 고려한다. 중독이라고 말할 수 있는 경우는 집착, 갈망, 보상 시스템의 작용, 내성, 금단 증상이 나타나는 경우이다.

첫째는 집착(preoccupation)으로, 특정 활동이나 물질에 대해 지나치게 집중하는 상태를 말한다. 예를 들어, 게임을 하고 있거나 술을 마시는 상황에서 그 외의 일이나 사람들은 전혀 생각하지 않게 되는 경우이다. 이는 병적인 정도의 과도한 집중으로, 해당 활동이나 물질 이외의 것을 고려하지 못하게 되는 것을 말한다.

둘째는 갈망(craving)으로, 중독행동이나 물질에 대한 심리적으로 강한 욕구와 기대감을 말한다. 예를 들어, 알코올중독자들이 술을 마시기 직전에 느끼는 행복감과 같은 것으로, 이때 그들이 느끼는 갈망은 매우 강렬하고 반복적이다.

셋째는 보상 시스템의 작용('Hijacking' of reward systems)이다. 중독된 사람은 도파민을 포함한 신경화학적 보상 반응 시스템이 활성화되어 새로운 자극을 찾게 되며, 이는 강력한 신체적 반응을 초래한다. 이 회로는 보상 감각을 유발하고, 반복적인 행동을 강화시킨다. 이 보상 시스템에 대해서는 이후 뇌의 보상회로 경로 이론에서 더 자세히 설명하도록 하겠다.

넷째는 내성(tolerance)으로 처음에는 적은 양/행동으로도 강한 효과를 느꼈던 사람이 사용하는 기간이 지날수록 이전과 같은 강도의 효과를 느끼기 위해서는 훨씬 더 많은 양/행동을 필요로 하게 되는 상태를 의미한다. 예를 들어, 처음에는 소주 한 병을 마시면 충분히 기분이 좋았지만, 점점 소주 한 병으로는 그 기분을 느낄 수 없게 되는 것이다. 이는 이전과 같은 기분을 느끼기 위해서는 훨씬 더 많은 양의 소주를 마셔야 하는 것을 의미하며, 중독의 진행을 나타내는 중요한 신체적 증상이다.

마지막으로 금단 증상(withdrawal symptoms)은 해당 물질/행동에 의존하게 되어 그 물질이나 행동을 중단했을 때 나타나는 신체적, 정신적 반응을 의미한다. 예를 들어, 알코올이나 마약을 사용하다가 갑자기 끊었을 때 나타날 수 있는 금단 증상으로 예민함, 심한 가슴 두근거림, 땀 흘림, 불면증, 환각 등이 있다.

2) 중독 원인에 대한 이론들

중독은 단순히 물질에 대한 의존이나 반복적인 행동을 넘어, 신경화학적, 심리적, 인지적으로 복합적인 요인들이 결합하여 발생하는 현상이다. 중독에 대한 원인을 설명하는 이론들은 이러한 복잡한 현상을 설명하기 위해 여러 각도에서 접근한다. 중독 원인에 대한 주요 이론들은 크게 3가지로 나눠볼 수 있으며, 각 이론은 중독의 발생 기전을 조금씩 다르게 설명하고 있다.

(1) 뇌의 보상회로 경로 이론

중독의 핵심 원인 중 하나는 뇌의 보상 시스템에 있다. 중독은 대개 보상회로(reward circuit)라고 불리는 뇌의 특정 영역에서 발생하는 신경화학적 반응에 의해 촉발된다. 이 시스템은 쾌락과 보상을 처리하는 데 중요한 역할을 하는데, 주요 뇌 영역으로는 복측기저핵, 편도체, 해마 등이 있으며, 이들은 도파민과 같은 신경전달물질을 사용하여 보상, 감정, 기억을 처리한다.

복측기저핵(ventrobasal nuclei)은 도파민을 생성하는 역할을 한다. 도파민은 중독의 중요한 신경전달물질로, 쾌락을 느끼게 하는 뇌의 반응을 조절한다. 물질사용으로 과도하게 분비된 도파민은 감정 반응을 담당하는 편도체에서 쾌감을 유발하고, 기억을 관장하는 해마(hippocampus)에서는 그 쾌감을 기억하게 하여 해당 행동에 대한 욕구를 증가시키고 반복하게 만든다. 중독이 심각하게 진행되면, 더 이상 이전처럼 쾌감을 느끼지 못하더라도, 신체가 보상을 기억하고 있기 때문에 보상 효과가 줄어든 상태에서도 강박적으로 해당 행동을 반복하게 된다.

(2) 대립과정 이론

대립과정 이론(opponent-process theory)은 중독을 설명하는 또 다른 중요한 이론으로, 2가지 상반된 감정이 동시에 존재하는 방식으로 중독을 설명한다. 처음에는 중독행동이나 물질사용이 쾌락적인 감정을 유발하지만, 반복된 사용은 점차 불쾌감을 증가시킨다. 처음에 약물이나 행동은 즐거운 감정을 제공하지만, 반복될수록 즐거움은 감소하고, 대신 그 행동을 하지 않으면 느끼는 불안감과 불편감이 커지는 것이다. 그러므로 중독 초기에는 쾌락을 추구하는 동기가 더 강하게 작용하지만, 시간이 지나면서 그 행동을 하지 않을 때 느끼는 불쾌감을 없애기 위한 동기로 중독행동을 하게 된다.

여기서 중요하게 살펴봐야 하는 것은 '기분의 기저선'이다. 우리가 기분의 오르내림이 있을 때 그 굴곡의 평균을 표시해 보면 평소 아무것도 하지 않을 때의 기본적인 기분 상태를 알 수 있다(그림 5.1 참조). 어떤 것에 중독되면 시간이 지날수록 내성이 생겨서 처음만큼 기분이 좋아지기 힘들다(그림 5.2 참조). 점점 중독행동에 따라오는 부정적인 결과들(예: 수면 부족, 학업 능력 저하, 가족과의 갈등)로 인해 기분은 점점 저하되고, 이로 인해 기분의 기저선은 시간이 지날수록 내려가게 된다. 결국 평소에 아무것도 하지 않을 때의 기분, 즉 '기분의 기저선'

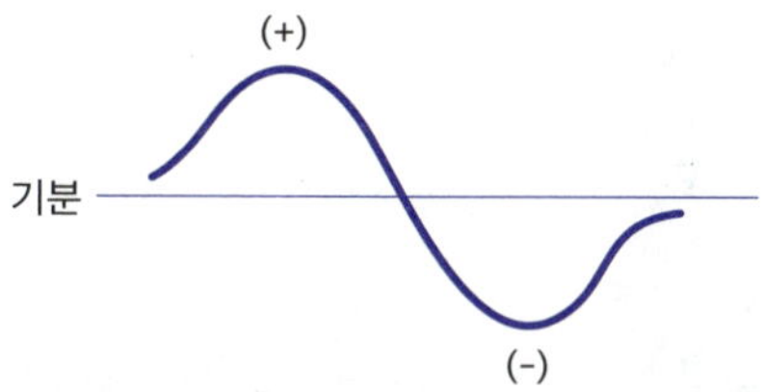

그림 5.1 기분의 기저선
평소의 기분 상태에서는 기분의 상승과 하강이 균형을 맞추어 기능한다.
출처: Koob & Le Moal, 2001

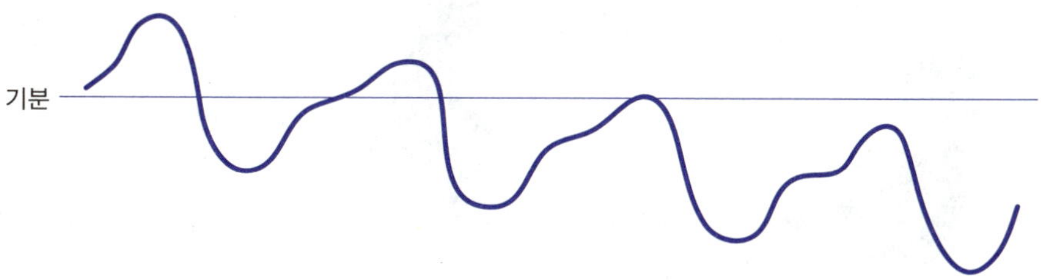

그림 5.2 중독행동에 따른 기분의 변화
중독행동에 대한 내성이 생기고, 그 행동을 하지 않을 때 느끼는 불안과 불쾌감이 커지면서 초기의 쾌감은 점차 줄어들고, 대신 불쾌감이 더 두드러지게 된다. 이로 인해 기분의 기저선은 점점 낮아지게 된다.
출처: Koob & Le Moal, 2001

이 더 하강하기 시작하기 때문에, 이제는 그 저조한 기분 상태, 즉 불쾌감을 해소하고자 강박적으로 중독행동을 하게 되는 목적전치 현상이 일어나게 되는 것이다(Koob & Le Moal, 2001).

(3) 이중과정 이론

이중과정 이론(dual-process theory)은 인간의 의사결정 과정에서 합리적 사고와 충동적 반응이 상호적으로 작용한다고 설명한다. 이 이론은 충동 시스템(시스템 1)과 숙고 시스템(시스템 2)을 구분하며, 중독은 두 시스템의 불균형으로 인해 발생한다고 본다(그림 5.3 참조).

숙고 시스템은 합리적인 사고와 장기적인 결과를 고려하는 시스템이다. 예를 들어, 물건을 구매할 때 가격과 품질을 따져보고, 장기적으로 유용성을 평가하여 결정하는 것이다. 하지만, 충동 시스템은 즉각적인 욕구를 충족시키려는 본능적인 반응이다. 예를 들어, 충동적으로 물건 구매 결정을 내리거나, 즉각적인 즐거움을 추구하는 것을 말한다.

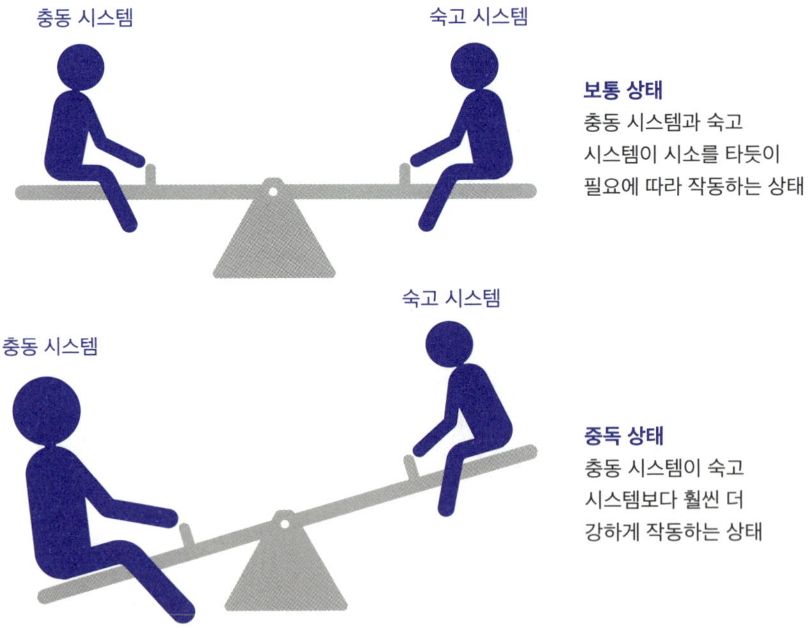

그림 5.3 충동 시스템과 숙고 시스템의 작동

무엇인가에 중독된 사람은 충동 시스템이 지나치게 활성화되어 합리적 사고를 무시하고 즉각적인 쾌락을 추구하게 된다. 예를 들어, 술을 마시는 사람은 술을 마실 때의 쾌감을 추구하지만, 그로 인해 발생할 수 있는 장기적인 건강 문제나 사회적 문제를 고려하지 않는다. 이와 같은 충동적 결정이 반복되면서 중독이 강화된다.

충동성은 부정적 긴급성(negative urgency), 긍정적 긴급성(positive urgency), 숙고의 부족(lack of premeditation), 인내의 부족(lack of perseverance), 감각 추구 성향(sensation seeking)의 5가지 유형으로 구분된다(Whiteside & Lynam, 2001). 부정적 긴급성은 기분이 나쁠수록 충동적으로 행동하는 유형이고, 긍정적 긴급성은 반대로 기분이 좋을수록 충동적으로 행동하는 유형이다. 숙고의 부족은 행동하기 전에 행동의 결과에 대해 생각하지 못하는 유형이며, 인내의 부족은 지겨운 일이나 어려운 일에 집중하지 못하는 것이고, 감각 추구 성향은 새롭고 신나는 일이지만 위험할 수 있는 일을 찾아다니는 유형이다. 같은 행동이나 물질에 중독되었다고 하더라도 그것을 유도하는 충동성의 유형은 다를 수 있으므로, 본인이나 주위 사람들의 중독을 이끄는 충동의 유형이 무엇인지 살펴볼 필요가 있다.

3) 중독장애의 진단 기준

중독은 크게 물질중독(알코올, 마약, 담배 등)과 행동중독(스마트폰, 게임, 쇼핑 등)으로 나뉜다. DSM-5-TR에서는 물질관련 및 중독장애(substance-related and addictive disorders) 카테고리를 통해 여러 물질중독 진단의 기준을 제시하고 있다. 한편, 행동중독과 관련해서 도박장애는 물질관련 및 중독장애 카테고리 내 비물질관련 장애로서 설명하고 있다. 온라인 게임장애는 '연구가 더 필요한 장애'라는 제목의 부록을 통해 진단에 대한 잠정적 기준을 제시하고 있다. 부록에 제시되어 있다는 것은 앞으로 연구가 충분히 이루어지느냐에 따라 온라인 게임장애가 정식 정신질환으로 포함될지 아닐지 결정될 것임을 의미한다. 인터넷중독, SNS중독, 스마트폰중독 등은 우리의 생활에 밀접한 영향을 끼치고 있음에도 정신장애의 목록에 정식으로 포함된 항목은 아니기에 앞으로 질 높은 연구가 더 많이 필요한 영역이라 하겠다.

물질사용장애의 진단 기준은 표 5.1에 제시된 11가지 항목으로, 이는 크게 4가지 카테고리(조절 능력 손상, 사회적 손상, 위험한 물질사용, 약물학적 기준)로 묶을 수 있다. 조절 능력 손상에는 4가지 항목(① 의도했던 것보다 많은 양을 오랜 기간 사용함, ② 물질사용을 줄이거나 조절하려고 노력했지만 실패함, ③ 물질을 구하거나 사용하는 데 많은 시간을 소모함, ④ 갈망)이 포함된다. 사회적 손상에는 3가지 항목(⑤ 직장, 학교, 가정에서 주요한 역할 책임 수행에 실패함, ⑥ 반복적인 물질사용으로 인해 대인관계 문제가 발생함, ⑦ 물질사용 때문에 중요한 사회적, 직업적, 여가활동을 포기함)이 포함된다. 위험한 물질사용에는 2가지 항목(⑧ 위험한 상황에서도 물

표 5.1 물질사용장애의 DSM-5-TR 진단 기준

임상적으로 현저한 손상이나 고통을 일으키는 문제적 물질사용이 지난 12개월 사이에 다음의 항목 중 최소한 2개 이상으로 나타나야 한다.

카테고리	진단 항목
조절 능력 손상	① 물질을 종종 의도했던 것보다 많은 양, 혹은 오랜기간 동안 사용함
	② 물질사용을 줄이거나 조절하려는 지속적인 욕구가 있음. 혹은 사용을 줄이거나 조절하려고 노력했지만 실패한 경험들이 있음
	③ 물질을 구하거나, 사용하거나 그 효과에서 벗어나기 위한 활동에 많은 시간을 보냄
	④ 물질에 대한 갈망감, 혹은 강한 바람, 혹은 욕구
사회적 손상	⑤ 반복적인 사용으로 인해 직장, 학교 혹은 가정에서의 주요한 역할 책임 수행에 실패함
	⑥ 물질의 영향으로 지속적, 반복적으로 사회적 혹은 대인관계 문제가 발생하거나 악화됨에도 불구하고 물질사용을 지속함
	⑦ 물질사용으로 인해 중요한 사회적, 직업적 혹은 여가활동을 포기하거나 줄임
위험한 사용	⑧ 신체적으로 해가 되는 상황에서도 반복적으로 물질을 사용함
	⑨ 물질사용으로 인해 지속적, 반복적으로 신체적 그리고 심리적 문제가 유발되거나 악화될 가능성이 높다는 것을 알면서도 계속 물질을 사용함
약물학적 진단기준	⑩ 내성. 다음 중 하나로 나타남. a. 원하는 효과를 얻기 위해 물질사용량의 뚜렷한 증가가 필요 b. 동일한 용량의 물질을 계속 사용할 경우 효과가 현저히 감소함
	⑪ 금단. 다음 중 하나로 나타남 a. 물질별 금단 증후군이 나타남 b. 금단 증상을 완화하거나 피하기 위해 물질을 사용하게 됨

출처: American Psychiatric Association, 2023

질을 지속적으로 사용함, ⑨ 신체적이고 심리적인 문제가 유발되면서도 계속 물질을 사용함)이 포함되고, 약물학적 기준으로는 위에서 언급했던 ⑩ 내성과 ⑪ 금단 증상 등의 2가지 항목이 포함된다. 이 11개의 진단 항목 중에서 2~3개가 해당하면 '경도', 4~5개가 해당하면 '중등도', 6개 이상이 해당하면 '고도'로 판단한다.

이러한 진단 항목 및 카테고리에서 알 수 있다시피, 중독의 판단 기준으로 물질을 얼마나 사용하느냐, 어느 정도 빈도로 사용하느냐를 제시하고 있지 않다. 오히려 자신이 줄이고 싶을 때 줄일 수 있느냐의 조절 능력 유무와 과도한 물질사용으로 인해 사회적, 학업적, 신체적, 정서적 문제가 있는지에 더 초점을 맞추고 있다. 즉, 물질사용으로 인해 전반적인 기능(functioning) 상태에 문제가 있는지가 중독을 판단하는 중요한 기준이 된다.

2 물질중독

물질중독 중 가장 흔한 유형은 알코올중독이다. '2021년 정신건강실태조사'에 따르면, 우리나라 성인의 약 11.6%가 평생 한 번 이상 알코올사용장애를 경험한다. 이뿐만 아니라, '2023년 국민건강영양조사'를 통해 전체 성인의 약 14%가 고위험 음주자에 해당한다는 사실 또한 확인되었다. 그럼에도 치료를 받는 비율은 2~3%에 불과해 심각한 사회적 문제로 지적되고 있다.

1) 음주 동기

음주 동기에는 크게 사교 동기, 순응 동기, 고양 동기, 그리고 대처 동기 등 4가지가 있다(Kuntsche et al., 2006). 사교 동기(social motives)는 사람들과 함께 술을 마시는 환경 자체를 즐기는 것을 의미하고, 순응 동기(conformity motives)는 술을 마시는 문화나 환경에 순응해서, 한마디로 분위기를 맞추기 위해 술을 마시는 경우이다. 고양 동기(enhancement motives)는 기분 좋은 순간을 더 극대화하고 싶어 술을 마시는 것이며, 대처 동기(coping motives)는 스트레스나 우울감을 술로 떨쳐버리기 위해 술을 찾는 것이다. 시간이 지나면서 음주 동기가 바뀌는 경우도 있고, 하나의 동기가 지속적으로 작용하는 경우도 있다. 때로는 여러 음주 동기가 동시에 작용할 수 있다.

술을 마시는 가장 흔한 동기는 사교 동기이다. 특히 우리나라 문화에서는 술을 마시지 않은 상태에서 동료나 윗사람에게 실수할까 봐 말하기를 조심스러워하거나 자신의 고민을 터놓는 것을 어색해하는 경우가 많다. 하지만 술을 마시고 나서 하는 행동이나 말에 대해서는 상대적으로 관대한 문화가 형성되어 있어 술이 일종의 배출구 역할을 하고 관계 형성에 도움이 되는 것으로 여겨져 왔다.

한편, 이러한 4가지 음주 동기 중 심하게 알코올에 중독된 사람들에게 가장 두드러지게 나타나는 동기는 무엇일까? 바로 대처 동기이다(Kuntsche et al., 2006). 사건이나 사고, 예상치 못한 일이 있을 때마다 술을 마셔야 견딜 수 있을 것 같다면 이는 대처 동기가 작동하고 있는 것이다. 많은 알코올중독자들은 처음에는 사교 동기나 고양 동기로 술을 마시기 시작하지만, 시간이 지나면서 대처 동기가 작동하여 더 이상 사람들과 함께 마시지 않고 혼자 마시는 경우가 많아지고, 점차 사회적으로 고립되는 경향을 보인다. 그리고 스트레스 상황을 견디는 방법으로 술을 선택하여 점점 더 술에 의존하지 않고는 스트레스를 견디지 못하는 상태로 발전하게 된다.

2) 청년층의 음주 양상

지난 1년 동안 월 1회 이상 한 번의 술자리에서 남자의 경우 소주 7잔(또는 맥주 5캔) 이상, 여자의 경우 소주 5잔(또는 맥주 3캔) 이상 음주한 비율을 월간 폭음률이라고 한다. 19세 이상 전 연령대 중에서 19~29세의 월간 폭음률이 45.2%로 가장 높게 나타나고, 30대와 40대가 40% 정도로 나타났다(질병관리청, 2022).

20대가 폭음을 많이 한다고 해도 신체와 정신이 젊으니 알코올사용에 대한 조절 능력을 상실할 가능성, 즉 알코올사용장애가 될 가능성은 낮은 것은 아닐까? 그렇지 않다. 알코올사용장애 일년 유병률(국립정신건강센터, 2022)을 보면, 30대, 40대, 50대, 60대가 1.4%에서 2.9% 사이인 것에 비해 18~29세는 4.5%로 나타나 가장 높은 수치를 보였다. 실제로 20대가 알코올중독으로 병원 외래진료를 보는 수는 해가 갈수록 늘어나고 있다. 이와 관련하여 '젊고 멀쩡해 보이는 알코올중독자'라는 뜻의 '고도적응형 알코올중독자'라는 말이 생겨나고 있다.

3) 우리나라 대학생의 음주율과 특징

질병관리본부(2017)가 전국 대학생 5,000명을 대상으로 조사한 결과, 고위험 음주율은 20.3%, 음주 빈도는 '월 2~4회', 1회 음주량으로 '10잔 이상'이라고 답한 비율이 38.4%로 가장 높았다. 월간 음주율은 영국을 제외한 외국 대학생(뉴질랜드, 미국, 태국, 그 외 국가)보다 높은 수준이었고, 고위험 음주율은 모든 외국 대학생 조사대상자에 비해 높았다.

고위험 음주는 학점이 낮을수록, 자취나 하숙 등 독립적으로 거주할수록, 고등학교 때 만취 경험이 많을수록, 소속된 동아리 수가 많을수록, 식사할 때 음주를 곁들이고 음주 전/후 고카페인 음료를 섭취하고 숙취 해소 음료를 섭취할수록, 현재 흡연을 할수록 더 많이 나타났다. 주로 같이 음주하는 사람을 3순위까지 응답하도록 했을 때, 가장 많은 응답을 받은 것은 친구, 학과 친구, 선후배 순이었다. 가장 술을 많이, 자주 마신 상황을 순서대로 골랐을 때 1순위는 선배, 후배, 동기들과의 친목 모임이었고, 그 다음으로는 시험 종료 후, 그 다음으로는 M.T.였다. 음주로 인해 경험한 문제로는 신체적 불편함(구토, 속쓰림)이 가장 많았고, 그 다음으로는 필름이 끊김, 나중에 후회한 일을 했음, 강의를 빠짐, 수업 진도를 못 따라감 등의 순이었다.

코로나19를 거치면서 대학생의 음주 문화에도 변화가 있었다. 2021년에 한국건강증진개발원에서 조사한 '코로나19 이후 대학생 음주현황조사 결과'(2022)를 보면, 술을 마시는 장소로 자신의 집이나 공공장소를 선택하는 비율이 크게 증가했다. 대학생이 마시는 주류에도 변화가 나타났는데, 맥주는 22.0%에서 39.9%, 와인은 2.2%에서 12.3%로 증가했지만 대학생 외의 연령대보다 그 증가폭은 적게 나타났다. 오히려 위스키, 브랜디, 보드카 등의 증류주는 5.4%에서 9.7%로 증가하여 대학생 외의 연령대보다 더 큰 증가폭을 보였다.

4) 중독자 가족

중독자 가족은 중독 문제를 가진 가족 구성원이 있는 경우를 말하며, 그 문제에 대한 원망과 함께 책임감, 그리고 낮아진 자존감을 경험하게 된다. 가족 내에 중독자가 있는 경우, 가족의 역동은 중독자를 중심으로 돌아가게 되며 이러한 문제를 외부에 털어놓는 것은 가족 구성원에게 쉽지 않다. 신체적인 질병과는 달리, 가족 구성원이 알코올중독 문제를 가지고 있다는 사실 자체가 가족에게 원망과 책임감, 그리고 수치심을 느끼게 할 수 있다. 또한, 알코올중독자들은 술을 마시는 이유를 남에게 돌리며 자신의 음주행동을 합리화하려는 경향이 있는데, 보통 그 타겟이 가족 구성원이 된다. 그래서 술을 마시고 난 후, 자신이 술을 마신 이유를 가족의 탓으로 돌리며 폭력적이거나 언어적인 공격을 하기도 한다. 그 과정에서 가족의 자존심과 정체성을 깎아내리는 언행들을 하기 때문에 가족 구성원이 심리적인 고통을 경험할 수 있다.

중독자 가정의 자녀들은 'Don't talk, Don't trust, Don't feel'(말하지 않기, 믿지 않기, 느끼지 않기)이라는 3가지 Don't 규칙을 따른다는 연구들이 있다(김영애, 2012). 매일 가족의 중독 문제와 씨름하며 살아가는 아이들은 자연스럽게 입을 닫고 과묵해지는 경우가 많다(Don't talk). 자신을 보호하고 심리적 욕구를 보살펴줘야 할 부모가 그 역할을 제대로 하지 못했기 때문에, 아이들은 어렸을 때부터 사람을 신뢰하는 법을 배우지 못하는 경우가 많고, 성인이 되어서도 다른 사람을 깊이 신뢰하거나 의지하는 데 어려움을 겪는 경우가 흔하다(Don't trust). 또한, 중독자의 말과 행동으로 인한 심리적 통증이 크기 때문에, 생존을 위해 감정을 차단하는 경우가 많고, 자신의 감정을 인식하거나 인정하고 표현하는 것에 어려움을 느끼게 된다(Don't feel).

또한, 중독자 가정의 자녀들은 가족에서의 특정 역할을 맡게 되는 경우가 많다. 구체적으로는 가족의 영웅 역할, 희생양 역할, 마스코트 역할 등이 있다(김혜련·박수경, 2011). 가족의 영웅 역할은 가족의 문제에 대한 책임감을 느끼고 가족의 문제를 덮기 위해 더 열심히, 더 잘 하려고 하는 경우이다. 이러한 역할에는 순기능이 존재하지만, 문제를 덮기 위해 과도하게 자신에게 맞지 않는 역할을 수행할 가능성이 있기 때문에 심리적 고통이 따를 수 있다. 또한 이후에 역압해 놓았던 자신의 모습과 상처가 드러나게 되면 자신과 다른 사람들을 힘들게 하는 경우가 생길 수도 있고, 불안과 우울감이 높아질 가능성도 있다. 희생양 역할은 일부러 자신이 문제를 일으켜 가족의 중독 문제를 덮으려고 시도하는 것을 말한다. 이 경우 학교나 다른 곳에서 의도적으로 비행청소년이 되거나 문제를 일으키면서 가족의 문제를 중독자 가족원에서 자신에게 가져오려고 무의식적으로 노력한다. 마스코트 역할은 오히려 더 유머러스하고 유쾌한 농담을 잘하려고 하는 것인데, 다른 사람을 웃기는 사람이 되어야 자신의 모습이 드러나지 않고 중독자가 아닌 가족 구성원도 위로할 수 있기 때문이다. 이러한 성격을 과도하게 발달시킨 사람들은 결국 유쾌하게 꾸며낸 겉모습과 고통스러운 속마음 사이의 괴리로 인해 갑작스럽게 큰 심리적 고통이 밀려오는 경험을 하기도 한다.

3 행동중독

스마트폰은 어느새 우리의 일상에서 뗄래야 뗄 수 없는 필수품이 되었다. 이를 반영하듯, 행동중독의 유형 중 스마트폰중독은 해마다 증가 추세를 보이고 있다. 과학기술정보통신부의 2023년도 조사에 따르면, 우리나라 전체 인구의 약 23%가 스마트폰 과의존 위험군에 해당하며, 특히 청소년은 그 비율이 40%를 넘는 것으로 보고되었다.

1) 나의 스마트폰 의존 정도

다음 척도는 2016년 한국정보화진흥원에서 개발한 스마트폰 과의존 통합 척도이다(표 5.2 참조). 이 척도를 통해 현재 자신의 스마트폰 의존 정도를 가늠해볼 수 있다.

이 척도의 문항은 조절 실패(1~3번), 현저성(4~6번), 문제적 결과(7~10번) 등 3가지 기준으로 구분되며, '전혀 그렇지 않다(1점)'부터 '매우 그렇다(4점)'까지 4점 리커트 척도로 구성되어 있다. 총점의 범위는 10~40점이며, 총점이 높을

표 5.2 스마트폰 과의존 통합척도

번호	문항	전혀 그렇지 않다	그렇지 않다	그렇다	매우 그렇다
1	스마트폰 이용시간을 줄이려고 할 때마다 실패한다.	1	2	3	4
2	스마트폰 이용시간을 조절하는 것이 어렵다.	1	2	3	4
3	적절한 스마트폰 이용시간을 지키는 것이 어렵다.	1	2	3	4
4	스마트폰이 옆에 있으면 다른 일에 집중하기 어렵다.	1	2	3	4
5	스마트폰 생각이 머리에서 떠나지 않는다.	1	2	3	4
6	스마트폰을 이용하고 싶은 충동을 강하게 느낀다.	1	2	3	4
7	스마트폰 이용 때문에 건강에 문제가 생긴 적이 있다.	1	2	3	4
8	스마트폰 이용 때문에 가족과 심하게 다툰 적이 있다.	1	2	3	4
9	스마트폰 이용 때문에 친구 혹은 동료, 사회적 관계에서 심한 갈등을 경험한 적이 있다.	1	2	3	4
10	스마트폰 때문에 업무(학업 혹은 직업 등) 수행에 어려움이 있다.	1	2	3	4
총 점					

출처: 한국정보화진흥원, 2016

수록 스마트폰 과의존이 심각한 것으로 해석한다. 20~59세 성인의 경우, 총점 10~23점은 일반 사용자군(스마트폰을 조절된 형태로 사용하고 있음), 24~28점은 잠재적 위험 사용자군(스마트폰 과의존 위험을 깨닫고, 스스로 조절하고 계획적으로 사용하도록 노력해야 함), 29~40점은 고위험 사용자군(스마트폰 과의존 경향성이 매우 높으므로 관련 기관의 전문적인 지원과 도움이 필요함)으로 분류한다.

2) 스마트폰중독에 관한 심리적 요인

스마트폰중독에 대해 명확히 이해하기 위해서는 스마트폰 사용자의 사회문화적 배경과 더불어 심리적 요인을 함께 살펴보아야 한다.

(1) 스마트폰중독과 기본심리욕구의 결핍

기본심리욕구는 인간의 동기와 행동을 설명하는 자기결정 이론(self-determination theory)의 핵심 개념으로(Deci & Ryan, 1985), 자율감, 유능감, 소속감이라는 3가지 심리적 욕구는 모든 인간이 본질적으로 충족시키고자 하는 욕구로 간주된다. '자율감'은 자신의 행동을 스스로 선택하고 통제할 수 있다는 생각으로, 외부의 강요 없이 결정하고 행동한다는 느낌을 말한다. '유능감'은 특정 행동을 성공적으로 수행할 수 있다는 자신감과 역량을 의미하며, 도전적인 상황에서 자신의 능력을 발휘하고, 그 결과로 긍정적인 피드백을 받을 때 형성된다. '소속감'은 타인과의 관계에서 심리적 안정감을 누리고, 친밀한 유대감을 형성하는 것을 말한다. 이 3가지 욕구 중 어느 하나라도 충족되지 않으면, 그 결핍을 다른 행동이나 중독적인 활동으로 보상하려는 경향이 있을 수 있다.

예를 들어, 이제 막 대학교 1학년이 된 친구가 수업 외에는 밖에 잘 나가지 않고 집에서 스마트폰만 붙들고 있다고 가정해보자. 전공이 잘 맞지 않으면 학습에 대한 유능감이 떨어져 있을 수 있다. 또한, 중·고등학교 시절에는 매일 같은 공간에서 친구들과 자연스럽게 관계를 맺을 수 있었지만, 대학은 스스로 적극적으로 친구를 찾아야 하는 환경이기 때문에 소속감을 느끼기 어려울 수 있다. 더불어 코로나19를 겪으면서 타인과 관계를 맺고 유지하는 방법을 배울 기회가 이전 세대에 비해 줄어들어 소속감을 느끼는 것이 더욱 어려울 수 있다.

(2) 감정중독으로서의 SNS중독

우리가 소셜미디어를 손에서 떼지 못하는 이유는 단순히 행동을 반복하는 습관적 패턴이 아니라 그 속에서 느끼는 감정적인 자극/보상 때문일 수 있다. SNS 사용은 어떤 감정에 중독되어 있는 것일까?

① 사회적 인정과 소속감 가장 큰 것은 사회적 인정과 소속감이다. 인간은 사회적 존재이므로 타인과 긍정적인 관계를 맺고 유지하고자 하는 욕구를 기본적으로 가지고 있으며 타인과의 연결이 끊어지면 불안을 느끼게 되는데, SNS는 그 불안을 빠르게 해소해주는 역할을 한다. 이러한 소속감은 현실 세계에서는 부단한 노력이 필요하며 본인이 노력한다 해도 상대방의 반응을 통제할 수 없기에 실망할 일도 일어난다. 반면, SNS는 상대적으로 적은 노력으로 즉각적인 반응을 얻을 수 있어 사회적 인정과 소속감을 보다 쉽게 느낄 수 있는 환경을 제

공한다. 이로 인해 SNS는 중독적으로 사용될 수 있으며, 자신의 게시물을 통해 사회적 인정을 받고자 하는 욕구가 강화되기도 한다. 이러한 방식으로 사람들은 SNS에서 사회적 인정을 추구하며, 현실에서 충족되지 않을 때 더 심화된다 (Przybylski et al., 2013).

레온 페스팅거(Leon Festinger)의 사회적 비교 이론에 따르면(Festinger, 1954), 사람들은 자신을 타인과 비교함으로써 자신의 사회적 지위를 확인하고 싶어 한다. SNS는 이러한 비교를 쉽게 할 수 있는 환경을 제공하고, 이를 통해 사람들은 자신이 어디에 위치하고 있는지, 어디에 속해 있는지 확인하려 한다. 'FOMO(fear of missing out)'(Abel et al., 2016)라는 용어가 이와 관련이 깊은데, 이는 사회적 상황에서 자신이 소외될까 봐 두려워 끊임없이 SNS를 확인하는 심리적 상태를 의미한다. 이러한 불안을 해소하기 위해 사람들은 SNS를 더 자주 사용하게 된다.

② 즉각적인 감정 전환과 안정감 SNS를 통한 즉각적인 감정 전환과 안정감도 중독되어 있는 것일 수 있다. 특히 신경증(neuroticism: 정서적 불안정성, 부정적 정서 경험)이 높은 사람은 일상에서 쉽게 동요하며, 작은 스트레스나 좌절에도 부정적인 감정을 과도하게 경험할 수 있다. 한 번 부정적인 생각이 시작되면 쉽게 벗어나기 어려운 경향도 나타난다. 또한 타인의 행동을 부정적으로 해석하는 경향이 있어 쉽게 실망하거나 관계에서 불안을 크게 느끼기도 하고 자신의 일과 업무, 과제수행 능력에 대한 걱정이 과도할 수 있다. 이러한 부정적인 감정을 해소할 마땅한 방법이 없을 때 소셜미디어는 안정감을 줄 수 있는 도구로 작동한다.

③ 자기표현과 정체감을 강화하고자 하는 자기애적 보상 자기표현과 정체감을 강화하고자 하는 자기애적 보상에 중독되어 있을 수 있다. 이것은 자기애적(narcissism) 성향과 관련이 깊은데, 자기애적 성향을 가진 사람들은 자신에 대한 과도한 관심을 가지고 있으며 자신의 우월성을 확인하려는 욕구가 강하다. 이러한 사람들은 SNS상에서 얻는 칭찬과 주목이 결국은 자신의 정체감과 깊은 관련이 있기 때문에, 자신의 외모나 성공을 과대포장하거나 그것을 활용해 더

자극적인 콘텐츠를 만들어내는 데 집중한다.

이러한 현상이 심해지게 되면 나타날 수 있는 것이 '리플리 증후군(Ripley syndrome)'이다. 리플리 증후군는 현실과 허구를 구분하지 못하고 거짓된 인생을 진실로 살아가고 있다는 믿는 정신적 증후군을 말하며, 과대망상과 비슷한 양상을 보인다. 이 증후군의 이름은 퍼트리샤 하이스미스(Patricia Highsmith)의 소설 『재능 있는 리플리(The Talented Mr. Ripley)』(1955)에서 유래되었으며, 소설 속 주인공인 톰 리플리가 자신의 거짓말과 사기 행각에 빠져 현실과 가상을 혼동하는 것에서 유래되었다.

SNS에서 리플리 증후군은 소셜미디어에 자신이 원하는 모습으로 과장된 자아를 꾸며 올리는 양상으로 나타나는데, 그 모습이 현실 속 자신의 모습이 아님에도 불구하고 자신의 진짜 모습이라고 착각한다. 이는 현실에서 자신을 열등하게 느끼기 때문에 가상 공간에서는 자신을 이상화된 모습으로 포장하려는 심리적 방어기제로, 현실에서의 결핍을 보완하려는 시도로 볼 수 있다.

그러나 SNS를 자주 사용할수록, 오히려 상대적 박탈감이 더 커질 수 있다는 연구들이 있다(Appel et al., 2016; de Vries & Kühne, 2015). 소셜미디어에 있는 자신보다 더 행복해 보이는 사람들과 일상을 비교하게 되면서 상대적으로 자신은 뒤처진다는 느낌을 받기 쉽다. 예를 들어, 독일 사회학자 하인츠 부데(Heinz Bude)의 『불안의 사회학(Gesellschaft der Angst)』(2015)에서는 소셜미디어를 많이 사용하는 청소년들, 특히 여자 청소년들이 우울감과 열등감에 빠지기 쉽다고 이야기한다. 과거에는 주로 현실 속에서 주변인들과 비교했지만, 이제는 소셜미디어 속 상위 1%에 해당하는 사람들과 자신의 일상을 비교하는 시대가 되면서 이에 따른 피로감과 열등감은 심화될 수밖에 없다고 주장한다.

3) 숏폼중독

숏폼(short-form) 콘텐츠는 일반적으로 60초 이내의 짧은 영상으로, 이는 MZ세대 사이에서 큰 인기를 얻고 있다. 그러나 이러한 짧은 영상을 오랜 시간 동안 시청하면서 중독 증상을 호소하는 사례도 보고되고 있다.

(1) 숏폼중독의 원인

숏폼 콘텐츠에 중독되는 원인은 단순히 재미나 습관 때문만은 아니다. 짧고 강렬한 자극을 반복적으로 제공하는 숏폼은 우리의 주의, 보상, 감정 조절과 관련된 심리적 메커니즘을 자극한다. 숏폼에 중독되는 이유에 대해 심리학적 관점에서 살펴보자.

① 주의 집중에 대한 낮은 부담감 많은 사람들은 하루 종일 업무나 공부에 주의를 집중하고 신경을 기울이는 일상을 산다. 긴 영상을 보고 있자면 정보의 맥락을 이해하거나 중요한 정보를 놓치지 않기 위해 집중력을 유지해야 하는데, 일상에서 이미 집중력을 쏟아낸 사람들에게는 또 다른 피곤함이 된다. 그렇기 때문에 남은 자유시간에는 짧은 콘텐츠를 소비하며 심리적, 정신적 피로를 덜어내는 것을 선호하게 된다.

② 단시간에 얻는 감정적 만족 숏폼 콘텐츠는 압축된 형식으로 정보를 전달하므로, 중요한 포인트를 빠르게 얻을 수 있다. 이러한 간결성은 바쁜 현대인의 라이프스타일에 잘 맞아떨어진다. 감정적 카타르시스도 숏폼 콘텐츠의 인기를 설명하는 요소다. 짧은 시간에 압축된 강한 인상을 주는 콘텐츠들은 더 빠르고 강렬하게 감정을 불러일으킬 수 있다.

③ 시청시간에 대한 잘못된 기대감 숏폼 콘텐츠는 짧은 길이 덕분에 시청시간을 줄일 수 있다는 생각을 하게 만든다. 그러나 실제로는 알고리즘이 비슷한 콘텐츠를 지속적으로 추천해 주기 때문에 한두 개의 숏폼을 본 뒤에도 계속해서 다음 콘텐츠를 보게 되는 모순적인 상황에 놓이게 된다.

④ 선택의 피로 감소 긴 콘텐츠를 시청할 때는 어떤 영상을 볼지 선택하는데 시간이 걸리는 반면, 숏폼 콘텐츠는 자동으로 다음 영상이 재생되거나 알고리즘이 추천해 주는 콘텐츠를 빠르게 소비할 수 있어 사용자의 '집행 기능'을 최소화한다. 집행 기능은 사고, 행동, 감정 등을 조절하고 조직하여 목표 달성을 가능하게 하는 일련의 인지 조절 능력을 의미한다. 숏폼 콘텐츠는 선택 과정에

서 집행 기능에 쏟게 될 에너지를 현저히 낮춰주기 때문에, 사람들이 숏폼을 통해 더 많은 콘텐츠를 쉽게 소비하게 만들고 생각할 필요 없이 다음 콘텐츠로 넘어가게 한다.

(2) 숏폼 콘텐츠의 문제점

숏폼 콘텐츠는 짧은 시간 안에 강한 자극을 주는 특성으로 인해 사용자에게 다양한 심리적 영향을 미친다. 반복적인 콘텐츠 소비는 정보 편향, 집중력 저하, 감정 과민반응 등 부정적인 결과를 초래할 수 있으며, 알고리즘 기반 추천 시스템은 이러한 문제를 더욱 심화시킨다. 겉보기에는 가볍고 간편하지만, 숏폼 콘텐츠는 다음과 같이 사용자의 인지와 행동 전반에 변화를 유도할 수 있다.

① 정보 편향 '필터 버블(filter bubble)'이라는 개념은 숏폼 콘텐츠가 일으킬 수 있는 정보 편향의 문제를 잘 설명한다(Pariser, 2011). 이는 사용자의 이전 검색 및 시청 기록을 바탕으로 알고리즘이 비슷한 유형의 콘텐츠만을 추천함에 따라 다른 관점이나 정보를 접할 기회가 감소되는 현상을 의미한다. 필터 버블 속에서는 자신의 기존 의견이 강화되고, 편향된 정보를 사실로 믿게 될 위험이 커진다. 이는 나중에 자신과 다른 의견을 받아들이기 힘들게 만들고, 결과적으로는 더욱 폐쇄적인 사고를 하게 만들 수 있다.

이러한 정보 편향은 심리학의 개념 중 접근성 휴리스틱(accessibility heuristic)과도 연결된다. 접근성 휴리스틱은 사람들이 정보를 판단하고 의사결정을 내릴 때 자주 접하거나 쉽게 떠올릴 수 있는 정보를 우선적으로 사용하는 경향을 말한다(Tversky & Kahneman, 1973). 인간은 모든 정보를 철저히 분석하기보다는 쉽게 접근 가능한 정보에 의존하는 경향이 있다는 것이다. 숏폼 콘텐츠는 반복적으로 비슷한 콘텐츠를 제공하므로 유사한 내용을 반복적으로 보게 된 사용자는 그 내용을 사실로 받아들일 가능성이 높아진다. 이러한 경향은 사용자의 편견을 강화시키고, 가짜 뉴스와 같은 잘못된 정보의 확산에 영향을 미친다.

② 시청시간을 최대화하도록 설계 유튜브의 알고리즘은 사용자의 시청시간을 최대화하도록 설계되어 있다. 영상에 머문 시간 등의 자료를 바탕으로 사용

자의 관심사를 정확히 파악하여 유사한 콘텐츠를 연속적으로 추천하는 강력한 개인화 시스템으로 이루어져 있다. 무한 스크롤 기능은 사용자가 화면을 아래로 스와이프할 때마다 새로운 동영상이 끊임없이 등장하도록 해서 페이지 구분이 없는 무한 피드에서는 사용자가 더 이상 볼 영상이 없다는 인식이 어려워 스스로 멈추기가 힘들게 된다. 즉, 숏폼 콘텐츠는 짧고 중독성이 강해 사용자로 하여금 '딱 하나만 더 보자'라는 생각을 가지게 만든다. 하지만 결국에는 여러 개의 짧은 영상을 이어서 보게 되면서 금세 몇 시간씩 지나가게 된다.

③ 집중력의 분산 숏폼 콘텐츠는 짧은 시간에 강렬한 자극을 주기 때문에 장기적으로 사람들의 집중력을 분산시킬 수 있다. 15초~1분 내외의 짧은 영상(틱톡, 유튜브 쇼츠 등)을 반복적으로 시청하는 습관이 길러질수록 차분히 집중해야 하는 상황(학습, 업무 등)에서도 주의가 쉽게 분산되는 경향이 높아졌다고 보고되었다. 숏폼 콘텐츠 시청 후 작업 전환 속도는 일시적으로 빨라질 수 있으나 전반적인 주의력은 감소할 수 있다.

④ 감정 변화를 더 민감하게 느끼고 즉각적인 자극 추구 짧은 시간 안에 강렬한 감정적 자극을 주는 콘텐츠를 반복적으로 소비하다 보면, 사람들은 일상생활에서의 작은 감정 변화를 더 민감하게 느끼고 즉각적인 자극을 추구하게 될 수 있다. 숏폼 콘텐츠는 처음 1~3초 안에 승부가 난다고 해도 과언이 아니다. 피드 상에서 순간적으로 시선을 붙잡기 위해 크리에이터들은 영상 도입부에 강렬한 후킹(hook) 장면이나 자막을 넣고, 궁금증을 유발하는 질문이나 충격적인 발언으로 관심을 끌게 된다. 따라서 숏폼 콘텐츠에 많이 노출될수록 일상에서의 사소한 감정 변화에도 더 즉각적이고 과잉된 반응을 보이는 경향이 높아질 수 있다.

4) 스마트폰 사용 조절 전략

어떤 사람들은 이른바 '도파민 디톡스'를 시도하며 아예 스마트폰을 끄거나 SNS를 완전히 하지 않는 생활 방식을 선택하기도 한다. 이러한 방법이 본인에게 큰 도움이 될 수 있는 것은 사실이지만, 모든 사람에게 적합한 해결책은 아닐 수 있다. 일부 사람들은 SNS를 끊었다가 주변 사람들과의 소통 문제를 겪거나, 스스로 견디지 못해서 이후에 더 강박적으로 SNS에 몰두하게 되기 때문이다.

스마트폰 사용을 완전히 끊을 수는 없겠지만, 일종의 장치나 설정을 통해 스마트폰 사용을 관리하는 방법은 분명 필요하다. 다음에서는 스스로 스마트폰 사용을 관리하는 방법을 모색해 보고자 한다.

① 사용시간 확인 먼저, 인스타그램이나 유튜브 같은 앱들의 사용시간을 확인하는 것이 중요한 첫걸음이다. 대부분의 스마트폰에서는 사용자가 특정 앱을 얼마나 자주 사용했는지, 하루 혹은 한 주 동안 어느 정도 시간을 할애했는지를 확인할 수 있는 기능을 제공한다. 이를 통해, 자신이 어떤 앱을 얼마나 과도하게 사용했는지를 알 수 있다.

② 사용시간 제한 기능 활용 사용시간 제한 기능을 활용하는 것도 좋은 방법이다. 스마트폰에는 특정 앱을 사용하는 시간을 하루 몇 시간으로 설정해둘 수 있는 기능이 있다. 이 기능을 활용하면, 자신이 얼마나 오래 앱을 사용하는지 명확하게 파악할 수 있고, 제한시간이 다가오면 알림이 오기 때문에 사용 습관을 조절하는 데 도움이 된다.

③ 자동재생 기능 끄기 많은 사람들이 유튜브 자동재생 기능을 켜놓은 상태에서 영상을 연속으로 시청하게 되는데 이는 시간 소비를 통제하지 못하게 만든다. 자동재생 기능을 끄면 영상이 끝날 때마다 멈추는 시간이 생기며, 이때 다음 영상을 볼지 말지를 선택할 수 있는 자율성이 생긴다. 이 작은 변화만으로도 시간을 훨씬 더 의식적으로 사용할 수 있게 된다.

④ 알고리즘 제한 알고리즘 제한 역시 중요한 설정 중 하나다. 유튜브나 인스타그램은 사용자가 한 번 클릭하거나 '좋아요'를 누른 콘텐츠를 바탕으로 유사한 콘텐츠를 계속 추천하는 시스템을 가지고 있다. 이러한 추천 알고리즘은 사용자를 장시간 앱에 머물게 만들도록 설계되어 있다. 따라서, 자신이 관심을

가질 만한 콘텐츠가 끊임없이 제공되면서 사용시간이 무한정 늘어나게 된다. 이를 막기 위해서는 알고리즘 추천을 제한하거나, 특정 주제의 콘텐츠를 필터링하여 설정할 수 있다.

⑤ 목표를 이루는 과정에서 보상 제공 심리학에서는 이러한 부정적 강화 대신 긍정적 강화가 더 효과적이라는 연구들이 많이 있다. 긍정적 강화란, 개인이 원하는 목표를 이루는 과정에서 보상을 제공하는 방식이다. 예를 들어, 스마트폰 사용을 줄이기 위해 1시간 이상 스마트폰 없이 지냈을 때 자신에게 소소한 보상을 줄 수 있다. 이 보상은 좋아하는 간식 먹기, 산책하기, 보고 싶었던 영화 보기 같은 것이 될 수 있다. 이러한 보상은 자신의 노력에 대해 스스로 인정해 주는 행위로 작용하여 습관 형성에 도움을 준다.

⑥ 긍정적인 목표 설정 스마트폰 사용시간을 줄였을 때 그 시간을 더 유익하게 활용할 수 있는 긍정적인 목표를 설정하는 것이 효과적이다. 예를 들어, 스마트폰 사용시간을 줄이면 독서를 더 하거나 운동시간을 늘리는 등 개인에게 더 큰 가치를 제공할 수 있는 활동으로 대체할 수 있다. 이러한 방식은 단순한 금지보다는 더 지속 가능하고 심리적으로 안정적인 접근법이 될 수 있다. 스마트폰 사용을 줄이는 것만이 목적이 아니라 그 시간을 통해 자신에게 중요한 것을 더 할 수 있는 기회를 제공하는 것이 핵심이다.

심리학 실험 중에서 널리 알려진 '북극곰 실험'이 있다(Wegner et al., 1987). 연구자는 한 집단에게 북극곰을 떠올리지 말라고 지시하고, 비교 집단에게는 자유롭게 생각하라고 지시했다. 그 결과, 북극곰을 생각하지 말라는 지시를 받은 집단이 오히려 북극곰을 더 자주 떠올리는 현상이 나타났다. 이 실험은 의도적 억제가 아이러니하게도 해당 생각이나 행동을 더 자주 떠올리게 만든다는 사실을 보여준다.

이처럼 스마트폰 사용을 줄이기 위한 접근 방식에 있어 단순히 '하지 말라'고 금지하는 방법은 오히려 더 하고 싶은 욕구를 자극할 수도 있다는 점에 주의해야 한다. 이 현상은 심리학에서 부적 강화와 연관된다. 부적 강화는 특정 행동을 억제하는 방식으로, 예를 들어 스마트폰 사용시간을 강제로 줄이려는 시도는 오히려 사용자가 더 큰 스트레스를 받게 하거나 그 행동에 대한 집착을 키울 수 있다.

요약

1. 중독은 부정적인 결과가 있음에도 강박적이고 지속적으로 하는 행동을 의미한다.
2. 중독이라고 정의되기 위해서는 핵심 요소인 집착, 갈망, 보상 시스템에 대한 작용, 내성, 금단 증상을 가지고 있어야 한다.
3. 중독을 설명하는 이론에는 대표적으로 뇌의 보상회로 경로 이론, 대립과정 이론, 이중과정 이론이 있으며, 이 이론들은 왜 일부 사람들은 중독에 심각하게 빠지게 되는지에 대해 설명해 준다.
4. 물질중독 중 가장 대표적인 형태는 알코올중독이다. 술을 마시는 이유는 사람마다 다양하다. 음주 동기에는 크게 사교 동기, 순응 동기, 고양 동기, 대처 동기가 있으며, 특히 대처 동기와 같이 스트레스를 술로 풀려고 하는 습관이 중독의 가능성을 높인다.
5. 20대의 알코올중독 문제가 전 연령 중 가장 심각하게 나타나고 있다. 이는 단지 학교 환경에 의해 일시적으로 영향을 받은 중독 문제가 아니라, 실제로 술에 대한 조절 능력을 잃는 알코올사용장애의 비율도 높다는 점에서 더 심각하다.
6. 자신의 알코올 문제뿐만 아니라 가족의 알코올 문제 또한 심리적으로 여러 영향을 끼칠 수 있다.
7. 행동중독 중 가장 흔한 형태는 SNS, 숏폼이 포함된 스마트폰중독이다. 현재 우리 사회는 스마트폰 없이 살 수 없는 시대로, SNS나 숏폼 등에 시간을 낭비하는 경우가 빈번히 일어나고 있다.
8. 스마트폰 사용을 금지할 수 없다면 현실적으로 어떤 방법을 통해 사용을 절제하고 줄여나갈 것인가에 대한 고민이 필요하다.

활동

1. 138쪽의 스마트폰 과의존 통합척도를 실시한 후 조원들과 함께 자신의 결과에 대해 이야기 나눠보자. 자신이 예상했던 결과와 비슷한가 아니면 다른가? 왜 이러한 결과가 나왔다고 생각하는가?

1) 나의 점수: 점

2) 이러한 점수가 나온 이유:

2. 지난 일주일 동안 평균적으로 하루에 몇 시간씩 스마트폰을 사용했는지, 어떤 앱을 가장 많이 사용했는지 등을 이야기해보자. 하루 중 스마트폰을 가장 많이 사용하는 시간대는 언제인가? 스마트폰 과사용이 본인에게 어떤 영향을 끼치는지 자세히 살펴보자.

1) 하루 평균 스마트폰 사용시간:

2) 주로 사용한 앱:

3) 스마트폰을 가장 많이 사용한 시간대:

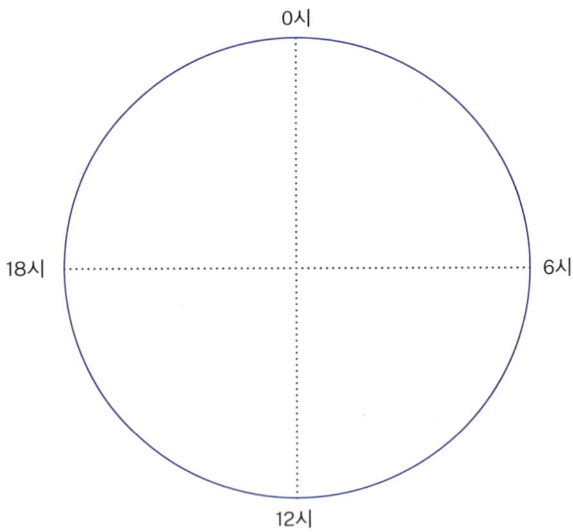

4) 스마트폰의 사용 영향(신체적, 심리적, 일상생활):

3. 앞서 SNS 및 숏폼중독의 원인으로 설명한 심리적 욕구의 결핍, 감정적인 의존, 그 외의 원인 중에 자신에게 해당하는 것들이 있는지 살펴보자. 이러한 요인들을 피하거나 극복하기 위해서 자신이 시도해 볼 수 있는 방법들에 대해 이야기해보자.

1) SNS와 숏폼중독의 원인:

2) 중독을 피하거나 극복하는 방법:

4. 자신의 중독 습관 중 과도해서 고치고 싶은 행동을 골라보자. 스마트폰이 될 수도 있고, 게임, 술 등 다른 중독 습관이나 우리가 이 장에서 다루지 않은 자신만의 중독 습관도 있을 수 있다. 중독인지 확실히 모르겠으나 본인이 원하는 것보다 과도한 시간을 투자하는 활동도 가능하다.

그 습관을 스스로 중독이라고 생각하는 이유는 무엇인가? 앞에서 배운 중독의 정의와 주요 요소(집착, 갈망, 보상 시스템의 작용, 내성, 금단 증상)에서 자신에게 해당하는 것이 있는가? 또는 DSM-5-TR 중독장애 진단 항목에서 자신에게 해당하는 항목이 있는가? 언제 그 습관이 중독인지 아닌지에 대해 의심하게 되었는가?

1) 중독이라고 생각하는 이유:

2) 중독인지 의심을 하게 된 때:

5. 본인에게 왜 그런 중독 습관이 생겼을지 생각해보자. 중독 원인에 대한 3가지 이론 중 자신의 중독 원인을 적절하게 설명하는 이론이 있는가? 만약 없다면 자신만의 고유한 이유를 찾아보자.

• 자신의 중독 원인을 설명하는 이론:

6. 중독 습관을 고치기 위해 노력을 했던 때를 떠올려 보자. 그 노력은 성공적이었는가? 성공적이었다면 어떤 부분 때문이었는가? 그렇지 않았다면 왜 성공적이지 않았는지 이야기해보자. 혹시 본인이 다른 조원이 가지고 있는 중독 습관을 이전에 극복했던 경험이 있다면 자신의 노하우를 나눠보자.

1) 중독 습관을 고치기 위한 노력:

2) 성공적이었는지 여부와 그 이유:

3) 극복 노하우:

| 학습 참고 자료 |

도서 『도파민네이션: 중독 사회에서 균형 찾기』, 애나 렘키 지음, 박경선 옮김, 2022.

영상 [Ted Talk] 당신이 중독에 관해 안다고 생각하는 모든 것은 잘못되었다.

• URL: ted.com/talks/johann_hari_everything_you_think_you_know_about_addiction_is_wrong

웹진 [내 삶의 심리학 mind] 술, 얼마만큼 마셔봤니?

• URL: brunch.co.kr/@mind/157

6장

자살과 비자살적 자해

혜림은 평소 활달한 모습의 대학교 3학년 재학생이다. 혜림은 중학교 2학년 시기, 성적에 대한 압박감이 심해지면서 처음으로 자해를 시도했다. 이후에도 공부를 제대로 해내지 못한다는 자책감이나 또래보다 뒤처진다는 불안감이 들 때마다, 방안에서 몰래 커터칼로 손목을 긋는 자해를 반복하곤 했다. 이외에도 연인과 갈등 상황이 생기거나 친구들로부터 소외감을 경험하는 등 부정적인 기분이 드는 날에는 자신도 모르게 심하게 머리를 주먹으로 때리거나 식구들이 잠든 밤에 혼자 방에서 손목을 긋고는 했다. 자해를 한 직후에는 기분이 풀리는 듯했지만, 시간이 좀 지나면 이러한 자신의 모습에 더 수치심이 느껴지고 죽고 싶은 생각마저 들어 교내 학생상담센터를 방문하게 되었다.

사람들은 삶이 어려울 때 한 번쯤 죽고 싶다는 생각을 한다. 우리나라 성인들을 대상으로 한 최근 연구에 따르면, 자살사고를 경험한 성인들은 적게는 전체 인구 중 10%에서 많게는 40%에 이른다(Kang et al., 2023). 하지만 심리적인 어려움을 겪는 사람 모두가 자살사고를 경험하는 것은 아니며, 죽고 싶다는 생각을 하더라도 자신을 해치는 행동으로 이어지지 않는 경우가 더 많다. 반대로 죽으려는 의도 없이 스스로의 신체를 해치는 행동을 하는 경우들도 있다. 이를 비자살적 자해라고 하며 최근 청소년과 초기 성인들 사이에서 증가하고 있는 정신건강 문제이다.

이 장에서는 스스로를 해치는 행동인 자살과 비자살적 자해의 개념에 대해 살펴보고, 이 같은 행동이 어떤 배경에서 발생하여 지속되는지 다양한 심리학적 모형들과 연구 결과를 통해 이해하고자 한다. 이어 스스로를 해치는 행동으로부터 자신을 보호할 수 있는 다양한 보호 요인과 대처 기술들에 대해서도 소개하고자 한다.

1 자살

사전적으로 자살(suicide)은 '고의로 스스로를 죽이는 행위'로서, 미국국립정신건강연구소(NIMH)는 이를 '죽을 의도를 가지고 자기주도적으로 스스로에게 해를 입히는 행동의 결과로 인한 죽음'으로 정의한다. 역사적으로 살펴보면, 영어 단어 'suicide'은 라틴어로 자기 자신을 뜻하는 'sui'와 죽이다를 뜻하는

'caedere'가 합쳐진 단어로, 17세기 토머스 브라운(Thomas Browne)의 회고록, 『의사의 종교(Religio Medici)』(1642)에서 처음 사용되었다. 이 책이 출판된 후 수 세기 동안 자살의 도덕성에 대한 논쟁이 지속되었으나, 자살에 대한 첫 영향력 있는 연구는 프랑스 사회학자인 에밀 뒤르켐(Émile Durkheim)에 의해 이루어졌다. 그는 『자살론(Le Suicide)』을 통해 '자살은 그 결과를 야기할 것임을 아는 희생자 본인에 의한 정적이거나 부적인 행동*으로부터 직접적 혹은 간접으로 초래된 모든 죽음의 사례에 해당한다고 주장했다(Posner et al., 2014).

자살에 대한 정의는 죽음의 '의도'와 관련하여 일관성이 부족했고, 이는 연구자들과 실무자들 사이에서 용어와 분류상의 혼란을 초래했다. 1970년대에 미국국립정신건강연구소에서는 자살예방을 위한 위원회를 통해 자살 현상을 ① 자살, ② 자살시도, ③ 자살사고의 세 수준으로 구분했으며(Beck et al., 1972), 1980년대에 이후로 미국질병통제예방센터, 세계보건기구 유럽지부 등 공중보건기구를 통해 자살에 대한 정의가 보다 구체적으로 이루어졌다.

현재 우리가 흔히 이야기하는 자살은 자신을 해치는 치명적인 행동의 결과로 사망에 이른 것으로서, 그 수준에 있어 자살시도와 자살계획, 자살사고와는 차이가 있다. 먼저, 자살시도는 죽음을 의도하고 수행된 비치명적이며 자기주도적인 행동으로, 신체적 손상을 초래할 가능성이 있다. 자살로 인한 사망과의 차이는 행동의 결과가 '죽음'에 이르지 않았다는 점에 있다. 반면, 자살사고는 자살에 대한 생각, 고려, 계획을 말한다. 그 위험도로 보자면 자살사고가 가장 낮고, 자살계획, 자살시도의 순으로 높아진다.

1) 자살의 일반적 요소

자살은 개인마다 다른 이유, 다른 형태로 발생하지만 일반적인 요소 또한 존재한다. 미건 휴스턴(Meagan Houston, 2022)이 정리한 자살의 일반적인 요소는 다음과 같다.

* 정적인 행동에는 자신을 해치는 적극적이고 난폭한 행동(예: 칼이나 총을 사용하여 자신을 해치는 행동)이 해당하며, 부적인 행동에는 소극적이거나 회피적인 행동(예: 밥을 굶는 것, 환자가 생존에 꼭 필요한 약을 거부하는 행동)이 해당한다.

(1) 목적

자살의 일반적인 목적은 해결책을 찾기 위해서이다. 자살은 사람들이 문제를 해결할 수 없다고 느끼거나 통제 불가능하다고 느끼는 상황을 다루고자 할 때 고려된다.

(2) 감정

자살의 일반적인 감정은 절망 또는 무기력감이다. 절망 및 무기력감과 이에 동반되는 수치심, 죄책감, 부담감, 대처 능력의 부족과 간헐적 불면증이 자살 위험성을 높인다. 또한 이러한 증상들이 우울장애, 불안장애, 트라우마, 약물 등을 포함한 다른 정신건강 문제의 일환으로 나타날 수 있으므로 자살의 긴급성에 대한 평가가 요구된다.

(3) 스트레스 요인

자살의 일반적인 스트레스 요인은 좌절된 심리적 욕구이다. 소속에 대한 욕구, 재정적 욕구, 관계적 욕구, 존경 욕구, 안전 욕구 등 다양한 개인의 욕구가 충족되지 못할 때 경험하는 좌절감이 자살의 배경이 될 수 있다.

(4) 목표

자살의 일반적인 목표는 의식의 중단이다. 자살을 고민하는 개인은 심리적이고 정서적인 고통을 멈추기 위해 자신의 존재를 끝내려고 시도하는 것이라고 볼 수 있다.

(5) 자극제

자살의 일반적인 자극제(혹은 인식된 정보)는 견딜 수 없는 심리적 고통이다. 이러한 고통은 대개 만성적이고 광범위하며 강도가 높은 형태로 나타난다. 주로 대인관계의 어려움, 자기혐오와 자기가치에 대한 왜곡된 인식, 고통을 감당할 수 있는 현실적인 해결책의 부재, 또는 고통이 끝나지 않을 것 같은 절망감 등 다양한 요인에 의해 유발된다

(6) 내적 태도

자살의 일반적 내적 태도는 가치의 양면성이다. 오히려 이 양면성은 자살을 포함한 문제에 대해 논의하고 개입할 수 있는 여지를 준다는 면에서 좋은 것이라고 볼 수 있다.

(7) 인지 상태

자살과 관련된 일반적인 인지 상태는 '위축'으로 설명된다. 자살을 고려하는 개인은 흔히 터널시야(tunnel vision)에 빠져, 과거의 모든 노력이 무의미하게 느껴지고 미래에 대한 희망도 사라졌다고 인식하게 된다. 자살행동은 종종 '도피'의 성격을 가지며, 이는 현재의 상황에서 벗어나고자 하는 욕구와 심리적, 정서적, 신체적 고통을 끝내고자 하는 강한 바람에서 비롯된다.

(8) 대인관계행동

자살과 관련된 대인관계행동은 단순한 행위가 아닌, 의도를 담은 의사소통의 한 형태로 이해할 수 있다. 자살로 사망했거나 자살을 시도한 사람들은 종종 자살 노트를 남기거나, 말이나 행동을 통해 자살에 대해 암시하는 경우가 있다. 이는 견디기 어려운 내면의 정신적 혼란과 고통을 주변에 표현하고자 하는 시도로 볼 수 있다.

(9) 일관성

마지막으로, 자살의 일반적인 일관성은 일생 동안 건강하지 않은 대처 패턴의 이력으로, 이전부터 스트레스 상황에서 대처 기술이 좋지 못하고 쉽게 압도당하는 경향이 있다.

2) 자살의 현상학

자살은 세계적으로 중대한 정신건강 문제로, 우리나라에서는 특히 더욱 심각한 정신건강 문제이자 사회적 문제이다. 세계보건기구에 따르면, 2019년 기준 전 세계 10만 명당 자살률은 9.2명인데 비해 우리나라의 자살률은 28.6명으로 전 세계 평균의 3배를 상회하는 매우 높은 수준이다. 2021년 기준으로 추산된 자살로 인한 사망은 74만 6천 명으로 과거 2004년의 84만 4천 명에 비해서는 다소 감소한 수치이나 여전히 15~29세 사이의 사망원인 중 3번째에 해당한다(WHO, 2025). 우리나라는 특히 자살률이 높은 나라로, 2004년 이래 지난 20여 년간 OECD 국가 중 최고로 높은 수준의 자살률을 기록해 왔다(질병관리청, 2024). 2024년 10월 보건복지부에서 발표한 2023년 한 해의 국내 자살률은 10만 명당 27.3명으로 전년 대비 2.2명(8.5%) 증가한 수준이었으며, 이는 전체 13,978명에 이르고 있었다(보건복지부, 2024).

자살은 모든 성별과 연령, 사회적 배경에서 나타날 수 있는 문제이나 특정 사회인구통계학적 요인들이 자살로 인한 사망률의 위험을 높이는 것으로 확인되었다. 물론 여기서 유의해야 할 점은 해당 요인들을 인과적으로 생각해서는 안 되며, 상관이 있다는 맥락에서 고려할 필요가 있다는 것이다(Kraemer, 1997).

자살과 연관된 인구통계학적 요인 중 첫 번째 요인으로는 성별을 들 수 있다. 많은 연구들에서 밝혀졌듯, 자살로 인한 사망은 남성에게서 상대적으로 높게 나타난다. 미국에서의 연간 남성 대 여성의 자살로 인한 사망률을 비교해보면, 남성의 자살률이 대략 여성의 4배에 이른다(Moscicki, 2014). 우리나라의 경우, 2023년 한 해 동안 자살로 사망한 남성은 9,747명으로 10만 명당 38.3명이며, 여성의 경우는 4,231명으로 10만 명당 16.5명으로 나타났다. 즉, 남성에게서 2배 이상 더 높은 자살률이 관찰되고 있다.

두 번째 요인은 연령이다. 전반적인 자살률을 살펴보면 연령이 높아질수록 자살률이 높아진다. 2002~2022년 사이 미국의 자살률 통계에 따르면, 전체 연령 집단 중 75세 이상 남성의 자살률이 43.9명으로 가장 높게 나타났다. 우리나라의 경우 또한 80세 이상이 59.4명, 70대가 49.0명, 50대가 32.5명, 40대가 31.6명, 60대가 30.7명, 30대가 26.4명, 20대가 22.2명, 10대가 7.9명 순으로 고연령대의 자살률이 매우 높게 나타나고 있다(보건복지부, 2024).

세 번째 요인으로는 인종을 들 수 있다. 미국에서의 자료를 보면, 백인 남성의 자살률은 10만 명당 22.0명인 반면, 흑인 남성은 9.1명, 백인 여성은 5.6명, 흑인 여성은 1.8명으로 흑인에 비해 백인의 자살률이 2배 이상 확연히 높다는 것 또한 확인할 수 있다(Murphy et al., 2013).

네 번째로는 결혼 상태를 들 수 있다. 여러 연구에 따르면, 현재 결혼 상태이거나 평생 독신이었던 사람들에 비해, 이혼 혹은 별거 중이거나 사별한 사람들의 자살률이 더 높다(Kposowa, 2000; Luoma & Pearson, 2002).

이외에도 시대적 상황이나 국가의 사회경제적 상태가 개인의 자살 위험률에 영향을 미치는 것으로 보인다. 여러 연령 집단 중 특정 시기에 탄생한 집단(예: 제1차 세계대전 이전 탄생한 집단, 제2차 세계대전 이후 탄생한 베이비부머 집단)의 자살률이 상대적으로 더 높다는 연구 결과(Manton et al., 1987)와 함께 전 세계적으로 보고된 자살의 73%가 저소득 혹은 중위소득 국가에서 발생하고 있음이 조사되었다(WHO, 2025). 이는 국가적 차원의 빈곤이나 정치적, 경제적 불안정이 개인의 정신건강을 위협하고 자살로 이어질 수 있는 취약한 환경을 조성할 위험이 있음을 시사한다.

3) 자살에 영향을 미치는 요인: 위험 요인과 보호 요인

한 사람이 자살했을 때, 주변 사람들은 충격과 함께 그가 무엇 때문에 자살했는지에 대한 많은 의문을 갖는다. 그리고 주로 한두 가지의 이유, 이를테면 최근의 재정적 어려움, 사랑하는 사람과의 결별, 우울증 등으로 그가 세상을 등지게 되었다고 귀인하는 경우들이 많다. 하지만 자살에는 매우 다양한 요인들이 동시에 영향을 미치며, 앞서 살펴보았던 인구통계학적 요인들과 더불어 특히 심리사회적 요인들이 개인의 자살에 대한 위험성을 높이거나 반대로 낮추는 역할을 한다.

(1) 자살의 위험 요인

위험 요인들은 원거리 요인이거나 근거리 요인일 수 있고, 개인적이거나 환경적일 수 있으며, 고정적이거나 유동적일 수도 있다(Mann et al., 2005; Moscicki, 2001). 원거리 요인은 생물학적이며 대인관계적이고 맥락적인 취약성을 말하며, 정신병리, 공병질환, 후생유전학적 특성 및 가족과 관련한 요인들을 들 수 있다. 이에 비해 근거리 요인은 자살 사건에 더 직접적으로 연결된 요인으로, 원거리 요인이 지속되거나 악화되는 과정에서 자살행동을 촉발하는 스트레스 요인으로 작용한다. 구체적으로는 자신을 해칠 수 있는 도구에 대한 접근성, 삶의 스트레스 사건이나 상실 경험, 중독, 투옥, 신체질환, 약물 처방 등이 근거리 요인에 해당한다. 현실에서는 원거리 요인과 근거리 요인이 복잡하게 상호작용하면서 잠재적인 위험성이 자살행동으로 이어지게 만든다. 따라서 자살을 예방하고 재발을 방지하기 위해서는 해당 요인들을 규명하고, 자살을 예측하는 심리학적 모형들을 수립하여 실제 적용하는 것이 중요하다.

자살의 위험 요인 중 원거리 요인에는 개인적 요인과 환경적 요인이 있다. 개인적 요인에는 우울증을 포함한 다양한 정신장애와 약물사용장애, 가족의 정신장애 혹은 자살 이력, 학대 경험, 과거의 자살시도가 포함되며, 환경적 요인으로는 역기능적 가족 환경, 무기에 대한 쉬운 접근성, 보호 요인이 부족한 환경, 치안이 좋지 않은 동네 등이 해당한다(홍진표, 2023; Moscicki, 2014). 근거리 요인은 개인 수준에서의 심각한 스트레스 사건을 포함하며, 예를 들어 사랑하는 사람의 상실, 실업이나 학업·입시 실패, 경제적 파산과 같은 개인적인 실패 경험, 수치심, 독립성의 상실 등이 해당된다. 또한 무망감, 중독, 자해 도구에 대한 접근성 등도 주요한 위험 요인이다. 이외에도 암, 파킨슨병, 간질, 뇌졸중 등 만성 신체질환과 그로 인한 심각한 통증 역시 근거리 요인으로 작용할 수 있다.

이 중에서도 정신장애는 매우 강력한 자살의 위험 요인으로, 성인에서 발생한 자살 사망의 90% 이상이 정신과적 장애와 관련이 있다는 연구 결과들도 축적되었다(Lesage et al., 1994; Rich, Young, & Fowler, 1986). 심리부검 연구 결과, 정신장애와 약물사용장애, 신체질환이 동반이환하는 경우가 자살로 사망한 사람들의 70~80%를 차지하는 것으로 나타났다(Lesage et al., 1994; Rich, Young, & Fowler, 1986). 여러 연구에 따르면 공병장애는 자살에 매우 심각한 영향을 미치며, 특히 반복적인 자살시도와 자살로 인한 사망과 밀접한 관련이 있는 것으로 나타났다(Forman et al., 2004; Hawton, 2003). 또한 자살의 가장 중요한 예측 요인 중 하나는 과거의 자살시도 경험이다. 특히 반복적인 비자살적 자해행동 역시 청소년과 초기 성인 사이에서 자살 위험을 높이는 중요한 요인으로 간주된다(Andover et al., 2005; Whitlock et al., 2013).

(2) 자살의 보호 요인

아직 위험 요인에 비해 연구가 충분히 이루어진 분야는 아니지만, 자살의 위험성이 높은 취약 집단을 보호할 수 있는 요인에 대한 연구도 점차 확대되고 있다. 예를 들어, 자살 유가족은 일반인에 비해 자살 위험이 더 높은 것으로 알려져 있으며, 특히 이들 중 정신장애를 겪고 있는 경우 위험 수준이 더욱 증가한다. 이러한 대상자에 대해 자살 위험성을 평가하고 정신건강 개입을 제공하는 것이 생존율을 높이는 데 효과적인 것으로 나타났다.

자살 위험성이 있는 사람들을 보호하기 위해서는 개인적인 차원에서의 개입이 중요하다. 정신장애나 약물사용장애에 대한 적절한 치료를 비롯하여, 정서적 웰빙 증진, 자살에 대한 근거 기반 치료(예: 인지행동치료, 변증법적 행동치료)의 제공, 정신장애에 대한 조기 식별 등이 효과적인 보호 전략으로 보고되고 있다. 환경적인 차원에서는 지역사회 기반의 접근, 우울에 대한 선별 개선, 일차 정신건강서비스 제공자들에 대한 적절한 훈련, 아동기의 예방적 개입, 사회적 지지, 문화적 가치, 정신건강 서비스 접근성 개선, 총기 및 무기에 대한 접근 제한 등이 도움이 될 수 있는 것으로 나타났다(Moscicki, 2014).

자살이 하나의 결정적인 위험 요인만으로 발생하지 않는 것처럼, 단일한 보호 요인에 대한 증진만으로 자살 위험을 충분히 낮추기는 어렵다. 자살 예방을 위해서는 개인적·환경적인 차원에서 다양한 심리사회적 요인에 대한 폭넓은 관심과 다면적인 개입이 필요하다.

4) 자살에 대한 통합적 모형

앞서 살펴보았듯이, 다양한 인구통계학적 요인과 심리사회적 요인들은 한 개인의 삶 속에서 상호작용하며 자살 위험을 높이기도 하고, 반대로 보호 효과를 나타내기도 한다. 따라서 개인의 자살 위험성을 예측하고, 이미 발생한 자살 시도를 이해·설명하며, 재발을 방지하기 위해서는 이러한 다차원적 요인들을 함께 고려하는 통합적 모형이 필수적이다.

자살에 대한 이해는 일찍이 사회학적 이론과 생물학적 이론을 통해 시도되어 왔다. 이 장의 앞부분에서도 언급했듯, 뒤르켐은 자살에 대한 과학적 연구를 처음으로 진행한 학자로, 자살의 사회학적 이론을 통해 자살이라는 것은 개인의 정신병과 무관하며 사회적인 현상이라는 관점을 제안했다. 그는 사회적 통합과 사회적 규율이라는 두 차원에 따라 구분되는 4가지의 자살이 존재한다고 설명했다. 첫째, 이기적 자살(egoistic suicide)은 개인이 사회로부터 고립되어 극심한 외로움과 소외감을 느낄 때 발생하며, 이는 사회적 통합 수준이 매우 낮은 상태에서 나타나는 자살 유형이다. 둘째, 이타적 자살(altruistic suicide)은 사회적 통합이 지나치게 강한 상태에서 개인이 집단의 가치나 목표에 자신을 완전히 동일시하는 경우 발생한다. 제2차 세계대전 당시 일본의 가미카제(자살돌격대)나 극단주의 테러리스트의 자살 테러가 대표적인 예이다. 셋째, 아노미적 자살(anomic suicide)은 사회적 규율과 질서가 극단적으로 약화될 때 발생하며, 이로 인해 개인의 가치관이나 삶의 기반이 무너지는 상황에서 나타난다. 예를 들어, 경제적·사회적 혼란이 극심했던 대공황 시기의 자살 사례가 이에 해당한다. 마지막으로 숙명적 자살(fatalistic suicide)은 사회의 과도한 규율과 통제로 인해 개인이 극심한 압박을 느낄 때 발생한다. 순장과 같이 타인의 죽음에 따라 자신의 죽음을 받아들이는 경우가 이에 해당한다(Durkeim, 2008). 한편, 생물학적 이론에 따르면, 자살은 타고난 취약성인 유전된 생물학적 성향(신경전달물질의 불균형)과 생활 스트레스 간의 상호작용으로 인해 발생하는 것으로, 둘 간의 조합이 자살 위험을 증가시킨다고 본다.

자살에 대한 상기 이론들이 매우 설득력 있고 직관적임에도 불구하고, 그 한계점은 분명하다. 사회학적 이론은 개인적 수준의 변인들을 고려하지 않고 있다. 즉, 같은 상황에 있어도 자살을 하는 사람도 있지만 그렇지 않은 사람도 있는데, 그 조절 변인에 대한 고려가 미비하다. 한편, 생물학적 이론은 특정한 자살행동을 예측하거나 개입하는 것이 어렵다는 점에서 한계를 갖는다. 이러한 한계를 지적하며, 이후 제시된 자살의 심리학적 이론들에서는 자살에 영향을 미치는 개인적인 변인과 사회적인 변인들을 통합적으로 고려하여 개별 자살행동에 대한 설명력을 증대하고자 했다. 다음에서는 그중 대표적인 이론으로 에드윈 슈나이드먼(Edwin Shneidman)의 심리통 이론과 토머스 조이너(Thomas Joiner)의 대인관계 이론을 소개하겠다.

(1) 슈나이드먼의 심리통 이론

경험적인 연구에 기반한 현대 자살 이론들은 슈나이드먼(Schneidman, 1985)의 선구적 연구에 많은 부분을 기초하고 있다. 슈나이드먼은 그의 심리통 이론(psychache theory of suicide)을 통해 "대부분의 경우, 자살은 고통에 의한 것으로, 심리통(psychache)이라고 부르는 심리적 고통에 의해 초래된다"고 했다. 그는 심리통을 강렬하고 참을 수 없는 정서적 고통으로, 우울감이나 무망감과는 다른 것이라고 보았다. 어떤 사람들에게는 심리적 고통이 너무도 심한 나머지, 자살을 통한 죽음이 그 고통으로부터 벗어날 수 있는 유일한 길이 된다고 보았다. 그는 인간에게는 2가지 유형의 욕구, 즉 일차적 혹은 생물학적인 욕구와 이차적 혹은 심리적 욕구가 있다고 가정했다. 생물학적 욕구는 식욕과 수면욕, 통증에 대한 회피 등 생존과 안전을 위한 것인 반면, 심리적 욕구는 사랑과 소속감, 통제감, 긍정적 자기상, 의미 있는 관계를 포함하는 욕구로, 이 또한 인생에 필수적인 것이다. 이러한 심리적 욕구들이 실패와 거절, 상실로 좌절될 때 심리통이 초래된다.

슈나이드먼은 개인이 심리통을 줄일 수 있는 선택지가 없다고 느낄 때 자살 욕구가 더욱 강해진다고 보았다. 그는 이 과정에서 사랑하는 사람과의 일체감, 자기감의 회복, 사랑받고자 하는 욕구 등을 충족시키기 위한 수단으로 자기파괴적인 행동이 나타날 수 있다고 설명했다. 슈나이드먼의 이론에서 자살이 하나의 문제해결적 행동이라는 개념화는 이후의 다른 자살 이론에 큰 영향을 주었으며, 심리통이 자살의 주요한 예측 요인이라는 점 또한 경험적 연구들을 통해 지지되었다. 다만, 심리통이 무엇인지에 대한 명확한 규정이 부족하다는 점, 여러 연구에서 심리통, 우울, 무망감 등의 상관성이 높게 나타나 심리통만을 특정 요인으로 삼기 어렵다는 점, 심리통이 자살의 충분 조건이라는 가정이 충분히 입증되지 않았다는 점 등은 아쉬움이 있다.

(2) 조이너의 대인관계 이론

조이너는 자살의 대인관계 이론(interpersonal theory of suicide: IPTS)을 통해, "죽고자 하는 욕구가 있으며, 그 욕구를 실행할 수 있는 능력이 있는 사람이 심각한 자살행동을 할 수 있다"고 보았다(Joiner, 2005). 그에 따르면, 죽고자 하

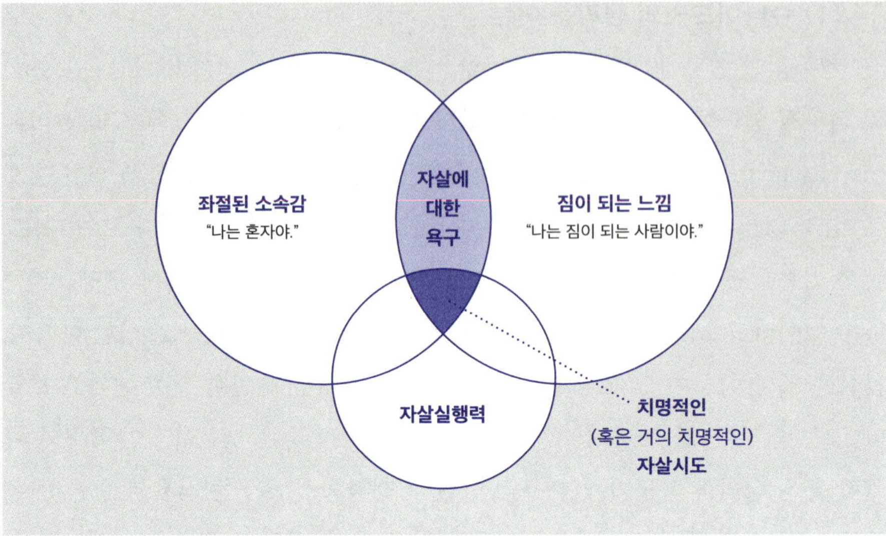

그림 6.1 조이너의 대인관계 이론 도식
출처: Van Orden et al., 2010

는 욕망은 대인관계적 심리 상태에서 비롯되는데 이는 짐이 되는 느낌 및 좌절된 소속감 등 2가지로 구분된다고 보았다(그림 6.1 참조). 이러한 느낌은 자신의 죽음이 타인들에게 가치가 있을 것이라는 신념으로 이어진다. 이 두 상태가 합쳐지면 자살사고가 강화된다. 그러나 이 2가지만으로는 치명적인 자살행동이 나타나지 않는다. 조이너는 개인은 반복적인 고통을 경험하는 동안 때때로 자해를 하면서 고통, 손상, 죽음 등에 두려워하지 않는 마음을 가지게 된다고 보았으며, 이를 '습득된 자살실행력'이라고 명명했다.

대인관계 이론을 바탕으로 자해의 과거력이 있거나 다른 위험한 행동을 했던 이력이 있는 사람들에서의 자살시도를 설명할 수 있다. 이 이론은 자살사고만 하는 사람과 실제로 자살시도를 행동화하는 사람들을 구분했다는 점에서 강점이 있으며, 많은 경험 연구들을 통해 짐이 되는 느낌과 좌절된 소속감이 자살사고에 유의한 영향을 미친다는 점이 확인되었다(Selby et al., 2014). 더불어 습득된 자살실행력에 관해서도, 비자살적 자해나 자살시도력이 자살행동을 하는 데 대한 두려움을 덜 느끼는 것과 관련이 있음이 확인되었다(Muehlenkamp & Gutierrez, 2007). 대인관계 이론은 많은 경험적 지지를 받아왔지만, 습득된 실행력이 왜 항상 자살행동으로 이어지지 않는지에 대한 설명이 부족하고, 자해행동에 기여하는 요소의 범위 또한 불분명하다는 한계가 있다. 이외에도 우울증 등 정신병리적 요인을 충분히 설명하지 못하며, 주요 변인들에 대한 연구가 대부분 한 시점에서만 측정되었다는 점도 제한점으로 지적된다.

5) 자살에 대한 심리적 개입

자살은 우리나라와 미국을 비롯한 각국에서 매우 주요한 사망 원인이며, 타살의 2배에 이르는 사망률과 관련되어 있음에도 불구하고 사람들은 자살에 대해 말하기를 두려워하며 이에 대해 금기시한다. 그러나 자살을 막기 위해서는 자살에 대해 솔직하게 말할 수 있는 개방적인 사회문화적 분위기가 요구된다. 또한 환자를 비롯한 정신건강이 취약한 사람들뿐만 아니라 일반 대중을 상대로도 자살에 대한 적극적인 예방 프로그램을 시행할 필요가 있다. 그동안 다양한 이론적 배경을 기반으로 자살에 대한 예방적 개입과 심리치료가 개발되고 시행되었다. 다음에서는 국내외의 자살예방 프로그램과 심리치료 프로그램을 소개할 것이다.

국외의 자살예방 프로그램 개발은 1996년 WHO, UN 등 국제기구가 가이드라인을 배포하면서 이루어지기 시작했다. 이후 다국가 무선통제연구**들에서의 결과가 축적되면서, 자살행동 예방에 효과성을 보이는 변인들이 규명되었다. 가장 강력한 근거를 가지고 있는 것은 자살 방법에 대한 접근 제한과 게이트키퍼 교육이었다. 유망한 접근으로는 정신질환에 대한 약물치료, 심리치료 및 심리사회적 개입, 자살시도 후 지지 제공, 자살에 대한 책임감 있는 미디어 보도, 의료진들을 대상으로 한 수련, 학교 기반 유능감 촉진 및 기술 강화 프로그램, 우울과 자살 위험 선별, 위기센터 및 위기상담, 자살자의 유가족 및 친구를 위한 지원 등이 있었다. 이외에도 알코올에 대한 통제력 강화, 지역사회 기반 정신건강 서비스, 지원체계 구성, 스트레스와 어려움을 겪는 가족들에 대한 지원, 일반 대중을 대상으로 한 인식 개선 및 교육 또한 잠재적으로 도움이 될 것으로 여겨졌다. 놀랍게도 자살 인식 증진을 위한 학교 기반 프로그램, 자살에 대한 공

……

** 무선통제연구(randomized controlled trial: RCT)란 연구참가자를 실험 집단과 대조 집단에 무작위로 할당하여 개입 효과를 비교함으로써 인과관계를 과학적으로 검증하는 연구 설계를 말한다.

그림 6.2 보고듣고말하기
출처: 한국생명존중희망재단

중보건 메시지 및 미디어 보도, 생명존중각서, 회복기억치료법들은 오히려 해가 되는 것으로 나타났다(Bertolote, 2014).

국내 자살예방 프로그램으로 대표적인 것은 한국형 표준 자살예방 생명지킴이 양성 프로그램인 〈보고듣고말하기〉이다. 〈보고듣고말하기〉는 2011년 생명보험사회공헌재단 후원으로 한국자살예방협회에서 개발되었으며, 보건복지부 중앙자살예방센터를 통해 배포되었다. 직장, 지역사회, 군대, 소방공무원 등을 대상으로 프로그램이 진행되었으며, 2019년 〈보고듣고말하기〉 2.0 버전으로 개정된 이후 2020년에는 청소년, 교사, 북한이탈주민용 버전이 각각 개발되었다(Park, 2020). 〈보고듣고말하기〉는 보기(자살을 암시하는 언어적, 행동적, 상황적 신호 확인하기), 듣기(실제 자살생각을 묻고 죽음의 이유와 삶의 이유 경청하기) 및 말하기(안전점검 목록을 확인하고 전문가에게 도움 의뢰하기) 등의 과정을 통해 주변의 자살위기자를 돕도록 하는 프로그램이다. 2022년 기준으로 이 프로그램을 통해 300만 명 이상의 생명지킴이가 양성되었으며, 생명지킴이 교육을 많이 한 지역일수록 자살률이 떨어진다고 보고되었다(Bae, 2018).

한편, 자살에 대한 심리치료는 다른 심리장애에 대한 치료들에 비해 넘어야 할 험난한 산들이 많다. 우선 자살은 매우 희귀하게 나타나는 현상이다. 앞서 이야기했듯 세계 최고 수준의 자살률을 가지고 있는 우리나라만 하더라도 10만

명 중 20여 명이 자살로 사망하는 수준인데, 이를 정확히 예측하는 통계적 모형을 구성하는 것은 거의 불가능에 가깝다. 전체 집단 중에서 자살 고위험 집단을 과다하게 추정할 우려가 있으면서도, 동시에 자살 위험성이 낮다고 평가한 사람들 중에서 누락된 잠재적 자살시도자가 존재할 수도 있는 딜레마가 존재하는 것이다. 따라서 자살에 대한 치료 프로그램은 모든 수준의 자살 위험성에 대해 평가하고 개입할 필요가 있다(Ward-Ciesielski & Linehan, 2014). 지금까지 개발된 자살에 대한 심리치료는 매뉴얼 보조 인지행동치료(manual-assisted cognitive behavioral therapy: MACT), 단기문제중심개입, 24시간 전화개입과 가정방문을 포함한 집중문제중심치료, 변증법적 행동치료 등 상당히 다양하다.

자살 위험성이 높은 사람들에게는 우선적으로 단기적인 위기개입이 제공된다. 위기개입은 보통 1주에서 4주가량 진행되며, 내담자가 급성의 위기 상황을 극복하고 더욱 심각한 장기적 문제로 가지 않도록 예방하는 것을 목표로 한다. 위기개입은 총 4단계로 진행되는데, 먼저 내담자의 강점과 대처 기술, 사회적 지지망 등을 파악한다. 이를 바탕으로 내담자와 함께 대처 전략을 탐색한 후, 내담자가 문제해결 전략을 세울 수 있도록 한다. 마지막으로 개입 과정에서 학습하고 계획한 전략을 실행하고 강화할 수 있도록 돕는다(Houston, 2023). 보다 장기적인 치료로는 자살에 대한 근거 기반 심리치료로서의 효과성이 입증된 인지행동치료(CBT)와 변증법적 행동치료(DBT)를 들 수 있다. 자살에 대한 CBT는 다른 심리장애에 대한 CBT와 유사하게 대략 16주가량 진행되며, 자살충동과 우울을 감소시키기 위한 개입이 제공된다. 회기 중에는 내담자가 해결할 수 없다고 여기는 문제를 함께 파악하고, 그 문제에 내포된 인지적 편향과 왜곡을 찾아내어 이를 보다 현실적이고 적응적인 사고로 수정하는 작업을 진행한다. 또한 문제해결을 위한 행동 기술과 의사소통 기술을 발달시키고, 정서적 고통을 완화하며, 스트레스에 대한 감내력을 높이는 데 중점을 둔다.

DBT는 현재까지 개발된 치료법 중 자살행동을 감소시키는 데 가장 효과적인 치료 중 하나로 평가된다. DBT 역시 매뉴얼에 따라 체계적으로 진행되는 치료로, 내담자의 주요 어려움으로 여겨지는 4가지 영역(마음챙김, 정서 조절, 고통 감내력, 대인관계 효능)에 대해 중점적으로 개입한다. DBT의 경우, 자살 위험성뿐만 아니라 경계성 성격 특성, 뒤에서 다룰 비자살적 자해 등 다른 심각한 문제를 동반하는 집단에 대해서도 치료 효과가 뛰어난 것으로 나타났다(Ward-Ciesielski & Linehan, 2014).

2 비자살적 자해

비자살적 자해(nonsuicidal self-injury: NSSI)는 죽고자 하는 의도 없이(without intent to die) 자신의 신체를 해치는 행동을 의미한다(Nock & Favazza, 2009). 이는 죽고자 하는 동기에서 비롯된 자살행동과는 명확히 구분되는 개념이다. 비자살적 자해는 날카로운 물체로 신체를 긋거나 베고, 몸을 물체에 부딪치거나 자신을 때리고 꼬집는 행동, 화상을 입히는 행동 등 다양한 모습으로 나타난다(Klonsky & Muchlenkamp, 2007). 비자살적 자해가 가장 흔히 나타나는 연령은 12~14세로, 보통 10대 초기에 시작되어 수년간 지속된다(American Psychiatric Association, 2013; Jacobson & Gould, 2007). 메타 연구에 따르면, 비자살적 자해의 유병률은 청소년기에 17.2%로 가장 높다가 초기 성인기에 13.4%, 중기 성인기에는 5.5%로 감소하는 패턴을 보인다. 그러나 비자살적 자해행동을 수년 이상 지속적으로 반복하는 사람들은 고통에 대한 둔감화와 함께 점차 더 다양하고 치명적인 형태의 자해행동을 보이는 경향이 있다. 이러한 경향은 죽음에 대한 두려움을 감소시키고, 자살실행력을 높여, 궁극적으로 자살 위험성을 크게 증가시키는 것으로 알려져 있다(Grandclerc et al., 2016; Joiner, 2005). 따라서 비자살적 자해를 청소년기나 초기 성인기에 잠시 지나가는 문제행동으로 치부하거나 다른 사람들의 관심을 끌기 위한 극적인 행동으로 평가절하하는 것은 상당히 위험하다. 비자살적 자해를 하는 사람들이 누구인지, 왜 이러한 행동을 하게 되는지를 이해하고 비자살적 자해가 아닌 적응적인 대처행동을 모색할 수 있도록 도울 필요가 있다.

죽을 의도 없이 혹은 자살의도가 모호한 상황에서 자신을 해치는 행동은 임상 장면에서 오랫동안 관찰되었다. 1960년대 한 연구에 따르면, 상담을 받는 사람들 중 일부가 자살의도 없이 스스로를 긋는 행동을 보이기도 한다고 보고되었다(Graff & Mallin, 1967). 그러나 자해행동을 경계성 성격장애 환자의 증상 중 하나가 아닌 하나의 독립된 개념으로 연구하기 시작한 것은 1990년대에 들어서이다. 이후 국외에서는 본격적으로 비자살적 자해에 대한 연구가 시작되어 개념이 정립되었으며, 최초로 미국정신의학회의 DSM-5에서는 비자살적 자해를 '추가 연구가 필요한 진단'으로 포함했다(American Psychiatric Association, 2013). 그에 비해 우리나라에서는 2009년 비자살적 자해에 관한 첫 경험적 연구가 발표되어 상대적으로 늦은 시작을 보였으나 최근 수년간 연구가 점차 증가하는 추세를 보이고 있다(성요안나·배유빈·김소정, 2019).

1) 비자살적 자해의 현상학

학계에서의 관심이 점진적으로 증가해온 것에 비해, 일상생활 속에서 비자살적 자해는 어린 연령을 중심으로 급격히 확산되는 양상이 나타나고 있다. 최근 미디어를 통해 비자살적 자해에 관한 관심이 증가했으며, SNS를 통한 자해 인증과 커뮤니티 활동, '자해계', '자해러' 등의 신조어 등장은 비자살적 자해가 젊은 연령층을 대상으로 어떻게 확산되고 있는지를 반영하고 있다(성요안나 등, 2019). 2018년 전국 중고등학생을 대상으로 시행한 '학생정서·행동특성검사'에 따르면, 전체 중학생의 7.9%, 고등학생의 6.4%가 자해 경험이 있는 것으로 보고되었다(이재호·조윤영·전정윤, 2018. 11. 11.). 그러나 사회적 낙인이나 주변의 부정적 시선에 대한 우려로 자해를 숨기는 경우가 많다는 점을 고려하면, 실제 자해의 유병률은 보고된 바를 상회할 것으로 여겨진다. 최근까지 국내에서 시행된 자해 관련 연구들에서 보고된 평생 유병률은 8.8%에서 32.2%(Son, Kim, & Lee, 2021)로, 해외에서 보고된 수치와 유사하거나 이를 상회하는 수준이었다(Muehlenkamp et al., 2012; Swannell et al., 2014). 2018년 전국 230여 개소의 청소년상담복지센터에서 자해와 관련하여 이루어진 상담 사례는 총 27,976건으로, 전년 대비(8,352건) 3배나 높게 나타났다(양정우, 2019). 이러한 상황은 최근 수년간 우리나라에서 비자살적 자해와 더불어 자살에 대한 위험성이 급증하고 있으며 이에 대한 지역사회 내에서의 적극적인 개입이 요구되는 상황임을 방증한다(김수연·강동웅, 2019; 박다해, 2019).

2) 비자살적 자해에 영향을 미치는 요인: 위험 요인과 보호 요인

연구를 통해 다양한 심리사회적 요인들이 비자살적 자해에 영향을 미치는 것으로 확인되었다. 사회인구통계학적 요인 중에서는 여성이라는 성별, 성소수자의 정체성 등이 자해의 취약 요인인 것으로 나타났으며, 환경적 요인으로는 과거의 신체 및 성적 학대 경험이나 또래관계 내에서의 폭력 경험이 자해의 강력한 예측 요인인 것으로 보고되었다. 대인관계 내 갈등 및 애착 문제 또한 자해 행동에 영향을 미치는 것으로 나타났다. 심리적 요인으로는 우울장애, 불안장애, 경계성 성격장애, 외상후 스트레스장애(PTSD), 섭식장애와 물질사용장애 등의 심리장애, 충동성과 정서 조절의 어려움, 이전 자해 경험, 자기비난, 자기혐오, 자기처벌 등의 부정적인 자기인지를 포함하는 부정적인 인지 양식 또한 자해와 관련이 있는 것으로 확인되었다(Valencia-Agudo et al., 2018). 한편, 비자살적 자해에 대한 보호 요인으로는 상처에 대한 인식, 삶의 목표, 자기의 회복, 사회적 지지 등이 제시되었다(김수진, 2017).

3) 비자살적 자해의 기능과 심리학적 모형

대부분의 사람들은 고통을 피하고자 하며, 바람직한 결과를 위해 꼭 필요한 경우에만 통증을 참고 견디려 한다. 따라서 일부 사람들이 고의적으로 자신을 해치고 고통을 유발한 뒤, 오히려 기분이 나아졌다고 말하는 것은 일반적인 상식으로는 받아들이기 어려우며, 인간의 본성과 어긋나는 모순된 행동으로 여겨지기도 한다(Selby, Joiner, & Ribeiro, 2014). 여러 학자가 경험적 연구 결과를 기반으로 비자살적 자해행동을 발생시키는 고유의 기제를 설명하기 위한 이론적 틀을 제안해 왔다. 다음에서는 대표적인 자해 이론으로서 경험회피 모형, 4기능 모형 및 비자살적 자해의 통합 모형을 소개하겠다.

(1) 경험회피 모형

비자살적 자해에 관해 가장 오래되었으며 실증적 근거를 많이 가지고 있는 이론들은 공통적으로 비자살적 자해가 정서 조절의 목적으로 이루어진다고 본

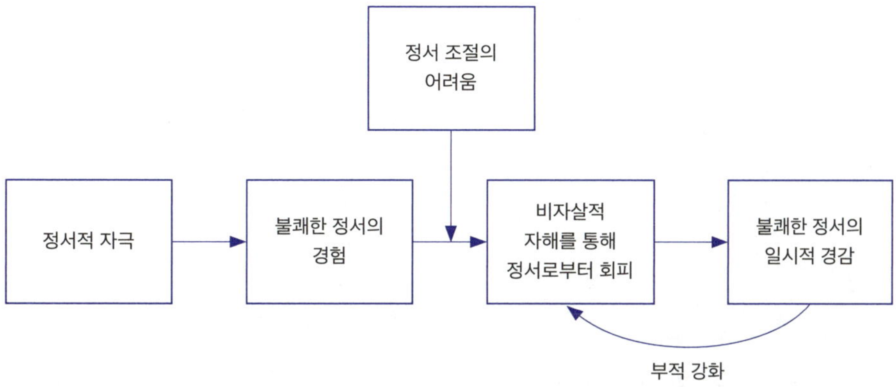

그림 6.3 비자살적 자해의 경험회피 모형
출처: Chapman, Gratz, & Brown, 2006

다. 채프먼, 그라츠와 브라운(Chapman, Gratz, & Brown, 2006) 역시 경험회피 모형(experiential avoidance model)을 통해 비자살적 자해는 원치 않는 정서적 각성을 감소 혹은 종결시키기 위한 목적에서 이루어지며, 부적 강화에 의해 유지된다고 보았다(그림 6.3 참조). 즉 강한 부정적 정서(예: 분노, 수치감, 슬픔, 좌절)를 경험하는 상황에서 이를 감내 혹은 조절하는 것에 어려움이 있는 경우 일종의 회피 전략으로서 자해행동을 하게 되고, 이는 일시적인 안도를 유발하여 부적 강화를 일으킨다는 것이다.

(2) 4기능 모형

녹과 프린스타인(Nock & Prinstein, 2004)은 4기능 모형(four function model)을 통해 비자살적 자해의 기능에는 '정적 강화-부적 강화'의 축과 '자동적(정서적) 강화-사회적 강화'의 축에 따라 4가지 기능으로 구분된다고 보았다.

먼저, 자동적 정적 강화는 무언가를 느끼고 싶어서 자해를 하는 경우이다. 예를 들면, 평정심을 느끼기 위해서나 무감각한 상태에서 무엇이라도 (혹은 살아있다는 느낌을) 느끼고 싶어서 자해를 하는 것이다. 둘째, 자동적 부적 강화는 부정적인 감정이나 생각을 제거하거나 줄이기 위한 목적이다. 우울이나 불안 등의 감정을 제거하거나 엄습하는 불편한 생각이나 기억을 멈추기 위해 자해를 하는 것에 해당한다. 셋째, 사회적 정적 강화는 무언가를 사회적으로 이끌어내기 위한 것으로, 부모나 친구를 비롯한 주변 사람들의 관심을 이끌어내는 것 혹은 주변에 도움을 요청하는 것이 목적이다. 마지막으로, 사회적 부적 강화는 대인관계에서 오는 부담감을 피하거나 벗어나기 위한 것이 목적이다. 예를 들면, 과제나 행사를 피하기 위해 혹은 주변과의 갈등을 회피하기 위해 자해를 하는 것이 이에 해당한다. 이 4가지 기능 중에서도 자해를 하는 사람들에게서 가장 빈번하게 보고되는 기능은 부정적인 감정을 제거하고자 하는 자동적 부적 강화이다.

(3) 비자살적 자해의 통합 모형

녹(Nock, 2009)은 기존의 자해 연구들을 바탕으로 자해의 위험 요인을 체계화하여 비자살적 자해의 발달과 유지에 대한 통합 모형(integrated model of nonsuicidal self-injury)을 개발했다(그림 6.4 참조). 그는 이 모형을 통해 아동기 학대나 적대적인 가족 환경과 같은 환경적 요인, 그리고 높은 정서적·인지적 반응성과 관련된 유전적 소인과 같은 초기 발달 요인이 자해의 원거리 위험 요인

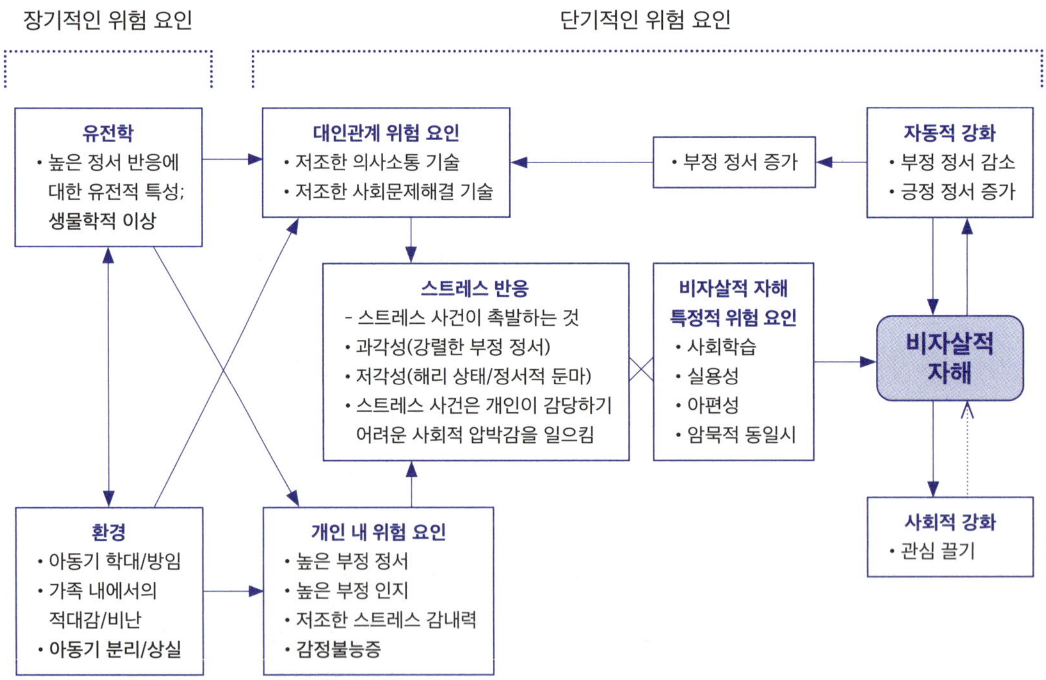

그림 6.4 비자살적 자해의 통합 모형
출처: Nock, 2009

으로 작용한다고 보았다. 이러한 요인들은 개인내적 취약성(예: 낮은 고통 감내력)과 개인외적 취약성(예: 부족한 의사소통 능력과 사회적 문제해결 기술)을 유발하는 데 영향을 미친다고 설명했다. 이러한 취약성을 가진 개인은 스트레스 사건을 경험할 때 유발되는 강렬한 부정 정서나 원치 않는 사회적 상황을 조절하기 위해 자해와 같은 부적응적인 대처 전략을 사용하게 된다고 보았다.

그렇다면 문제는 자해를 하는 사람들이 기대하는 것만큼 자해가 부정적인 감정을 해소하고 대인관계 문제를 해결하는 데 효과가 있느냐는 것이다. 안타깝게도 채프먼 등(Chapman et al., 2006)이 경험회피 모형을 통해 언급했듯, 자해를 한 후에 경험하는 긍정 정서는 일시적인 안도감에 지나지 않는다. 또한 비자살적 자해가 일시적으로 기대한 자동적 강화(예: 부정적 감정의 감소, 긍정적 감정의 증가)나 사회적 강화(예: 타인의 관심을 끄는 것)를 제공한다 하더라도, 정서적 고통의 근본 원인이 해결된 것은 아니기 때문에 부정 정서는 언제든 다시 나타날 수 있다. 따라서 비자살적 자해는 장기적으로 정서, 인지, 스트레스 관리에 어려움을 초래하는 악순환을 야기하게 된다. 더욱 심각한 것은 자해를 한 자기 자신에 대해 더욱 부정적으로 여기게 되며 죄책감과 수치심을 경험하게 된다는 점으로, 이는 오히려 비자살적 자해행동을 증가시킬 수 있는 위험 요인이 된다(Paul et al., 2002; Wester & McKibben, 2016).

4) 비자살적 자해에 대한 심리적 개입

비자살적 자해는 과거 경계성 성격장애의 한 증상으로 개념화되거나, 자살시도의 일종으로 분류되거나, 자살의도와 무관하게 스스로를 해치는 행동으로 규정되기도 했다. 그러나 시간이 지나면서 비자살적 자해에 대한 관심이 높아지고 관련 연구가 축적되면서, 자살시도와는 '죽으려는 의도'라는 측면에서 명확한 차이가 있음이 밝혀졌다. 이에 따라 비자살적 자해는 특정 정신장애의 한 증상으로만 보기보다는, 진단과 무관하게 별도로 주목하고 치료해야 할 독립적인 행동으로 인식되기 시작했다. 또한 이러한 인식의 변화는 치료적 접근에도 영향을 미쳤다. 과거에는 비자살적 자해행동을 자살시도의 일부로 간주하여 입원을 우선적으로 권고했으나, 입원치료는 비용이 높고 장기적인 효과가 제한적이라는 점이 확인되었다. 이에 따라 최근에는 약물치료나 단기입원보다는 꾸준한 심리치료가 보다 권장되고 있다(Linehan, 2000; Wester & Trepal, 2017).

비자살적 자해는 단기적으로도 자신을 해치는 위험한 행동이라는 점에서 개입이 필요하지만, 장기적으로는 더욱 심각한 문제를 초래할 수 있어 집중적인 관심과 개입이 요구된다. 특히 다음과 같은 4가지 측면에서 그 부작용이 두드러진다. 첫째, 비자살적 자해는 자해를 하는 사람들의 의도와는 반대로 부정적인 정서를 강화한다. 자해 직후 수초, 수분 이내에 느껴지는 안도감이나 각성감 등은 지속시간이 아주 짧으며 오히려 일정 시간 이후에는 불쾌한 정서를 초래하는 것으로 보고되고 있다. 둘째, 비자살적 자해는 부정적인 자기인식과 자기에 대한 부정적인 감정을 유발한다. 자해를 문제해결이 아닌 회피의 수단으로 사용했다는 사실은 개인에게 수치심이나 무력감을 불러일으키며, 때로는 자기비난이나 자기혐오 같은 부정적인 자의식적 감정으로 이어진다. 이러한 감정 경험은 장기적으로 자해를 반복하는 사람의 부정적인 인지 편향을 더욱 강화시키는 요인이 될 수 있다. 셋째, 비자살적 자해는 또 다른 자해행동으로 이어질 수 있다. 자해 직후 긴장 이완 등의 즉각적인 보상은 새로운 스트레스 상황에 처할 때마다 비자살적 자해를 하고 싶은 욕구를 불러일으킨다. 마지막으로, 비자살적 자해는 심각한 자살시도로 이어질 수 있다. 조이너의 대인관계 이론에서 지적했듯, 자살실행력은 반복된 신체적 상해와 외상을 통해 고통에 대한 감내력이 점차 높아지는 과정을 기반으로 한다. 이러한 관점에서 볼 때, 비자살적 자해를 반복하면서 통증에 대한 둔감화가 축적되면, 결국 죽음에 이를 수 있는 수준의 치명적인 자해나 자살시도로 이어질 위험이 커진다.

이처럼 비자살적 자해의 심각성과 높은 발생률에도 불구하고 비자살적 자해에 대한 표준치료법은 아직 존재하지 않는 상황이며, 비자살적 자해의 심리치료에 관한 경험적 근거 또한 부족한 상태이다. 그럼에도 불구하고 임상 현장에서는 인지행동치료(CBT), 변증법적 행동치료(DBT), 문제해결치료, 마음챙김 기반 치료, 행동활성화, 수용전념치료 등 다양한 치료법들이 개발 및 적용되고 있으며, 개입 효과성에 대한 근거들을 축적해 나가고 있다(Stanley, Fineran, & Brodsky, 2014).

(1) 비자살적 자해에 대한 인지행동치료

비자살적 자해에 대한 인지행동치료(CBT) 역시 자살이나 다른 심리장애에 대한 CBT와 마찬가지로 구조화된 방식으로 진행된다. 이 치료는 내담자의 인지적 왜곡을 탐색하고, 문제를 회피하기보다 직면하여 해결할 수 있는 대처 능력을 향상시키는 데 초점을 둔다. 이를 통해 비자살적 자해행동의 감소를 목표로 한다. 약 12회기에 걸쳐, 상담자는 비자살적 자해와 관련된 정서적, 인지적, 행동적 요소들을 체계적으로 탐색한다. 이 과정에서 내담자의 자동적 사고를 평가하고 자해행동을 기록함으로써, 자해를 둘러싼 선행 사건(Antecedent), 행동(Behavior), 결과(Consequence)라는 ABC 모형에 따라 자해행동을 개념화한다. 이후 상담자는 확인된 역기능적 믿음(예: '나는 실패자야', '나는 벌 받아도 싸', '사람들은 나에게 아무 관심도 없어', '아무도 나를 사랑하지 않아')을 보다 현실적이고 도움이 되는 사고로 수정한다(예: '그 시험이 어려웠던 거야. 나 말고 다른 사람들도 지난번보다 낮은 점수를 받았어', '그 사람은 바빴던 거지 나를 무시한 것이 아니야' 등). 그 다음 단계에서는 보다 효율적인 정서 조절 전략을 개발하고 적용하는 연습을 하며, 문제해결 기법을 습득한다(Slee et al., 2008; Wester & Trepal, 2017). 자살에서와 마찬가지로 MACT가 보다 단기적인 형태로 제공되기도 하며 그 길이는 6회기에서 12회기까지 다양하다. 연구 결과, 단기 CBT는 비자살적 자해와 자살을 모두 감소시키는 것으로 확인되었다(Taylor et al., 2015).

(2) 비자살적 자해에 대한 변증법적 행동치료

변증법적 행동치료(DBT) 역시 비자살적 자해행동을 감소시키는 데 효과적인 것으로 나타났다. 마샤 리네한(Marsha Linehan)은 자해행동이 단순히 감정 조절 능력의 부족 때문만이 아니라, 내담자가 사용하는 감정 조절 방식과 이를 받아들이는 환경 간의 부조화로 인해 발생할 수 있다고 보았다. 예를 들어, 어떤 사람이 울거나 감정을 표현하려 할 때, 주변에서 이를 억압하거나 비난하면, 감정을 조절하려는 시도가 무효화되어 자해와 같은 극단적인 방식으로 이어질 수 있다. 이에 DBT는 감정을 조절하는 것을 돕고, 대인관계와 의사소통 패턴을 개선하는 것을 목표로 진행된다. DBT는 처음에는 경계성 성격장애를 가진 입원 환자들을 치료하기 위해 개발되었기 때문에, 매우 집중적이고 구조화된 치료 기법을 중심으로 발달했다. 현재는 성별 및 연령, 입원 여부와 무관한 다양한 배경의 집단을 대상으로 시행되지만, 여전히 전형적인 DBT는 1년간 집단기술훈련, 개인상담, 전화기술코칭이 제공되는 밀도 높은 치료이다. DBT는 상대적으로 긴 시간과 비용을 요구하지만, 자해(비자살적 자해와 자살 모두 포함)를 감소시키는 효과는 분명한 것으로 확인되었다. 또한 6개월 혹은 16주로 구성된 단기 변증법적 치료 프로그램들도 자해와 자살행동을 감소시키는 데 효과적인 것으로 확인되었다(Stanley et al., 2007; Tørmoen et al., 2014).

스스로를 해치는 행동인 자살과 비자살적 자해는 개인적인 문제이면서도 사회적인 문제이며, 생물학적 소인뿐만 아니라 심리사회적 요인들이 복합적으로 영향을 미치는 다차원적인 현상이다. 따라서 정신건강 영역에서는 자살 및 비자살적 자해를 경험하는 사람들과 고위험군에 대해 지속적인 관심과 효과적인 개입이 이루어져야 한다. 더불어, 이러한 문제의 배경에 있는 사회문화적 요인을 고찰하고, 국가 차원에서 예방 중심의 정책과 프로그램을 함께 마련하는 것이 필요하다. 무엇보다도 모든 노력의 방향은, 개인이 삶의 어려움 속에서도 '인생은 살 만한 가치가 있는 것'임을 느끼고, '나는 존중받아야 할 소중한 존재'라는 인식을 가질 수 있도록 돕는 데 있어야 할 것이다.

요약

1. 자살은 전세계적인 정신건강 문제로, 특히 우리나라에서는 심각한 문제이다.
2. 자살의 위험 요인으로는 다양한 인구통계학적 요인과 심리사회적 요인, 신체적 요인을 들 수 있다.
3. 자살에 대한 대표적인 심리학적 이론으로 슈나이드먼의 심리통 이론과 조이너의 대인관계 이론을 들 수 있다.
4. 자살을 감소시키기 위한 개입으로는 크게 예방적 개입과 심리치료가 있다.
5. 비자살적 자해는 죽으려는 의도 없이 스스로를 해치는 행동으로 최근 들어 청소년과 성인 사이에서 급증하고 있다.
6. 비자살적 자해는 우울, 불안, 약물사용장애, PTSD, 경계성 성격장애 등 다양한 정신장애와의 공병률이 높으며, 자살 위험성을 높인다는 점에서 심각하다.
7. 비자살적 자해에 대한 대표적인 심리학적 모형으로는 채프먼 등(2006)의 경험회피 모형, 녹과 프린스타인(2004)의 4기능 모형, 녹(2009)의 통합 모형이 있다.
8. 비자살적 자해에 효과적인 치료법으로는 인지행동치료와 변증법적 행동치료 등이 있으며, 향후 연구들을 통해 치료 효과성에 대한 근거를 강화해야 할 필요성이 있다.

활동

1. 주변 사람들의 자살 위험성을 어떻게 알아보고 도울 수 있을까? 자살 위험이 높은 사람들은 치명적인 행동을 하기 전에 직간접적인 방식으로 자신의 고통과 어려움을 표현하는 경우가 많다. 따라서 내가 '생명지킴이'가 되어, 주변 사람들의 말과 행동을 세심하게 살피고, 자살생각의 이유를 열린 마음으로 들어주며, 안전을 지켜줄 수 있는 말을 건넨다면 자살을 예방하는 데 큰 도움이 될 수 있다.

* 다음 내용은 한국생명존중희망재단 〈보고듣고말하기〉 2.0 청년편 참가자 워크북을 참고하여 작성되었음

1) 자살을 암시하는 언어적, 행동적 상황적 신호 보기

언어적 신호	• 자살, 죽음에 관련한 언급(예: '나는 이제 다 내려놓고 싶어', '차라리 죽었으면 좋겠어') • 신체적 불편함 호소(예: '머리가 너무 아파', '요즘은 컨디션이 계속 나빠') • 자기비하적인 말을 함(예: '나 같은 건 아무 쓸모가 없어') • 편지, 노트, SNS에 죽음과 관련된 내용을 적음
행동적 신호	• 평소와 다른 공격적, 충동적 행동 • 우울 관련 변화(예: 에너지가 떨어져 있음, 말수가 줄어듦, 외모에 대한 관심이 저하됨, 평소와 다른 식사나 수면 상태 등) • 삶을 정리하는 행동(예: 자신의 소지품을 주변에 나눠주거나 태움) • 자살을 준비하는 행동(예: 자살에 필요한 도구를 구매하여 감춤, 자살사이트, 엽기사이트에 심취)
상황적 신호	• 신체·정신건강 문제가 두드러짐 • 경제적 스트레스, 학업·직업적 스트레스, 대인관계·가족관계 스트레스, 부부·연애 관련 스트레스

2) 자살생각을 묻고 죽음의 이유를 적극적으로 듣기
- 자살에 대해 직접 묻기: "자살에 대해 생각하고 있나요?"
- 자살을 생각하게 된 이유에 대해 듣기: "자살을 생각하게 된 이유가 뭔가요?"
- 상대방의 말을 들어줄 때:

① 조용한 장소, 충분한 시간 확보하기
② 옳고 그름을 판단하지 말고 있는 그대로 들어주기
③ 언어적, 비언어적으로 공감해 주기
• 언어적 공감: "너 정말 힘들었겠다. 그동안 몰라주어서 미안해.", "말하기 힘들었을 텐데 말해줘서 고마워."
• 비언어적 공감: 자세와 시선을 상대방에게 두기, 고개를 끄덕임, 온화한 태도로 충분히 듣고 말하기

3) 자살 위험성을 확인하고 안전하게 도와주기 위한 말을 하기
- 자살계획 여부 확인
- 이전의 자살시도 유무 확인
- 안전 확보: 가족과 지인에게 도움 요청, 자살도구 없애기, 혼자 두지 않기, 정신건강의학과 진료 및 입원치료
- 알코올남용과 정신과 질환 확인
- 안전하게 도와주기: 유관기관에 연락 및 상담
(예: 지역 정신건강복지센터, 자살예방센터, 소속 대학 학생상담센터 등)

2. 비자살적 자해행동에서 벗어나는 첫 단계는 자신의 자해행동을 인식하는 것이다. 다음의 척도를 통해 나의 상태를 확인해보자. 이 질문지는 다양한 자해행동에 대한 것이다. 여기서 자해행동이란 죽을 의도는 없었지만 고의로 자신에게 해를 가하는 행동을 말한다. 각 문항을 읽고, 지난 1년 간 한 번이라도 자해행동을 했다면 '예', 한 번도 하지 않았다면 '아니오'에 표시해보자.

자해 선별 척도(Self-Harm Screening Inventory: SHSI)

번호	문항	예	아니오
1	약물을 과다복용한다.		
2	날카로운 물건으로 내 몸에 상처를 낸다.		
3	내 몸을 때린다(예: 손으로 머리 등 신체를 세게 치기).		
4	벽이나 책상 등에 머리를 부딪힌다.		
5	내 몸을 할퀸다.		
6	칼로 피부를 긋거나 피부에 무엇인가를 새긴다.		
7	뾰족하거나 날카로운 물건으로 내 몸을 찌른다.		
8	날카로운 물건으로 내 몸을 베거나 긋는다.		
9	내 목을 조른다.		
10	사혈을 한다(내 몸에서 피를 뽑는다).		
합 계			

• 한 문항이라도 "예"라고 응답하는 경우, 비자살적 자해행동을 보이고 있는 상태이다.

출처: Kim et al., 2022

| 학습 참고 자료 |

자살 예방 관련 기관 정보

기관	연락처
보건복지부 자살예방상담전화	109
자살 및 정신건강 위기상담전화	1577-0199
자살예방 SNS상담(앱·카카오톡 채널)	마들렌

7장

정서 조절

민수는 대학생활에서 학업, 대인관계, 진로 등 다양한 스트레스 요인에 직면하고 있다. 학업에서는 과제와 시험으로 인해 부담이 크고, 대인관계에서는 친구들과의 갈등이 자주 발생하며, 진로와 관련된 불확실성은 그의 불안감을 더욱 가중시키고 있다. 이러한 스트레스는 민수의 정서적 안정을 해치며, 사소한 일에도 쉽게 화를 내거나 자책하는 등 부정적인 감정을 유발한다. 특히, 최근에 친구와의 사소한 오해로 인한 큰 다툼은 민수에게 큰 상처를 주었다. 이 사건 이후 민수는 친구관계에서 자신감을 잃고 점차 고립되는 경향을 보이고 있다. 그는 자신의 감정을 제대로 통제하지 못해 관계가 악화된 것을 후회하고 있으며, 앞으로 대인관계를 어떻게 유지해야 할지 막막함을 느끼고 있다. 민수가 자신의 정서를 효과적으로 관리하기 위해 어떤 방법을 고려해볼 수 있을까?

1 정서
2 정서 조절에 대한 이해
3 정서 조절 전략

현대사회에서 우리는 다양한 정서를 경험하며 살아간다. 정서는 인간 경험의 필수 요소로, 우리의 행동과 선택, 그리고 전반적인 삶의 질에 깊은 영향을 미친다. 행복, 슬픔, 분노, 두려움 등은 일상에서 자연스럽게 나타나며, 때로는 예상치 못한 상황에서 강렬하게 표출되기도 한다. 정서 조절은 정서를 인식하고 적절하게 표현하며 상황에 맞게 조절하는 과정을 포함한다. 이러한 능력은 우리의 정신건강을 유지하고 건강한 대인관계를 형성하는 데 매우 중요하다. 따라서 이 장에서는 정서 조절의 정의와 그 이점, 그리고 효과적인 정서 조절 전략을 살펴봄으로써 보다 건강하고 행복한 삶을 위한 방법을 모색하고자 한다.

1 정서

정서(emotion)는 종종 감정(feeling) 및 기분(mood)과 혼동되지만, 이 3가지 용어는 서로 다른 의미를 가지고 있다(표 7.1 참조). 정서는 특정 사건이나 자극에 대한 우리의 즉각적인 반응으로, 생리적 변화와 행동적 표현을 동반하는 복합적인 경험이다. 정서는 짜릿함, 두려움, 슬픔과 같은 강렬한 감정을 포함하며, 일반적으로 몇 초에서 몇 분 동안 지속된다. 이는 우리의 생존에 필수적인 역할을 하며, 외부 자극이나 내부 생각에 의해 유발된다.

감정은 정서에서 비롯된 주관적 경험으로, 개인의 인식과 정서적 반응에 대한 해석에 의해 형성된다. 정서와 달리 감정은 의식적인 경험이다. 예를 들어, 친구에게 교통사고를 당했다'는 나쁜 소식을 들었을 때 우리의 첫 번째 본능적

표 7.1 정서, 감정, 기분의 차이

구분	정서	감정	기분
정의	특정 자극이나 사건에 대한 강렬하고 단기적인 반응	정서에 대한 의식적 경험 또는 주관적 해석	덜 강렬하고 더 오래 지속되는 일반적인 감정 상태
지속 기간	몇 초에서 몇 분	정서보다 더 오래 지속	몇 시간, 며칠 또는 그 이상
유발 요인	보통 특정 상황이나 생각	개인의 인식, 경험, 믿음, 정서를 처리하는 방식	뚜렷한 이유 없이 지속 가능

인 반응은 두려움(정서)이며, 감정은 그 사건에 대해 계속 생각하면서 느끼는 불안이다. 감정은 보통 정서보다 더 오래 지속되지만, 기분만큼 오랫동안 지속되지는 않는다.

기분은 본질적으로 며칠 또는 몇 주 동안 지속되는 장기적인 감정이다. 정서와 감정은 특정 순간과 관련된 것인 반면(예: 사랑하는 사람으로부터 예상치 못한 선물을 받아 기쁨을 느끼는 경우), 기분은 더 오랫동안 지속되는 광범위한 감정(예: 일주일 동안 지속되는 우울)을 포함한다. 기분은 스트레스 수준, 식단/영양, 수면 패턴, 심지어 유전과 같은 다양한 요인의 영향을 받을 수 있다.

이처럼 정서, 감정, 기분은 서로 연관되어 있지만, 그 지속시간, 강도, 그리고 유발 요인 등에서 명확한 차이를 보인다. 이 차이를 이해함으로써 우리는 자신의 정서적 경험을 더 잘 파악하고, 이를 효과적으로 관리할 수 있는 기반을 마련할 수 있다.

1) 정서의 핵심 요소

일반적으로 정서는 주관적 경험, 생리적 반응, 행동적 반응의 3가지 요소로 구성된다(Levenson et al., 1991).

(1) 주관적 경험

모든 정서는 주관적인 경험에서 시작된다. 기본적인 정서는 문화나 배경에 상관없이 누구나 표현할 수 있지만, 이를 유발하는 경험은 개인마다 다를 수 있다. 개인은 여러 가지 정서를 느낄 수 있으며, 각자가 느끼는 정서도 다를 수 있다. 예를 들어, 사랑하는 사람을 잃었을 때 어떤 사람은 분노와 후회를, 다른 사람은 깊은 슬픔을 경험할 수 있다. 정서는 또한 명확한 형태로 나타나지 않을 수 있으며, 여러 사건이나 상황에 대해 혼합된 정서를 느끼는 경우도 많다. 예를 들어, 새로운 직장생활을 시작할 때는 설렘과 불안을 동시에 느낄 수 있고, 결혼이나 출산 시에는 기쁨과 불안을 함께 경험할 수 있다.

(2) 생리적 반응

두려움으로 인해 배가 아프거나 심장이 두근거린 경험이 있다면, 이는 정서와 관련된 강한 생리적 반응을 경험한 것이다. 이러한 반응은 자율신경계의 작용으로 나타나며, 자율신경계는 비자발적인 신체 반응을 조절하여 심박수, 혈압, 호흡 속도 등에 영향을 미친다. 위급 상황에서는 자율신경계가 활성화되어 우리 몸을 '싸우거나 도망치는' 상태로 전환시킨다. 이러한 생리적 변화는 우리의 생존에 필수적이며, 위급한 상황에서 즉각적으로 반응할 수 있는 능력을 제공한다. 따라서 정서는 특정한 생리적 반응을 통해 행동을 유도하고 생존 본능을 강화하는 중요한 역할을 한다.

(3) 행동적 반응

정서를 실제로 표현하는 방식으로는 미소, 찡그림, 웃음, 한숨 등 다양한 신체적 표현이 포함된다. 이러한 반응은 우리의 정서를 타인에게 효과적으로 전달하고 원활한 상호작용을 돕는 데 중요한 역할을 한다. 행동적 반응은 특정 정서에 따라 달라지며, 개인의 성격뿐만 아니라 문화적 규범의 영향을 받는다. 예를 들어, 서양 문화는 두려움이나 흥분과 같은 높은 각성 상태의 정서를 선호하는 반면, 동양 문화는 차분함과 평온함 같은 낮은 각성 상태의 정서를 선호하는 경향이 있다. 이러한 문화적 차이는 정서를 표현하는 방식에 다양성을 제공한다.

2) 정서의 종류

정서는 구성 방식과 발생 시점에 따라 기본 정서와 복합 정서, 일차 정서와 이차 정서로 분류된다.

(1) 기본 정서와 복합 정서

정서는 크게 기본 정서(basic emotion)와 복합 정서(comoplex emotion)로 나뉜다. 기본 정서는 타고나는 단일 정서로, 다른 정서와 섞이지 않는 특성을 가지고 있다. 이러한 기본 정서는 쉽게 알아볼 수 있는 얼굴 표정과 관련이 있으며, 자연스럽게 나타나는 경향이 있다. 찰스 다윈(Charles Darwin)은 정서에 의해 유도된 얼굴 표정은 언어, 문화, 인종 등을 막론하고 모두 일치한다는 것을 처음으로 발견했다. 이는 그의 진화론의 핵심 아이디어로, 정서와 그 표현이 생물학적이고 적응적이라는 것을 의미한다. 기본 정서는 인류의 진화 과정에서 생존에 기여하며, 주변 사람들에게 적절한 반응을 이끌어 내는 신호 역할을 해왔다. 폴 에크먼(Paul Ekman)은 얼굴 표정을 통해 나타나는 6가지 기본 정서를 규명했으며, 여기에는 행복, 슬픔, 두려움, 분노, 놀람, 혐오가 포함된다(Ekman, 1992).

복합 정서는 다양한 형태로 나타나며 쉽게 인식되지 않을 수 있다. 예를 들어, 질투와 후회가 대표적인 복합 정서에 해당한다. 복합 정서는 '둘 이상의 정서가 혼합된 상태'를 말하며, 증오는 두려움, 분노, 혐오가 혼합된 대표적인 예이다. 이외에도 사랑, 당혹감, 질투, 감사, 죄책감, 자부심, 걱정 등 다양한 복합 정서가 존재한다. 복합 정서는 다양한 얼굴 표정으로 드러나기도 하지만, 알아채기 어려운 경우도 많다. 예를 들어, 후회는 문화와 개인에 따라 다르게 표현될 수 있으며, 질투와 같은 일부 복합 정서는 표정 없이 내면에서만 느껴지기도 한다.

(2) 일차 정서와 이차 정서

정서는 일차 정서(primary emotion)와 이차 정서(secondary emotion)로 구분될 수 있다(Damasio, 1994). 일차 정서는 특정 상황이나 사건, 또는 그와 관련된 기억에 대해 가장 먼저 경험하는 정서로, 본능적이고 즉각적인 반응이 특징이다. 이러한 정서는 모든 문화와 공동체에서 보편적으로 인식된다. 예를 들어, 대부분의 사람들은 친구가 상처 주는 말을 했을 때 슬픔을 느끼고, 칭찬을 받았을 때는 행복을 느끼게 된다. 반면, 이차 정서는 일차 정서에 대한 반응으로, 더 미묘하고 복잡하며 개인의 경험, 사고, 믿음에 기반을 둔다. 이차 정서는 종종 이해하기 어렵고 일차 정서보다 더 오랜 기간 지속되는 특징이 있다. 예를 들어,

이별로 인한 슬픔은 상실감이나 외로움과 같은 이차 정서를 유발할 수 있으며, 부당한 대우에 대한 분노는 무력감이나 실망감과 같은 이차 정서로 이어질 수 있다.

일차 정서와 이차 정서를 구분하는 것은 정서적 반응과 그 근본 원인을 이해하는 데 도움을 준다. 일차 정서인지 이차 정서인지 확신이 서지 않는 경우, 정서가 직접적인 반응인지 확인하는 것이 유용하다. 만약 정서가 직접적인 반응이라면 일차 정서일 가능성이 높고, 그렇지 않다면 이차 정서일 가능성이 높다. 또한 정서가 초기 사건이 사라진 후에도 계속 남아 있는지를 확인하는 것이 중요하다. 정서가 처음에 강했지만 이후 줄어들었다면 일차 정서일 가능성이 높고, 사건 이후 오랫동안 지속되고 현재의 기능에 방해가 된다면 이차 정서일 가능성이 높다.

2 정서 조절에 대한 이해

정서 조절은 개인이 자신의 정서 상태를 인식하고 이를 효과적으로 관리하는 능력을 의미한다. 이는 긍정적인 정서를 증진하고 부정적인 정서를 완화하기 위한 다양한 전략을 포함하며, 특정 상황에서의 반응을 조절하는 데 도움을 준다. 사람들은 힘든 상황에 대처하기 위해 의식적이거나 무의식적으로 정서 조절 전략을 사용하며, 이를 각각의 상황에 적용하여 환경의 요구에 적응한다. 예를 들어, 학교에서 중요한 발표를 앞두고 긴장할 때는 심호흡을 하거나 긍정적인 자기대화를 통해 자신을 진정시킬 수 있다. 한편, 마감이 임박한 과제로 스트레스를 받을 때는 스마트폰으로 재미있는 동영상을 보거나 음악을 들으면서 불안감을 해소하려고 할 수 있다. 이처럼 사람들이 사용하는 정서 조절 전략은 그들이 처한 상황에 따라 달라지며, 이러한 전략을 통해 일상생활의 다양한 어려움에 적응하게 된다. 그러나 모든 전략이 항상 도움이 되는 것은 아니다. 특정 전략은 상황에 따라 효과가 다를 수 있으며, 때로는 오히려 역효과를 낼 수도 있다. 예를 들어, 문제를 회피하거나 정서를 억누르는 방식은 단기적으로는 도움이 될 수 있지만, 장기적으로는 더 큰 스트레스나 정서적 부담을 초래할 수 있다. 따라서 상황을 고려하여 적절한 전략을 선택하는 것이 중요하다.

1) 정서 조절의 이점

정서 조절은 정서를 잘 다루어 더 나은 결정을 내리고, 건강한 관계를 유지하며, 삶의 질을 높이는 데 도움을 준다. 그 이점을 구체적으로 살펴보면 다음과 같다. 첫째, 정서를 잘 인식하고 상황에 맞게 행동함으로써 더 나은 결정을 내릴 수 있다. 이는 정서에 휘둘리지 않고 건강하고 이성적인 선택을 통해 문제를 효과적으로 해결하는 데 도움이 된다. 둘째, 정서 조절은 다른 사람과의 의사소통을 원활하게 하여 관계를 개선한다. 상대방을 배려하는 소통을 가능하게 하여, 특히 가까운 사람과의 관계에서 자신의 정서를 솔직하게 표현할 수 있게 해준다. 셋째, 정서 조절은 부정적인 생각을 줄이고 자신의 강점과 가치를 인식하게 하여 자신감을 높이는 데 도움을 준다. 정서적으로 안정된 상태에서는 성취를 인식하고, 실수를 성장의 기회로 받아들여 자신에 대한 비판을 줄일 수 있다. 넷째, 정서 조절은 건강한 관계를 유지하고 의도적인 선택을 통해 삶의 만족도를 높인다. 정서를 잘 다룰수록 상대방과의 갈등을 줄이고, 서로를 이해하며 공감하는 소통을 할 수 있다. 마지막으로, 정서 조절은 정서가 불안정해질 때 과도하게 확대되지 않도록 하며, 빠르게 회복할 수 있도록 돕는다. 정서의 폭발을 방지하고, 분노나 불안 같은 부정적인 정서를 조절함으로써 심리적 안정을 유지할 수 있다.

2) 정서 조절에 영향을 미치는 요인

개인의 정서 조절 능력에는 다양한 내적 요인과 외적 요인이 복합적으로 영향을 미친다. 이러한 요인들은 서로 상호작용하며 정서 조절을 복잡하고 다면적인 과정으로 만든다. 이 과정은 개인마다 다르게 나타나며, 시간에 따라 변화할 수 있다.

(1) 유전적 요인

연구에 따르면 유전이 우리의 정서적 반응성과 조절 성향에 영향을 미친다고 한다(Hariri & Holmes, 2006). 특정 유전자 변이는 세로토닌과 같은 신경전달물질 시스템에 영향을 미쳐 기분과 정서적 안정성에 변화를 줄 수 있다.

(2) 생리적 요인

신경계, 특히 자율신경계는 정서 조절에서 중요한 역할을 한다(Lang, 2014). 예를 들어, 심박변이도는 정서 조절과 밀접한 관련이 있으며, 만성 스트레스나 트라우마는 자율신경계를 불안정하게 만들어 정서 조절을 더 어렵게 할 수 있다.

(3) 발달적 요인

뇌 발달과 어린 시절 경험 같은 발달적 요인은 정서 조절 능력에 큰 영향을 미친다고 알려져 있다(Thompson, 1991). 안정애착 경험은 보다 효과적인 정서 대처 기제를 발달시키는 데 도움을 준다. 또한, 뇌 발달과 가소성은 정서 조절에 깊은 영향을 미칠 수 있다.

(4) 상황적 요인

불안정한 재정 상태, 관계의 어려움, 직장에서의 스트레스 같은 상황적 요인은 정서 조절에 부정적인 영향을 미칠 수 있다(Aldao & Nolen-Hoeksema, 2012). 반면, 지지적인 친구나 안정적인 환경은 정서를 효과적으로 관리하는 데 도움이 된다.

(5) 정신건강 요인

정서 조절이 정신건강에 중요하다는 것은 잘 알려져 있다. 하지만 주의력결핍 과잉행동장애, 자폐스펙트럼장애, 불안 및 우울증과 같은 상태는 정서 조절을 더욱 어렵게 만들 수 있다는 점도 잘 알려져 있다(Sloan et al., 2017).

더 알아보기 **불안정 애착 유형에 따른 정서 조절의 어려움**

불안-저항 애착 불안-저항 애착은 친밀감에 대한 강한 욕구와 버림받는 것에 대한 두려움이 특징이다. 이로 인해 관계에서 지속적인 확신과 검증을 필요로 한다. 이 유형의 사람들은 위협을 느낄 때 강하게 반응하는 경향이 있다. 이들은 정서에 대해 매우 민감하여 쉽게 압도될 수 있으며 관계가 복잡해질 수 있다. 버림받는 것에 대한 두려움은 정서 반응을 더욱 키워 자신의 반응을 조절하기 어렵게 만든다. 이러한 지속적인 경계와 두려움은 만성적인 스트레스와 불안으로 이어질 수 있으며, 결국 이러한 정서는 대인관계에서의 불신이나 갈등을 초래할 수 있다.

불안-회피 애착 불안-회피 애착은 친밀감에 대한 두려움이 특징이다. 이로 인해 신뢰를 쌓기 어렵고 정서적으로 가까워지는 것을 두려워하며 자신의 취약성을 드러내지 않으려 한다. 이 유형의 사람들은 독립성을 중시하고, 다른 사람에게 의지하는 것을 꺼린다. 정서를 억제하거나 회피하는 것은 이들의 정서 조절을 어렵게 만든다. 해결되지 않은 정서는 무감각해지거나 예상치 못한 폭발로 이어질 수 있으며, 이러한 행동 패턴은 친밀한 관계를 방해하고 자신의 정서를 이해하고 관리하는 데 어려움을 줄 수 있다.

혼란 애착 혼란 애착은 일관성 없고 예측할 수 없는 행동이 특징이다. 이 유형의 사람들은 정서 조절에 큰 어려움을 겪는 경우가 많다. 이들은 돌봄 제공자와의 불안정한 경험으로 자아가 단절된 느낌을 받을 수 있으며, 이로 인해 정서적으로 불안정하고 극단적인 정서를 자주 오간다. 이 유형의 사람들은 관계에서 자주 갈등을 겪으며, 타인에게 비난받기 쉬운 상황에 놓인다. 그러나 이러한 외적인 갈등 이면에는 깊은 내적 고통이 존재한다. 이들은 친밀감을 원하면서도 그에 대한 두려움 때문에 종종 관계를 회피하거나 불안정하게 유지한다.

3) 정서 조절 곤란

정서 조절 곤란은 부정적인 정서를 적절히 다루기 어려운 상태를 의미한다. 누구나 정서를 조절하기 어려운 순간이 있지만, 부정적인 정서를 자주 강하게 경험하는 사람들은 회피, 과음, 자해 등 건강하지 않은 방법에 의존할 가능성이 높다(표 7.2 참조). 정서가 압도적으로 느껴지는 이유는 정서를 경험하는 것 자체가 아니라, 그 정서를 어떻게 해석하느냐에 있다.

부정적인 해석은 정서를 더욱 키우고 감당하기 어렵게 만든다. 이를 '정서의 악순환 고리'라 하며, 정서·생각·행동이 서로 연결되어 작용한다. 예를 들어, 한 대학생이 중요한 시험에서 기대만큼 성적을 받지 못했다고 가정해보자.

표 7.2 정서 조절 곤란 증상

• 높은 수준의 우울 또는 불안	• 심한 갈등을 동반한 대인관계
• 높은 수준의 분노 또는 수치심	• 섭식 문제
• 자해	• 자살생각 또는 시도
• 과도한 물질사용	• 감정 기복
• 위험한 성적 행동	• 지나친 완벽주의

처음에는 '왜 이렇게 점수가 낮지?'라는 혼란과 실망감이 들고, 이어 '나는 공부를 해도 소용없나 봐', '주변 친구들은 잘하는데 나만 뒤처지는 것 같아' 등의 생각이 꼬리를 문다. 이 과정에서 불안과 자책이 커지고, 스트레스를 피하려고 며칠 동안 공부를 포기하거나, 무기력하게 시간을 보내거나, 과음이나 폭식 등의 행동을 할 수도 있다. 이러한 순환이 반복되면 시험과 성적에 대한 불안이 커지고, 학업 부담이 가중되면서 처음의 부정적인 해석이 더욱 강화된다. 결국 '나는 공부를 못하는 사람인가 봐', '이렇게 하다가 졸업도 못 하면 어떡하지?'와 같은 생각이 깊어질 수 있다. 작은 사건도 정서를 증폭시키는 계기가 될 수 있으며, 특히 과거의 비슷한 경험이나 주변 기대가 클수록 정서의 악순환은 더욱 강해질 수 있다.

생각해볼 문제 | **여성과 남성은 정서를 조절하는 능력이 다를까?**

연구에 따르면, 남성과 여성은 정서를 다르게 경험하며, 이 차이가 자해의 원인에도 영향을 줄 수 있다. 보통 여성은 남성보다 정서를 더 강하게 느끼며, 그래서 정서를 조절하는 데 어려움을 겪는 경우가 많다(Robinson et al., 2014). 또한, 여성은 우울 증상을 더 자주 경험하고, 부정적인 생각을 계속 반복하는 경향이 있다. 자해를 하는 여성은 부정적인 생각에서 쉽게 벗어나지 못하고, 건강한 방식으로 생각을 전환하는 데 어려움을 느낄 가능성이 높다(Macklem, 2008).

하지만 정서를 깊이 느끼는 것이 꼭 나쁜 것만은 아니다. 부정적인 생각을 계속 반복하는 '반추'와 생각을 통해 깨달음을 얻고 성장하는 '성찰'은 연결되어 있다. 여성은 반추에 더 취약하지만, 동시에 정서를 이해하고 효과적으로 다룰 가능성도 높다. 남성과 여성 모두 같은 정서를 느끼지만, 정서를 표현하고 다루는 방식은 다를 수 있다. 이는 사회적 학습과 문화적 차이에서 비롯될 가능성이 크다. 예를 들어, 많은 문화에서 남성은 강해야 하며 정서를 드러내지 말라고 배우는 반면, 여성은 정서를 표현하는 것이 더 자연스럽다고 배운다.

3 정서 조절 전략

정서 조절 전략은 단기적·장기적 차원에서 건강에 미치는 영향을 고려하여 건강하지 않은 전략과 건강한 전략으로 구분할 수 있다. 여기에서는 건강하지 않은 정서 조절 전략과 건강한 정서 조절 전략을 각각 소개하고, 이들이 개인의 정신건강에 미치는 영향을 살펴볼 것이다.

1) 건강하지 않은 정서 조절 전략

건강하지 않은 전략은 정서를 억누르거나 회피하는 방식으로, 이는 불안, 우울 및 스트레스를 더욱 악화시킬 수 있다. 이러한 전략은 단기적으로는 안도감을 줄 수 있지만, 장기적으로는 정서적 안정성을 저해할 위험이 있다.

(1) 반추

반추는 특정 문제를 지나치게 생각하는 방식으로 사람들이 자신의 정서를 조절하려는 전략이다. 우리는 문제에 대해 계속 고민하거나 걱정하면 해결책이 나올 것이라고 믿지만, 실제로는 해결책을 찾기 어려워지고 오히려 더 우울하거나 불안해질 수 있다. 예를 들어, 친구와의 다툼을 끝없이 되새기며 자신의 말과 행동을 반복적으로 분석하다 보면, 오히려 관계에 대한 불안이 커지고 화해의 기회를 놓칠 수 있다. 한 연구에 따르면, 반추는 스트레스와 불안을 증가시키며 전반적인 정신건강에도 부정적인 영향을 미친다(Ehring, 2021). 이 전략은 단기적으로 기분이 나아질 수는 있지만 장기적으로는 부정적인 정서를 줄이는 데 도움이 되지 않는다.

(2) 정서적 섭식

정서적 섭식은 배고픔이 아닌 불안, 슬픔, 외로움과 같은 정서적 상태를 달래기 위해 음식을 섭취하는 행동이다(표 7.3 참조). 많은 사람들은 이러한 불편한 정서를 해소하기 위해 지방, 설탕, 칼로리가 높은 음식을 선택하는 경향이 있다. 예를 들어, 실연의 아픔을 달래기 위해 초콜릿 케이크를 먹거나 불안을 해소하기 위해 감자튀김과 탄산음료를 먹기도 한다. 이러한 정서적 섭식은 일시적으로 기분을 나아지게 만들 수 있지만, 실제로는 정서적 문제를 해결하지 못할 뿐만 아니라 과식으로 인한 죄책감과 기분 악화를 초래할 수 있다.

표 7.3 정서적 배고픔과 신체적 배고픔의 차이

정서적 배고픔	신체적 배고픔
갑자기 찾아옴	서서히 찾아옴
바로 먹고 싶은 강한 욕구를 느낌	기다릴 수 있음
특정 위로 음식(comfort food)을 갈망	많은 것이 다 맛있어 보임
배가 부르더라도 채워지지 않음	배가 부르면 사라짐
죄책감, 무력감, 수치심 유발	부정적인 정서를 일으키지 않음

(3) 물질사용

약물과 알코올은 정서 조절을 위해 자주 사용되며, 그 빈도는 생각보다 훨씬 높다. 기분을 좋게 하거나 문제를 잊기 위해 술을 마시는 것은 알코올을 정서 조절의 도구로 활용하는 것이다. 이러한 물질은 긍정적인 정서를 증진시키거나 부정적인 정서를 감소시키는 데 도움이 될 수 있지만, 장기적으로는 오히려 더 큰 해를 초래할 수 있다. 긍정적인 정서를 증진시키거나 부정적인 정서를 다룰 수 있는 다른 방법을 배우지 못하면 점점 물질에 의존하게 되고, 이는 시간이 지나면서 더욱 위험한 상황으로 이어질 수 있다.

(4) 비자살적 자해

비자살적 자해는 정서 조절의 어려움 속에서 일부 사람들이 선택하는 건강하지 못한 전략으로, 주로 강렬한 정서나 스트레스를 해소하기 위해 신체에 손상을 가하는 행동이다. 예를 들어, 심한 스트레스를 받을 때 손톱으로 손목을 긁거나 피부를 심하게 꼬집는 행동을 통해 잠시 동안 정서를 잊으려 할 수 있다. 그러나 이러한 방법은 근본적인 문제를 해결하지 못하고 지속적인 상처나 피부 질환과 같은 신체적 문제를 초래할 수 있다. 결국 반복적인 자해는 심리적 고통을 더욱 악화시킬 수 있다.

(5) 정서 표현 억제

정서 표현 억제는 정서를 표면에 드러내지 않으려는 행동으로, 예를 들어 슬프거나 화가 날 때도 이를 감추기 위해 웃거나 무표정을 짓는 것을 의미한다. 이는 단기적으로는 정서를 통제하는 것처럼 보일 수 있지만, 실제로는 심박수 증가, 혈압 상승, 호흡 변화와 같은 생리적 반응을 유발할 수 있다. 이러한 생리적 각성은 스트레스와 불안을 더욱 악화시킬 뿐만 아니라, 장기적으로는 정신적 및 신체적 건강에 부정적인 영향을 미칠 수 있다.

(6) 회피

우리는 종종 부정적인 정서를 피하기 위해 특정 상황이나 경험을 회피한다. 예를 들어, 시험 준비에 대한 스트레스를 피하려고 공부를 미루거나, 외로운 정서를 느끼기 싫어 새로운 사람들을 만나지 않으려 할 수 있다. 또한, 과거의 아픈 기억이 떠오르는 영화나 책을 피하기도 한다. 이러한 회피는 실제로 중요한 경험을 놓치게 만들 수 있지만, 부정적인 영향을 주는 관계나 환경을 피하는 데에는 도움이 될 수 있다. 따라서 자신이 무엇을 회피하고 있는지를 인식하고, 그러한 회피가 장기적으로 자신에게 유익한지 고민하는 것이 중요하다.

2) 건강한 정서 조절 전략

건강한 정서 조절 전략은 정서를 수용하고 표현하며, 문제해결과 대인관계 개선을 위한 긍정적인 접근을 포함한다. 이러한 전략은 개인의 회복력과 정서적 건강을 증진시키고, 지속적인 심리적 안정을 유지하는 데 도움을 준다.

(1) 수면위생

정서는 전반적인 정신건강에 핵심적인 역할을 하며, 수면은 정서 기능의 균형을 유지하는 데 필수적이다. 수면 부족이나 수면 제한은 정서의 생성, 조절, 표현에 부정적인 영향을 미칠 수 있다. 특히, 일주기 리듬은 잠들고 깨어나는 시기를 조절하는 신호를 제공하는데, 일주기 리듬과 수면-각성 주기가 어긋나면 부정적인 정서와 정서적 불안정을 초래할 수 있다. 또한, 정서는 일주기 리듬과 깨어 있는 시간의 길이에 따라 달라지는 것으로 알려져 있다. 예를 들어, 교대근무 수면장애나 시차장애와 같은 일주기 리듬 수면장애는 짜증, 불안, 무기력, 불쾌감과 같은 증상을 동반하며, 이는 정서 조절 곤란을 유발할 수 있다. 이러한 문제를 예방하기 위해서는 다음과 같은 건강한 수면위생 습관을 갖는 것이 중요하다.

건강한 수면위생 습관

1. 잠자리에 드는 시간과 아침에 일어나는 시간을 규칙적으로 하라.
2. 잠자리에 소음을 없애고, 온도와 조명을 안락하게 하라.
3. 낮잠은 피하고 자더라도 15분 이내로 제한하라.
4. 낮에 40분 동안 땀이 날 정도의 운동은 수면에 도움이 된다. 단, 늦은 밤에 운동하는 것은 도리어 수면에 방해가 된다.
5. 카페인이 함유된 음식, 알코올 그리고 니코틴은 피하라. 술은 일시적으로 졸음을 증가시키지만, 아침에 일찍 깨어나게 한다.
6. 잠자기 전 과도한 식사를 피하고 적당한 수분 섭취를 하라.
7. 수면제의 일상적 사용을 피하라.
8. 과도한 스트레스와 긴장을 피하고 이완하는 것을 배우면 수면에 도움이 된다.
9. 잠자리를 수면과 부부생활을 위해서만 사용하라. 즉, 잠자리에 누워서 책을 보고나 TV를 보는 것을 피하라.
10. 잠자리에 들어 20분 이내 잠이 오지 않는다면, 잠자리에서 일어나 이완하고 있다가 피곤한 느낌이 들 때 다시 잠자리에 들어라. 즉, 잠들지 않고 잠자리에 오래 누워있지 마라. 이는 오히려 과도한 긴장을 유발하여 더욱 잠들기 어렵게 만든다.

출처: 대한수면연구학회, 2025

(2) 바디스캔

정서는 단순한 정신적 경험이 아니라 신체 감각과 깊이 연결되어 있다. 예를 들어, 불안을 느낄 때 심장이 두근거리고 배가 불편하며 근육이 긴장하는 경우가 있다. 이러한 신체 신호는 자신의 정서 상태를 인식하는 데 도움이 되는 단서가 된다. 한 연구(Nummenmaa et al., 2014)에서는 신체 감각과 정서의 관계를 조사했다. 참가자들은 다양한 정서를 느낄 때 신체의 어떤 부분에서 변화가 있는지를 기록했고, 그 결과 정서가 특정 부위와 연결된다는 사실을 발견했다. 예를 들어, 분노는 가슴과 팔에서 열감과 긴장을 느끼고, 슬픔은 가슴의 무거움과 사지의 피로로 경험되며, 행복은 몸 전체에 따뜻함과 에너지를 느끼게 하고, 두려움은 가슴의 긴장감과 배의 불편함으로 나타난다.

이처럼 정서와 신체 감각이 밀접하게 연결되어 있기 때문에, 이러한 관계를 이해하는 데 바디스캔이 효과적인 방법으로 활용된다. 바디스캔은 자신의 신체에 주의를 기울이고 감각을 살펴보는 과정을 통해, 정서를 인식하고 조절하는 데 도움을 줄 수 있다. 먼저 조용한 장소를 찾아 편안하게 앉거나 누운 후 눈을 감고 깊고 천천히 호흡하며 마음을 가라앉힌다. 이후 발에 집중하여 긴장, 따뜻함 또는 다른 감각을 인식하기 시작한다. 그런 다음 점차 몸의 위로 이동하며 다리, 복부, 가슴, 어깨, 팔, 목, 머리 각각의 부위에서 느끼는 것을 주의 깊게 살펴본다. 만약 긴장감이나 불편함, 또는 다른 감각을 느낀다면, 스스로에게 '이 감각은 어떤 정서와 관련이 있을까?'라고 질문해본다.

(3) 정서에 이름 붙이기

'정서에 이름 붙이기'는 자신의 정서를 명확히 인식하고 이를 언어로 표현하는 과정을 의미한다. 많은 사람들은 자신의 정서를 구체적으로 표현하기 어려운 경향이 있다. 그러나 정서를 명확하게 명명함으로써 우리는 그 본질을 이해하고 상황에 대한 반응을 보다 쉽게 파악할 수 있다. 예를 들어, 친구와의 대화 후 불편함을 느꼈다면 단순히 '불편하다'고 말하는 대신 이를 '허탈감'이나 '실망감'으로 구체화할 수 있다. 이렇게 정서에 이름을 붙이면 정서의 원인을 명확히 이해하고, 충동적으로 반응하는 대신 정서를 더 건강하게 관리할 수 있다. 또한, 이는 정서의 복잡성을 줄이고 문제해결에 있어 더 나은 선택을 할 수 있도록 도와주며, 개인의 정서적 웰빙을 증진하는 데 중요한 역할을 한다. 이와 관련하여, 다음 표 7.4에 제시된 다양한 정서 어휘는 정서 표현의 폭을 넓히는 데 도움이 될 수 있다.

표 7.4 정서의 종류

분노	슬픔	불안	상처	당황	행복
언짢은	실망한	두려운	질투하는	고립된	감사하는
좌절한	슬퍼하는	긴장한	상처받은	난처한	안심하는
짜증난	후회하는	취약한	쓸쓸한	외로운	편안한
예민한	우울한	혼란스러운	충격받은	열등감을 느끼는	만족한
악의적인	무력한	당황한	박탈감을 느끼는	죄책감을 느끼는	신이 난
조급한	비관적인	회의적인	고통받는	부끄러운	느긋한
혐오스러운	서러운	걱정스러운	억울한	소름끼치는	안도하는
불쾌한	낙담한	조심스러운	괴로워하는	한심한	흥분에 겨운
신경질적인	허탈한	초조한	소외감을 느끼는	어리둥절한	자신감 있는

출처: David, 2016

(4) 인지적 재평가

인지적 재평가는 정서 반응을 조절하기 위해 의식적으로 사고를 변화시키는 방법이다. 이는 어려운 상황을 다른 시각에서 바라보아 부정적인 해석과 정서적 혼란을 줄이는 데 도움을 준다. 예를 들어, 중요한 시험에서 좋지 않은 성적을 받았을 때 우리는 슬퍼하거나 실망할 수 있다. 또는 친구들과 만나 기분을 전환할 수도 있다. 하지만 인지적 재평가를 통해 시험 결과를 자기개선의 기회로 삼거나 집중해야 할 과목을 찾아 긍정적으로 접근할 수 있다. 이를 통해 긍정적인 시각을 유지하고 미래를 위한 동기를 발견할 수 있다. 부정적인 상황에 처했을 때, 다음과 같은 질문을 스스로에게 던져보기 바란다. 이 질문들은 정서를 조절하고 상황을 재평가하는 데 도움이 될 것이다.

- 극단적으로 생각하고 있는가?
- 상황을 이해하기 위한 증거는 무엇인가?
- 이 상황에서 가능한 긍정적인 결과는 무엇인가?
- 감사할 수 있는 점은 무엇인가?
- 이전보다 나아진 점은 무엇인가?
- 이 경험에서 어떤 교훈을 얻었는가?

(5) 호흡법

호흡은 매일 반복하는 기본적인 활동이지만, 우리는 이를 당연히 여기는 경향이 있다. 호흡이 정서 조절에 매우 중요하다는 사실을 아는 사람은 많지 않다. 호흡과 정서의 관계를 이해하면 이 간단한 방법을 통해 더욱 편안하고 건강한 삶을 누릴 수 있다. 신체의 자율신경계는 우리가 의식적으로 조절할 수 없는 기능들을 관리하는데, 이는 교감신경계와 부교감신경계라는 2가지 주요 부분으로 나뉜다. 교감신경계는 스트레스를 받을 때 활성화되어 '투쟁-도피' 반응을 일으키고, 이때 심박수는 빨라지고 호흡 속도가 증가하며 경각심이 높아진다. 반면 부교감신경계는 '휴식-소화' 시스템으로 작용하여 신체를 진정시키고 심박수를 낮추며 이완을 돕는다.

호흡 방식은 이 두 시스템과 밀접하게 연결되어 있다. 빠르고 얕은 호흡은 긴장감이나 불안을 유발하지만, 느리고 깊은 호흡은 뇌에 안전하다는 신호를 보내 부교감신경계를 활성화하여 몸을 차분하고 안정된 상태로 되돌리는 데 도움이 된다. 불안과 두려움 같은 스트레스가 많은 정서는 종종 얕고 빠른 호흡과 함께 나타나며, 이는 뇌에 문제가 있다는 신호를 보낸다. 이로 인해 신체가 스트레스에 반응하고 정서가 더욱 강해지는 악순환이 발생하게 된다. 그러나 의도적으로 느리고 깊게 호흡하면 이 악순환을 끊을 수 있다.

깊게 호흡하면 부교감신경계가 활성화되어 몸이 이완되며, 결과적으로 혈압이 낮아지고 심박수가 느려지면서 마음이 차분해져 스트레스 반응이 완화된다. 이 방법은 명상, 요가, 마음챙김 등 다양한 활동에서 불안과 스트레스를 줄이는 데 활용된다. 횡격막 호흡(가슴이 아닌 배로 깊게 호흡하는 방법)이나 4-7-8기법(4초 동안 숨을 들이쉬고, 7초 동안 참았다가, 8초 동안 숨을 내쉬는 방법)과 같은 깊은 호흡연습은 정서 반응을 조절하고 불안을 관리하는 데 효과적이다.

이러한 호흡법은 정서 인식뿐만 아니라, 정서를 조절하는 데도 큰 도움이 된다. 강한 정서, 예를 들어 분노나 좌절감을 느낄 때, 우리는 즉각적으로 반응하게 되지만, 이때 자신의 정서를 잘 이해하지 못하는 경우가 많다. 이럴 때 우리는 숨을 참거나 호흡이 얕아지고 불규칙해질 수 있다. 잠시 멈추고 호흡에 집중해 천천히 숨을 쉬면, 반응하기 전에 자신의 정서를 더 잘 파악할 수 있다. 이렇게 잠시 멈추면 상황을 살펴보고 정서를 인식하게 되며, 정서에 휘둘리지 않고 신중하게 반응할 수 있는 시간을 가질 수 있다. 결국 호흡은 몸을 진정시키는 데 그치지 않고, 자신의 정서를 살펴보게 해준다.

그중에서도 분노는 호흡과 밀접하게 연결된 정서이다. 화가 나면 호흡이 빨라지고 얕아지기 마련인데, 이를 멈추지 못하면 분노가 커져 나중에 후회할 수 있는 충동적인 행동을 하게 될 수 있다. 따라서 분노가 일어날 때 호흡을 조절하는 방법을 배우면 정서가 폭발하는 것을 방지하고 다시 차분해질 수 있다. 천천히 깊게 호흡하면 정서의 강도가 줄어들어 분노를 더 잘 처리하고 이성적으로 반응할 수 있다. 분노를 관리하는 데 가장 유용한 방법 중 하나는 통제된 호흡이다. 4초 동안 숨을 들이쉬고, 4초 동안 멈추고, 4초 동안 내쉬고, 다시 4초 동안 멈추는 박스 호흡법(box breathing)은 즉시 신경계를 진정시켜 분노가 커지는 것을 방지할 수 있다.

(6) 정서 일기 쓰기

정서 일기는 개인의 정서를 인식하고 처리하는 중요한 도구로, 사람들이 자신의 정서를 더 잘 이해하고 관리할 수 있도록 돕는다. 정서 일기를 작성함으로써 얻을 수 있는 효과는 다음과 같다.

첫째, 정서 일기는 자기반성과 자기인식을 촉진하여 정서의 근본 원인과 유발 요인을 이해하는 기회를 제공한다. 글을 쓰는 과정에서 사람들은 자신의 정서, 경험, 신체 감각 및 생각을 탐구하며, 정서가 어떻게 몸에서 나타나고 일상적인 반응에 영향을 미치는지를 깨달을 수 있다.

둘째, 정서 일기는 정서를 안전하고 사적인 공간에서 표현할 수 있게 해주어, 억눌린 정서를 해소하고 정서적 안도감을 제공한다. 이 과정에서 검열 없이 자신을 표현하는 것이 특히 중요하다. 이러한 표현 과정은 정서를 처리하고 그 강도를 줄이는 데 도움을 준다.

셋째, 정서와 경험에 대해 글을 쓰는 것은 인지적인 이해를 돕는다. 사람들은 자신의 생각과 믿음을 탐구하면서 부정적인 사고 패턴을 인식하고 조정할 기회를 갖게 된다.

넷째, 정서 일기는 문제해결 능력을 배양하는 데도 도움을 준다. 걱정거리를 글로 표현함으로써 다양한 관점을 탐구하고 행동 계획을 개발하여 자신감을 키울 수 있다. 마지막으로, 정서 일기는 정서를 처리하고 통합하는 데 도움을 주며, 정서 경험에서 패턴을 발견하여 자신을 더 잘 이해하고 효과적으로 관리하는 방법을 개발하게 한다.

정서 일기를 일상에서 꾸준하기 실천하기 위해서는 습관을 형성하고 개인에게 맞는 전략을 찾아야 한다. 현실적이고 달성 가능한 목표를 설정하여 조금씩 시작하는 것이 중요하다. 예를 들어, 매일 몇 분간 글을 쓰거나 일주일에 며칠 정서 일기를 작성하는 목표를 세워보자. 이러한 작은 목표는 일관성을 유지하는 데 도움이 된다. 정서 일기를 기억하도록 돕는 알림이나 아래 제시되어 있는 프롬프트를 활용하는 것도 좋은 방법이다. 아침 커피를 마시는 시간이나 저녁 식사 후와 같은 기존의 일상활동에 정서 일기를 연결하면 실천하기 쉬워진다. 또한, 편안하고 조용한 환경을 마련하는 것이 중요하다. 정서 일기를 쓰기 위한 지정된 장소를 만들면 집중력을 높이는 데 도움을 줄 수 있다. 마지막으로, 정서 일기는 정서 조절을 위한 안전하고 자비로운 공간으로 기능해야 한다. 문법이나 다른 요소에 대한 걱정을 내려놓고 방어적인 태도를 피하며 판단을 배제하도록 하자. 실수를 하거나 잘못해도 괜찮다고 스스로에게 허락하는 것이 중요하다.

정서 일기 작성을 위한 프롬프트 예시

1. 지금 어떤 정서를 느끼고 있는가?
2. 이 정서를 몸의 어디에서 느끼는가?
3. 이 정서는 무엇이 촉발했는가?
4. 나는 이 정서에 어떻게 반응하고 있는가?
5. 내가 가장 자주 느끼는 정서는 무엇인가?
6. 나는 어떤 정서를 피하고 있는가?
7. 오늘 내 정서가 내 생각과 행동에 어떤 영향을 미쳤는가?
8. 이 정서를 건강하게 표현하기 위해 무엇을 할 수 있는가?
9. 이 정서를 통해 나 자신에 대해 무엇을 배울 수 있을까?
10. 앞으로 어려운 정서에 더 잘 대처하기 위해 어떻게 할 수 있을까?

요약

1. 정서는 특정 사건이나 자극에 대한 우리의 즉각적인 반응으로, 생리적 변화와 행동적 표현을 동반하는 복합적인 경험이다.
2. 기본 정서는 타고나는 단일 정서인 반면, 복합 정서는 둘 이상의 정서가 혼합된 것을 말한다.
3. 일차 정서는 사건이나 상황에 대한 즉각적인 반응인 반면, 이차 정서는 그 정서에 대한 반응이다.
4. 정서 조절은 개인이 자신의 정서 상태를 인식하고 이를 효과적으로 관리하는 능력을 말한다.
5. 정서 조절에 영향을 미치는 요인에는 유전적 요인, 생리적 요인, 발달적 요인, 상황적 요인, 정신건강 요인이 있다.
6. 정서 조절 곤란은 부정적인 정서를 적절히 다루기 어려운 상태를 의미한다.
7. 건강하지 않은 정서 조절 전략에는 반추, 정서적 섭식, 물질사용, 비자살적 자해, 정서 표현 억제, 회피 등이 있다.
8. 건강한 정서 조절 전략에는 수면위생, 바디스캔, 정서에 이름 붙이기, 인지적 재평가, 호흡법, 정서 일기 쓰기 등이 있다.

활동

1. 다음 척도를 통해 자신의 정서 조절 능력에 대해 파악해보자.

한국판 정서조절곤란 척도(K-DERS)

번호	문항	거의 그렇지 않다	때때로 그렇다	대략 반쯤 그렇다	대부분 그렇다	거의 언제나 그렇다
1	나는 내 감정에 대해 분명하게 알고 있다.	1	2	3	4	5
2	내가 어떻게 느끼는지에 주의를 기울인다.	1	2	3	4	5
3	나는 감정에 압도되고 감정을 통제하기 힘들다고 여긴다.	1	2	3	4	5
4	내가 어떻게 느끼고 있는지를 알지 못한다.	1	2	3	4	5
5	내 감정을 이해하기 어렵다.	1	2	3	4	5
6	나는 내 감정에 주의를 기울인다.	1	2	3	4	5
7	내가 어떻게 느끼고 있는지를 정확하게 안다.	1	2	3	4	5
8	내가 느끼고 있는 것에 관심이 있다.	1	2	3	4	5
9	내가 느끼는 감정(방식)에 대해 혼란스럽다.	1	2	3	4	5
10	나는 화가 나거나 기분이 나쁠 때, 내 감정을 알아차린다.	1	2	3	4	5
11	나는 화가 나거나 기분이 나쁘면, 그렇게 느끼는 나 자신에게 화가 난다.	1	2	3	4	5
12	나는 화가 나거나 기분이 나쁘면, 그렇게 느끼는 것에 대해 당황하게 된다.	1	2	3	4	5
13	나는 화가 나거나 기분이 나쁘면 일을 끝마치기가 어렵다.	1	2	3	4	5
14	나는 화가 나거나 기분이 나쁘면, 자제하지 못한다.	1	2	3	4	5
15	나는 화가 나거나 기분이 나쁘면, 오랫동안 내가 그런 상태로 있을 것이라고 믿는다.	1	2	3	4	5
16	나는 화가 나거나 기분이 나쁘면, 결국에는 내가 아주 우울하게 느낄 것이라고 믿는다.	1	2	3	4	5
17	나는 화가 나거나 기분이 나쁘면, 다른 일들에 집중하기 어렵다.	1	2	3	4	5
18	나는 화가 나거나 기분이 나쁘면, 자제하지 못한다고 느낀다.	1	2	3	4	5
19	나는 화가 나거나 기분이 나쁘더라도, 여전히 일은 끝마칠 수 있다.	1	2	3	4	5
20	나는 화가 나거나 기분이 나쁘면, 그렇게 느끼는 것에 대해 부끄럽게 느낀다.	1	2	3	4	5
21	나는 화가 나거나 기분이 나쁘면, 궁극적으로 기분이 더 좋아지는 방법을 내가 찾아낼 수 있다고 믿는다.	1	2	3	4	5

번호	문항	거의 그렇지 않다	때때로 그렇다	대략 반쯤 그렇다	대부분 그렇다	거의 언제나 그렇다
22	나는 화가 나거나 기분이 나쁘면, 내가 나약한 사람처럼 느껴진다.	1	2	3	4	5
23	나는 화가 나거나 기분이 나쁘더라도, 내 행동을 통제할 수 있는 것처럼 느껴진다.	1	2	3	4	5
24	나는 화가 나거나 기분이 나쁘면, 그렇게 느끼는 것에 대해 죄책감을 느낀다.	1	2	3	4	5
25	나는 화가 나거나 기분이 나쁘면, 집중하기가 어렵다.	1	2	3	4	5
26	나는 화가 나거나 기분이 나쁘면, 내 행동을 통제하기가 어렵다.	1	2	3	4	5
27	나는 화가 나거나 기분이 나쁘면, 내 기분을 더 좋아지게 하기 위하여 내가 할 수 있는 일이 아무것도 없다고 믿는다.	1	2	3	4	5
28	나는 화가 나거나 기분이 나쁘면, 그렇게 느끼는 나 자신에게 짜증이 난다.	1	2	3	4	5
29	나는 화가 나거나 기분이 나쁘면, 나 자신에 대해 기분이 매우 나빠지기 시작한다.	1	2	3	4	5
30	나는 화가 나거나 기분이 나쁘면, 그 상태에 빠져 허우적거리는 것이 내가 할 수 있는 모든 것이라고 믿는다.	1	2	3	4	5
31	나는 화가 나거나 기분이 나쁘면, 내 행동에 대한 통제력을 잃어버린다.	1	2	3	4	5
32	나는 화가 나거나 기분이 나쁘면, 다른 어떤 일에 대해서도 생각하기가 어렵다.	1	2	3	4	5
33	나는 화가 나거나 기분이 나쁘면, 내가 진정으로 느끼고 있는 것이 무엇인지 신중하게 이해한다.	1	2	3	4	5
34	나는 화가 나거나 기분이 나쁘면, 내 기분이 더 좋아지는 데 오랜 시간이 걸린다.	1	2	3	4	5
35	나는 화가 나거나 기분이 나쁘면, 내 감정들에 의해 압도당하는 것처럼 느껴진다.	1	2	3	4	5
총 점						

- 문항 1, 2, 6, 7, 8, 10, 19, 21, 23, 33은 역채점 문항임
- 점수가 높을수록 정서 조절 곤란의 정도가 더 큼
- 하위 척도
  - 충동 통제 곤란(3, 14, 18, 26, 31)
  - 정서에 대한 주의와 자각의 부족(1, 2, 6, 7, 8, 10, 33)
  - 정서에 대한 비수용성(11, 12, 20, 22, 24, 28, 29)
  - 정서적 명료성의 부족(4, 5, 9)
  - 정서 조절 전략에 대한 접근 제한(15, 16, 21, 23, 27, 30, 34, 35)
  - 목표 지향행동 수행의 어려움(13, 17, 19, 25, 32)

출처: 조용래, 2007

2. 우리가 느끼는 감정, 특히 불안이나 슬픔, 분노 같은 부정적인 감정은 문제라기보다 자신을 이해하는 중요한 단서가 될 수 있다. 불안은 더 철저히 준비하게 만들고, 슬픔은 잃어버린 것의 의미를 돌아보게 하며, 분노는 변화를 향한 에너지가 되기도 한다. 이번 활동에서는 힘든 상황에서 내가 어떤 감정을 느꼈는지, 그리고 그 감정이 어떤 의미를 갖는지, 나에게 무엇이 필요한지를 생각해보자.

정서	정서가 의미하는 것	정서가 나에게 필요로 하는 것
슬픔	상실	자기돌봄, 가족의 이해
불안	미래에 대한 불확실성	현실적인 준비

8장

심리자본 및 성격 강점의 활용

재연이는 편입 후 전공을 바꾸어 진학하다 보니 새로운 환경에 적응하는 데 있어서 어려움과 학업 스트레스를 겪고 있다. 과제와 발표가 많은 수업에서 스스로 위축되었고, 점점 자신감이 떨어졌다. 노력해도 성과가 눈에 띄지 않자 자주 좌절했고, '나는 이 분야에 맞지 않는 걸까?'라는 생각이 반복되었다. 그러던 중 우연히 심리자본이라는 개념과 및 성격강점검사를 접하게 되었고, 자신의 강점으로 '끈기'와 '희망'이 있다는 결과를 알게 되었다.

재연이가 지닌 심리자본과 성격 강점은 어떻게 활용할 때 학업과 성장에 긍정적인 영향을 줄 수 있을까? 또한 이를 통해 보다 만족스럽고 즐거운 대학생활을 영위할 수 있는 방법은 무엇일까?

1 정신건강 개념의 확장과 번영
2 심리자본
3 성격 강점
4 강점 기반 성장 여정 설계

현대사회에서 정신건강은 단순히 질병이 없는 상태를 넘어, 자신의 잠재력을 실현하고 의미 있는 삶을 살아가는 것과 깊은 관련이 있다. 즉, 정신건강은 자신에 대한 이해, 자신이 하는 일에 대한 효능감, 자기실현 및 성장의 경험과 높은 연관성을 지닌다. 특히, 개인이 지닌 성격 강점과 내면의 심리자본을 인식하고 이를 의도적으로 삶 속에서 활용하는 능력은 자신의 가능성을 실현하며 지속적인 성장을 가능하게 하는 핵심 요인이다. 이러한 심리자본은 개인이 삶의 도전에 직면했을 때 회복력을 높이고, 목표 달성을 위한 동기와 몰입을 강화한다. 또한, 강점을 잘 이해하고 활용하는 능력은 자신감과 자기효능감을 높이며, 장기적으로 정신건강과 삶의 만족도를 증진시킨다. 이처럼 심리자본과 성격 강점은 단순한 개인 특성에 그치지 않고, 삶에 긍정적인 변화를 이끌고, 성장의 원동력이 될 수 있다. 따라서, 이 장에서는 심리자본과 성격 강점에 대해 소개하고, 이를 개인의 성장 및 정신건강을 증진시키는 데 구체적으로 어떻게 활용될 수 있을지 살펴보고자 한다.

생각해볼 문제 | **정신건강에 대한 오해**

정신건강에 대해 널리 알려져 있는 이야기들 중, 과연 무엇이 사실일까? 다음 문장을 읽고 사실이면 O, 거짓이면 X로 표시해보자. (정답 및 해설은 205쪽 참조)

1. 정신질환이 없으면 정신적으로 건강한 상태라고 할 수 있다. (O / X)
2. 정신건강과 정신질환은 별개의 연속선 위에 있다. (O / X)
3. 정신건강은 노력으로 증진할 수 있다. (O / X)
4. 정신건강은 개인의 타고난 기질에 따라 고정되어 있다. (O / X)
5. 정신건강이 좋은 사람은 언제나 긍정적인 감정만을 느낀다. (O / X)

1 정신건강 개념의 확장과 번영

심리학 및 정신의학 분야에서는 다양한 이론적 배경을 바탕으로 여러 정신건강 모형이 제시되어 왔다. 초기 전통적 정신건강 모형은 주로 정신질환의 유무를 중심으로 정신건강을 판단했다. 대표적인 예는 의학적 모형(medical model)로, 주로 정신의학과 초기 임상심리학의 영향 아래 발전했으며 정신건강을 병리적 증상의 존재 여부에 따라 판단했다. 그러나 이후 학문적 발전에 따라 정신건강은 단지 병리의 부재를 넘어, 삶의 만족감, 긍정적 정서, 대인관계의 질, 자기효능감 등 개인의 심리사회적 기능 전반을 포함하는 보다 포괄적인 개념으로 확장되었다. 이에 따라 최근에는 정신질환과 정신건강을 별개의 차원으로 간주하고, 개인의 주관적 안녕감과 심리적 회복력을 중심으로 정신건강을 평가하려는 통합적이고 다차원적인 모형들이 주목받고 있다.

1) 코리 키스의 정신건강 모형

코리 키스(Corey Keyes, 2002, 2005)는 단지 정신질환의 유무만으로 정신건강을 정의하는 대신, '정신장애 수준의 높음-낮음'의 한 축과 '정신건강 수준의 높음(번영)-낮음(쇠약)'의 한 축을 기준으로 이해하는 '이중 연속선 정신건강 모형'을 제시했다(그림 8.1 참조). 이 모형은 정신건강을 단순히 정신질환의 부재로 정의하는 것을 넘어서, 심리적, 사회적, 정서적 기능이 조화를 이루는 '번영 상태의 정신건강(flourishing mental health)' 개념을 제안했다.

이 모형에 따르면, 정신질환이 없다고 해서 반드시 정신적으로 건강한 것은 아니며, 반대로 정신질환이 있다고 해도 삶의 의미나 소속감을 경험하며 심리 자원을 적극 활용할 수 있다는 것이다. 즉, 이 모형의 핵심은 정신적 어려움이 없다고 해서 정신적으로 건강한 것은 아니며, 정신적 어려움을 호소하는 경우에도 정신적으로 건강한 상태와 건강하지 않은 상태가 구분된다는 것이다.

먼저, 키스는 정신장애의 수준이 낮은 경우, 정신건강의 수준을 크게 3가지 범주로 나누어 설명한다. 첫째는 '번영(flourishing)' 상태로, 이는 개인이 정서

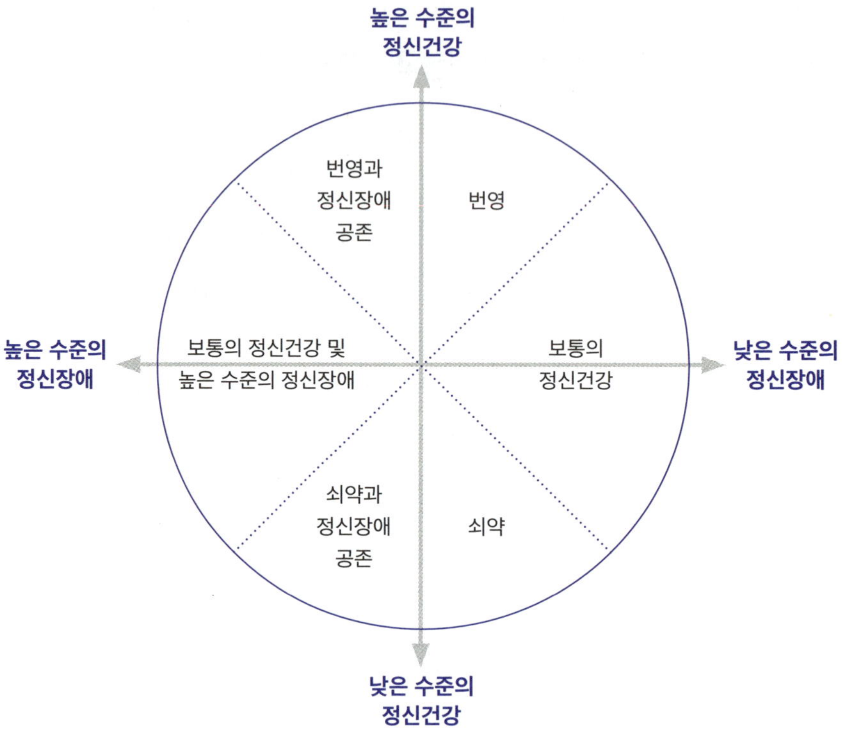

그림 8.1 이중 연속선 정신건강 모형
출처: Keyes, 2002, 2005

적, 심리적, 사회적으로 긍정적인 기능을 하고 있으며 삶에서 의미와 만족을 경험하는 상태를 말한다. 번영은 단순히 기분이 좋은 상태를 넘어 자기수용, 삶의 목적, 긍정적 인간관계, 자율성, 환경에 대한 유능감 등 다양한 요소를 포함하는 통합적 개념이다. 둘째는 '보통(moderate)'의 정신건강 상태로, 정신질환은 없지만 삶의 만족도나 활력, 자기효능감 등이 높지 않아 정서적 안녕이나 자기성장의 흐름이 정체된 상태이다. 셋째는 '쇠약(languishing)' 상태로, 시들시들하다는 의미를 가지고 있으며 삶에서 활력과 의미를 찾기 어렵고 정서적으로 공허하거나 무기력한 상태를 의미한다. 특히 이 쇠약 상태는 정신적 어려움이나 질환은 특별히 없지만, 정신건강이 높지 않은 상태일 때 많이 나타난다.

반면 정신장애의 수준이 높은 경우, 번영과 정신장애가 공존하는 상태, 보통의 정신건강과 높은 수준의 정신장애를 가진 상태, 그리고 쇠약과 정신장애가 공존하는 상태로 나누어볼 수 있다.

2) 정신건강과 번영

키스는 정신건강의 완전하게 최적화된 상태를 '번영'이라고 보았다. 번영 상태는 삶의 질적 성장과 전인적인 개인의 발달을 의미한다. 이는 단순히 정신질환이 없는 상태를 넘어서, 개인이 자신의 잠재력을 충분히 발휘하며 의미 있고 가치 있는 삶을 영위하는 적극적인 정신건강 상태를 포괄한다. 이러한 번영의 개념은 고대 그리스 철학자 아리스토텔레스가 제시한 '에우다이모니아(eudaimonia)'에서 비롯되었다. 이는 흔히 '행복'으로 번역되지만, 단순한 쾌락적 행복을 넘어 자기실현(self-actualization)을 포함하는 깊이 있는 안녕을 의미한다. 즉, 일시적인 즐거움이나 감각적 만족이 아닌, 개인의 본질적 가치와 덕목을 실현하는 과정에서 얻을 수 있는 지속적이고 의미 있는 행복 상태를 말한다.

또한, 키스는 번영의 상태에 다다르기 위해 정서적·사회적·심리적 안녕이 핵심 요소라고 보았다. 이는 개인이 자신의 심리자본과 성격 강점을 의식적으

생각해볼 문제 | **정신건강에 대한 오해** (정답 및 해설)

1. 정신질환이 없으면 정신적으로 건강한 상태라고 할 수 있다.

X 정신질환이 없다고 해서 정신적으로 건강한 것은 아니다. 삶의 의미, 정서적 안정, 사회적 기능이 조화롭게 작동해야 진정한 정신건강이라 할 수 있다.

2. 정신건강과 정신질환은 별개의 연속선 위에 있다.

O 한 개인은 정신질환을 앓고 있어도 동시에 삶의 의미와 관계 만족감을 느낄 수 있으며, 반대로 정신질환이 없어도 정서적으로 쇠퇴할 수 있다.

3. 정신건강은 노력으로 증진할 수 있다.

O 강점 실천, 회복탄력성 훈련, 사회적 지지 형성 등을 통해 누구나 자신의 정신건강 수준을 높일 수 있다.

4. 정신건강은 개인의 타고난 기질에 따라 고정되어 있다.

X 정신건강은 고정된 특성이 아니라, 교육, 훈련, 환경, 관계 등을 통해 얼마든지 변화하고 향상될 수 있는 상태이다.

5. 정신건강이 좋은 사람은 언제나 긍정적인 감정만을 느낀다.

X 정신이 건강한 사람도 슬픔, 분노, 불안 같은 부정적 정서를 경험할 수 있다. 중요한 것은 정서를 인식하고 건강하게 조절하는 능력이다.

로 활용할 때 한층 더 높아질 수 있다. 개인이 자신만의 독특한 심리자본과 성격 강점을 인식하고 일상생활에서 의도적으로 활용할 때, 세 차원의 안녕감이 상호작용하며 상승 효과를 창출한다. 이를 통해 자기다움을 실현하고, 사회와 긍정적으로 연결되며, 지속적으로 성장하는 삶을 살아갈 수 있다. 결국 번영은 개인이 자신의 강점과 잠재력을 바탕으로 의미 있는 삶을 구축해 나가는 역동적이고 지속적인 발달 과정이라 할 수 있다. 그렇다면 우리는 어떻게 자신의 심리자본과 성격 강점을 발견하고 활성화하여 적극적으로 우리의 삶에 활용함으로써 정신건강과 개인적 성장을 촉진할 수 있을까?

2 심리자본

현대사회에서 삶의 질의 증진과 개인의 성장을 이해하고 설명하기 위해서는 다양한 형태의 '자본(capital)' 개념을 종합적으로 고려할 필요가 있다. 전통적으로는 소득이나 자산과 같은 경제적 자본이 중요하게 여겨졌으나, 최근에는 지식과 정보에 기반한 지적자본, 타인과의 관계망을 통해 형성되는 사회자본, 그리고 개인의 내면 자원에 해당하는 심리자본까지 포괄하는 보다 확장된 관점이 요구되고 있다(그림 8.2 참조). 이러한 자본들은 상호보완적이면서도 독립적으로 개인의 삶에 영향을 미치며, 특히 변화와 불확실성이 높은 오늘날의 사회에서는 외적 자원뿐만 아니라 내면의 심리자본이 중요한 역할을 한다. 따라서

경제자본	지적자본	사회자본	심리자본
무엇을 가졌는가 (What you have)	무엇을 아는가 (What you know)	누구를 아는가 (Who you know)	나는 어떤 사람인가 (Who you are)
재정, 물질적 자본 (시설, 장비, 공장)	지식, 기술, 아이디어	사회적 관계, 인적 네트워크, 동료/가족	자기효능감, 낙관성, 회복탄력성, 열정과 끈기

그림 8.2 확장되는 자본 유형 및 흐름
출처: Luthans, Luthans, & Luthans, 2004

다양한 자본의 개념을 이해하고 균형 있게 발전시키는 것은 정신건강 증진과 전인적 성장의 핵심 기반이 된다.

1) 자본의 유형과 흐름의 변화

개인이나 조직의 '성장 가능성'은 주로 경제자본(economic capital)을 중심으로 논의되어 왔다. 예를 들어, 돈, 부동산, 설비, 기계와 같은 유형의 자본은 오랜 시간 동안 조직과 사회의 경쟁력을 가늠하는 핵심 기준이었다. 그러나 20세기 후반부터 산업 구조가 변화하고 지식 기반 사회로 전환되면서, 단순한 자본보다 개인의 지식과 역량이 성과를 결정짓는 요소로 부각되었다.

이러한 배경 속에서 등장한 것이 바로 지적자본(intellectual capital)이다. 이는 개인이나 조직이 지닌 지식, 기술, 교육 수준, 아이디어 등 무형의 자본으로, '아는 것이 힘이다'에 주목한 개념이다. 지적자본은 정보화 시대의 핵심 경쟁 요소였으며, 개인의 숙련도와 창의성, 조직 학습 능력 등이 강조되기 시작했다.

이후, 단순히 '얼마나 똑똑한가'에 그치지 않고, '누구와 연결되어 있는가', 즉 '사회적 관계를 얼마나 잘 활용할 수 있는가'에 대한 관심이 커지면서 사회자본(social capital) 개념이 등장했다. 신뢰, 협력, 네트워크, 소속감, 상호작용의 질 등 관계성 기반 자원이 개인과 공동체의 발전에 중요한 영향을 미친다는 점이 강조된 것이다.

마지막으로, 루턴스(Luthans, 2004)는 2000년대 들어 인터넷과 기술의 발달로 인한 시대적 변화를 반영하여, 자본의 유형과 그 중요성이 변화하는 흐름 속에서 '심리자본(psychological capital)'을 새로운 차원의 핵심 자본으로 제시했다. 그는 현대사회에서 개인이 성과를 내고 건강하게 성장하기 위해서는 지식과 네트워크만으로는 부족하며, 내면의 심리적 역량이야말로 지속 가능한 성장을 이루게 하는 핵심 자본임을 강조했다. 즉, 심리자본은 자기효능감, 낙관성, 회복탄력성, 희망과 같은 특성을 중심으로 '나는 어떤 사람인가(Who you are)'에 주목한다. 루턴스는 기존의 자본들도 중요하지만, 개인 내면의 심리자본을 인식하고 이를 적극적으로 활용하는 것이 성장과 만족스러운 삶을 이끄는 핵심 열쇠라고 강조했다.

2) 심리자본의 주요 요소

앞서 살펴본 바와 같이, 심리자본이란 '개인이 삶의 도전과 변화 속에서 긍정적인 방식으로 대처하고 성장할 수 있도록 돕는 내면의 심리적 자원'을 말한다. 이는 단순한 낙관주의나 일시적인 감정 상태와는 다르며, 개인의 태도, 믿음, 감정 조절 능력, 회복탄력성 등과 같이 지속 가능하고 개발 가능한 심리적 역량으로 구성되어 있다. 심리자본은 미국의 경영 및 조직심리학자 프레드 루턴스(Fred Luthans)와 그의 동료들에 의해 소개되었다. 이는 개인의 성장, 성과, 그리고 적응력을 설명하기 위해 체계화된 개념으로, 루턴스와 동료들(Luthans et al., 2004, 2007)은 다음의 4가지 핵심 요소를 강조했다.

(1) 자기효능감

자기효능감(self-efficacy)은 주어진 어떤 어려운 과제나 목표도 잘 해낼 수 있다는 자신의 능력에 대한 믿음의 정도를 의미한다.

예시

1. 지민은 영어로 발표하는 것이 어렵고 부담스럽게 느껴지지만, "준비만 잘하면 나도 충분히 잘할 수 있는 능력이 있어"라고 믿는다. 실제로 발표 전 친구들과 연습하며 자신감을 높였고, 발표를 성공적으로 마쳤다.
2. 은호는 원하는 기업의 인턴십 경쟁률이 높다는 사실에 순간 주저했지만, "내가 지금까지 해온 경험들을 정리하면 충분히 잘 해낼 수 있는 능력이 있어"라고 생각하며 포트폴리오와 면접 준비에 적극적으로 임했다.

(2) 희망

희망(hope)은 미래의 목표를 향해 실현 가능한 경로를 상상하고 그 길을 포기하지 않고 가려는 동기와 의지를 포함한다.

예시

1. 혜린은 지역사회의 취약계층 아동을 위한 심리 지원 플랫폼을 만들고 싶

다는 꿈이 있다. 지금은 경영학과 2학년으로 구체적인 실행 능력이 부족하지만, 그녀는 "지금 할 수 있는 것부터 시작하자"는 마음으로 사회적기업 관련 수업을 듣고, 멘토링 프로그램에 지원했다. 혜린은 최종 목표가 멀어 보여도, 잘 될 것이라는 희망을 품고 그 꿈을 향한 작은 단계들을 구체적으로 상상하고 실행하고 있다.

2. 지우는 석사 과정 유학을 꿈꾸고 있지만, 영어 점수와 장학금 준비, 자기소개서 작성 등 넘어야 할 산이 많다. 그는 "당장 완벽하지 않아도 괜찮아. 조금씩 해나가면 분명 도달할 수 있을 거야"라고 믿으며 매일 30분씩 영어 공부를 하고 있으며, 국제교류처에서 열린 설명회에도 참가했다. 지우는 자신이 갈 수 있는 미래를 구체적으로 그리고, 그 길을 향해 한 걸음씩 준비하고 있다.

(3) 회복탄력성

회복탄력성(resilience)은 실패, 실망, 상실, 스트레스 같은 역경을 겪더라도, 빠르게 회복하여 다시 일어설 수 있는 능력을 의미한다.

예시

1. 승현은 오랜 시간 준비한 공모전에서 아쉽게 탈락했다. 처음에는 자존감이 크게 흔들렸지만, 며칠 후 "이 경험을 통해 내가 무엇을 더 보완해야 할지 알게 됐어"라고 말하며 피드백을 꼼꼼히 분석하고 다음 공모전에 다시 도전했다.
2. 서연은 오랜 연애 끝에 이별을 겪고 며칠간 무기력했다. 하지만 친구들과의 대화를 통해 자신을 돌보는 시간을 갖기 시작했고, 심리상담센터를 찾아 감정을 정리했다. 그녀는 "이 아픔이 내 성장을 막을 수는 없어"라고 다짐하며 다시 학업과 일상에 집중했다.

(4) 낙관주의

낙관주의(optimism)는 미래에 대해 현실적인 희망과 긍정적인 기대를 가지며, 현재의 어려움 속에서도 배울 점을 찾고 긍정적인 방향으로 상황을 해석하려는 경향성을 의미한다. 단순한 긍정적 사고가 아닌, 노력의 가치와 변화 가능성에 대한 믿음을 포함한다.

예시

1. 수빈은 희망하던 대기업 인턴십에서 최종 탈락 통보를 받았다. 실망감이 컸지만, 그녀는 "이번 경험이 내가 부족한 부분을 알아차릴 기회였어"라고 생각했다. 이후 자기소개서와 면접 전략을 점검하고, 다른 기업에도 적극 지원했다. 수빈은 "언젠가는 내 자리에 맞는 기회가 올 거야"라는 마음으로 진로 탐색을 멈추지 않았다.
2. 유진은 졸업을 앞둔 4학년 학생이다. 최근 뉴스에서 "청년 실업률 증가" 같은 기사들을 접할 때마다 불안이 커졌지만, 그는 자신에게 이렇게 말했다. "상황이 어렵지만, 나처럼 꾸준히 준비하는 사람에게도 반드시 기회는 올 거야. 내 강점을 살릴 수 있는 기업이 분명 있을 거야." 그는 하루에 1시간씩 꾸준히 직무 공부와 포트폴리오를 준비하며, 스터디 그룹을 통해 피드백을 받았다. 유진은 미래가 불확실해도, 내가 오늘 할 수 있는 최선이 결국 미래를 만든다는 믿음을 바탕으로 흔들리지 않고 나아갔다.

심리자본은 성격이나 기질처럼 고정된 것이 아니라 학습과 경험을 통해 개발 가능한 것이다. 또한 스트레스를 이겨내고 삶의 만족도와 주관적 행복감을 높이는 데 기여한다. 특히 개인의 성격 강점은 심리자본을 활성화하는 데 있어 중요한 기반이 된다. 예를 들어, '끈기'는 자기효능감을 강화하며, '감사'는 낙관주의와 회복탄력성을 북돋고, '용기'는 희망의 실천을 가능하게 만든다. 따라서 심리자본은 단순한 정서적 안정성을 넘어, 개인이 자기 삶을 의미 있게 구성하고, 정신건강을 유지하며, 자기성장의 방향성을 잃지 않도록 도와주는 심리적 기초 체력이라고 할 수 있다

다음에서는 시대적 흐름에 따라 점점 강조되는 심리자본의 활성화에 있어 중요하게 작용하는 성격 강점에 대해 이어가도록 하겠다.

3 성격 강점

성격 강점이란, '우리가 일상에서 의미 있고 긍정적인 방식으로 행동하게 만드는 심리적 특성'이다. 이는 단순히 '잘하는 것'을 넘어, 자신답게 살아가며, 내면의 에너지를 북돋아 주는 긍정적 자질을 의미한다. 다시 말해, 성격 강점은 우리가 가치 있게 여기고 반복적으로 사용하며 더 자주 사용할 때, 기쁨과 몰입을 느끼게 되는 성격 기반의 심리적 자원이라고 할 수 있다.

1) 긍정심리학과 성격 강점의 등장 배경

전통적인 심리학은 오랫동안 정신질환, 결핍, 문제행동을 중심으로 연구되어 왔다. 그러나 긍정심리학은 인간의 결함과 병리만이 아니라, 무엇이 사람을 건강하고 행복하게 만드는가에 초점을 맞춘 심리학의 새로운 흐름으로, 2000년대 초반부터 본격적으로 주목받기 시작했다. 성격 강점은 긍정심리학의 핵심 개념 중 하나이다. 특히 크리스토퍼 피터슨(Christopher Peterson)과 마틴 셀리그먼(Martin Seligman)은 인간의 주요 덕목과 강점을 체계적으로 분류한 연구를 진행하여 성격 강점 분류체계(Values in Action Classification of Strengths: VIA)를 개발했고, 이는 전 세계적으로 많이 사용되고 있다. VIA 분류체계는 '인간의 강점을 과학적으로 분류하고 측정할 수 있다면, 정신건강의 예방과 회복뿐만 아니라 번영을 촉진할 수 있지 않을까?'라는 문제의식에서 탄생했다. 피터슨과 셀리그먼은 다양한 문화, 종교, 시대의 윤리체계를 비교 연구하여 인류 공통의 6가지 주요 덕목을 추출했고, 이 덕목을 실천하는 24개의 성격 강점을 제시했다(표 8.1 참조).

2) VIA 강점검사의 실시

강점검사를 실시하기 위해 다양한 검사 도구가 마련되어 있다. 그중 VIA 강점검사는 전 세계적으로 공인된 긍정심리학 기관인 VIA성격강점연구소(VIA

표 8.1 6가지 주요 덕목 및 각 성격 강점

	주요 덕목	성격 강점
1	지혜(wisdom)	창의성, 호기심, 판단력, 학습에 대한 사랑, 관점
2	용기(courage)	용기, 끈기, 정직, 활력
3	인간애(humanity)	친절, 사랑, 사회적 지능
4	정의(justice)	팀워크, 공정성, 리더십
5	절제(temperance)	자기조절, 신중함, 겸손, 용서
6	초월(transcendence)	감사, 희망, 유머, 심미안, 영적 감수성

출처: Peterson & Seligman, 2004

Institute on Character)에서 운영하는 웹사이트*를 통해 제공하고 있다. 공식 사이트는 영어로 운영되지만, 한국어를 포함한 다국어 버전을 지원하고 있어 계정 등록 시 언어를 설정할 수 있다. 계정 등록 후 무료 버전의 검사를 바로 이용할 수 있다. 유료 버전에서는 동일한 검사에 대해 더 깊이 있는 분석을 받을 수 있다.

3) VIA 강점검사의 활용

강점검사를 해석할 때에는 어떤 강점이 다른 강점보다 더 우월하거나 바람직한 것이 아님을 이해하는 것이 중요하다. 모든 강점은 고유한 가치가 있으며, 검사 결과는 성격 내에서 강점의 상대적인 순위를 보여줄 뿐, 약점을 나타내는 것은 아니다. 다음에서는 24가지 성격 강점의 주요 특징을 소개하고, 대학생들이 각 강점을 어떻게 활용하면 자기성장과 정신건강 증진에 도움이 될 수 있는지를 구체적인 활용 예시를 통해 살펴보고자 한다.

(1) 창의성

창의성(creativity)은 문제를 새롭게 바라보고 독창적으로 접근할 수 있게 하는 능력을 의미한다.

* VIA성격강점연구소 웹사이트: https://www.viacharacter.org

활용 예시

- 창의성이 강점인 학생은 팀 프로젝트나 과제에서 자신만의 아이디어를 적극적으로 제안한다.
- 평소 해보지 않은 새로운 활동을 기획하고 실천하거나 창업경진대회에 지원을 준비해 본다.

(2) 호기심

호기심(curiosity)은 새로운 지식이나 경험에 대한 지속적인 관심과 탐구하는 태도를 의미한다.

활용 예시

- 호기심이 강점인 학생은 매주 관심 있는 새로운 주제를 정해 심층적으로 탐구하는 습관을 가진다.
- 교양 수업 이외에도 관심 분야의 서적이나 강연을 찾아보고 정리하는 활동을 실천한다.

(3) 판단력

판단력(judgment)은 상황을 신중히 고려하고 객관적으로 타당한 결정을 내리는 능력을 의미한다.

활용 예시

- 중요한 결정을 내릴 때 찬반 의견을 정리하며 합리적이고 신중하게 접근한다.
- 팀 과제나 토론활동에서 여러 의견을 객관적으로 조율하면서 합리적인 결정이 이루어지도록 이끈다.

(4) 학습에 대한 사랑

학습에 대한 사랑(love of learning)은 새로운 지식을 배우고 학습하는 과정에서 즐거움을 느끼는 성향을 의미한다.

활용 예시

- 전공과 무관하게 관심 있는 분야의 자격증 공부나 온라인 강의를 자발적으로 찾아 듣는다.
- 학습한 내용을 일기나 블로그 등으로 꾸준히 기록하고 다른 사람들과 공유해본다.

(5) 관점

관점(perspective)은 삶과 인간에 대한 깊이 있는 통찰력과 넓은 시야를 갖는 능력을 의미한다.

활용 예시

- 친구들이 고민을 털어놓을 때, 자신의 경험과 지식을 바탕으로 깊이 있는 조언을 해주고, 새로운 시각에서 생각해볼 수 있는 관점을 제시한다.
- 자신이 참여하는 토론이나 발표에서 다양한 각도로 사안을 분석하고 통찰력 있게 의견을 제시한다.

(6) 용기

용기(bravery)는 두려움을 극복하고 옳다고 믿는 것을 행동으로 옮길 수 있는 태도를 의미한다.

활용 예시

- 발표나 모임에서 자신이 두려워하는 상황을 의식적으로 극복하기 위해 먼저 발언하거나 행동한다.
- 사회적 약자를 위해 옹호 발언이 필요한 상황에서 용기를 내어 발언하고 옹호 활동에 참여해본다.

(7) 끈기

끈기(perseverance)는 어려움에도 포기하지 않고 목표를 위해 꾸준히 노력하는 성향을 의미한다.

활용 예시

- 장기적 학습 목표를 설정하고 매일 꾸준히 실천하는 습관을 만든다.
- 어려운 과제나 프로젝트에서도 중도에 포기하지 않고 끝까지 완수한다는 마음으로 임한다.

(8) 정직

정직(honesty)은 사실에 충실하고 진실하게 행동하는 성품을 의미한다.

활용 예시

- 시험이나 과제에서 솔직하고 정직하게 자신의 능력과 노력을 평가받도록 노력한다.
- 친구들과 팀 과제 수행 시 자신이 한 일을 정직하게 공유하고, 신뢰받는 규칙을 만들거나 투명한 의사소통을 이끄는 역할을 맡는다.

(9) 활력

활력(zest)은 삶을 열정적이고 에너지 있게 살아가는 태도를 의미한다.

활용 예시

- 자신에게 에너지를 주는 활동을 일상생활에 주기적으로 포함시킨다.
- 조별활동이나 동아리에서 적극적이고 활기찬 분위기를 만드는 데 기여한다.

(10) 친절

친절(kindness)은 타인을 배려하고 도움을 실천하는 따뜻한 태도를 의미한다.

활용 예시

- 일상에서 작은 도움을 필요로 하는 친구나 동료에게 먼저 손을 내민다.
- 봉사활동에 참여하거나 소외된 친구와 적극적으로 대화를 나누는 기회를 만든다.

(11) 사랑

사랑(love)은 가까운 사람들과의 관계를 소중히 하고 깊이 있는 감정을 유지하는 능력을 의미한다.

활용 예시

- 가족이나 가까운 친구에게 정기적으로 감사와 사랑을 표현하는 습관을 실천한다.
- 사랑하는 사람들과의 관계에서 의미 있고 깊이 있는 대화의 시간을 자주 가진다,

(12) 사회적 지능

사회적 지능(social intelligence)은 타인의 감정과 필요를 민감하게 이해하고 적절히 대처하는 능력을 의미한다.

활용 예시

- 갈등이 있는 상황에서 중재자 역할을 맡아 갈등을 긍정적으로 해결한다.
- 동아리나 소모임에서 조화로운 소통 분위기를 만드는 데 적극적으로 기여한다.

(13) 팀워크

팀워크(teamwork)는 집단 내에서 협력과 공동체 정신을 중요시하는 태도를 의미한다.

활용 예시

- 조별활동에서 모든 구성원의 의견이 반영될 수 있도록 노력한다.
- 공동 목표 달성을 위해 팀 내에서 적극적으로 협력하며 조화롭게 활동한다.

(14) 공정성

공정성(fairness)은 모든 사람을 편견 없이 공정하게 대하는 태도를 의미한다.

활용 예시

- 의사결정 과정에서 모든 구성원의 의견을 공정하게 수렴한다.
- 집단활동에서 역할 분담과 평가가 공정하게 이루어지도록 노력한다.

(15) 리더십

리더십(leadership)은 집단을 이끌고 책임 있게 목표를 달성하도록 조직하는 능력을 의미한다.

활용 예시

- 조별 과제에서 적극적으로 리더 역할을 맡아 팀을 이끈다.
- 소모임이나 동아리에서 조직력과 책임감을 가지고 구성원을 격려하며 목표를 이끈다.

(16) 용서

용서(forgiveness)는 자신에게 해를 끼친 사람을 이해하고 감정을 내려놓으며 관계 회복을 선택하는 태도를 의미한다.

활용 예시

- 갈등이 있던 친구와 대화를 통해 감정을 정리하고 화해의 기회를 만든다.
- 과거의 상처를 일기에 적거나 상담을 통해 돌아보며, 자신을 위한 용서를 실천해본다.

(17) 겸손

겸손(humility)은 자신의 장점과 성취를 과도하게 드러내지 않고 조용히 기여하려는 태도를 의미한다.

활용 예시

- 팀 프로젝트에서 중요한 역할을 했더라도 공로를 함께한 팀원들과 나누며 조화를 이끈다.

- 칭찬을 받았을 때 감사함을 표현하면서도 타인의 기여를 인정하는 태도를 유지한다.

(18) 신중함

신중함(prudence)은 행동하기 전에 충분히 생각하고 실수나 후회를 줄이기 위한 태도를 의미한다.

활용 예시

- 중요한 결정 전 이 결정을 했을 경우 좋은 점과 우려되는 점, 혹은 위험 요소에 대해 생각해보며 신중하게 분석한다.
- 말이나 행동이 상대방에게 미칠 영향을 미리 고려하며 의사소통한다.

(19) 자기조절

자기조절(self-regulation)은 충동을 조절하고 감정이나 행동을 목표에 맞게 통제하는 능력을 의미한다.

활용 예시

- 집중이 필요한 과제시간에는 스마트폰을 멀리 두는 등 주의 자극을 통제한다.
- 스트레스 상황에서 감정을 격하게 표현하기보다 심호흡이나 명상을 활용해 조절한다.

(20) 감사

감사(gratitude)는 주변의 사소한 것에 대해서도 고마움을 느끼고 표현할 줄 아는 태도를 의미한다.

활용 예시

- 매일 감사한 일을 3가지씩 일기에 적으며 감사 습관을 들인다.
- 고마운 사람에게 감사 메시지를 직접 전달하거나 손편지를 써본다.

(21) 희망

희망(hope)은 현재의 어려움 속에서도 긍정적인 미래를 기대하고 목표를 향해 나아가려는 태도를 의미한다.

활용 예시

- 실패 후에도 다시 도전할 수 있는 계획을 세우며 낙담하지 않는다.
- 나의 미래를 상상하며 '미래의 나에게 보내는 편지'를 써본다.

(22) 유머

유머(humor)는 삶에서 재미와 웃음을 발견하고 타인과 즐겁게 소통하려는 태도를 의미한다.

활용 예시

- 친구들과의 대화나 모임에서 유쾌한 분위기를 형성하는 데 기여한다.
- 발표나 과제에 유머 요소를 적절히 활용하여 청중과의 거리감을 줄인다.

(23) 심미안

심미안(appreciation of beauty & excellence)은 자연, 예술, 인간의 선함 등에서 감동과 기쁨을 느끼는 감수성을 의미한다.

활용 예시

- 자연 풍경이나 예술 작품을 감상하며 감정을 표현하는 일기를 작성한다.
- 전시회, 공연, 건축 등에서 감동을 받았던 순간을 사진이나 글로 기록한다.

(24) 영적 감수성

영적 감수성(spirituality)은 삶의 의미와 목적, 초월적 가치에 대해 깊이 성찰하고 연결되려는 능력을 말한다.

활용 예시

- 명상, 종교활동, 철학적 독서를 통해 나의 삶의 방향을 성찰해본다.
- 일상의 선택과 행동이 나의 가치와 어떻게 연결되는지를 글로 정리해본다

4 강점 기반 성장 여정 설계

이 장에서 소개한 것처럼, 현대사회에서 정신건강과 자아실현은 더 이상 분리된 개념이 아니다. 우리는 자신이 가진 심리자본과 성격 강점을 제대로 인식하고 활용할 때, 더욱 안정되고 만족스러운 삶을 살아갈 수 있다. 지금까지 살펴본 VIA 성격강점과 심리자본, 정신건강 간의 관계를 바탕으로, 자신의 강점을 삶의 방향성과 연결하고 실천하는 방법을 알아보고 직접 자신의 삶에 적용해보자.

1) 강점을 바탕으로 한 자기이해와 삶의 방향 찾기

성격 강점에 따른 자기이해를 통해 앞으로의 삶에 대한 방향을 찾아갈 수 있다. 성격 강점은 단지 '내가 잘하는 것'이 아니라, '내가 어떤 방식으로 살아갈 때 나답고 건강하게 성장할 수 있는가'를 보여주는 지표이다. 성격 강점은 각자가 가진 고유한 심리적 에너지이며, 이를 인식하는 것만으로도 자기이해의 폭이 넓어진다. 강점을 통해 우리는 자기 삶의 방향을 보다 명확히 설정할 수 있다. 예를 들어, '호기심'과 '사회적 지능'이 상위 강점인 학생이라면, 다양한 사람과의 교류를 통해 새로운 아이디어를 배우고 적용할 수 있는 환경에서 더 활력을 느낄 수 있다. 반면, '자기조절'과 '신중함'이 강한 학생은 계획적이고 안정적인 구조 속에서 성과를 내며 심리적 안정감을 얻을 수 있다. 이처럼 강점은 '나는 누구인가?'라는 정체감과 더불어 '나는 어떤 환경에서 번영할 수 있는가?'라는 질문에 대한 중요한 단서가 된다.

2) 강점을 일상에서 실천하는 작은 루틴 만들기

강점은 실천으로 연결되어야 진정한 나의 강점이 된다. 강점은 일상에서 의도적으로 실천할수록 더욱 선명해지고 강화된다. 강점을 실천하는 방법은 거창할 필요가 없다. 예를 들어, '감사'가 강점인 학생은 하루에 감사한 일을 3가지 적어보는 루틴을 만들 수 있다. '끈기'가 강점인 학생은 매주 자신에게 도전이 되는 목표를 하나 설정하고 실천 과정을 기록해 볼 수 있다. 이러한 강점을 일상에서 활용하는 습관은 긍정 정서를 높일 뿐만 아니라 자기효능감과 정서적 회복력을 강화하는 데도 효과적이다. 특히 정신건강이 흔들릴 수 있는 학기 중반이나 시험 기간, 인간관계의 어려움이 있을 때, 강점 루틴은 자신을 보호하고 중심을 잡는 정서적 기둥 역할을 해준다.

3) 강점 중심으로 나의 삶 설계하기

강점을 기반으로 한 성장 계획은 자기 삶의 주도권을 회복하는 중요한 출발점이 된다. 다음은 간단한 자기성찰활동을 통해 강점 중심의 삶을 설계하는 예시이다.

- 나의 대표 강점 1~2가지는 무엇인가?
- 이 강점을 내가 최근에 실천한 경험은 무엇인가?
- 이 강점을 바탕으로 앞으로 3개월 동안 실천해보고 싶은 목표는 무엇인가?
- 이 강점을 발휘하기에 어려웠던 상황, 혹은 현재 느끼고 있는 장벽이 있다면 무엇인가?
- 내가 이 강점을 더 잘 발휘하기 위해 필요한 환경은 무엇인가?

예를 들어, '용기'가 강점인 학생은 발표나 토론 수업에 자발적으로 참여하겠다는 목표를 세울 수 있다. '학습에 대한 사랑'이 강점인 학생은 관심 있는 주제를 정해 독립 학습 프로젝트를 시작해 볼 수 있다. 이러한 실천 계획은 자기성장의 방향성을 명확하게 해주며, 자기결정감과 삶의 의미를 높이는 데 도움을 준다.

4) 강점 및 심리자본을 내 삶에 활용하기

성격 강점은 누구에게나 존재하며 우리가 일상 속에서 반복적으로 사용가능한 긍정적 특성이다. 또한, 심리자본은 자아에 대한 긍정적 평가와 미래에 대한 희망적 기대를 기반으로 하는 심리적 상태와 자원으로, 이 두 개념은 서로 보완적인 관계에 있다, 성격 강점이 비교적 안정적인 특성적 자원이라면, 심리자본은 이를 토대로 강화될 수 있는 상태적 자원이라 할 수 있다. 성격 강점을 기반으로 심리자본을 의도적으로 개발하고 강화하는 것은 개인의 정신건강을 지키는 데 있어 중요한 보호 요인이 된다. 예를 들어, '끈기'나 '용기'와 같은 강점은 어려운 과업을 지속하게 하며 자기효능감을 높이는 데 기여할 수 있고, '희망'이나 '감사'와 같은 강점은 미래에 대한 긍정적 기대와 정서적 회복력을 촉진한다. 따라서 성격 강점은 심리자본을 구성하는 요소들과 상호작용하며, 궁극적으로 개인의 긍정적 심리 자원을 풍부하게 만들어 준다.

성격 강점과 심리자본은 학업, 대인관계, 여가, 진로 등 삶의 다양한 영역에서 실제적인 방식으로 활용될 수 있다. 자신이 지닌 성격 강점을 인식하고, 이를

더 알아보기 **시그니처 프로젝트**

'시그니처 프로젝트'는 스타트업 분야에서 빠른 성장세를 보이고 있는 12명의 혁신 리더를 인터뷰하고, 그들의 공통적인 심리적 특징과 마인드셋(mindset)을 분석한 연구 프로젝트이다. 여기서 '시그니처(signature)'는 남과 구별되는 나만의 고유성을 의미한다. 이 프로젝트를 통해 발견한 중요한 사실은 시그니처의 성장 과정이 단순히 강점을 개발하는 데서 그치지 않고 나의 결핍을 온전히 수용하는 것에서 시작된다는 점이다. 자신의 결핍을 직면하고 받아들일 때, 우리는 타인의 고통을 더 깊이 공감하게 되며, 이러한 공감은 연대의식으로 확장되고, 결국 사회 문제해결을 위한 행동으로 이어진다. 이 과정에서 나만의 시그니처는 점차 성장하게 된다.

나의 강점을 바탕으로 나와 주변 사람들이 경험하는 불편함을 해소하고 삶의 편의성을 높이는 문제해결활동을 시작해보자. 이는 나의 고유성을 실현하는 중요한 첫걸음이 될 수 있다. 특히, 이 과정에서는 나 자신의 불편감뿐만 아니라 주변의 불편을 민감하게 알아차리고 공감하는 관찰 능력은 매우 중요하다. 이러한 기반 위에서 강점과 심리자본을 적극적으로 활용한다면, 학교와 지역사회는 물론, 더 나아가 우리 사회가 직면한 다양한 문제들을 해결할 수 있는 나만의 시그니처 프로젝트를 만들어갈 수 있을 것이다.

바탕으로 심리자본을 활성화함으로써, 스트레스 상황에서도 자신감을 갖고 도전하거나, 실패 후에도 다시 회복할 수 있는 내면의 역량을 키울 수 있다. 이는 곧 자기주도적인 삶을 살아가고, 장기적으로는 번영과 자기실현을 이루는 데 중요한 토대가 된다. 특히 대학생 시기는 자신에 대해 탐색하고, 가능성을 시험해보는 시기인 만큼, 자신의 성격 강점과 심리자본을 이해하고 이를 삶의 다양한 장면에 활용해보는 시도는 나다운 삶을 만들어나가기 위한 발판이 될 것이다.

요약

1. 정신건강의 최적의 상태인 '번영'의 상태는 심리자본과 성격 강점을 의식적으로 활용할 때 더욱 촉진될 수 있으며, 개인은 이를 통해 자기다움을 실현하고 사회와 긍정적으로 연결되며 성장하는 삶을 살아갈 수 있다.
2. 심리자본이란 개인이 삶의 도전과 변화 속에서 긍정적인 방식으로 대처하고 성장할 수 있도록 돕는 내면의 심리적 자원을 말한다.
3. 심리자본은 자기효능감, 희망, 회복탄력성, 낙관성과 같은 요소를 중심으로 '나는 어떤 사람인가'에 주목한다. 기존의 자본들도 중요하지만, 개인 내면의 심리자본을 인식하고 이를 적극적으로 활용하는 것이 성장과 성공을 이끄는 데 중요한 역할을 할 수 있음을 이해할 필요가 있다.
4. VIA 강점검사는 다양한 문화, 종교, 시대의 윤리체계를 비교 연구하여 인류 공통의 6가지 핵심 덕목을 바탕으로, 이를 실천하는 24개의 성격 강점을 제시하고 있다.
5. 자신의 성격 강점을 잘 이해하는 것뿐만 아니라, 이를 삶의 여정 속에서 적극적으로 활용하는 것이 더욱 중요하다.

활동

1. 강점을 나의 성장을 이끄는 동력으로 활용하기

성격 강점에 관해 학습한 내용을 바탕으로 자신의 성격 강점을 탐색하고, 성격 강점을 활용해 본 경험에 대해 함께 이야기해보자.

1) VIA 강점검사를 실시해 상위 3개의 강점을 확인하고, 비슷한 강점을 가진 학생들과 3~5명이 한 조를 구성한다.

2) 비슷한 성격 강점을 가진 학생들끼리 모여, 자신의 강점이 진로나 개인적 성장에 어떻게 도움이 되었는지에 대한 사례를 서로 나누어 본다.

3) 조별 발표를 통해 각 조에서 나눈 사례들을 전체 학생들과 함께 나눈다.

활동 예시

1) 조 이름: 아이디어 조
- 조원: 민정, 우재, 정효
- 상위 강점: 호기심, 창의성, 학습에 대한 사랑

2) 성격 강점 활용 경험 나누기

(1) 민정 / 사회학과
"호기심이 많아서 사람들의 행동 뒤에 어떤 의미가 있는지 늘 궁금했어요. 그래서 다양한 문화권 친구들과의 대화를 즐기고, 그 경험을 바탕으로 글로벌 NGO 인턴활동에 지원했어요. 그 경험이 저에게 사회학 진로에 확신을 주었죠. 앞으로도 다양한 문화권의 사람들과 교류할 수 있는 기회들을 더 많이 만들어나가면 좋을 것 같다는 생각을 하고 있어요."

(2) 우재 / 컴퓨터공학과
"창의성이 제 강점 중 하나였는데, 친구들과 새로운 앱 아이디어를 기획하고 실제로 공모전에 참가한 적이 있어요. 비록 수상은 하지 못했지만, 제 창의성이 진로에도 연결될 수 있다는 걸 느꼈어요. 진로와 저의 성장에 창의성을 좀 더 연결해보니, 떠오른 새로운 아이디어들을 잘 기록하고 정리해서 졸업 후 창업에 도전해보면 좋겠다는 생각이 들었어요."

(3) 정효 / 교육학과
"학습에 대한 사랑이 제1강점인데, 실제 저는 책을 읽고 요약하는 걸 좋아해서 독서 모임을 운영했어요. 이 강점을 활용해 교육 콘텐츠를 만드는 데 관심이 생겼고, 나중엔 진로를 교육 콘텐츠 기획자로 일해보면 좋겠다는 생각을 하게 됐어요."

2. 나의 성격 강점을 실천으로 옮기기

당신의 대표 강점 중 하나를 선택하여 이번 주에 실천해 볼 수 있는 작고 구체적인 행동을 계획하고 발표해보자.

활동 예시

- 대표 강점: 감사
- 실천 목표: 이번 주에 감사의 마음을 표현하는 작고 구체적인 행동 3가지를 실천해본다.
- 실천 행동

1) 가족에게 감사 문자 보내기
평소에 너무 당연하게 느껴졌던 부모님의 응원과 관심에 대해 짧은 문자로나마 "항상 응원해줘서 고마워요"라고 감사한 마음을 전한다.

2) 수업에서 도움을 준 친구에게 손편지 쓰기
조별 과제가 진행되는 동안 함께 고민해주고 자료를 나누어준 친구에게 손글씨로 감사 인사를 적어 전달한다.

3) 하루에 감사한 일 3가지 기록하기
매일 자기 전 스마트폰 메모장에 그날 감사했던 일 3가지를 적는다.
(예: '따뜻한 날씨', '버스가 바로 온 것', '교수님의 피드백이 위로가 됨')

| 학습 참고 자료 |

도서 『시그니처(signature): 새로운 시대를 대비하는 나만의 경쟁력』. 이항심 지음, 2020.

9장

삶의 의미와 정신건강

지호는 의사 집안의 자녀로 당연하게 의대 진학을 목표로 여기며 어린 시절부터 공부에 매진해왔다. 그렇게 원하던 의대 합격 소식을 받은 날, 뛸 듯이 기뻤지만 그 기쁨은 금새 사그라들었다. 막상 학기가 시작되고 나니 집을 떠나 낯선 곳에서 혼자 지내며 경쟁적인 분위기 속에서 전공 공부를 하는 것이 재미없고 허무했으며, 자신이 왜 이 공부를 하고 있는지에 대해 전혀 이해할 수 없었다. 또한, 자신보다 훨씬 똑똑한 동기들을 보며 자신이 쓸모없게 느껴지기도 하여 무기력하게 하루를 보내며 점점 학교를 나가는 날도 줄어들었다. 지호에게 과연 무슨 일이 생긴 것일까?

1 삶의 의미에 관한 심리학적 관점
2 삶의 의미의 심리학적 개념과 측정
3 삶의 의미와 정신건강
4 삶의 의미 경험하기

의미 있는 가장 작은 것이 의미 없는 가장 위대한 것보다 인생에서 더 가치 있다.

— 카를 구스타프 융

나는 누구인가? 나는 무엇을 위해 살아가고 있는가? 이 세상에서 나는 어떤 존재인가? 나의 삶을 가치 있게 만들어주는 것은 무엇인가? 우리는 누구나 인생을 살아가면서 한 번쯤 삶의 의미와 관련된 물음들을 마주할 때가 있다. 이 장에서는 심리학 이론과 연구를 바탕으로 삶의 의미에 대한 관점과 개념, 삶의 의미와 정신건강의 관계, 그리고 삶에서 의미를 경험하고 높이는 구체적인 방법들에 대해 알아보고자 한다.

1 삶의 의미에 관한 심리학적 관점

삶의 의미란 무엇인가? 이 질문은 고대 철학부터 현대 심리학에 이르기까지 이어져 온 인류의 오랜 물음 중 하나이다. 철학에서는 주로 '삶 자체에 의미가 있는가(meaning of life)'에 관한 논의가 이어져 온 반면, 심리학에서는 개인의 '삶이 얼마나 의미가 있는가(meaning in life)'와 관련된 개념화와 경험적 연구를 중심으로 삶의 의미의 심리학이 발전되어 왔다. 여기서는 심리학에서 삶의 의미를 바라보는 2가지 주요 관점인 실존주의 심리학과 긍정심리학을 중심으로 삶의 의미를 조망해보고자 한다.

1) 실존주의 심리학적 관점

첫 번째 관점은 실존주의 철학에 기반을 두고 인간의 실존에 관한 근원적 물음을 다루는 실존주의 심리학적 관점(existential psychological perspective)이다(Jurica et al., 2014). 이 관점에서는 본래 인간의 삶 자체에는 의미가 없다고 보며, 개인마다 삶의 의미는 주관적이고 개별적이라고 보는 입장을 취한다. 그러므로 개인은 자신의 삶에서 의미를 찾기 위해 끊임없이 노력해야 한다. 실존주의 심리학에서는 인간이라면 누구나 필연적으로 마주하게 되는 삶의 무의미함(meaninglessness)에 대한 실존적 불안을 다루며, 이에 대한 개인의 자각과 개인이 선택과 책임을 통해 이러한 불안에 대처해가는 과정에 초점을 맞춘다. 이러한 관점을 취하는 대표적인 실존주의 학자로는 의미치료를 창시한 빅토르 프랑클(Viktor Frankl)과 실존주의 심리치료를 체계화한 어빈 얄롬(Irvin Yalom)이 있다.

2) 긍정심리학적 관점

두 번째 관점은 인간의 강점과 최적 기능에 대한 과학적 연구분야인 긍정심리학적 관점(positive psychological perspective)이다(Jurica et al., 2014). 이 관점에서는 인간의 삶 자체에 의미가 있는가에 대해서는 특별한 입장을 취하지 않고 있다. 하지만 삶의 의미를 건강하고 좋은 삶의 지표로 보고, 개인이 자신의 삶에서 주체성을 가지고 긍정적 의미를 증진할 것을 강조한다. 특히, 경험적 근거를 바탕으로 삶의 의미의 구성 요소와 삶의 의미가 어떤 요인들과 관련되는지를 밝히는 데 중점을 둔다. 이에 따라 삶의 의미를 측정하는 여러 척도들이 개발되고, 삶의 의미를 높이는 개입의 효과성을 검증하는 연구들이 증가했다.

삶의 의미에 대한 위의 2가지 심리학적 관점은 인간의 삶에 본래 의미가 있는지에 대한 전제와 의미를 형성하는 방식에서 차이를 보인다. 그러나 두 관점 모두 개인의 삶에서 의미가 지니는 중요성은 공통적으로 강조한다. 비관주의자든, 낙관주의자든, 삶의 의미는 인간을 살아가게 하는 필수 불가결의 요소임이 분명하다.

2 삶의 의미의 심리학적 개념과 측정

이처럼 인간의 삶에 있어 의미의 중요성에 대해서는 크게 논란의 여지가 없으나, 삶의 의미라는 추상적이고 모호한 개념을 구체적으로 정의하고 측정하는 것은 결코 쉬운 문제가 아니다. 심리학자들은 삶의 의미에 대한 경험적 연구를 가능하게 하기 위해 이를 측정 가능한 개념으로 조작화(operationalization)*하려는 시도를 꾸준히 해왔다. 여기서는 심리학 연구에서 가장 널리 사용되고 있는 삶의 의미의 개념과 척도, 그리고 가장 최근에 학자들 간에 합의된 개념을 중심으로 삶의 의미를 이해해보자.

1) 삶의 의미 추구와 존재

프랑클은 그의 유명한 저서 『죽음의 수용소에서(Man's Search for Meaning)』(1959)에서 다음과 같이 언급했다.

> "인간의 삶에서 의미를 찾으려는 노력은 본능적 충동의 이차적 합리화가 아니라 삶의 주요한 동기이다. 이 의미는 그 사람만이 실현할 수 있는 고유하고 구체적인 것으로, 오직 그 사람이 그것을 실현할 때에만 그의 의미 의지를 만족시킬 수 있다."

즉, 인간은 근본적으로 의미를 추구하는 존재이며, 그 의미가 개인의 삶에서 경험되어야 의미에 대한 의지(will to meaning)가 충족된다는 것이다. 이러한 프랑클의 삶의 의미에 대한 관점에 착안하여 스티거 등(Steger et al., 2006)은 삶의 의미를 크게 추구와 존재의 2가지 차원으로 나누는 삶의 의미 척도(Meaning in Life Questionnaire: MLQ)를 개발했다. 이 척도는 삶의 의미가 심리학에서 본

* 조작화란 어떤 개념을 관찰과 측정이 가능한 것으로 정의하는 과정을 말한다. 예를 들어, 불안이라는 추상적 개념을 불안검사의 점수로 조작화할 수 있다.

격적으로 연구되기 시작하면서 삶의 의미를 개념화하고 측정하려는 시도 중 가장 성공적인 것으로, 삶의 의미에 대한 수많은 경험적 연구에서 사용되었으며 여전히 가장 널리 사용되는 척도 중 하나이다.

MLQ에서는 삶의 의미를 다음의 2가지 개념으로 정의하고 측정하고 있다. 첫째, 의미 추구(search for meaning)는 개인의 삶에서 의미를 찾으려는 동기와 지향을 나타낸다. 이를 측정하는 MLQ의 예시 문항으로 '나는 내 삶을 의미 있게 만드는 무언가를 찾고 있다'가 있다. 이는 삶에서 실제 의미를 경험하고 있는 것과 별개로 삶에서 의미를 추구하고 있는 정도를 의미한다. 둘째, 의미 존재(presence of meaning)는 개인의 삶이 의미가 있다는 주관적 인식을 나타낸다. MLQ의 의미 존재 하위 척도 예시 문항으로는 '나는 분명한 삶의 목적의식을 가지고 있다'가 있다. 이는 현재 삶에서 삶의 의미를 경험한다고 느끼는 정도를 측정하는 것이다.

생각해볼 문제 의미 추구와 의미 존재의 관계는 문화권에 따라 다르다?

MLQ가 개발된 미국에서는 주로 의미 추구와 의미 존재가 별개의 개념으로 인식되어 왔다. 실제 척도 개발 당시 미국 대학생을 대상으로 수집한 자료에 의하면, 의미 추구와 의미 존재의 점수가 통계적으로 서로 관계가 없거나 반대 방향으로 관계가 있는 것으로 나타났다(Steger et al., 2006). 그런데 미국과 일본의 삶의 의미를 비교한 한 연구(Steger et al., 2008)에 따르면, 서구권 국가인 미국에서는 이 두 개념이 구분되는 반면, 동양권 국가인 일본에서는 의미 추구가 의미 존재와 서로 같은 방향으로 관련이 있는 것으로 나타났다.

연구자들은 이를 삶의 의미의 변증법적 모형(dialectical model of meaning in life)으로 설명했는데, 개인주의 문화의 사람들은 분석적인 사고방식을 가진 반면, 집단주의 문화에서는 통합적인 사고방식을 갖고 있어 삶의 의미의 추구와 존재를 이해하는 방식에서도 차이를 보일 가능성이 있다는 것이다. 즉, 개인주의 문화에서는 의미 추구가 곧 의미의 부재를 나타낸다고 보는 입장을 취하는 반면, 집단주의 문화에서는 의미 추구와 의미 존재를 구분하기보다 연결된 과정으로 인식한다는 것이다. 실제 우리나라 대학생을 대상으로 한 연구(원두리·김교헌·권선중, 2005)에서도 의미 추구와 의미 존재는 꽤 높은 관련이 있는 것으로 나타나 이러한 가설이 지지되었다.

또한, MLQ를 사용한 147개의 경험적 연구를 종합하여 분석한 연구(Li & Liang, 2021)에서는 문화권 간에 일관적으로 의미 존재가 높을수록 안녕감이 높아지는 경향을 보이는 반면, 의미 추구는 문화권에 따라 안녕감과 다른 관계를 보이는 것으로 나타났다. 즉, 집단주의 문화권에 속할수록 의미 추구는 안녕감과 긍정적인 관련이 있는 것으로 나타났다. 하지만, 삶의 의미 추구와 존재의 관계가 매일 어떻게 달라지는지를 살펴본 연구에 의하면, 삶의 의미 추구가 다음 날의 의미 존재를 예측하는 것으로 나타나(Newman et al., 2017), 개인주의 문화권에서도 의미 추구가 반드시 부정적인 정신건강의 지표로 이해되는 것이 아님을 알 수 있다.

그렇다면 의미 추구와 의미 존재의 관계는 어떠할까? 일반적으로 현재 삶에서 의미를 느끼고 있지 못한 사람이 의미를 더 찾게 될 것이라고 생각되지만, 반드시 그런 것은 아니다. 삶에서 의미를 이미 충분히 경험하고 있음에도 계속해서 더 깊은 의미를 찾는 사람이 있을 수도 있다. 또한, 삶에서 의미를 느끼고 있지 못함에도 불구하고 의미를 적극적으로 찾고 있지 않은 사람들도 존재할 수 있다. 이 장 말미에 담은 '활동 1'을 통해 나의 삶의 의미를 직접 측정해보고 나는 의미를 얼마나 찾고 경험하고 있는지 한번 알아보자.

2) 삶의 의미의 3차원 모형

앞서 소개한 의미 추구와 의미 존재는 개인의 삶의 의미에 대한 상태를 나타낸다면, 구체적으로 삶의 의미라는 개념은 어떤 요소들로 구성되어 있을까? 놀랍게도 비교적 최근 들어서야 학자들 간에 삶의 의미의 구성 요소에 대한 합의가 어느 정도 이루어졌다. 이를 삶의 의미의 3차원 모형(tripartite model of meaning in life)으로 지칭하기도 하는데, 이는 표 9.1에 제시된 바와 같이 3가지 요소로 구성되어 있다(King & Hicks, 2021; George & Park, 2016; Martela & Steger, 2016).

표 9.1 삶의 의미의 3차원 모형

구분	이해/일관성	목적	중요성/존재감
정의	자신의 삶이 이해가 되고 일관적이라는 지각	자신의 삶의 전반적 방향과 핵심 목표들을 나타내는 상위 지표	자신의 삶의 존재가 가치 있고 중요하다고 느끼는 정도
영역	인지	동기	평가

(1) 이해/일관성

첫 번째 구성 요소인 이해(comprehension) 또는 일관성(coherence)은 자신의 삶이 얼마나 잘 이해가 되고 일관적이라고 느끼는지에 관한 것으로, 삶의 의미의 인지적(cognitive) 요소에 해당한다. 삶에 대한 이해는 자신과 자신을 둘러싼 환경이 잘 이해되고 서로 연결되어 있다고 느낄 때 지각된다. 또한, 자신의 삶의 과거, 현재, 미래의 여러 생애 사건들이 하나의 일관적인 이야기로 통합될 때 경험될 수 있다. 예를 들어, 이 장의 처음에 소개한 사례에서 지호는 의대생이라는 자신의 신분과 의대라는 자신을 둘러싼 환경이 자신과 잘 맞지 않는다고 느끼고 있기 때문에 자신의 삶이 잘 이해가 되지 않는 상태라 볼 수 있다. 또한, 자신의 과거와 현재 모습이 잘 연결되고 있지 않기 때문에 일관성이 낮은 상태라고 인지하고 있을 가능성이 높다.

하인첼먼과 킹(Heintzelman & King, 2014)은 이를 정보로서의 의미 가설(meaning-as-information hypothesis)로 설명했는데, 이 가설에 따르면 사람들은 자신을 둘러싼 환경에서 예측 가능한 일정한 패턴과 일관성을 발견할 때 삶을 의미 있다고 느낀다. 연구자들은 한 실험에서 실험 집단에는 나무 사진을 사계절(봄, 여름, 가을, 겨울)의 순서에 따라 보여주고, 통제 집단에는 무작위로 보여줌으로써 이 가설을 검증하고자 했다. 그 결과, 실험 집단의 참여자들이 통제 집단의 참여자들보다 삶의 의미 수준을 더 높게 보고한 것으로 나타났다(Heintzelman et al., 2013). 즉, 사계절의 변화와 같은 단순한 패턴만 인식이 되어도 사람들은 삶을 더 의미 있게 느낀다는 것이다.

이처럼 사람들은 어떤 인지적 틀을 통해 자신의 삶을 이해하고 해석한다(Park, 2010). 이러한 틀이 어떤 계기로 인해 깨진다면 사람들은 자신의 삶에서 일어난 일들이 이해되지 않고, 심지어 삶의 의미가 없다고 느끼게 될 가능성이 있다. 예를 들어, 세상을 안전한 곳이라고 느끼던 사람이 외상 사건을 경험하게 되거나, 오랫동안 가지고 있던 종교적 세계관이 무너질 때 극심한 혼란을 느끼며 삶의 의미를 상실하게 될 수 있다.

(2) 목적

두 번째 구성 요소는 목적(purpose)으로, 이는 삶의 의미의 동기적(motivational) 요소에 해당한다. 삶의 목적이란 개인의 핵심 가치를 반영하는 상위 목표들을 주관하는 중심 지표로, 삶의 전반에 방향과 동기를 제공해준다. 삶의 목적은 또한 개인의 정체성을 나타내며, 개인의 삶에서 우선순위가 무엇인지를 명료화시켜 그 목적에 다가가기 위한 의사결정이나 행동을 조절하는 자기조절(self-regulation) 전략으로도 기능한다(Baumeister & Landau, 2018). 예를 들어, 삶의 목적이 '어린 아이들이 건강하게 자랄 수 있는 사회를 만드는 것'이라면,

어떤 일을 하거나 제한된 시간을 활용할 때 위의 광범위한 목적에 부합하느냐를 고려하여 결정할 수 있을 것이다. 개인은 이러한 삶의 목적과 일치되는 삶을 살 때, 삶의 의미를 경험할 수 있다.

삶의 목적은 목표(goal)와 유사하지만 이와 구분되는 개념이다(McKnight & Kashdan, 2009). 목표에도 여러 하위 목표들을 아우르는 상위 목표가 있을 수 있으며, 행동을 조절하는 기능을 갖고 있다. 그러나 목표는 목적보다 범위가 좁고 성취하고자 하는 구체적인 행동 결과를 설정한다. 이에 반해 목적은 더 광범위한 개념으로 개인을 목표 지향적으로 행동하도록 촉진하며, 행동 전반에 영향을 주지만 구체적인 목표 결과가 존재하지 않을 수 있다. 그렇기 때문에 여러 목표들이 목적과 관련될 수 있어 더 유연한 특성을 갖고 있다. 지호의 사례를 다시 살펴보면, 지호는 과거 의대 진학이라는 상위 목표를 갖고 있었고, 그에 따라 시험에서 좋은 성적을 거두는 것과 같은 하위 목표를 성취하기 위해 대부분의 시간을 공부라는 행동에 할애했을 것으로 예상해볼 수 있다. 그러나 상위 목표가 일단 성취된 후에는 허무함을 느끼고 어떻게 행동해야 할지 몰라 동기가 저하된 상태로 하루하루를 보내고 있던 것을 미루어보아, 이를 아우르는 삶의 목적은 갖고 있지 못했다고 볼 수 있다.

(3) 중요성/존재감

삶의 의미의 마지막 구성 요소는 중요성(significance) 또는 존재감(mattering)이다. 이는 자신의 삶이 얼마나 가치 있고 살 만한 것인가와 관련된 것으로, 삶의 의미의 평가적(evaluative) 요소에 해당한다. 삶의 중요성/존재감은 실존주의적 관점과 긍정심리학적 관점을 모두 대표하는 개념이다. 즉, 사람들은 자신의 삶이 중요하고, 가치 있고, 살 만하다고 느끼고 싶어 하며, 그렇게 느끼지 못할 때 삶의 의미가 없다고 느껴 실존적인 불안을 경험하게 될 수 있다. 그러나 자신의 삶에서 가치 있는 것들을 명확히 알게 되고, 살 만한 이유들을 알게 될 때 삶을 더 중요하게 여기게 될 것이다. 아직 중요성/존재감에 대한 경험적 연구는 이해/일관성과 목적에 비해 적지만, 최근에는 삶의 중요성/존재감이 자살 예방과 같은 중요한 결과를 가져온다는 연구들이 등장하고 있다(Flett, 2024). 앞선 사례에서 지호는 존재감도 느끼고 있지 못한 상태로 볼 수 있다. 동기들과 자신을 비교하며 자신의 가치를 낮게 여기고, 이에 따라 삶의 중요성을 느끼지 못하여 무기력함을 경험하고 있는 것이다.

조지와 파크(George & Park, 2016)는 사람들이 자신의 삶의 중요성과 존재감을 느끼고자 하는 이유를 2가지 이론적 관점에서 설명한다. 첫 번째는 수많은 경험적 연구로 입증된 공포관리 이론(Terror Management Theory: TMT)이다(Greenberg et al., 1986). 이 이론에 따르면, 인간의 죽음에 대한 자각이 불안과 두려움을 발생시키며, 사람들은 이러한 불안을 다루기 위해 삶에서 어떤 중요성이나 존재감을 느끼고자 한다. 따라서 이러한 존재감은 삶에서 적응적 역할을 하며, 특히 외상과 같은 고통스러운 사건을 마주했을 때 더욱 중요한 역할을 한다. 두 번째는 자기고양적 동기(self-enhancement motive)이다. 자기고양적 동기란 자기 자신을 긍정적으로 보고자 하는 경향을 의미하는데, 이러한 동기는 사람들의 주의, 기억, 지각, 정보처리 과정에 영향을 준다. 세디키디스와 그레그(Sedikides & Gregg, 2008)는 이를 인간 본성의 근본적인 측면으로 바라보며 사람들이 자기 자신에 대한 긍정적 관점을 보존하기 위해 자신의 존재가 이 세상에서 중요하고 특별하다고 인식할 수 있도록 하는 다양한 인지적 전략을 쓴다고 본다.

요약하자면, 삶의 의미를 경험하기 위한 필수적 요소는 삶에 대한 이해와 일관성, 삶에 동기를 부여하는 목적, 그리고 삶의 중요성과 그 속에서 느끼는 존재감이다. 삶의 의미의 3가지 구성 요소는 서로 긴밀히 연결되어 있으며, 전반적 삶의 의미를 경험하기 위해서는 각 요소들을 깊이 성찰하고 탐색해 볼 필요가 있다.

3 삶의 의미와 정신건강

삶의 의미는 정신건강과 어떤 관련이 있는가? 여기에서는 삶의 의미를 긍정적 정신건강의 지표로서 보는 이론적 틀과 경험적 연구를 통해 다양한 정신건강 지표들과 삶의 의미가 어떻게 관련이 있는지를 살펴볼 것이다.

1) 긍정적 정신건강 지표로서의 삶의 의미

긍정심리학에서는 행복이나 좋은 삶에 대한 여러 이론적 틀을 제시하고 있는데, 삶의 의미는 이러한 모형들에 흔히 포함되어 있다. 긍정심리학의 아버지라고 불리는 마틴 셀리그먼은 그의 초기 이론인 안녕감 이론을 통해 진정한 행복을 추구하는 3가지 삶의 요소를 즐거운 삶, 몰입하는 삶, 의미 있는 삶 등으로 제시했다. 의미 있는 삶(meaningful life)은 자신보다 더 큰 무언가에 소속되거나 더 큰 무언가를 위해 봉사하는 것을 의미한다. 그는 이 이론을 확장한 그의 종합적인 안녕감 이론인 PERMA 모형(Positive emotions, Engagement, Relationships, Meaning, Accomplishment)에서도 삶의 의미를 긍정 정서나 몰입, 관계, 성취와 같은 다른 요소들과 구분되는 번영을 위한 필수적 요소라고 했다(Seligman, 2011).

특히, 삶의 의미는 안녕감에 관한 모형 중에서 특히 자아실현적 안녕감(eudaimonic well-being)의 지표로 여겨져 왔는데, 이는 좋은 기분을 느끼는 것과 만족감을 나타내는 쾌락주의적 안녕감(hedonic well-being)과 구분되는 개념이다. 리프와 싱어(Ryff & Singer, 2008)는 삶의 목적을 자기수용, 긍정적 관계, 개인적 성장, 환경적 통제, 자율성과 함께 개인의 성장과 자아실현을 지향하는 심리적 안녕감의 핵심 요소로 꼽았다.

자아실현적 안녕감의 지표로서의 삶의 의미는 크게 5가지 측면에서 이해해 볼 수 있다(Steger et al., 2013). 첫째, 삶의 의미는 개인적 표현성과 관련된다. 삶의 의미는 개인 고유의 것이며, 정체성을 나타내주는 지표이기도 하다. 둘째, 삶의 의미는 자율적이며 자기일치적 목표와 관련된다. 삶의 의미의 목적 차원에서 볼 때, 이는 자신의 가치와 일관되어 내재적 동기를 일으킨다. 셋째, 삶의 의미는 긍정적 관계와 관련된다. 삶의 의미는 기본적으로 연결성과 관련되며, 이는 자신을 둘러싼 세상과 타인과의 관계에서도 나타난다. 넷째, 삶의 의미는 긍정적 자기평가와 관련된다. 삶의 의미의 중요성 차원에서 자기 자신을 가치 있는 존재로 여겨지도록 하기 때문에 자아실현과 성장에 대한 욕구를 불러일으킨다. 다섯째, 삶의 의미는 반사적 반응이 아닌 의식적, 의도적 노력과 관련된다. 이는 특히 어려움 속에서 의미를 만들어 낼 때 적용되는 것으로, 적응적인 대처 전략의 일환으로 생각해볼 수 있다.

2) 삶의 의미와 정신건강에 대한 경험적 연구

삶의 의미는 이론적 틀에서뿐만 아니라 실제 경험적 연구에서도 정신건강과 관련되거나 정신건강 결과를 예측하는 요인으로 꾸준히 확인되어 왔다(Steger, 2012).

(1) 긍정적 성격특성

삶의 의미는 정신건강과 매우 밀접한 관련이 있는 긍정적 성격 특성과 관련된다. 삶의 의미는 더 낮은 정서적 불안정성과 관련되며, 더 높은 외향성, 우호성, 성실성, 경험에 대한 개방성과 관련이 있다.

(2) 긍정 정서와 삶의 만족감

삶의 의미는 더 높은 긍정 정서, 더 낮은 부정 정서와 더 높은 삶에 대한 만족감을 예측해준다. 삶의 의미 자체는 자아실현적 구성 요소를 지니고 있지만, 쾌락주의적 안녕감에도 도움이 된다는 것은 삶의 의미의 중요성을 더욱 강조해주는 결과이다.

(3) 심리적 증상과 정신장애

삶의 의미는 더 낮은 심리적 증상과 정신장애를 예측해준다. 삶의 의미는 더 낮은 우울과 불안뿐만 아니라, 더 낮은 외상후 스트레스장애와 더 낮은 자살 생각과도 관련이 있어 정신건강의 보호 요인으로 기능한다.

(4) 신체적 건강

삶의 의미는 또한 심리적 건강뿐만 아니라 신체적 건강과도 높은 관련이 있다. 여러 연구 결과를 살펴보면, 삶의 의미가 특히 주관적 건강과 관련되며(Czekierda et al., 2017), 건강을 증진하는 행동과도 관련이 있는 것으로 나타났다(Roepke et al., 2013).

(5) 영성

삶의 의미는 영성(spirituality)과도 관련된다. 영성은 종교성(religiosity)보다 넓은 개념으로, 전반적인 초월감 또는 자신보다 더 큰 무언가와의 연결감을 나타낸다. 삶의 의미는 대학생을 포함한 여러 연구에서 영적 안녕감과 관련이 있는 것으로 나타났다.

4 삶의 의미 경험하기

지금까지 삶의 의미가 무엇이고, 정신건강에 어떤 영향을 주는지 살펴보았다. 이러한 삶의 의미가 어디에서 오고, 구체적으로 삶의 의미를 경험하는 방법을 살펴보자.

1) 삶의 의미 원천

무엇이 삶을 의미 있게 만드는가? 이를 알아보기 위해 삶의 의미를 경험하기 위한 방법으로 사람들이 주로 무엇으로부터 삶의 의미를 느끼는지를 살펴볼 필요가 있다. 이를 학문적 용어로는 삶의 의미 원천(sources of meaning)이라고 부르는데, 삶의 의미 원천은 사람들이 의미를 도출하는 삶의 구체적 측면이나 영역을 의미한다. 프랑클은 일찍이 사람들이 다음의 3가지 원천에서 삶의 의미를 찾을 수 있다고 했다. 첫째는 창조적인 작업, 둘째는 자연, 예술, 사랑과 같은 가치 있는 경험, 그리고 셋째는 피할 수 없는 고통에 대한 태도이다(Frankl, 1959).

현대의 연구자들은 다양한 대상에 따라 질적, 양적, 혼합적 연구 방법 등을 활용하며 삶의 의미 원천을 연구해 왔다. 연령, 성별, 문화에 따라 다른 원천을 보고하기도 하지만, 공통적으로 반복해서 나타나는 원천들도 있다. 질적 연구 방법을 통해 삶의 의미 원천에 대한 선구적인 연구를 한 에버솔(Ebersole, 1998)은 아동, 청소년, 대학생, 성인, 노인 등 다양한 연령층을 대상으로 진행한 연구 결과를 통해 삶의 의미 원천은 관계, 봉사, 신념, 획득, 성장, 건강, 진로, 즐거움의

8가지로 수렴된다고 했다. 에먼즈(Emmons, 2003)는 또한 관계/친밀감, 일/성취, 종교/영성, 자기초월/생산성 등의 4가지 범주가 사람들이 전형적으로 삶의 의미를 경험하는 원천이라고 했다. 우리나라 대학생을 대상으로 삶의 의미 원천 척도를 개발한 박선영, 권석만(2012)은 삶의 의미의 원천이 크게 자기 관련 요인, 타인과의 관계 요인, 영성 및 공동체 의식 요인 등 3가지 상위 요인으로 구성된다고 했다. 여기서는 대학생들의 삶의 의미 원천으로 자주 보고되는 몇 가지 원천에 대해 살펴보겠다.

(1) 관계

여러 대상의 연구에서 공통적으로 가장 높게 나타나는 삶의 의미의 원천은 바로 관계(relationships)이다. 관계에는 가족관계, 친구관계, 연인관계, 동료관계 등이 있을 수 있는데, 특히 관계에서 얻는 정서적 친밀감이나 함께 보내는 시간은 삶의 의미를 가져다줄 수 있다. 각 관계가 개인에게 주는 의미가 다양할 수 있는데, 미국 대학생을 대상으로 한 연구에 따르면, 관계가 지지, 안내, 격려, 이해, 사랑, 돌봄, 삶의 이유 등의 다양한 의미를 지니고 있는 것으로 나타났다(Steger et al., 2013).

(2) 성취/목표

두 번째 삶의 의미 원천은 주로 학업이나 일 영역에서 경험되는 성취(achievement)이다. 하지만, 반드시 어떤 대단한 성과가 있지 않더라도 공부하는 과정이나 일하면서 얻는 작은 성공 경험이나 배움 등이 삶의 의미를 더해줄 수 있다. 앞에 언급한 미국 대학생 연구(Steger et al., 2013)에서 교육과 일은 미래 목표를 향한 경로, 자부심, 기회, 지식의 추구, 개인적 성장, 동기, 열정, 노력, 책임 등의 의미를 지닌 것으로 나타났다. 또한, 취미나 여가를 통해서도 삶의 의미를 느낄 수 있는데, 이는 자기표현, 스트레스 해소, 긴장 완화, 즐거움뿐만 아니라, 일 외의 영역에서의 동기, 배움, 열정 등과 같은 성취 경험을 제공할 수 있다.

(3) 자기초월/영성

세 번째 삶의 의미 원천은 자기초월(self-transcendence)과 영성이다. 많은 연구에 따르면, 봉사를 통해 타인을 돕거나 사회에 기여하는 것, 또는 신과 같은 초월적 존재와 연결됨을 느낄 때 삶의 의미가 경험된다고 밝혀졌다. 반드시 종교를 가지고 있지 않다고 하더라도 대자연을 마주했을 때나 어떤 공동체 의식을 강하게 느낄 때 삶에서 의미를 경험하게 되는 경우도 있다. 이러한 경험들은 일상에서 흔하게 경험되지는 않지만, 강렬하게 삶의 의미를 인식시켜주는 경험이 될 수 있다.

이외에도 어떤 소유물이나 물리적 환경 등에서도 삶의 의미를 느끼는 경우가 종종 보고되는데, 대부분 그 자체로 의미가 있다기보다 그러한 사물이나 환경이 주는 안정감이나 편안함을 통해 삶의 의미를 느끼는 것으로 이해될 수 있다.

더 알아보기 한국인의 삶의 의미 원천

미국의 비영리 조사기관인 퓨리서치센터(Pew Research Center)에서는 2021년 17개 선진국을 대상으로 '무엇이 삶을 의미 있게 만드는가?'에 대해 조사한 바 있다. 응답 결과, 대부분의 국가는 '가족'을 1위로 꼽은 반면, 유일하게 우리나라에서는 '물질적 풍요'가 1위를 차지했다. 또한 많은 국가에서 2위로 꼽은 '직업' 또한 우리나라는 7위에 그쳤다. 가족과 직업을 주요한 삶의 의미의 원천으로 보는 경향은 기존 삶의 의미 원천에 관한 연구의 결과(예: 관계와 성취/목표)와도 일치되는 결과이다. 그런데 우리나라에서는 왜 물질적 풍요가 삶을 의미 있게 만들어주는 원천이라는 결과가 나왔을까?

물론 물질적 풍요를 삶의 의미의 원천으로 꼽은 응답자들은 우리나라 전체 응답자의 19%에 그쳤으며, 2위가 건강(17%), 3위가 가족(16%)으로 나타나 다른 원천들과 아주 큰 차이를 보인 것은 아니었다. 하지만 이러한 결과가 나타난 데에는 한국인의 62%가 삶의 의미의 원천을 한 가지만 꼽는 경향이 있는 것으로 밝혀졌다. 여러 연구에 따르면, 삶의 의미를 단일한 원천에 의존하기보다는 여러 원천에서 찾을수록 삶의 의미를 더욱 많이 경험하고 삶에 대한 전반적인 만족감 또한 높아질 가능성이 있다. 물질적 풍요가 우리에게 안정감을 줄 수는 있지만, 물질적 풍요는 자아실현적 안녕감보다는 쾌락주의적 안녕감과 더욱 관련이 높으며, 이는 지속적인 안녕감을 제공하는 데에는 한계가 있다. 따라서 물질적 풍요에만 집착하기보다 지속적으로 우리의 삶을 의미 있게 만들어줄 수 있는 관계나 성취, 또한 영성에서 삶의 의미를 찾아보는 노력이 필요할 것이다.

출처: Pew Research Center, 2021

2) 삶의 의미치료 및 개입

삶의 의미를 높이는 구체적 방법은 무엇인가? 여기서는 삶의 의미를 초점으로 하는 주요 심리치료와 개입에 대해 알아봄으로써 심리학자들이 제안한 삶의 의미 증진법을 알아보고자 한다.

(1) 프랑클의 의미치료

삶의 의미를 중심으로 하는 대표적인 심리치료적 접근으로는 프랑클의 의미치료(logotherapy)가 있다. 프랑클은 제2차 세계대전 중 유대인 강제수용소 내에서 죽음 앞에서도 보이는 인간의 삶의 의미에 대한 의지를 보며 의미치료를 발전시켰다.

의미치료에서는 의미를 증진하는 다양한 기법을 소개하고 있는데, 대표적으로 탈숙고와 의미 변별하기가 있다. 탈숙고(dereflection)란 자기중심적 주의를 타인 또는 외부로 돌려 삶의 의미를 찾도록 돕는 방법이다. 즉, 자신의 고통에 매몰되어 있는 사람에게 타인이나 사회에 기여할 수 있는 창조적인 방법에 대해 생각해보게 하는 것이다. 예를 들어, 불안과 고통에 사로잡혀 있는 사람이 자신의 증상에만 집착하고 있을 때, 치료자는 그가 관심을 두고 있는 사람이나 가치(예: 자녀 돌봄, 도움이 필요한 타인 등)에 대해 생각하게 함으로써 고통의 초점을 외부로 전환하도록 돕는다. 의미 변별하기(discernment of meaning)는 자신의 삶에서 무작위로 일어나는 사건들 가운데 어떤 일관적 패턴을 찾아내고 이해하도록 돕는 전략이다. 예를 들어, 현재 삶이 무의미하게 느껴지는 사람이 과거를 돌아보며, 고등학교 시절 가족의 생계를 돕기 위해 아르바이트를 하면서도 학업을 포기하지 않았던 경험, 혹은 군 복무 중 힘든 상황에서도 후임들을 챙기며 책임감을 발휘했던 경험 등을 떠올릴 수 있다. 치료자는 이러한 경험을 통해 '책임감'이나 '인내', '타인을 위한 배려'와 같은 삶의 일관된 가치를 인식하도록 돕고, 이를 바탕으로 현재 삶의 의미를 재구성할 수 있도록 한다.

프랑클 이후 많은 학자들이 의미치료를 활용하며 발전시켜 왔으며, 대표적으로 의미중심상담치료(meaning-centered counseling and therapy: MCCT)와 개인 및 집단 대상의 의미중심심리치료(individual meaning-centered psychotherapy: IMCP & meaning-centered group therapy: MCGT) 등이 있다.

폴 웡(Paul Wong, 2010)의 의미상담치료는 프랑클의 의미치료를 기반으로 현대 심리치료의 대표적 접근 중 하나인 인지행동치료적 요소를 결합한 것으로, 2가지 주요 개입 전략을 제시했다. 첫째, PURE 모형은 개인의 목표와 방향을 점검하는 목적(Purpose), 자기와 자신의 상황에 대한 이해(Understanding), 적절하고 가치와 일관된 행동을 취하는 책임(Responsible action), 자신의 상황이나 삶에 대한 만족도에 대한 평가(Evaluation) 등의 4가지 요소를 통해 개인적 의미를 다룰 수 있다고 보았다. 둘째, ABCDE 모형은 부정적 삶의 경험을 다룰 때 사용하는 전략으로, 현실에 대한 수용(Accept and confront the reality), 삶이 가치 있다는 믿음(Believe that life is worth living), 목표와 행동에 대한 헌신(Commit to goals and actions), 의미와 중요성에 대한 발견(Discover meaning and significance), 과정에 대한 평가(Evaluate the processes) 등으로 구성된다. 브라이트바트와 팝피토(Breitbart & Poppito, 2014)는 프랑클이 제시한 3가지 삶의 의미 원천을 탐색하는 것을 중심으로 8주간의 구조화된 의미중심심리치료 프로그램을 개발했다. 이 프로그램은 효과성 연구에서 가장 엄격한 기준으로 평가되는 무선통제실험을 통해 암 환자들의 영적 안녕감을 높이는 데 효과적인 것으로 밝혀졌다.

(2) 헤이즈의 수용전념치료

수용전념치료(acceptance and commitment therapy: ACT)는 스티븐 헤이즈(Steven Hayes, 2004)에 의해 개발된 제3세대 인지행동치료로, 다양한 증상에 효과적인 개입으로 알려져 있다. ACT는 삶의 의미를 직접적으로 중심 주제로 삼고 있지는 않지만, 고통스러운 경험을 수용하고 개인의 가치와 일치하는 삶의 목표에 전념하는 것을 목표로 한다는 점에서 삶의 의미와 밀접한 관련이 있다. 특히 삶의 의미를 구성하는 요소 중 '목표'와 '중요성'에 초점을 맞춘다는 점에서 그러하다.

ACT의 주요 과정 중 특히 가치 명료화(value clarification)는 삶의 의미를 높이는 전략으로 기능할 수 있다. 먼저 가치 명료화는 개인이 실현하기를 원하는 중요한 가치나 목표를 명료화하는 것으로서 다양한 가치들의 목록에서 우선순위를 정함으로써 자신에게 가장 중요한 핵심 가치를 찾아내는 가치카드 분류(values card sort) 활동이나 가치 있는 삶 척도(Valued Living Questionnaire: VLQ; Wilson et al., 2010)와 같은 가치평가 도구를 활용하는 방법이 있을 수 있다. 또한, "자신의 삶이 무엇을 대표하기를 원하는가?(What do you want your life to stand for?)"와 같은 질문을 통해 자신의 장례식이나 은퇴식 등을 상상하면서 자신의 가족, 친구, 지인들에게 어떻게 기억되기를 원하는지를 통해 자신의 가치를 명료화하는 활동들이 제안되고 있다(Hayes et al., 2012).

(3) 힐의 삶의 의미 3단계 상담 모형

상담심리학자인 클라라 힐(Clara Hill, 2018)은 삶의 의미에 대한 3단계 상담 모형을 기반으로 삶의 의미에 대한 자가도움 지침(self-help guide)을 제시하고 있다. 첫 번째 탐색 단계(exploration stage)에서는 다음에 제시된 질문 등을 통해 스스로 답을 적어본 후, 어떤 감정이 느껴지는지, 무엇을 배웠는지를 생각해보도록 권하고 있다.

삶의 의미 탐색 질문

- 어떤 면에서 당신이 중요하거나 의미 있는 사람이라고 생각하는가?
- 현재 어떤 목표를 가지고 있는가? 목표에 얼마나 가까워졌는가?
- 인생에서 무엇에 열정을 가지고 있는가?
- 매일 하는 일 중에 어떤 일이 당신에게 의미를 부여하는가?
- 인생에서 겪었던 역경에 대해 적어보자. 이 역경이 어떤 의미가 있다고 생각하는가? 어떤 교훈을 얻었는가?

출처: Hill, 2012에서 일부 발췌 및 수정

두 번째 통찰 단계(insight stage)에서는 첫 번째 단계에서 적은 것 중 자신의 생각에 스스로 도전을 해보거나 자신의 삶이 어떻게 해서 현재까지 이르게 되었는지에 대한 이야기를 적어본다. 이는 자신의 과거가 현재와 어떻게 연결되고, 현재가 미래와 어떻게 연결될 수 있는지를 생각해보는 시간이 된다.

마지막 실행 단계(action stage)는 변화의 가능성 생각해보기, 변화를 위한 목표 세우기, 목표 선택하기, 변화 과정 시작하기, 재평가하기 등의 5가지 절차를 따른다. 변화의 장단점을 생각해보고, 변화에 대한 현실적 장애물은 무엇인지, 실행을 통해 변화가 생기면 삶의 의미가 어떻게 변화할지 등에 대해 생각해보며 변화에 대한 준비도를 탐색해본다. 변화를 위한 준비가 되었다면, 변화를 위한 목표를 가능한 한 많이 떠올려 적어보고 각 목표의 우선순위를 검토한 후 변화 전략을 세운다. 그 다음 구체적인 행동 변화를 위해 단계적으로 목표를 실행하고 그에 따른 보상을 자신에게 제공하며 실천에 대한 동기를 지속적으로 부여한다. 마지막으로, 실행을 통해 자신의 삶의 의미가 높아졌는지를 점검하고 재평가한다.

(4) 삶의 의미 증진을 위한 지침

이러한 삶의 의미치료 및 개입에서 삶의 의미를 구체적으로 증진시키는 핵심 기제는 무엇일까? 삶의 의미의 대표적 연구자인 스티거 교수는 2017년부터 2022년까지 출판된 경험적 연구 중 삶의 의미를 통계적으로 유의하게 증진시킨 연구 결과들을 수집하여 핵심 요소들을 추출하고, 삶의 의미 증진을 위한 5가지 지침을 다음 표 9.2와 같이 제시했다.

즉, 삶에서 의미를 높이기 위해서는 우리의 과거, 현재, 미래의 실제 및 상상된 삶의 경험 속에서 적극적으로 의미를 탐색하고 성찰하며, 행동을 통해 삶의 목적을 실천하려는 노력이 필요하다. 이 과정에서 자기 자신에 대한 깊은 탐색뿐만 아니라 타인과의 관계를 활용한다면 삶의 의미를 더욱 확장해나갈 수 있을 것이다.

표 9.2 삶의 의미 증진의 핵심 요소 및 지침

핵심 요소	지침
의식(consciousness)	우리의 삶과 상상 속 경험들로부터 의미를 발견하고, 성찰하고, 만드는 방법 개발하기
시간(time)	과거-현재-미래의 시간 관점을 모두 활용하고 통합하기
행동(doing)	가치 있는 목표를 향해 일상에서 삶의 목적과 이야기를 의도적으로 살아내기
자기(self)	향상과 성장을 향한 진정한 자기를 탐색하고, 이해하고, 포용하고 돌보기
타인(others)	타인과 상호적으로 건강하고 감사하는 관계를 통해 연결되고, 지원과 도움을 구하고 제공하기

요약

1. 심리학에서 삶의 의미를 바라보는 2가지 관점에는 실존주의 심리학적 관점과 긍정심리학적 관점이 있다.
2. 삶의 의미의 개념은 의미 추구와 의미 존재로 나눌 수 있으며, 이 둘 간의 관계는 문화권에 따라 다르게 나타나는 경향이 있다.
3. 삶의 의미의 3차원 모형에 따르면, 삶의 의미는 크게 이해/일관성, 목적, 중요성/존재감의 차원으로 나뉜다.
4. 삶의 의미는 흔히 자아실현적 안녕감의 지표로 여겨진다.
5. 삶의 의미는 여러 경험적 연구에서 긍정적 성격 특성, 주관적 안녕감, 심리적 증상과 장애, 신체적 건강, 영성과 관련이 있는 것으로 나타난다.
6. 삶의 의미의 원천은 개인마다 다양하며, 대표적으로 관계, 성취/목표, 자기초월/영성이 있다.
7. 삶의 의미를 높이는 대표적 심리치료적 접근에는 프랑클의 의미치료, 헤이즈의 수용전념치료, 힐의 삶의 의미 3단계 상담 모형이 있다.
8. 삶의 의미 증진을 위한 지침에는 의식, 시간, 행동, 자기, 타인에 대한 고려가 있다.

활동

1. 나의 삶의 의미 수준은 어떠한가? 가장 널리 쓰이는 삶의 의미 평가 도구 중 하나인 '삶의 의미 척도'를 통해 자신이 얼마나 삶의 의미를 추구하고, 또 경험하고 있는지를 파악해보자.

한국판 삶의 의미 척도

번호	문항	전혀 그렇지 않다			보통이다			언제나 그렇다
		1	2	3	4	5	6	7
1	나는 내 삶의 의미를 이해하고 있다.							
2	나는 내 삶을 의미 있게 만드는 무언가를 찾고 있다.							
3	나는 항상 내 삶의 목적을 찾기 위해 노력하고 있다.							
4	나는 분명한 삶의 목적의식을 가지고 있다.							
5	나는 내 삶을 의미 있게 해주는 것이 무엇인지 잘 알고 있다.							
6	나는 만족할 만한 삶의 목적을 발견했다.							
7	나는 내 삶의 중요성을 느끼도록 해주는 것들을 늘 찾고 있다.							
8	나는 내 삶의 목적 혹은 소명을 찾고 있다.							
9	내 삶에는 뚜렷한 목적이 없다.							
10	나는 내 삶의 의미를 찾고 있다.							
총 점								

- 9번은 역채점 문항임
- 의미 존재: 1, 4, 5, 6, 9번 문항
  • 점수가 높을수록 자신의 삶에 의미가 있다는 주관적 인식이 높음을 의미함
- 의미 추구: 2, 3, 7, 8, 10번 문항
  • 점수가 높을수록 자신의 삶에서 의미를 추구하는 동기와 지향이 높음을 의미함

출처: 원두리·김교헌·권선중, 2005

2. 학자들은 단일한 원천에서 삶의 의미를 찾는 것보다는 다양한 원천을 보유하는 것이 삶의 의미를 더 많이 경험할 수 있는 방법이라고 제안한다(Wong, 2012). '무엇이 나의 삶을 의미 있게 만드는가?'라는 질문에 대해 떠오르는 것을 가능한 한 많이 적은 후, 각각의 삶의 의미 원천이 왜 자신의 삶에 의미를 주는지를 생각해보고 그 이유를 적어보자.

TIP

> 만약 삶의 의미 원천이 잘 떠오르지 않는다면, 일주일간 내 삶에서 의미 있는 순간들을 사진으로 남겨보자. 미국 대학생을 대상으로 한 연구(Steger et al., 2013)에 따르면, 일주일 간 자신의 삶에서 의미있다고 느끼는 순간에 대한 사진을 9~12장씩 찍고 그것에 대해 묘사하게 한 후에 삶의 의미, 삶에 대한 만족, 긍정 정서의 증가가 보고되었다.

1. 삶의 의미 원천: 부모님

   이유: 나를 누구보다도 잘 이해하고 지원해주신다.

2. 삶의 의미 원천: ________

   이유: ________

3. 삶의 의미 원천: ________

   이유: ________

4. 삶의 의미 원천: ________

   이유: ________

5. 삶의 의미 원천: ________

   이유: ________

6. 삶의 의미 원천: ________

   이유: ________

7. 삶의 의미 원천: ________

   이유: ________

10장

대인관계와 의사소통

민서는 다수와 어울리기보다 소수와 깊이 있는 관계를 선호했지만, 대학생활 속에서의 다양한 사회적 요구에 부담을 느꼈다. 자신을 바꾸려 했지만, 오히려 스트레스를 겪었고 자존감만 낮아졌다. 그러던 중 민서는 심리상담을 통해 모든 사람과 친해질 필요는 없다는 것을 깨달았고, 자신에게 맞는 관계 방식과 표현 방식을 찾아가며 다시 마음의 평안을 되찾았다. 민서는 작은 시도들을 통해 점차 자기표현에 익숙해졌고, 사람들과 적당한 거리에서 건강한 관계를 맺는 법을 익혔다. 이제 민서는 혼자서도 잘 살 수 있으며, 자신에게 맞는 방식으로 사회적 관계를 유지하는 것이 가능하다는 자신감을 얻었다.

1 과거와 현재의 대인관계
2 편안한 대인관계
3 효과적인 의사소통
4 의사소통 기술

인류는 협력을 통해 대인관계를 형성해왔다. 예전에는 위험한 자연환경으로부터 살아남기 위해 힘을 합쳤지만, 현대사회에서는 다양한 영역에서 서로 도움을 주고받으며 관계를 만들어 간다. 인간은 오랜 시간 동안 말과 글을 이용한 의사소통을 발전시켜 왔지만, 지금도 표정이나 몸짓 같은 비언어적 소통을 비중 있게 사용한다. 오늘날 사람들은 이전처럼 자연에서 생존하기 위해 대인관계를 맺지는 않는다. 반면, 좋은 평가를 받고, 더 나은 기회를 얻기 위해 사람들과 소통한다.

사회가 복잡해지면서 의사소통 방식이 점점 까다로워졌고, 이로 인해 오해와 갈등이 늘어나며 스트레스를 받는 일도 많아졌다. 이제 우리는 더 건강하고 편안한 관계를 만들기 위해, 현대사회에 맞는 의사소통 방법을 익힐 필요가 있다. 이 장에서는 대인관계의 의미와 현대에서의 역할, 그리고 효과적인 의사소통 방법에 대해 알아보고자 한다.

1 과거와 현재의 대인관계

대인관계의 개념과 유형은 시대에 따라 계속해서 변화해왔다. 인간이 사회적 존재로서 대인관계를 맺기 시작한 이래, 오늘날 다양한 매체를 통해 등장한 새로운 형태의 대인관계에 이르기까지 그 변화를 살펴보자.

1) 대인관계의 기원

인간은 오래전부터 다른 사람들과 관계를 맺고 서로 도우며 살아왔다. 문명이 발달하지 않은 혹독한 자연환경에서는 혼자서 살아남기 어려웠기에 함께 협력하는 것이 매우 중요한 생존 전략이었다. 문화인류학자 마거릿 미드(Margaret Mead)는 인간이 서로 돕고 살았다는 중요한 증거로서 부러졌다가 다시 붙은 대퇴골의 발견을 들었다. 자연에서는 다리가 부러진 동물이 혼자 살아남기가 거의 불가능하기에 대퇴골이 부러졌다가 다시 붙었다는 것은 누군가가 그를 보살피고 먹을 것을 가져다주고 뼈가 아물 때까지 기다려주었음을 의미한다. 이러한 증거는 인간이 본질적으로 관계를 맺으며 협력하는 존재임을 보여준다.

초기 인류는 사냥과 채집을 통해 생계를 유지했다. 이 과정에서 사냥과 채집을 여러 명이 함께 했을 때가 혼자 했을 때보다 성공률이나 수확률이 확실히 더 높았다. 이러한 집단행동은 인류의 생존 확률을 더 높였다(de Waal, 2016). 인간이 서로를 돕는 이유는 단순한 이타심 때문이 아니다. 호혜적 이타주의(reciprocal altruism) 이론에 따르면, 우리는 도움을 주면 언젠가 되돌려 받을 수 있다는 믿음 아래 협력한다(Trivers, 1971). 따라서 도움을 받기만 하고 돌려주지 않는 '무임승차자'는 공동체에서 배척당하게 된다. 즉, 대인관계는 본질적으로 단순히 친해지기 위해서가 아니라, 살아가기 위해서 서로 믿고 돕는 관계이다.

2) 신뢰와 규범

문명이 발전하면서, '백지장도 맞들면 낫다'는 속담처럼 여러 사람이 모여 집단을 이루면서 서로 협력하는 것이 더 좋은 것으로 평가되기 시작했다. 하지만 사람들이 평화롭게 함께 살아가기 위해서는 서로 믿을 수 있어야 했고, 이에 지켜야 할 규칙들도 필요했다(Axelrod & Hamilton, 1981). 과거, 공동체의 규칙을 잘 지키는 사람은 그 집단에서 더 오래 살아남을 수 있었다. 반대로 규칙을 자주 어기는 사람은 결국 집단에서 쫓겨나게 되었다(Dunbar, 1998). 이렇게 전승된 규칙과 믿음은 사람들을 서로 협력하게 하는 기초가 되었고, 집단을 더욱 단단하게 만들었다.

사람들은 앞으로 어떤 일이 일어날지 알 수 없을 때 불안해한다. 하지만 규칙이 있으면 다른 사람들이 어떻게 행동할지 어느 정도 예측할 수 있어서 마음이 편안해질 수 있다. 즉, '공동체의 규칙을 따른다'는 것은 단순히 '착한 일'을 하는 것이 아닌, 함께 잘 살아가기 위한 현명한 방법이다. 하지만 모든 사람이 규칙에 대해 같은 생각을 갖지는 않는다. 규칙을 잘 지키는 것에 대해 편하게 느끼는 사람도 있지만 답답하다고 느끼는 사람도 있으며, 규칙을 나쁜 목적으로 이용하는 사람도 있다. 생존하기 위해 인간이 인위적으로 만들어 낸 것이 인간의 본능을 억제시키는 것이다. 대인관계는 이렇게 다양한 개인적 특성을 모두 포함하고 있다.

3) 언어의 탄생

사람들이 모여 사는 집단이 점점 커지고, 하는 일도 다양해지면서 몸짓이나 표정만으로는 서로 소통하기가 어려워졌다. 이 과정에서 사람들은 서로의 감정을 전달하고 믿음을 쌓기 위해 언어를 발달시켰다(Pinker, 1994). '사회적 두뇌 가설'에서는 인간의 뇌가 복잡한 관계를 다루기 위해 커졌다고 설명한다(Dunbar, 1998). 언어는 단순히 정보를 주고받는 것 이상의 역할을 한다(Tomasello, 2008). 예를 들어, 친구가 슬퍼할 때 "괜찮아, 네 곁에 있을게"라는 말 한마디가 큰 위로가 되는 것처럼, 언어는 서로의 마음을 이해하고 공감하는 데 매우 중요한 역할을 한다.

언어가 발달하기 이전의 초기 인류는 주로 서로를 만지고 안아주면서 위로를 전했지만, 이제는 언어를 통해 위로의 마음을 전한다. 초기 인류는 사냥할 때나 위험을 알릴 때 간단한 신호와 소리를 사용했는데, 이러한 신호들이 점점 발전하여 오늘날의 언어가 되었다. '마키아벨리언 지능 가설'에 따르면, 인간은 언어를 전략적으로 사용해 정보를 조절하고 다른 사람들과의 관계를 관리했다고 한다(Byrne & Whiten, 1988). 여기서 '조절'한다는 것은 인간이 '거짓말'을 하는 것도 포함한다. 현대사회에서는 문자메시지, 이메일, 소셜미디어 등 다양한 방법으로 언어를 사용해 관계를 맺는다. 하지만 이러한 소통 방식은 상대방의 표정이나 몸짓을 볼 수 없어 오해가 생기기 쉽다. 그래서 우리가 인터넷 댓글이나 메신저, 이메일을 쓸 때는 상대방의 상황과 감정을 특히 더 잘 생각해야 한다.

4) 언어와 행동

우리는 종종 '말보다 행동이 중요하다'라는 말을 듣는다. 하지만 실제로는 말과 행동이 서로 잘 어울릴 때 가장 깊은 신뢰가 생긴다. 말은 즉시 감정을 표현하고 관계를 조절하는 데 도움이 되고, 행동은 그 말이 진실임을 나타내는 증거가 된다. 진화생물학자 아모츠 자하비(Amotz Zahavi)는 작은 새들의 무리를 관찰한 끝에, 1975년 '핸디캡 원칙(handicap principle)'이라는 개념을 제시했다. 예를 들어, 일부 수컷 새들은 매 같은 천적에게 잘 보일 수 있음에도 불구하고 가장 높은 나뭇가지에 올라가는데, 이는 자신의 건강함과 용기를 다른 개체들에게 보여주려는 행동이라고 보았다. 이렇게 위험을 감수하는 행동이야말로 진짜 실력을 증명하는 신호라는 것이다.

자하비의 이론은 논란도 있었지만, 이후 관계론이나 심리학 분야 등에서 '행동이 말보다 더 신뢰할 만한 표현 수단'이라는 연구들에 영향을 주었다. 즉, 말로 하는 것보다 행동으로 보여주는 것이 더 중요하다는 것인데, 예를 들어, 연인에게 "사랑해"라고 말하는 것보다 매일 아침 따뜻한 커피를 준비해 주는 행동이 더 깊이 사랑받는 느낌을 줄 수 있다(Trivers, 1972). 회사에서도 이러한 예를 볼 수 있다. 만약 회사 대표가 직원들에게 "여러분은 우리 회사의 가장 소중한 자산입니다"라고 말하면서 실제로는 불공정하게 대우한다면 직원들은 그 말을 믿지 않을 것이다. 반대로 대표가 직원들을 공정하게 대우한다면 굳이 말하지 않아도 직원들은 대표의 말을 신뢰할 것이다. 하지만 행동만으로는 부족할 때도 있다. 친구가 힘들어할 때 옆에 있어주는 것도 좋지만, "네가 힘든 거 나도 잘 알아"라는 말 한마디가 더 큰 위로가 될 수 있다. 가장 중요한 것은 말과 행동이 서로 일치하는 것이다. 부모가 아이에게 "책을 많이 읽어야 한다"고 말하면서 부모도 함께 책을 읽어야 하는 것과 같다. 말과 행동을 일치시키는 것이 좋은 관계를 만드는 데 가장 중요하다.

5) 현대사회에서의 대인관계

과거에는 대부분이 한 마을에서 평생을 살면서 한정된 수의 사람들과만 관계를 맺었다. 하지만 오늘날에는 기술이 발달하고 도시가 커지면서 대인관계의 범위가 크게 확장되었다. 이제 매일 새로운 사람을 만나고, 소셜미디어를 통해 전 세계 사람들과도 대화할 수 있게 되었다. 이러한 변화는 새로운 기회를 주면서, 동시에 대인관계에 대한 새로운 어려움을 가져왔다.

현대의 많은 사람들은 '좋은 인간관계를 유지해야 한다'는 부담감을 느낀다. 소셜미디어에서는 계속해서 다른 사람들의 일상이 공유되고, 여러 모임과 관계망이 형성된다. 이것이 '팔로우'나 '좋아요' 등으로 수치화되면서 더 많은 사람들과 관계를 맺어야 한다는 생각이 들기도 한다. 하지만 너무 많은 관계를 만들려고 하면 오히려 정말 소중한 관계를 잃을 수 있다. 스마트폰 배터리처럼 우리의 감정과 관계를 맺는 에너지도 한계가 있다.

영국의 과학자 로빈 던바(Robin Dunbar)는 1998년 '던바의 수'라는 이론을 통해, 한 사람이 유지할 수 있는 인간관계의 수는 최대 약 150명이고, 그중에서 깊은 관계를 맺을 수 있는 사람은 단 15명 정도라고 설명했다. 하지만 현대인들은 이보다 훨씬 더 많은 관계를 관리하려 한다. 그러다 보니 대인관계에서 쉽게 피곤함과 스트레스를 느끼게 된다. 또한 현대사회에서는 인간관계가 더 빨리 만들어지고 없어지는 특징이 있다. 과거에는 한 마을에서 자연스럽게 관계가 이어졌지만, 지금은 직장, 인터넷 모임, 취미 동호회 등 다양한 곳에서 새로운 관계를 맺고 또 쉽게 끊어지기도 한다. 이러한 특징 때문에 다양한 사람들을 만날 수 있지만, 동시에 '이 관계가 언제 끝날지 모른다'는 불안감도 발생한다. 이러한 불안감이 계속되면, 사람들은 깊은 관계를 맺기보다는 겉으로만 좋은 관계를 유지하게 된다.

6) 디지털 시대의 대인관계와 의사소통

현대사회에서 대인관계는 과거와 비교할 수 없을 만큼 변했다. 인터넷과 스마트폰이 발달하면서 사람을 직접 만나지 않아도 생활이 가능해졌다. 궁금한 것이 있으면 웹에서 검색하면 되고, 배가 고프면 앱으로 음식을 배달시키면 된다. 중요한 이야기도 직접 만나지 않고 메일이나 메신저로 보낼 수 있다. 외로우면 온라인 커뮤니티에서 대화할 수 있고, 심지어 연애도 연애 시뮬레이션 게임으로 대체할 수 있다. 직업도 재택 근무가 가능해졌고, VR과 메타버스를 이용하면 집에 있으면서도 세상과 연결될 수 있다. 이렇게 기술이 발전하면서, 이제는 혼자서도 충분히 살아갈 수 있는 환경이 만들어졌다.

이러한 변화 속에서 대인관계의 의미는 점점 가벼워졌다. 소셜미디어와 메신저 덕분에 우리는 언제 어디서 누구와도 대화할 수 있지만, 정작 깊은 관계를 유지하기는 더 어려워졌다. 온라인에서는 감정이 제대로 전달되지 않기 때문에 신뢰를 쌓기도 쉽지 않다. 과거에는 사람을 만나고 관계를 유지하는 것이 당연했지만, 요즘은 대인관계 자체를 피로하게 느끼는 경우가 많아졌다.

이제 건강한 대인관계를 유지하려면, 관계의 양보다 질을 더 중요하게 생각해야 한다. 말보다 행동으로 신뢰를 쌓고, 필요 없는 관계는 끊어내야 한다. 많은 사람과 연결되는 것이 중요한 것이 아니라, 정말 소중한 관계를 유지하는 것이 더 중요하다는 것을 기억해야 한다. 30만 년 전이나 현대나 대인관계의 본질은 변하지 않았다. 대인관계는 보여주기 위한 것이 아니라, 함께 살아가기 위한 것이다.

2 편안한 대인관계

우리는 일상 속에서 수많은 대인관계를 형성한다. 그러나 모든 대인관계가 우리에게 긍정적인 영향을 주는 것은 아니며, 때로는 관계가 스트레스의 원인이 되기도 한다.

1) 대인관계에서 가져야 할 지혜로운 태도

대인관계는 계속해서 관리해야 하지만, 모든 관계를 유지하려고 애쓸 필요는 없다. 나에게 긍정적인 영향을 주는 관계를 선택하는 것이 더 중요하다. 건강한 관계를 위해서는 신뢰와 거리 조절이 필요하다. 이를 위해 다음과 같은 것들을 지켜야 한다. 첫째, 관계의 균형을 유지해야 한다. 다른 사람을 배려하는 것은 중요하지만, 내 감정을 희생하면서까지 관계를 유지할 필요는 없다(Nussbaum, 2011). 둘째, 자신을 꾸며내거나 타인의 기대에 맞추려고 애쓰지 않아야 한다. 진정한 관계는 솔직한 자기표현과 상호존중에서 만들어진다. 소셜미디어에서 이상적인 모습만을 보여주려 하는 사람들은 오히려 피로감을 느끼고, 깊은 관계를 맺기 어려워한다(Brown, 2012). 셋째, 갈등을 건강하게 해결하는 능력이 필요하다. 어떤 관계에서도 갈등은 피할 수 없지만, 이를 해결하는 방법에 따라 관계의 질이 달라질 수 있다.

모든 사람에게 잘 보일 필요는 없지만, 존경하는 사람이나 중요한 기회를 얻고 싶은 순간에는 좋은 인상을 남기기 위해 기꺼이 노력해야 한다. 인간은 사회적 신호(social signaling)를 통해 긍정적인 평가를 받으려는 경향이 있다(Zahavi, 1975). 이는 동물들에게서도 관찰된다. 구애 과정에서 자신을 가꾸고 배려 깊은 모습을 보이는 것은 인간뿐만 아니라 동물들에게도 공통적으로 나타나는 현상이다(Miller, 2000). 하지만 여기서 중요한 것은 자연스러운 노력이다. 억지로 꾸미려는 것이 아니라, 신뢰를 쌓고 긍정적인 인상을 주기 위한 접근이 필요하다. 잘 보이고 싶은 사람이 있으면, 그 사람에게 '기꺼이' 자신의 좋은 모습을 보여야 한다.

2) 만나야 할 사람과 만나지 말아야 할 사람 구분하기

사람들과 관계를 맺는 것은 중요하지만, 모든 사람과 친해질 필요는 없다. 나에게 긍정적인 영향을 주는 사람들은 적극적으로 관리해야 하겠지만, 그렇지 않은 사람은 만나지 않는 것이 최선이다. 다음은 만나야 할 사람과 그렇지 않은 사람에 대한 설명이다.

(1) 만나야 할 사람

나의 성장을 돕고, 신뢰를 바탕으로 관계를 맺을 수 있는 사람이다. 멘토 역할을 해주는 사람, 나의 가능성을 믿고 지지해 주는 사람과 함께할 때 심리적 안정감을 얻을 수 있다(Baumeister & Leary, 1995). 이러한 관계는 서로에게 힘이 되고, 삶을 더 긍정적으로 만들어 준다.

(2) 만나지 말아야 할 사람

부정적인 영향을 주거나 나를 이용하려 하는 사람, 감정적으로 소모되는 관계는 피하는 것이 좋다. 특히 '가스라이팅(gaslighting)'이라고 하는 '심리적 조작(psychological manipulation)'을 일삼는 사람은 조심해야 한다(Abramson, 2014). 심리적 조작을 하는 사람은 지속적으로 상대를 비판하면서도 "너를 위해 하는 말이야"라고 하며 상대의 감정을 무시한다. 가스라이팅을 의심할 수 있는 신호로는 다음과 같은 것들이 있다.

- 내 기억과 판단을 계속해서 의심하게 만든다.
- 불필요한 죄책감을 느끼게 한다.
- 나의 감정을 무시한다.
- '너는 너무 예민해'라고 몰아간다.
- 말과 행동이 일관되지 않아 혼란스럽게 만든다.

이러한 유형의 사람을 상대해야 한다면, '상대의 말과 행동을 기록하고', '신뢰할 수 있는 사람과 공유하며', '감정적으로 휘둘리지 않도록 거리두기'를 해야 한다. 필요하면 전문가의 상담을 받거나 관계를 단절하는 것이 바람직하다. 만약 폭력이 조금이라도 동반된다면, 즉시 관계를 끊어야 한다.

건강한 관계를 유지하려면 타인의 기대보다 자신의 감정을 우선시하는 태

더 알아보기 가스라이팅

'가스라이팅'은 1938년 영국 희곡『가스등(Gas Light)』에서 유래한 용어로, 이 희곡을 각색해 제작한 1944년 영화 〈가스등(Gaslight)〉이 흥행하면서 널리 알려졌다. 이 개념은 타인의 현실 인식과 기억을 교묘하게 조작해 스스로를 의심하게 만드는 심리적 지배행위를 의미한다. 영화 속에서 남편은 아내가 정신적으로 불안정하다고 믿게 만들기 위해 집 안의 가스등 불빛을 일부러 희미하게 줄인다. 아내가 "불빛이 어두워졌어요"라고 말하면, 남편은 "아니야, 네가 잘못 본 거야, 불빛은 그대로야"라고 계속해서 답한다. 이렇게 아내가 분명히 인식한 객관적 변화를 남편이 반복적으로 부정하고 왜곡하면서, 아내는 점차 자신의 감각과 판단을 의심하게 된다. 이 장면은 현실이 왜곡되었음에도 이를 인지하지 못하게 만드는 심리적 조작의 대표적인 사례로, 오늘날 '가스라이팅' 개념의 상징처럼 여겨진다.

도가 필요하다. 모든 사람과 잘 지내려 하기보다는 나와 잘 맞는 사람과 관계를 맺는 것이 심리적으로 더 건강해질 수 있다(Kelly, 2009). 반대로, 지속적으로 부정적인 관계를 유지하면 자기효능감이 낮아지고 심리적 피로가 더 커진다(Freud, 1923). 하지만, 건설적인 피드백을 주고받을 수 있는 관계는 나의 성장에 긍정적인 영향을 준다(Lazarus & Folkman, 1984).

3) 대인관계에서의 경계 정하기

원활한 관계를 유지하려면 '경계(boundary)'를 설정해야 한다. 경계를 정하는 것은 인간관계의 차단이 아닌, 건강하고 안정적인 관계를 위한 필수 요소이다. 대인관계는 나를 보호하는 방식으로 맺어야 한다.

건강한 경계를 위해서는 3가지 원칙이 필요하다. 첫째, 자신의 감정과 에너지를 보호해야 한다. 모든 요청에 응답할 필요는 없다. 지나치게 남을 배려하면 결국 정서적 소진(emotional burnout)을 겪게 된다(Maslach & Leiter, 2016). 둘째, 불편한 상황에서는 명확하게 의사표현을 해야 한다. 상대가 무리한 부탁을 하면 단호하게 '아니오'라고 말할 수 있어야 한다. 거절한다고 깨질 관계라면 애초에 건강한 관계가 아니다. 종종 부정적 평가에 대한 두려움이 지나치게 커서 '아니오'를 대답 못하는 사람들이 있다. 이러한 사람들에게는 정서적 소진이 오기 전에 심리상담을 받을 것을 권유한다. 셋째, 사회적 관계에서 거리 조절이 필요하다. 가족이나 직장 내 관계에서도 감정적 부담을 줄이기 위해 적절한 거리 조절이 필요하다. 모든 관계가 가까워야만 좋은 것은 아니다.

건강한 경계를 설정하기 위해서는 다음과 같은 방법을 사용할 수 있다. 첫째, 우선순위를 명확히 해야 한다. 이는 어떤 관계가 내게 중요한지 스스로 정해야 함을 의미한다. 둘째, 단호하지만 정중하게 거절해야 한다. "미안하지만 이번에는 힘들 것 같아"처럼 부드러우면서도 확실하게 표현해야 한다. 셋째, 자신의 감정을 존중해야 한다. 불편한 감정이 든다면, 무시하지 말고 그 감정을 존중하고 그 감정이 왜 드는지 생각해 봐야 한다. 넷째, 타인의 반응을 두려워하지 말아야 한다. 건강한 관계라면 서로의 경계를 존중할 줄 알아야 한다.

4) 대인관계 문제 발생 시 해결 방법

인간관계에서는 갈등이나 오해가 생길 수밖에 없다. 건강한 관계를 유지하려면 갈등을 해결하는 능력이 필요하다. 문제가 생겼을 때는 다음과 같은 방법이 효과적일 수 있다.

첫째, 문제의 원인을 객관적으로 파악해야 한다. 감정적으로 반응하기보다는 갈등의 원인을 정확히 이해하는 것이 중요하다. 감정이 앞서면 문제의 본질을 보지 못할 수 있다(Gottman & Silver, 1999). 둘째, 솔직하게 의사소통해야 한다. 상대와의 대화를 피하지 말고, 자신의 감정을 솔직하게 표현하는 것이 중요하다. 하지만 솔직함이란 감정을 여과 없이 표현하는 것이 아니라, 상대의 입장을 고려하면서 말하는 것이다(Johari & Luft, 1955). 셋째, 필요하면 거리를 두어야 한다. 어떤 갈등은 바로 해결하기 어려울 수도 있다. 이럴 때는 잠시 거리를 두고 서로의 감정을 정리하는 시간을 갖는 것이 도움이 된다(Hall & Fincham, 2006). 넷째, 적극적으로 경청하고 공감해야 한다. 갈등을 해결하려면 상대방의 감정을 인정하고, 함께 해결책을 찾으려는 태도가 필요하다(Johnson, 2014). 상대방이 말할 때 귀 기울여 듣고, 공감하는 태도를 보이면 갈등이 훨씬 부드럽게 해결될 수 있다.

결국, 갈등을 해결하는 핵심은 감정을 조절하면서 문제의 본질을 파악하고, 솔직하지만 조화롭게 대화하는 것이다. 상황에 따라 적절한 거리를 유지하는 것도 도움이 될 수 있다.

5) 대인관계에서 발생하는 스트레스 대처하기

사람들과 관계를 맺다 보면 스트레스를 느끼는 것은 자연스러운 일이다. 하지만 이를 잘 조절하지 않으면 인간관계가 오히려 부담스럽게 느껴질 수도 있다. 건강한 관계를 유지하려면 스트레스를 다루는 방법을 아는 것이 중요하다. 다음은 대인관계에서 발생하는 주관적 스트레스에 대한 대처법이다.

첫째, 완벽한 인간관계를 기대하지 않도록 한다. 모든 관계가 항상 원만할 수는 없다. 때로는 갈등이 생길 수도, 관계가 자연스럽게 멀어질 수도 있다. 대인관계에 있어 기대가 너무 높으면 실망과 스트레스를 더 크게 경험할 가능성이 높다(Baumeister & Leary, 1995). 상대방이 항상 내 기대에 맞춰주기를 바라기보다는 관계는 변할 수 있다는 사실을 자연스럽게 받아들이는 것이 좋다.

둘째, 나만의 회복시간을 가지도록 한다. 사람들과 어울리는 것도 중요하지만, 혼자만의 시간을 가지며 스트레스를 해소하는 것 역시 필요하다. 개인시간을 충분히 갖는 사람들은 대인관계에서 오는 스트레스를 더 효과적으로 관리할 수 있다(Shapiro et al., 2003).

셋째, 감정을 건강하게 관리해야 한다. 대인관계에서 오는 스트레스를 줄이려면 감정을 조절하는 능력을 키우는 것이 중요하다. 감정 조절은 단순히 한두 번 배운다고 익숙해지는 것이 아니라 꾸준히 연습해야 하는 과정이다. 운동, 명상, 취미생활 등을 통해 평소에 심리적인 균형을 유지하면 감정 조절이 훨씬 쉬워진다. 특히 규칙적인 운동은 스트레스를 줄이고 감정 조절 능력을 키우는 데 효과적이다(Brown & Siegel, 1988).

대인관계에서 스트레스를 완전히 없앨 수는 없지만, 어떻게 다루느냐에 따라 관계가 더 건강해질 수 있다. 스트레스에 압도되지 않고 적절한 균형을 유지하는 것이 무엇보다 중요하다.

6) 건강한 대인관계를 위한 전략

사람들과 관계를 맺을 때는 수보다 질에 집중하는 것이 더 현명하다. 많은 사람과 얕은 관계를 맺기보다는 소수의 깊이 있는 관계가 정신건강에 더 긍정적인 영향을 준다(Dunbar, 2018). 내가 감당할 수 있는 관계의 범위를 정하고, 그 안에서 최선을 다하는 것이 건강한 대인관계를 유지하는 핵심이다. 이를 위해 다음과 같은 것들을 수행해 볼 수 있다.

첫째, 불필요한 관계는 정리한다. 모든 관계를 계속 유지할 필요는 없다. 신뢰할 수 있는 사람들과의 관계를 더 소중하게 여기고, 나에게 부정적인 영향을 주는 관계는 자연스럽게 정리하는 것이 좋다.

둘째, 신뢰할 수 있는 사람들과 깊은 관계를 맺어야 한다. 진정으로 믿을 수 있는 사람과의 관계는 더 오래 지속될 가능성이 크다. 신뢰가 형성된 관계에서는 갈등이 생겨도 쉽게 해결할 수 있고, 서로를 더 깊이 이해할 수 있다(Erikson, 1968).

많은 관계를 맺는 것보다, 정말 소중한 사람들과 깊이 있는 관계를 유지하는 것이 더 중요함을 잊지 말아야 한다. 대인관계는 숫자가 아니라, 얼마나 의미 있는 관계를 맺느냐가 핵심이다.

3 효과적인 의사소통

사람들은 대화를 통해 자신의 생각과 감정을 나누며 관계를 만들어간다. 하지만 말한다고 해서 항상 효과적인 의사소통이 이루어지는 것은 아니다. 좋은 의사소통은 단순히 말을 전달하는 것이 아니라, 상대방과의 상호작용 속에서 의미를 공유하고 조정하는 과정에서 형성된다. 따라서 효과적인 의사소통을 위해서는 의사소통의 핵심 요소를 이해하고, 다양한 유형과 구체적인 기술을 익히는 것이 중요하다. 또한, 의사소통 과정에서 오해와 편견이 생길 수 있다는 점을 인식하고, 이를 줄이기 위한 노력도 필요하다.

1) 효과적인 의사소통의 요소

의사소통이 원활하게 이루어지기 위해서는 다음과 같은 핵심 요소가 포함되어야 한다.

(1) 명확성

효과적인 의사소통을 위해서는 자신의 생각과 감정을 명확하고 일관되게 표현해야 한다. 말하는 사람이 전달하고자 하는 메시지가 분명해야 상대방이 정확하게 이해할 수 있다. 반대로, 모호한 표현이나 지나치게 완곡한 어법은 혼란을 초래하거나 오해를 불러일으킬 수 있다.

명확성의 예시

조별 과제에서 역할을 분배해야 할 때,

- 좋은 예: "이번 팀 프로젝트에서 우리가 가장 먼저 해야 할 일은 역할 분배입니다. 각자의 강점을 살려 역할을 정하면 효율적으로 진행할 수 있을 것입니다. 먼저 발표자, 자료 조사 담당, PPT 제작 담당을 정하는 것이 어떨까요?"
- 나쁜 예: "다들 역할 대충 나눠서 하면 될 것 같은데, 어떻게 하면 좋을까요?"

(2) 적극적 경청

효과적인 의사소통은 단순히 듣는 것이 아니라, 상대방의 말을 깊이 이해하고 적절한 피드백을 제공하는 과정이 포함된다(Rogers, 1951). 상대의 감정을 인정하는 반응(예: "네가 그렇게 느꼈구나")을 통해 존중받는 느낌을 주는 것이 중요하다. 사람들은 종종 '말하는 기술'을 중시하지만, 진정한 의사소통은 '잘 듣는 것'에서 시작된다. 경청은 신뢰와 호감을 형성하는 핵심 요소이며, 대화 상대의 사회적 지위를 인정하는 신호로 작용해 협력과 소속감을 높인다(Rogers & Farson, 1987; Floyd, 2014). 또한, 인지심리학적으로도 경청은 정보처리와 의사결정을 돕는다. 카너먼(Kahneman, 2011)에 따르면, 즉흥적으로 반응하면 편향된 판단을 내릴 가능성이 크지만, 적극적으로 경청하면 상대의 의도를 정확히 파악하고 합리적인 결론을 도출할 수 있다고 한다. 상대의 말을 끝까지 듣고, 적절한 질문을 던지며, 언어적·비언어적 반응을 통해 공감을 표현하는 것이 효과적인 의사소통의 첫걸음이다.

적극적 경청의 예시

친구가 "이번 시험이 너무 어려웠어. 공부 열심히 했는데 결과가 안 좋아서 속상해"라고 했을 때,

- 좋은 예: "많이 속상하겠네. 너 정말 열심히 했으니까 더 아쉬울 것 같아. 어떤 부분이 특히 어려웠어?"
- 나쁜 예: "다음 시험 잘 보면 되지, 너무 신경 쓰지 마!"

(3) 공감

공감(empathy)은 단순한 동정이 아니라, 상대방의 감정을 이해하고 공유하려는 태도이다. 효과적인 공감은 상대의 감정을 인정하고 진심으로 이해하려는 자세에서 나오며, 신뢰 형성과 관계 발전에 중요한 역할을 한다. 그러나 의사소통에서 공감이 반드시 뛰어나야 하는 것은 아니다. 드라마나 연애 프로그램에서는 공감을 행복한 관계의 필수 요소로 강조하지만, 실제로 관계 만족도는 신뢰, 가치관의 일치, 문제해결 방식 등 다양한 요인에 의해 결정된다(Fincham & Beach, 2010). 일부 사람들은 공감보다 논리적 사고와 실질적인 조언을 선호하며, 이러한 요소들이 갈등해결에 더 효과적일 수도 있다. 공감은 요리에 조미료처럼 의사소통을 더욱 부드럽게 만들어 줄 수 있다. 하지만 조미료만 많으면 요리가 부담스러워진다.

공감의 예시

팀 프로젝트를 준비하는 중 한 팀원이 "나는 발표하는 게 너무 부담스러워"라고 말했을 때,

- 좋은 예: "발표가 부담스럽게 느껴질 수 있겠네. 어떤 점이 가장 걱정돼? 내가 도와줄 수 있는 부분이 있을까?"
- 나쁜 예: "그냥 하면 돼! 다들 발표하는 거니까 너무 걱정할 필요 없어"

(4) 비언어적 표현

언어만큼 중요한 것이 비언어적 표현(non-verbal communication)이다. 표정, 몸짓, 눈맞춤, 목소리 톤 등은 메시지를 더욱 효과적으로 전달하며, 때로는 말보다 강한 영향을 미친다(Mehrabian, 1971). 비언어적 표현 중 긍정적인 표현은 신뢰감을 주지만, 부정적인 표현은 오해를 초래할 수 있다. 비언어적 표현의 중요성은 생물학적으로도 확인된다. 얼굴에는 40개 이상의 근육이 있어 감정을 미세하게 표현하며(Ekman, 1992), 눈 맞춤과 동공 확장은 관심과 감정을 전달하는 신호로 작용한다(Hess, 1965). 목소리 톤 역시 감정 상태를 반영하며, 기쁨, 분노, 슬픔 등에 따라 억양과 속도가 달라진다(Pittam, 1994). 비언어적 의사소통은 인간이 언어를 사용하기 전부터 신뢰와 협력을 형성하는 데 필수적이었다(Dunbar, 1996).

비언어적 표현의 예시

교수님이 수업 중 질문을 던졌을 때,

- 좋은 예: 눈을 마주치고 가볍게 고개를 끄덕이며 경청하는 태도를 보이는 것
- 나쁜 예: 팔짱을 끼고 시선을 피하거나 핸드폰을 보며 무관심한 태도를 보이는 것

2) 의사소통의 유형

버지니아 사티어(Virginia Satir, 1988)는 5가지 의사소통 유형을 제시하면서 효과적인 의사소통을 위해서는 균형 잡힌 접근이 필요함을 강조했다. 사티어의 의사소통 유형을 바탕으로 자신의 의사소통 유형을 파악하고 균형 잡힌 유형으로 조정함으로써 건강한 대인관계를 형성해 갈 수 있다. 만약 내가 회유형, 비난형, 초이성형, 혼란형 등의 의사소통을 많이 사용한다면 일치형 의사소통을 하도록 노력할 필요가 있다. 구체적인 의사소통 유형은 다음과 같다.

(1) 회유형

회유형(placating)은 자신의 의견을 희생하며 상대방을 기쁘게 하려는 방식이다. 예를 들어, 조별 과제에서 더 나은 아이디어가 있어도 "그냥 네가 하자는 대로 할게"라며 의견을 내지 않는 경우다. 갈등을 줄일 수 있지만, 장기적으로 불만이 쌓일 수 있다. "난 이 방향이 좋지만, 이러한 점을 추가하면 더 나을 것 같아"와 같이 자신의 의견을 표현하는 것이 필요하다.

(2) 비난형

비난형(blaming)은 상대에게 책임을 돌리는 방식이다. 예를 들어, "이게 다 너 때문이야!"라고 공격하면 팀워크에 균열이 생길 수 있다. 대신, "자료 정리가 부족한 것 같은데 같이 보완해볼까?"와 같이 문제해결을 유도하는 것이 효과적이다.

(3) 초이성형

초이성형(super-reasonable)은 감정보다 논리에 집중하는 유형이다. 예를

들어, "논쟁할 시간이 없어. 효율적으로 나누어서 진행하자"라고 하는 유형인데, 이러한 유형은 감정적 교감을 무시할 수 있다. "우리 의견이 달라 서로 좀 불편할 수 있지만, 먼저 할 수 있는 부분부터 정리하자"처럼 감정을 고려하는 것이 바람직하다.

(4) 혼란형

혼란형(distracting)은 대화의 초점을 흐려 갈등을 회피하는 유형이다. 예를 들어, 중요한 회의에서 "뭘 그렇게 심각하게 구냐~. 대충 해~. 인생 뭐 있어? 재미있는 얘기나 하자!"라고 하면, 정작 해야 할 논의가 지연될 수 있다. 이러한 경우, "일단 이 논의를 제대로 마무리한 후, 그 이야기를 하자"라고 초점을 유지하는 것이 필요하다.

(5) 일치형

일치형(leveling/congruent)은 자신의 감정을 솔직하게 표현하면서도 상대방을 존중하는 방식이다. 예를 들어, "나에게 주어진 시간이 좀 부족해서, 이거 혼자 하기가 힘들어. 도와줄 수 있어?"라고 말하면 상대가 더 수용적으로 반응할 가능성이 크다.

4 의사소통 기술

효과적인 의사소통은 갈등을 예방하고 원활한 상호작용을 돕는다. 특히 감정을 적절히 표현하면서도 관계를 해치지 않는 것이 중요하다. 이를 위한 대표적인 기법으로 '나 전달법(I-message)'과 '비폭력 대화(non-violent communication: NVC)'가 있다.

두 기법은 비슷하면서도 약간의 차이가 있다. 나 전달법은 개인의 감정을 설명하는 데 초점을 맞추고, 비폭력 대화는 상대방의 감정과 욕구까지 고려하여 해결책을 찾는 데 중점을 둔다. 나 전달법은 일상적인 대화에서 유용하고, 비폭력 대화는 갈등해결에 효과적이다. 그러나 두 방법이 어떤 상황에서든 모두 적절한 것은 아니다. 나 전달법은 감정적으로 격앙된 상대에게는 효과가 떨어질 수 있으며, 비폭력 대화는 시간이 걸리고 연습이 필요하다. 따라서 상황에 따라 적절히 선택하고 조합하여 사용하는 것이 바람직하다.

1) 나 전달법

나 전달법은 감정을 비난 없이 전달하는 효과적인 방법이다(Gordon, 1970). 이를 사용하면 상대방이 방어적으로 반응하지 않고, 보다 열린 대화를 이어갈 수 있다. 나 전달법을 사용하는 데는 일종의 공식이 있다(그림 10.1 참조).

상대 행동	+	나의 감정	+	그로 인한 영향
네가 약속시간보다 30분 늦어서,	+	나는 불안하고 걱정됐어.	+	혹시 무슨 일이 생긴 건 아닌가 걱정이 들었어.

그림 10.1 나 전달법의 공식

나 전달법의 과도한 사용은 지나치게 형식적으로 들리게 되고, 오히려 상대로 하여금 부자연스럽게 느껴질 수 있게 한다. 따라서 자연스러운 어조와 상황에 맞는 표현을 활용하는 것이 중요하다. 그림 10.1의 예는 "네가 늦어서 걱정했어. 무슨 일 있었어?"와 같이 부드러운 구어로 변형해 사용할 수 있다. 나 전달법을 자연스러운면서도 효과적으로 사용한 예는 다음과 같다.

예시 1
조별 과제에서 의견을 조율할 때,
"아까 내가 의견을 내는 중이었는데, 바로 다른 얘기로 넘어가서 좀 아쉬웠어. 내 의견도 같이 생각해보면 좋겠어."

예시 2
"방이 너무 어질러져 있으면 같이 쓰는 공간이라 좀 신경 쓰이더라. 우리 같이 정리하는 날을 정해보는 건 어때?"

(1) 나 전달법의 화용적 한계

한편, 한국에서는 '나 전달법'이 종종 희화화되거나 부자연스럽게 여겨지는 경우가 많다. 이는 나 전달법이 단순한 형식적 구조(예: "나는 네가 늦어서 속상해, 왜냐하면 기다리는 것이 힘들기 때문이야")로 전달될 때 어색하게 들릴 수 있기 때문이다. 나 전달법의 사용은 다음과 같은 상황에서 특히 어색해질 수 있다.

① 영어를 직역한 것처럼 사용할 때 나 전달법은 영어를 기반으로 개발되었는데, 이를 한국어로 직역하면서 자연스러운 구어체와의 괴리가 발생할 수 있다. 영어와 한국어는 문장 구조가 달라서 잘못 사용하면 영어를 직역한 것처럼 어색할 수 있다. 영어권에서는 '나는 ~ 느낀다. 네가 ~할 때. 왜냐하면 ~ 때문이다. (I feel ~ when you ~ because ~)' 구조가 대화에서 비교적 익숙하게 사용될 수 있지만, 한국어에서는 이러한 직설적인 표현이 상대적으로 부자연스러울 수 있다.

② 정서적 표현 방식의 차이 한국어는 감정을 직접적으로 표현하기보다 암시하거나 맥락을 통해 전달하는 경우가 많다. 따라서 나 전달법을 지나치게 원칙적으로 적용하면 감정 표현이 부자연스럽게 느껴질 수 있다. 예를 들어, "나는 네가 내 물건을 허락 없이 가져갈 때 화가 나. 내 소중한 물건이 함부로 다뤄지는 것 같아서!"라는 표현은 일상적인 대화에서는 너무 형식적이고 딱딱하게 들릴 수 있다.

③ 상황에 맞지 않는 사용 나 전달법은 원래 갈등 상황에서 상대방을 비난하지 않으면서도 자신의 감정을 전달하는 것이 목적이지만, 이를 모든 상황에 기계적으로 적용하면 어색한 상황이 연출될 수 있다. 예를 들어, 가벼운 농담이나 일상적인 대화에서도 형식적인 나 전달법을 사용할 경우 오히려 부자연스럽고 경직된 분위기를 만들 수 있다.

④ 문화적 맥락에서의 차이 한국 사회에서는 감정을 직접적으로 드러내는 것이 반드시 긍정적으로 평가되지 않는다. 상대방의 체면을 고려하거나, 간접적으로 의사를 표현하는 것이 더 자연스러운 상황에서 나 전달법을 강하게 적

용하면, 오히려 역효과가 날 수 있다. 예를 들어, "나는 네가 내 말을 끊을 때 속상해, 왜냐하면 내 말이 존중받지 않는 것 같아서"라고 말하면 오히려 상대방이 방어적으로 반응할 가능성이 높아진다. 특히 자신보다 높은 사람과 소통할 때 이를 주의해야 한다.

(2) 한국어 대화 맥락에서의 나 전달법 실천

이처럼 한국 문화에서는 나 전달법의 형식을 그대로 적용하기에 어려운 부분이 있다. 이러한 문제를 해결하기 위해 다음과 같은 방법을 사용할 수 있다.

① 자연스러운 구어체로 변형하기 나 전달법을 사용할 때 지나치게 정형화된 문장을 그대로 적용하기보다는 상대방이 자연스럽게 받아들일 수 있도록 구어체로 변형하는 것이 필요하다.

예시

"나는 네가 늦을 때 속상해, 왜냐하면 나는 시간을 지키는 게 중요하다고 생각하기 때문이야."

→ "네가 늦게 와서 좀 속상해. 기다리는 동안 좀 불안했거든."

② 상황에 맞는 유연한 적용 모든 대화에서 기계적으로 나 전달법을 적용하기보다는 상대방의 성향과 상황을 고려하여 적절히 조절하는 것이 중요하다. 예를 들어, 상대방이 감정적으로 격앙된 상태라면 나 전달법을 사용하기보다는 우선 공감적인 표현을 사용한 후, 핵심 메시지를 전달하는 것이 더 효과적일 수 있다.

예시

"나 전달법을 써야 하니까 말하는 게 아니라, 내 기분을 좀 더 분명히 전달하고 싶어서 이야기하는 거야."

③ 해결 중심으로 접근하기 나 전달법이 감정을 강조하는 방식으로 사용되면 감정의 나열처럼 느껴질 수 있다. 이를 방지하기 위해 감정을 전달한 후, 해

결책이나 대안적인 행동을 함께 제시하는 것이 효과적이다.

예시

"네가 갑자기 약속을 취소하면 나도 일정 조정이 어려워. 다음부터는 좀 미리 말해주면 좋겠어."

④ 상대방의 감정을 고려하는 태도 유지 나 전달법은 나의 감정을 표현하는 것이 목적이 아니라, 원활한 의사소통을 이루는 것이 목적이다. 따라서 감정을 표현하면서도 상대방의 입장도 고려하는 태도를 유지하는 것이 필요하다.

예시

"내가 너무 예민하게 느끼는 걸 수도 있는데, 네가 조금만 배려해주면 좋겠어."

2) 비폭력 대화

비폭력 대화는 상대방과의 관계를 존중하면서도 자신의 감정을 솔직하게 표현하는 의사소통 방식으로, 마셜 로젠버그(Marshall Rosenberg, 1999)에 의해 개발되었다. 이는 공감과 이해를 바탕으로 대화를 진행함으로써 갈등을 해결하고 건강한 관계를 유지하는 데 효과적이다. 비폭력 대화는 단순히 감정을 표현하는 것이 아니라, 상대방의 감정과 욕구를 이해하고 이에 맞는 해결책을 모색하는 데 중점을 둔다. 이를 통해 오해를 줄이고, 상대방이 방어적으로 반응하는 것을 방지하며, 보다 협력적인 대화를 유도할 수 있다.

이러한 비폭력 대화에 4가지 구성 요소가 있다. 첫 번째는 관찰(observation)이다. 이는 사실을 있는 그대로 표현하는 것을 말한다. 두 번째는 느낌(feeling)으로, 이는 그 상황에서 자신이 느끼는 감정을 표현하는 것을 의미한다. 세 번째는 필요(needs)이다. 이는 자신의 근본적인 욕구를 설명하는 것을 말한다. 마지막으로 네 번째는 요청(request)이다. 이는 구체적인 해결책이나 행동을 제안하는 것을 말한다. 비폭력 대화의 요소를 예시와 함께 표현하면 다음 그림 10.2와 같다.

관찰		느낌		필요		요청
네가 약속시간보다 30분 늦게 와서	+	불안하고 걱정됐어.	+	나는 약속을 잘 지키는 것을 중요하게 생각하거든.	+	다음에는 늦을 것 같으면 미리 연락해 주면 좋겠어

그림 10.2 비폭력 대화의 공식

비폭력 대화를 자연스럽게 사용하는 예는 다음과 같다.

예시 1

조별 과제에서 의견을 조율할 때,

"아까 내가 의견을 내는 중에 바로 다른 얘기로 넘어가서 조금 아쉬웠어. 더 풍부한 결과가 나왔으면 좋겠는데, 내 의견도 한 번 생각해볼 수 있을까?"

예시 2

룸메이트와 생활하면서,

"방이 너무 어질러져 있네. 같이 쓰는 공간이라 조금 신경 쓰이더라. 깨끗한 방을 쓰면 기분이 좋아질 것 같은데, 우리 같이 정리하는 날을 정해보는 건 어때?"

비폭력 대화도 나 전달법과 같이 영어를 직역한 것처럼 사용하거나 상황적, 문화적, 정서적 표현 방식의 차이에 의해 자연스러움이 감소하거나 심지어 적절하지 않은 경우가 있다. 따라서 비폭력 대화 역시 나 전달법처럼 자연스러운 구어로, 상황에 맞게, 해결 중심적인 것에 맞추어 활용하는 것이 좋다.

3) 나 전달법, 비폭력 대화가 모두 소용없는 경우

나 전달법과 비폭력 대화는 갈등을 완화하는 효과적인 도구지만, 모든 상황에서 통하는 것은 아니다. 특정한 상황에서는 오히려 역효과를 불러일으킬 수 있기에 이에 맞는 대처법을 익히는 것이 중요하다. 다음과 같은 상황에서는 유연하게 대응하는 것이 필요하다.

(1) 상대가 방어적이거나 공격적인 경우

감정적으로 격앙된 상태에서는 논리적인 대화가 통하지 않으며, 오히려 갈등이 심화될 수 있다. 이럴 때는 즉각적인 해결을 시도하기보다 상대방이 감정을 가라앉힐 시간을 주는 것이 바람직하다.

(2) 상대가 감정을 무시하는 경우

공감할 의지가 없는 상대에게 감정 표현은 효과가 없다. 지속적인 무시가 반복된다면 관계의 거리를 조정하거나, 명확한 경계를 설정하는 것이 필요하다.

(3) 권력 차이가 크거나 조종하려는 경우

직장이나 학교에서 상사나 교수, 선배가 부당한 요구를 지속하는 경우, 단순한 감정 표현보다는 공식적인 절차를 활용하는 것이 효과적이다. 인사팀에 문제를 제기하거나 학생회, 학생생활상담센터 등 중재자의 도움을 구하는 것이 필요할 수 있다.

(4) 긴급한 상황이나 심각한 갈등의 경우

격한 언쟁이 벌어진 상태에서는 대화보다 물리적 거리를 두고 상황을 진정시키는 것이 우선이다. 반복적인 갈등이 발생한다면 제3자의 중재를 통해 객관적인 해결책을 모색하는 것이 바람직하다.

나 전달법과 비폭력 대화는 효과적인 의사소통 기법이지만, 상대방의 태도나 상황에 따라 그 효과가 제한될 수 있다. 따라서 이러한 기법들을 단순히 기계적으로 적용하기보다는 상대방의 반응과 맥락을 고려하여 유연하게 대처하는 것이 중요하다. 필요할 경우 감정 전달을 넘어 행동을 통해 입장을 표현하고, 상황에 맞는 전략을 선택하는 것이 원활한 의사소통을 유지하는 핵심이라 할 수 있다.

4) 의사소통에서의 오해와 편견

의사소통 과정에서 사람들은 인지적 오류와 편견 때문에 오해를 하거나 잘못된 판단을 내릴 수 있다. 내가 상대방을 오해할 수도 있고, 상대방이 나를 오해할 수도 있다. 이러한 편향은 대화를 어렵게 만들고, 때로는 관계를 단절시키기도 한다. 다른 사람이 나를 어떻게 생각하는지는 내가 완전히 통제할 수 없지만, 타인과 건강한 관계를 맺고 싶다면 적어도 내가 이러한 오류를 범하지 않도록 주의할 필요가 있다.

가장 대표적인 오류로는 확증 편향(confirmation bias)이 있다. 이는 자신의 기존 신념을 뒷받침하는 정보만 받아들이려는 경향을 의미한다(Wason, 1960). 예를 들어, 친구의 행동을 단편적으로 보고 "역시 저 사람은 나를 싫어해"라고 단정하는 경우가 이에 해당한다.

또 다른 오류로 기본적 귀인 오류(fundamental attribution error)가 있다. 이는 상대방의 행동을 상황이 아니라 성격 때문이라고 판단하는 오류를 말한다(Ross, 1977). 예를 들어, 조별 과제에서 어떤 팀원이 할당된 역할을 충분히 수행하지 못했을 때, 단순히 일이 많아서가 아니라 '저 사람은 게으르다'라고 생각하는 경우다.

이와 더불어, 기억 왜곡(memory distortion)도 흔히 나타난다. 이는 시간이 지나면서 기억이 변화하거나 재구성되는 자연스러운 현상으로, 원래의 기억이 새로운 정보와 섞이거나 감정, 신념에 의해 영향을 받으면서 바뀌는 것을 말한다. 이는 엘리자베스 로프터스(Elizabeth Loftus)의 가짜 기억 이식 실험에서도 알 수 있다(Loftus & Palmer, 1974).

이러한 왜곡과 편향을 극복하기 위해서는 자신의 생각이 언제든 틀릴 수 있음을 인식하고, 열린 태도로 다양한 관점을 받아들이려는 노력이 필요하다. 또한, 상대방의 의도를 먼저 의심하기보다는 대화를 통해 사실을 확인하는 과정이 필수적이다.

요약

1. 인간은 생존을 위해 관계를 맺으며 언어를 통해 감정과 신뢰를 전달해 왔다. 현대사회에서는 디지털 기술로 인해 관계의 방식이 변화했으며, 대인관계는 선택 가능한 요소가 되었다.
2. 건강한 관계를 위해서는 모든 사람과 친해지려 하기보다 나에게 긍정적인 영향을 주는 관계를 선택하고 관리하는 것이 중요하다. 신뢰와 적절한 거리 조절, 솔직한 표현이 그 기반이 된다.
3. 정서적 소진을 방지하려면 자신의 감정과 에너지를 보호하는 경계를 설정해야 하며, 필요할 때는 단호하고 정중하게 거절할 수 있어야 한다. 불편한 감정을 무시하지 않고 인식하는 태도가 필요하다.
4. 갈등이 발생했을 때는 감정에 치우치기보다 원인을 객관적으로 파악하고, 솔직하면서도 공감하는 대화를 통해 문제를 해결하는 노력이 필요하다. 때로는 거리두기나 중재자의 개입이 갈등 해소에 도움이 된다.
5. 스트레스를 줄이기 위해선 완벽한 인간관계를 기대하지 말고, 혼자만의 회복시간을 갖고 꾸준히 감정조절훈련을 병행하는 것이 중요하다. 관계에서 오는 스트레스를 관리하는 능력은 심리적 안정감과도 연결된다.
6. 좋은 의사소통은 명확한 표현, 경청, 공감, 비언어적 표현의 조화로 이루어진다. 말과 행동이 일치할 때 신뢰가 형성되며 오해 없이 진심이 전달된다.
7. '나 전달법'은 감정을 비난 없이 표현하는 방식이며, '비폭력 대화'는 관찰, 느낌, 필요를 바탕으로 해결책을 제시하는 방식이다. 두 방법 모두 문화적 맥락과 상황에 맞게 자연스럽게 활용되어야 한다.
8. 사람들은 의사소통 과정에서 확증 편향, 기본적 귀인 오류, 기억 왜곡 같은 인지적 편향을 겪는다. 이를 줄이기 위해서는 열린 태도로 대화에 임하고 다양한 관점을 수용하는 노력이 필요하다

활동

1. 자신의 대인관계 성향과 중요하게 여기는 가치를 탐색하고, 삶 속에서 의지할 수 있는 사회적 지지 자원을 정리해보자.

2. 또래 및 가족들과의 갈등 상황에서 자신의 의사소통 방식을 점검하고, 온라인상에서의 관계 유지 방식과 감정 표현도 되돌아보며 건강한 소통 태도에 대해 나눠보자.

11장

부모자녀관계

인간의 근본적인 애착 욕구가 어떻게 형성되고, 어떤 방식으로 평생의 대인관계에 영향을 미치는지를 연구한 심리학자 존 볼비. 볼비의 연구에 영향을 받고, 아동의 애착 유형을 실험으로 밝혀낸 메리 에인스워스. 그들은 어떤 이유에서 애착이라는 주제에 대해 관심을 갖게 된 것일까? 애착 이론의 선구자 볼비와 에인스워스는 모두 고독한 유년기를 보낸 경험을 바탕으로 애착에 깊은 관심을 가지게 되었다. 볼비는 감정적 교류가 적은 상류층 가정에서 자랐으며, 4세 때 유모가 떠나면서 상실감을 경험했다고 한다. 이러한 경험은 그가 유아기 안정적 애착이 정신건강에 미치는 영향을 연구하는 계기가 되었다. 에인스워스의 어머니는 엄격하고 감정 표현이 부족했다고 한다. 그녀는 애착 형성이 얼마나 중요한지를 체감했고, 아이가 감정을 안전하게 표현할 수 있는 환경의 필요성을 강조했다. 이들의 삶은 애착 이론 연구의 토대가 되었으며, 부모자녀관계의 심리적 중요성을 잘 보여준다.

1 부모자녀관계의 이해
2 부모자녀관계에 영향을 미치는 요인
3 부모자녀관계에서의 갈등과 해결
4 부모로부터의 독립

인간은 태어나자마자 부모와 자녀라는 가장 일차적인 관계를 맺으며, 이는 인간의 가장 기본적인 사회적 관계가 된다. 이 관계는 정서적 안정과 자아형성에 중요한 역할을 하며, 자녀의 성장에 따라 변화하고 발전해 나간다. 부모의 민감하고 따뜻한 정서적 반응은 자녀의 성장과 정서적 안정에 긍정적인 영향을 미친다. 유아기부터 청소년기를 거쳐 성인기에 이르기까지 부모는 보호자에서 조력자, 상담자로 변화하며 지속적인 정서적 지지를 제공한다. 부모자녀관계는 정신건강에 지대한 영향을 미치므로 각 발달 단계에 맞는 역할과 상호작용이 중요하다. 이 장에서는 부모자녀관계가 정신건강에 미치는 영향과 긍정적 관계를 위한 방법들에 대해서 살펴보고자 한다.

1 부모자녀관계의 이해

1) 부모자녀관계와 정신건강

부모자녀관계는 정서적 안정, 자존감 형성, 대인관계의 형성, 우울이나 불안과 같은 정신건강 문제와 깊은 관련이 있다. 부모와 안정적인 관계를 형성한 아이일수록 정서 조절 능력이 뛰어나며, 자존감이 높고, 또래관계에서도 건강한 상호작용을 보인다고 알려져 있다. 다음에서는 부모자녀관계가 정신건강과 어떤 연관이 있는지 자세히 다루어보겠다.

(1) 안정 애착 형성

부모자녀관계가 좋을수록 자녀는 안정 애착을 형성할 가능성이 높다. 애착이론(attachment theory)에 따르면, 유아기 동안 부모와의 안정적인 애착을 형성한 아이들은 스트레스 상황에서도 감정을 잘 조절할 수 있으며, 보다 긍정적인 정서적 반응을 보인다(Urban, 2020). 예를 들어, 두 살배기 아이가 놀이터에서 뛰어놀다가 넘어졌다고 가정해보자. 안정 애착을 형성한 아이는 넘어져서 울더라도, 부모가 다가와 위로해주고 감정을 받아주면 곧바로 안정을 되찾을 수 있다. 이러한 경험이 반복되면 아이는 스트레스 상황에서도 침착함을 유지할 수 있고, 부모에 대한 신뢰를 바탕으로 감정 조절 능력을 발달시켜 나간다.

반면, 불안정 애착을 형성한 아이는 불안이나 우울과 같은 정서적 어려움을 겪을 가능성이 높으며, 이러한 영향은 성인기까지도 지속될 수 있다. 만약, 아이가 넘어졌을 때 부모가 일관되지 않은 태도를 보이거나 "그게 뭐가 아프다고 우냐"는 등 아이의 감정을 무시하는 경우, 아이는 자신이 힘들 때 부모가 도와줄 것이라는 확신을 갖지 못하게 된다. 이러한 경험을 반복한 아이는 낯선 상황에서 어떻게 대처해야 할지 몰라 불안을 느끼기 쉽고, 성인이 되어 대인관계에서도 신뢰를 형성하는 데 어려움을 겪을 가능성이 높다(Kindsvatter & Desmond, 2013).

(2) 자존감 형성

부모자녀관계는 자녀의 자존감(self-esteem) 형성에 영향을 미친다. 자존감(또는 자아존중감)이란, 자신의 가치를 긍정적으로 평가하는 태도를 의미하며, 이는 정신건강과 밀접한 관련이 있다(Bagley & Mallick, 2001). 부모가 자녀에게 애정을 표현하고 긍정적인 피드백을 제공할 때, 자녀는 자신을 가치 있는 존재로 인식하게 된다. 예를 들어, 부모가 "네가 한 노력은 정말 대단해, 네가 얼마나 노력했는지를 보니 자랑스럽구나"라고 말해주면, 아이는 자신의 능력을 신뢰하고 도전적인 상황에서도 자신감을 가질 수 있다. 이러한 긍정적인 피드백을 경험한 아이들은 학업뿐만 아니라 사회적 관계에서도 적극적으로 행동하게 된다.

반대로, 부모가 지나치게 비판적이거나 무관심한 태도를 보이면 자녀의 낮은 자존감에 영향을 미치며, 이는 불안과 우울을 유발할 가능성을 높인다. 예를 들어, 부모가 자녀의 실수를 지적하면서 "너는 왜 항상 그런 실수를 하니? 그렇게 하면 하나도 안 되겠다"라는 말을 자주 한다면, 아이는 자신의 가치를 의심하고 실패를 두려워하는 태도를 갖기 쉽다. 이러한 경험이 누적되면 자녀는 자율성과 도전 정신이 부족한 상태로 성장할 가능성이 크다. 높은 자존감을 가진 사람들은 사회적 관계에서 자신감을 가지며, 정신적으로 안정적인 삶을 살아간다. 부모가 자녀의 감정을 존중하고 긍정적인 피드백을 제공하는 환경을 조성할수록, 자녀는 자기 자신을 긍정적으로 평가하며 대인관계에서도 건강한 상호작용을 할 가능성이 높다. 이러한 경험은 성인이 되어서도 지속되며, 직장이나 가정에서 긍정적인 관계를 형성하는 데 중요한 역할을 한다. 결과적으로, 부모의 애정과 격려는 자녀가 스스로를 가치 있는 존재로 인식하고, 정신적으로 건강한 삶을 유지하는 데 필수적인 요소라 할 수 있다.

(3) 대인관계 형성 및 사회적 적응

부모자녀관계는 자녀의 대인관계 형성과 사회적 적응에 영향을 미친다. 부모와의 긍정적인 관계를 경험한 자녀들은 사회적 기술이 발달하며, 다른 사람들과 원만한 관계를 유지할 가능성이 높다(Bartholomew, 1990). 예를 들어, 어린 시절 부모와의 긍정적인 상호작용을 자주 경험한 아이는 친구관계에서도 상대방을 존중하고 협력적인 태도를 보이게 된다. 초등학생 시절 부모가 "친구에게 네가 어떤 기분인지 말해보는 건 어때?"라고 조언하는 환경에서 성장한 아이는 또래 친구들과의 갈등을 해결하는 능력을 배울 수 있다. 이러한 아이는 청소년기와 성인기에 이르러 직장 동료, 배우자, 친구들과의 관계에서도 건강한 소통을 유지할 가능성이 높다.

반면, 부모로부터 정서적 지지를 받지 못한 자녀들은 사회적 고립감을 느끼거나 불안한 대인관계를 형성할 가능성이 높다. 어린 시절에 부모가 자녀의 감정을 무시하고 "왜 그렇게 예민하니?" 혹은 "그 정도 일로 우는 건 아기나 하는 짓이야"라고 반응하는 경우, 자녀는 자신의 감정을 적절히 표현하는 법을 배우지 못한다. 이러한 아이는 성장하면서 감정을 억누르거나 타인과의 관계에서 거리감을 두는 경향을 보일 수 있다. 결국 성인이 되어 직장이나 가정에서 감정을 효과적으로 소통하지 못하고, 심리적 스트레스와 대인관계 갈등을 경험할 가능성이 높아진다.

부모가 자녀의 감정을 존중하고 긍정적인 피드백을 제공하는 환경을 조성할수록, 자녀는 자기 자신을 긍정적으로 평가하며 대인관계에서도 건강한 상호작용을 할 가능성이 높다. 이러한 경험은 성인이 되어서도 지속되며, 직장이나 가정에서 긍정적인 관계를 형성하는 데 중요한 역할을 한다. 결과적으로, 부모의 애정과 격려는 자녀가 스스로를 가치 있는 존재로 인식하고 정신적으로 건강한 삶을 유지하는 데 필수적인 요소라 할 수 있다.

2) 심리사회적 발달 단계로 본 부모자녀관계

에릭 에릭슨(Erik Erikson)은 인간의 생애 전반에 걸쳐 이루어지는 심리사회적 발달을 8단계로 나누어 설명한 심리학자이다. 그는 각 단계에서 개인이 특정한 심리적 과업을 해결해야 하며, 이를 성공적으로 수행하는 것이 건강한 성장을 이루는 핵심이라고 보았다. 이 과정에서 가장 중요한 영향을 미치는 요소 중 하나가 바로 부모자녀관계이다. 부모는 자녀가 발달 과정에서 이루어야 하는 과업을 성공적으로 마칠 수 있도록 정서적인 지원과 조언을 해주며, 자녀가 삶의 다양한 도전에 적응할 수 있도록 돕는다.

부모와의 관계는 신생아기부터 노년기까지 전 생애에 걸쳐 다양한 방식으로 작용한다. 부모의 보살핌과 애착은 유아기에 형성되는 기본적인 신뢰감을 결정하며, 청소년기에는 정체성 확립을 돕고, 성인기에는 건강한 대인관계를 맺는 데 중요한 영향을 미친다. 따라서 에릭슨의 이론을 통해 각 발달 단계에서 부모자녀관계가 갖는 의미를 살펴봄으로써, 각 발달 단계에서 무엇이 중요하고 어떤 도움을 줄 수 있는지에 대한 지혜를 얻을 수 있을 것이다. 다음에서는 에릭슨의 심리사회적 발달 8단계를 자세히 설명하겠다(Erikson, 1950).

(1) 신뢰감 대 불신감(출생~18개월)

이 시기의 영아는 부모의 양육과 보살핌을 통해 세상을 신뢰할 것인지, 아니면 불신할 것인지를 결정한다. 예를 들어, 부모가 꾸준히 아이의 울음에 반응해 음식을 먹여주고 기본적인 욕구를 충족시켜 줄 경우, 아이는 세상이 안전한 곳이라고 인식하며 신뢰감을 형성한다. 반대로, 부모가 아이의 욕구를 무시하거나 일관성 없는 돌봄을 제공하면, 아이의 입장에서 만나게 되는 첫 대상인 양육자와 신뢰관계를 경험할 수 없기 때문에 세상에 대한 불신을 형성할 가능성이 크다. 이는 성인이 되어 타인과의 관계에서 신뢰를 형성하는 능력에도 영향을 미친다.

볼비의 연구(Bowlby, 1988)에 따르면, 유아기에 안정적인 애착을 형성한 사람들은 성인이 되어서도 정서적 회복력이 뛰어나며, 우울이나 불안을 경험할 가능성이 낮다. 부모가 일관된 애정과 보살핌을 제공한 아이는 학교에서 친구와 갈등이 발생하더라도 부모에게 자신의 감정을 솔직하게 표현할 수 있으며, 부모의 위로와 조언을 통해 감정을 조절하고 문제를 해결하는 능력을 키운다. 반면, 부모와의 신뢰관계가 형성되지 않은 경우, 성인이 되어서도 타인과의 관계에서 지속적인 불안과 의심을 경험할 가능성이 크다. 예를 들어, 유아기에 부모가 자주 부재하거나 감정적으로 냉담했던 환경에서 성장한 아이는 성인이 되어서도 연인이나 친구관계에서 신뢰를 형성하는 데 어려움을 겪을 수 있다. 이들은 상대방이 자신을 떠날 것이라는 두려움을 크게 느끼며, 관계에서 과도한 의존성을 보이거나 반대로 감정을 차단하는 회피적인 행동을 보일 가능성이 높다. 이러한 불안정한 대인관계는 우울이나 불안장애의 발병 위험을 높일 수 있다.

(2) 자율성 대 수치심(18개월~3세)

이 시기의 아이들은 자신이 할 수 있는 일과 그렇지 못한 일을 스스로 경험하고 배우며 자율성을 발달시킨다. 아이가 혼자 신발을 신어보려 할 때, 부모가 충분한 시간을 주고 시도할 수 있도록 격려하면 아이는 스스로 해낼 수 있다는 자신감을 얻는다. 반면, 부모가 "너는 아직 어려서 못 해!"라고 말하며 기회를 주지 않거나, 부모가 아이 대신 신발을 신겨준다면 아이는 자신의 능력을 믿지 못하고 수치심을 느낄 수 있다. 이러한 경험이 반복되면 자녀는 독립적인 문제 해결 능력을 갖추기 어려워지고, 타인의 지시 없이 행동하는 것에 대한 두려움을 가질 수 있다. 이러한 경험이 누적되어 성장한 아이는 성인이 되어서도 결정을 내리는 데 주저하거나 실패를 두려워하는 성향을 가질 가능성이 커진다.

(3) 주도성 대 죄책감(3~5세)

이 단계의 아이들은 세상을 탐색하며, 자신의 아이디어를 실현하려는 욕구를 보인다. 예를 들어, 아이가 종이에 마음껏 그림을 그리거나 블록을 쌓아 새로운 무언가를 만들려고 할 때, 부모가 "정말 멋진 아이디어구나!"라고 격려하면 아이는 자신의 시도를 긍정적으로 받아들이고 주도적인 태도를 기를 수 있다. 반대로, 부모가 "그렇게 하면 안 돼!" 혹은 "그게 뭐니?"라며 지나치게 제한하면, 아이는 자신의 생각이 틀렸다고 느끼고 죄책감을 가질 수 있다. 이는 성인이 되었을 때 새로운 아이디어를 제시하거나 창의적인 활동을 시도하는 것을 두려워하는 성향으로 이어질 가능성이 크다. 따라서 부모는 아이가 새로운 것을 탐색하고 시도할 때 이를 지지하고 격려하는 태도를 보일 필요가 있다.

(4) 근면성 대 열등감(6~11세)

이 시기의 아이들은 학습과 사회적 관계에서 성취감을 경험하면서 근면성을 형성한다. 학교에서 숙제를 열심히 하고 "너는 정말 노력하는 아이구나!"라고 칭찬받은 아이는 자기 자신을 가치 있는 존재로 느끼고 더 열심히 하려는 동기를 갖게 된다. 반면, 부모로부터 "왜 이렇게 못하니? 네 친구들은 다 잘하는데!"라는 부정적인 피드백을 자주 받은 아이는 자신의 능력에 대해 의심하고 열등감을 느낄 수 있다. 이는 학업뿐만 아니라 삶의 전반에서 도전을 회피하게 만들고, 성인이 되어서도 자신감을 부족하게 만드는 요인이 된다.

(5) 정체감 대 정체감 혼란(12~18세)

청소년기는 자신의 정체감을 확립하는 데 중요한 시기이며, 부모의 역할이 더욱 중요해진다. 이때 부모가 자녀에게 다양한 경험을 할 기회를 제공하고, "네가 원하는 것이 무엇인지 고민해보자"라고 대화를 시도하면, 자녀는 스스로의 정체감을 찾아갈 수 있다. 그러나 부모가 "내가 하라는 대로 해야지!"라며 지나치게 통제하면, 청소년은 자신이 누구인지에 대해 혼란을 겪고 자아정체감 확립에 어려움을 겪을 수 있다. 이는 성인이 된 후에도 스스로 결정 내리는 것을 힘들어하고 누군가에게 의존해야만 하는 어려움을 겪게 된다.

(6) 친밀감 대 고립감(18~40세)

이 시기는 사회생활을 시작하는 한편, 이성과 만나고 결혼생활을 시작하는 시기이다. 어린 시절 부모로부터 따뜻한 정서적 지지를 경험한 사람들은 성인이 되어서도 타인과 안정적인 관계를 맺는 것에 큰 어려움을 느끼지 않는다. 반면, 부모로부터 감정적인 거부를 경험하며 자란 경우, 타인과 친밀한 관계를 맺는 것에 대한 두려움을 느끼고 거리를 두려는 경향을 보일 수 있다. 이로 인해 친구나 연인, 직장 내 대인관계에서도 유대감을 맺고 지속하는 데 어려움을 겪기도 한다. 이처럼 어린 시절 부모-자녀의 관계는 성인이 된 이후에도 다양한 대인관계에 지속적인 영향을 미친다.

(7) 생산성 대 침체감(40~65세)

이 시기의 부모는 직업적 성취와 자녀 양육을 통해 삶의 의미를 찾는다. 부모로서 자녀에게 책임감을 가르치고 긍정적인 가치관을 심어줄 때, 중년기에 자신의 삶이 의미 있다고 느낄 가능성이 높다. 반면, 자녀와의 관계에서 소외감을 느끼거나 사회적 기여를 하지 못한다고 생각하면 침체감을 경험할 수 있다.

(8) 자아통합 대 절망감(65세 이상)

노년기에는 자신의 삶을 되돌아보며 의미를 찾는 것이 중요하다. 부모로서 자녀와 긍정적인 관계를 유지한 사람들은 노년에 삶을 가치 있게 평가할 가능성이 높다. 반면, 가족과의 관계가 단절되었거나 후회를 많이 하는 경우, 삶에 대한 절망감을 경험할 가능성이 크다.

2 부모자녀관계에 영향을 미치는 요인

1) 애착

볼비는 애착이 인간의 대인관계에서 중요한 역할을 한다는 것을 주장한 영국의 심리학자이다. 그는 특히 부모와의 애착을 중요하게 여겼으며 애착이 아이의 정신건강과 사회적 관계 형성에 큰 영향을 미친다는 것을 밝혀냈다.

이후, 볼비의 이론을 확장시켜 애착 이론에 대해 연구한 메리 에인스워스는 '낯선 상황 실험(strange situation experiment)'을 통해 유아와 양육자 간의 애착 유형을 분석했다. 이 실험은 12~18개월 된 유아를 대상으로 실험실 환경에서 진행되었으며, 부모와의 분리 및 재회를 중심으로 유아의 반응을 관찰하는 방식으로 이루어졌다. 실험 과정은 다음과 같다(Ainsworth, 1979).

낯선 상황 실험 절차

1. 아이와 부모가 실험실 방에 들어간다.
2. 아이가 방 안의 장난감을 탐색하는 동안 부모는 옆에서 지켜본다.
3. 낯선 사람이 들어와 부모와 대화하고, 이후 아이에게 다가간다.
4. 부모가 방을 떠나고, 아이는 낯선 사람과 단둘이 남는다.
5. 부모가 돌아오고, 아이는 부모와 만난다.
6. 부모가 다시 떠나고, 이번에는 아이가 혼자 남는다.
7. 낯선 사람이 다시 들어와 아이를 달래려고 시도한다.
8. 부모가 다시 돌아오고, 아이와 부모가 만난다.

이 실험에서 중요한 것은 부모와 떨어졌을 때 아이의 반응이 아니라, 혼자 남겨졌던 아이가 부모를 만났을 때 어떤 반응을 보이는가이다. 에인스워스의 연구 결과에 따르면, 애착 유형은 안정 애착, 불안-회피 애착, 불안-저항 애착으로 분류된다. 이후, 메인과 솔로몬(Main & Solomon, 1990)이 혼란 애착을 추가했다. 이러한 애착 유형은 아이에 대한 부모의 양육 태도와 정서적 반응 방식에 따라 달라진다.

(1) 안정 애착

안정 애착을 형성한 아이들은 대체로 부모가 일관되게 반응하고 정서적으로 민감한 태도를 보인 경우가 많다. 이 유형의 아이들은 부모를 신뢰하며, 낯선 환경에서도 비교적 쉽게 적응한다. 에인스워스의 실험에서 나타나듯, 부모가 잠시 자리를 비웠을 때 아이는 불안해하지만, 부모가 돌아오면 안정을 찾고 바로 자신의 놀이에 집중할 수 있다. 이는 부모가 항상 따뜻하고 예측 가능한 방식으로 반응했기 때문이다. 이러한 아이들은 성인이 되어도 신뢰를 바탕으로 건강한 대인관계를 맺을 가능성이 높다.

(2) 불안정 애착

불안정 애착을 형성한 아이들은 부모의 일관되지 않은 반응으로 인해 불안을 경험할 가능성이 크다. 불안정 애착 유형을 더 자세히 살펴보면 다음과 같다.

① 불안-회피 애착 부모가 자녀의 감정을 무시하거나 감정적인 반응을 거의 보이지 않는 경우, 아이는 감정을 억누르는 법을 배우게 되며, 불안-회피 애착을 형성하게 될 가능성이 크다. 예를 들어, 아이가 넘어져 울 때 부모가 "괜찮아, 별일 아니야"라고 반응하면, 아이는 자신의 감정을 표현하는 것이 무의미하다고 느낄 수 있다. 이러한 아이들은 성인이 되어 대인관계에서 거리를 두며, 타인에게 의지하는 것도 두려워한다.

② 불안-저항 애착 부모가 일관되지 않은 태도를 보일 경우, 아이들은 자신이 어떤 반응을 해야 하는지에 대한 혼란을 느끼고 극도의 불안을 경험할 가능성이 높다. 예를 들어, 부모가 어떤 날은 다정하게 반응하고 또 다른 날은 무관심하거나 거부하는 태도를 보이면, 아이는 부모의 반응을 예측할 수 없게 된다. 이러한 아이들은 성인이 되어 연인이나 친구관계에서 상대방에게 지나치게 집착하거나 거부당할 것에 대한 두려움을 크게 느끼기 쉽다.

③ 혼란 애착 부모가 자녀에게 두려움을 유발하거나, 학대적인 태도를 보이는 경우 아이들은 혼란 애착을 형성할 수 있다. 예를 들어, 부모가 아이를 다정하게 대하다가 갑자기 겁을 주거나 위협하는 태도를 보이면, 아이는 부모를 신뢰하지 못하며 대인관계에서도 극단적인 반응을 보일 가능성이 크다. 이러한 환경이 지속되면, 대인관계에서 극단적인 태도를 보일 가능성이 높으며, 불안, 우울 등의 정신건강 문제를 경험할 확률이 높다.

(3) 애착의 변화 가능성

앞서 서술한 '낯선 상황 실험'이 유의미한 이유는 애착이 단순한 성격적 차이가 아니라 부모의 양육 방식과 정서적 반응에 따라 형성된다는 점을 밝혀냈기 때문이다. 특히, 부모가 아이의 신호에 얼마나 민감하고 일관되게 반응하는지가 애착 유형을 결정하는 핵심 요소라는 점을 알게 되었다. 또한, 애착 유형은 단순히 유아기에 그치는 것이 아니라, 성장하면서 형성되는 인간관계 전반에 영향을 미친다는 것이다.

그러나 유아기에 형성된 불안정 애착이 영원히 지속되는 것은 아니다. 성장하면서 부모와의 긍정적인 상호작용이 반복되면 애착 유형이 변화할 수 있다. 만약, 자녀의 불안정 애착을 깨달은 부모가 자녀의 감정에 더 민감하게 반응하는 것을 배우고, 지속적인 신뢰를 형성하려는 노력을 기울인다면, 불안정 애착을 가진 자녀도 점차 안정 애착으로 변화할 가능성이 있다.

여러 연구에 따르면, 어린 시절 불안정 애착을 경험한 사람이라도 후속적인 긍정적인 양육 경험이나 안정적인 대인관계를 통해 성인이 되면서 애착 유형이 변화할 수 있음을 보여준다. 이는 부모가 지속적으로 따뜻한 관심과 지지를 제공할 경우, 자녀가 건강한 애착을 형성하고 대인관계에서 더 안정적인 태도를 보일 수 있음을 시사한다. 또한, 성인이 된 이후에도 상담심리사와의 전문적인 심리치료 과정이나 안정 애착을 가진 연인이나 배우자 등과의 믿음 있는 관계를 경험함으로써 안정 애착을 형성하는 것이 가능하다는 연구 결과가 있다 (Turan et al., 2016).

2) 기질

기질은 개인이 타고나는 비교적 안정적인 행동 경향이나 반응 양식을 의미하며, 이는 신체적, 신경학적 요인과 깊이 관련되어 있다(Thomas & Chess, 1977). 영유아기의 기질적 특성이 이후 성격 형성과 정서적 발달에 영향을 미친다. 또한, 기질은 부모와의 상호작용에서 중요한 역할을 하며, 부모가 자녀의 기질적 특성을 어떻게 이해하고 조율하느냐에 따라 부모자녀관계의 질이 결정될 수 있다.

(1) 기질의 선천적 기원

최근 연구에 따르면, 기질은 출생 후뿐만 아니라 태아기부터 차이가 나타날 수 있다는 연구가 보고되었다. 예를 들어, 임신 중 태아의 활동성과 심박수 변화를 측정하여 기질과의 연관성을 분석한 결과, 임신 36주 차에 활동성이 높았던 태아는 출생 후에도 보다 활발하고 자극에 민감한 기질을 보이는 경향이 있었다. 반대로, 태아기의 활동성이 낮았던 경우, 출생 후에도 상대적으로 차분한 반응을 보였다(DiPietro et al., 1996). 이는 기질이 출생 이전부터 신경계 발달과 연관되어 있음을 시사하며, 유전적 요인뿐만 아니라 태아기 환경도 기질 형성에 영향을 줄 수 있음을 보여준다.

또한, 임신 중 어머니의 스트레스 수준과 태아의 반응성을 조사한 연구에 따르면, 높은 스트레스를 경험한 어머니의 태아는 심박수 변화와 활동성이 증가하는 경향이 있었으며, 이는 출생 후 불안이나 감정적 예민성과 연관될 가능성이 높았다(Hoffman, 2016). 이러한 연구들은 태아기의 생리적 반응이 이후 기질과 연결될 수 있음을 보여주며, 기질이 단순히 출생 후 환경에서 형성되는 것이 아니라 이미 태아기부터 개별적인 차이가 존재함을 시사한다. 출생 전부터 형성될 수 있는 기질이 부모자녀관계에 영향을 미친다면, 부모는 무엇을 할 수 있을까? 우선 부모는 자녀의 기질이 무엇인지 이해하는 것이 필요하다. 알렉산더 토머스(Alexander Thomas)와 스텔라 체스(Stella Chess)는 기질을 일반적으로 3가지 유형으로 구분했다.

(2) 기질의 유형

기질의 유형은 크게 순한 기질, 까다로운 기질, 느린 기질로 구분된다.

① 순한 기질 순한 기질(easy temperament)을 가진 아이들은 새로운 환경에 쉽게 적응하고, 정서적으로 안정적인 반응을 보이며, 규칙적인 생리적 리듬을 가지고 있다. 이러한 아이들은 부모의 양육에 긍정적으로 반응하는 편이기 때문에 비교적 수월하게 양육할 수 있다. 예를 들어, 일정한 수면 패턴과 식사 리듬을 유지하며 낯선 사람에게도 크게 불안을 보이지 않는 아이들은 순한 기질에 해당한다. 부모는 이러한 아이들과 비교적 쉽게 상호작용하며 정서적으로

안정적인 양육을 제공할 수 있다. 그러나 순한 기질을 가진 자녀라고 하더라도 부모가 무관심하거나 방임적인 태도를 보일 경우, 아이는 안정적인 애착을 형성하지 못할 수 있다. 따라서 부모가 자녀의 기질을 고려하여 양육 태도를 조정하는 것이 중요하다.

② 까다로운 기질 까다로운 기질(difficult temperament)을 가진 아이들은 새로운 환경에 적응하는 데 어려움을 겪고, 정서적으로 강한 반응을 보이며, 변덕스러운 행동 패턴을 나타낸다. 예를 들어, 낯선 사람을 만나면 쉽게 불안을 느끼고 울거나, 사소한 변화에도 큰 스트레스를 보이는 아이들이 이에 해당한다. 이러한 아이들을 양육하는 부모는 높은 인내심과 일관된 반응을 보이는 것이 더욱 필요하다. 만약 까다로운 기질을 가진 자녀에게 권위적인 양육을 적용하면 갈등이 증가할 가능성이 크다. 따라서 이러한 기질을 가진 자녀에게는 부모가 예측 가능한 환경을 조성하고, 부모 스스로 감정을 조절하며, 자녀에게도 감정을 조절할 수 있도록 돕는 것이 중요하다.

③ 느린 기질 느린 기질(slow-to-warm-up temperament)을 가진 아이들은 처음에는 새로운 환경이나 사람들에게 소극적이지만, 시간이 지나면서 적응하는 경향이 있다. 예를 들어, 처음에는 낯선 환경에서 주저하지만 반복적인 경험을 통해 점차 편안함을 느끼는 아이들이 이에 해당한다. 부모가 이러한 자녀에게 지나치게 빠른 사회적 적응을 요구하거나 강압적으로 대할 경우, 자녀는 더욱 위축될 수 있다. 반대로 부모가 자녀의 속도를 존중하고 서서히 적응할 기회를 제공한다면, 자녀는 점진적으로 환경에 대한 자신감을 키울 수 있다.

(3) 기질 유형검사

기질의 측정을 위해 여러 검사 도구가 개발되었으며, 대표적인 방법으로 임상 현장에서 가장 널리 사용되는 '기질 및 성격검사(Temperament and Character Inventory: TCI)'가 있다.

TCI는 기질과 성격을 구분하여 측정하는 도구로, 성인뿐만 아니라 청소년에게도 적용할 수 있다. 로버트 클로닌저(Robert Cloninger, 1994)가 개발한 이

검사는 심리생물학적 인성 모형에 기반해 개인의 기질과 성격을 종합적으로 측정한다. TCI는 기질(타고난 특성)과 성격(후천적으로 형성된 특성)을 구분하여 평가함으로써, 유전적 요인과 환경적 요인을 각각 이해할 수 있게 해준다. 유아부터 성인까지 모든 연령대에 맞는 척도가 구성되어 있어 임상 현장에서 가장 많이 활용되는 기질 관련 검사 중 하나이다(표 11.1 참조).

이 검사는 부모와 자녀 모두 같은 검사를 진행한 후, 검사 결과를 함께 볼 수 있어 부모자녀관계를 분석할 때 매우 유용하다. 부모는 자신과 자녀의 검사 결

표 11.1 기질 및 성격검사

구분	내용
대상 나이	- 유아용(JTCI): 만 3세(36개월 이상) ~ 만 6세 - 아동용(JTCI): 만 7세 ~ 만 11세(초등학교 6학년까지) - 청소년용(JCTI): 중학생 ~ 고등학생 - 성인용(TCI): 성인
평가 방법	유아~아동용까지는 부모 보고형, 청소년~성인 대상자는 자기 보고형으로 응답
평가 내용	기질과 성격을 각각 평가
기질 하위 척도	- 자극 추구(Novelty Seeking: NS): 새로운 것에 호기심을 느끼며 시도해 보는 성향 - 위험 회피(Harm Avoidance: HA): 위험이 예상되는 상황을 경계하고 피하려는 성향 - 사회적 민감성(Reward Dependence: RD): 감정에 민감하고 사람들과 교류하고 싶어하는 성향 - 인내력(Persistence: P): 곧바로 보상이 주어지지 않아도 행동을 꾸준히 지속하는 성향
성격 하위 척도	- 자율성(Self-Directedness: SD): 주도적으로 목표를 세우고 자율적으로 행동하는 정도 - 연대감(Cooperativeness: C): 관계 속에서 타인의 상황을 이해하고 조화롭게 지내는 정도 - 자기초월(Self-Transcendence: ST): 정신적 세계에 몰두하거나 우주만물과 일체감을 느끼는 정도
검사 결과	- 각 하위 척도의 점수를 종합하여 해석 • 기질 분석: 개인의 선천적인 기질적 특성을 파악하여 행동 경향을 이해하는 데 도움을 주며, 만약에 자극 추구가 높은 경우 '새로운 것을 시도하는 것을 좋아하지만 충동적일 가능성'이 있는 것으로 해석됨 • 성격 분석: 환경적 요인과 학습을 통해 형성된 성격 특성을 평가하여, 자기지향성이 낮다면 '목표를 설정하고 지속적으로 노력하는 데 어려움을 겪을 수 있음'으로 해석될 수 있음
해석 예시	- 자극 추구 점수가 높고, 위험 회피 점수가 낮은 경우: 이 사람은 도전적인 성향이 강하고 모험을 즐기는 경향이 있다. - 사회적 민감성 점수가 높은 경우: 타인의 인정과 칭찬을 중요하게 생각하며 사회적 관계에서의 보상을 중요하게 여긴다. - 자기초월성 점수가 높은 경우: 영적이거나 철학적인 사고를 즐길 가능성이 크다.

출처: 민병배, 오현숙, 이주영(2021). 『기질 및 성격검사 통합 매뉴얼 개정판』에서 발췌됨

과를 비교하여 서로의 타고난 기질과 후천적으로 형성된 성격을 구별할 수 있다. 이를 통해 부모가 자녀의 기질적 특성을 객관적으로 이해하고, 적절한 양육 방식을 선택하는 데 도움을 준다.

기질은 선천적으로 타고난 특성이지만, 환경적 요인과 부모의 양육 방식에 따라 발달 과정에서 변화할 수 있다. 따라서 부모가 자녀의 기질을 수용하고, 이에 맞는 양육 전략을 적용하는 것은 자녀의 정서적 안정과 긍정적인 대인관계 형성에 중요한 영향을 미친다. 자녀의 기질을 이해하고 존중하는 부모자녀관계는 아이가 자신을 긍정적으로 인식하고, 스트레스 상황에서도 적절한 대처 전략을 개발하는 데 도움을 줄 수 있다.

3) 부모의 양육 방식

부모의 양육 방식은 자녀의 정서적 안정과 발달뿐만 아니라, 부모자녀관계의 질에도 중대한 영향을 미친다. 부모가 자녀를 어떻게 양육하는지는 자녀가 세상을 바라보는 방식, 감정을 조절하는 능력, 그리고 타인과의 관계 형성에까지 영향을 미친다. 연구에 따르면, 부모의 양육 방식이 일관되고 따뜻할수록 자녀는 안정적인 애착을 형성하며 긍정적인 자존감을 키울 가능성이 크다. 반면, 부모가 지나치게 엄격하거나 무관심한 태도를 보일 경우, 자녀는 불안과 스트레스를 경험할 위험이 높아진다. 일반적으로 부모의 양육 방식은 4가지 유형으로 구분된다(Baumrind, 1991).

(1) 권위적 양육

권위적 양육(authoritative parenting)은 부모가 명확한 규칙과 기대치를 설정하면서도 자녀의 의견을 존중하고 정서적으로 지지하는 방식으로, 흔히 민주주의적인 양육 방식이라고도 불린다. 이러한 부모는 자녀에게 따뜻한 관심을 보이며, 독립성과 책임감을 기를 수 있도록 지도한다. 예를 들어, 시험에서 낮은 성적을 받은 자녀에게 "왜 이런 결과가 나왔을까? 우리가 함께 공부 계획을 세워볼까?"라고 대화하며 해결책을 모색하는 부모는 권위적 양육을 실천하는 경우이다. 이러한 환경에서 자란 자녀는 부모와의 관계에서 긍정적인 애착을 형성하며, 자율성과 책임감을 발달시키며, 나아가 사회적 관계에서도 건강한 의사소통 능력을 보이고, 높은 자존감을 형성할 가능성이 크다.

(2) 권위주의적 양육

권위주의적 양육(authoritarian parenting)은 자녀의 의견을 충분히 반영하지 않으면서 엄격한 규율과 높은 기대치를 강조하는 방식이다. 이러한 부모는 자녀에게 순종을 요구하며, 독립적인 사고보다 규율과 복종을 우선시한다. 예를 들어, 부모가 "성적이 나쁘면 성공할 수 없어. 너는 공부를 더 해야 해"라고 강압적인 태도를 보인다면, 이는 권위주의적 양육에 해당한다. 이러한 환경에서 성장한 자녀는 복종적인 태도를 가지거나, 반대로 강한 반항심을 보일 수도 있다. 또한, 부모를 두려워하거나 부모와의 관계에서 거리감을 느낄 수 있으며, 자기결정력이 낮아지고 불안이나 우울과 같은 정신건강 문제가 발생할 가능성이 높다.

(3) 허용적 양육

허용적 양육(permissive parenting)을 하는 부모는 자녀의 행동을 거의 통제하지 않고, 자녀가 원하는 대로 행동하도록 허용하는 경향이 있다. 이러한 부모는 자녀에게 높은 애정을 보이지만, 명확한 규율을 설정하지 않기 때문에 자녀는 책임감과 자기조절 능력을 학습하기 어렵게 된다. 예를 들어, 부모가 "네가 원하는 대로 해. 너만 행복하면 돼"라고 말하며 자녀의 행동을 제한하지 않는다면, 이는 허용적 양육의 예가 될 수 있다. 허용적 양육을 받은 자녀는 자유로운 환경 속에서 성장할 수 있지만, 사회적 규율을 따르는 데 어려움을 겪으며 감정조절이 미숙할 가능성이 크다.

(4) 방임적 양육

방임적 양육(neglectful parenting)을 하는 부모는 자녀에게 거의 관심을 기울이지 않으며, 정서적 교류가 거의 없는 경우가 많다. 이러한 부모는 자녀의 기본적인 욕구를 충족시키는 것에만 초점을 맞추며, 정서적 상호작용을 거의 하지 않는다. 예를 들어, 부모가 자녀의 학교생활이나 친구관계에 대해 전혀 관심을 보이지 않고, 단순히 먹고 자는 것만 챙긴다면 이는 방임적 양육에 해당한다. 이러한 환경에서 자란 자녀는 부모와의 애착 관계가 약해지고, 정서적 지원을 받지 못해 외로움을 경험하며, 이는 대인관계에서의 신뢰 부족으로 이어질 수 있다. 또한, 낮은 자존감, 불안, 우울 등의 정신건강 문제가 발생할 가능성이 크다.

이러한 연구들은 부모의 양육 방식이 자녀의 정신건강에 미치는 영향을 시사하며, 부모는 자녀의 정서적 안정과 건강한 사회적 관계 형성을 위해 권위적 양육을 실천하는 것이 바람직하다. 또한, 자녀의 행동을 이해하고 감정을 조절할 수 있도록 도와주는 부모의 태도는 자녀의 긍정적인 발달에 기여할 수 있다.

4) 정서 표현과 의사소통 방식

부모가 자녀의 정서 표현과 조절을 어떻게 반응하고 지도하는지는 자녀의 정서적 발달과 자아형성에 중요한 영향을 미친다. 정서 조절이란 개인이 자신의 감정을 인식하고, 적절한 방식으로 표현하며, 상황에 맞게 조절할 수 있는 능력을 말한다. 어린 시절 부모의 정서적 반응과 피드백은 자녀의 정서 조절 방식에 깊이 영향을 미치며, 자녀가 성장하면서 다른 사람들과의 관계에서 감정을 표현하고 조절하는 방식을 형성하는 데 중요한 역할을 한다. 부모의 정서적 반응 유형은 크게 긍정적인 반응과 부정적인 반응으로 나뉜다.

긍정적인 반응을 보이는 부모는 자녀가 감정을 표현할 때 이를 인정하고, 자녀가 감정을 이해하며 조절할 수 있도록 돕는다. 만약, 아이가 친구와의 갈등으로 화가 나 있다면, 부모가 "너무 화가 났겠구나. 무슨 일이 있었는지 이야기해볼래?"라고 물어보는 것이다. 이러한 반응은 자녀가 자신의 감정을 인식하고 건설적인 방식으로 표현하는 법을 배우는 데 도움을 준다. 또한, 자녀가 자신의 감정을 긍정적으로 받아들이고 정서적 안정감을 형성할 수 있도록 한다.

반면, 부정적인 반응을 보이는 부모는 자녀의 감정을 억제하거나 비난하며, 감정 표현하는 것을 부정적으로 여기게 만들 수 있다. 아이가 두려움을 표현했을 때 "그런 걸로 무서워하면 안 돼"라고 반응하거나, 아이가 울 때 "왜 이렇게 예민하게 구니?"라고 비판하는 것이 그 예이다. 이러한 환경에서 자란 아이들은 감정을 억누르거나 감정을 표현하는 것 자체를 두려워하게 될 가능성이 높다.

부모의 반응 방식에 따라 자녀는 정서 조절 능력을 다르게 발달시킨다. 감정을 존중받고 지도받은 아이들은 스트레스 상황에서도 감정을 조절하고 긍정적인 대처 전략을 사용할 가능성이 높다. 반면, 부모로부터 부정적인 반응을 받은 아이들은 자신의 감정을 표현하는 것을 두려워하며, 불안과 우울을 경험할 확률이 높아질 수 있다. 부모가 자녀의 정서 표현에 적절하게 반응하는 것은 건강한 부모자녀관계 형성에도 중요하다. 부모가 자녀의 감정을 인정하고 공감하는 태도를 보이면, 자녀는 부모를 신뢰하고 심리적 안전감을 느끼게 된다. 반대로, 부모가 감정을 억제하거나 무시하면 자녀는 부모에게 자신의 감정을 공유하는 것을 꺼리게 되고, 부모와의 정서적 유대감이 약해질 수 있다.

건강한 정서 표현과 조절을 돕기 위해 의사소통 방식은 매우 중요하다. 어떤 의사소통 방식을 사용하는가는 정서 표현 및 조절에 핵심적인 역할을 하며, 부모자녀관계의 질을 결정하는 중요한 요소이다. 여기서, 의사소통이란 부모와 자녀 간의 언어적 상호작용뿐만 아니라 비언어적 요소까지 포함한다. 이를 통해 서로의 감정과 생각을 이해하고 신뢰를 형성하고, 자녀의 정서적 안정과 자존감에 직접적인 영향을 미치며, 건강한 관계 형성을 하기 위한 필수적인 요소로 작용한다.

부모-자녀 간 의사소통 방식은 여러 이론에 의해 설명될 수 있으며, 대표적으로 존 가트만(John Gottman)의 가족 대화 이론이 있다. 이 이론에서는 부모의 의사소통 유형을 감정 코칭형, 억압형, 축소 전환형, 방임형으로 구분한다.

(1) 감정 코칭형

감정 코칭형(emotion coaching) 의사소통 방식은 부모가 자녀의 감정을 이해하고, 공감하며, 건강한 방법으로 표현할 수 있도록 돕는 방식이다. 감정 코칭형 부모는 아이가 힘든 일이 있을 때 먼저 아이의 감정을 알아차리고 인정해준다. 이러한 방식은 자녀가 자신의 감정을 올바르게 표현하고 조절하는 법을 배우는 데 도움을 주며, 정서적 안정과 신뢰감을 형성하는 데 기여한다.

예시

자녀: 엄마, 오늘 학교에서 친구랑 싸웠어. 너무 속상해.

부모: 속상한 일이 있었구나. 무슨 일이 있었는지 자세히 이야기해줄래?

자녀: 내가 먼저 놀자고 했는데, 친구가 싫다고 했어. 그래서 나도 화나서 같이

안 놀겠다고 했어.

부모: 네 기분 이해해. 거절당해서 속상했을 것 같아. 그래서 너도 화가 나서 친구에게 그렇게 얘기했구나. 그 말을 한 게 후회되지는 않아?

자녀: 응, 너무 감정적으로 말한 것 같아.

부모: 그럼 내일 가서 네 감정을 솔직하게 이야기해보는 게 어때? 엄마랑 같이 방법을 생각해볼까?

(2) 억압형

억압형(disapproving)의 부모는 자녀의 감정을 비난하거나 억제하며, 행동을 통제하는 방식이다. 이러한 방식은 자녀가 자신의 감정을 부정적으로 여기도록 만들고, 정서적 소통이 단절된 관계를 만들기 쉽다.

예시

자녀: 오늘 학교에서 친구랑 싸워서 속상해.

부모: 친구랑 싸우면 안 되지.

자녀: 그래도 너무 속상해.

부모: 그런 걸로 속상해하면 안 돼. 그냥 다음부터 조심하면 돼.

(3) 축소 전환형

축소 전환형(dismissive) 의사소통 방식의 부모는 갈등을 축소하거나 자녀의 감정적 표현을 불편해하는 경향이 있다. 이러한 방식은 자녀가 자신의 감정을 표현하면 안 된다고 생각하게 만들고, 두려워하게 만들 수 있으며, 누군가에게 정서적 표현을 하는 것을 어렵게 만들 수 있다.

예시

자녀: 엄마, 오늘 학교에서 친구랑 싸워서 너무 속상했어.

부모: 별일 아닌 이야기는 하지 말고 즐거운 일을 생각해보자.

자녀: 하지만 너무 힘들었어.

부모: 다 지나가는 일이야. 깊이 생각하지 말자.

(4) 방임형

방임형(laissez-faire)의 부모는 자녀에게 거의 관심을 기울이지 않거나, 자녀와의 의사소통에 적극적으로 참여하지 않으며, 자녀가 감정을 표현할 때도 무심한 반응을 보인다. 이러한 환경에서 성장한 자녀는 부모와의 정서적 유대감을 형성하기 어려우며, 낮은 자아존중감을 가질 가능성이 크다.

예시

자녀: 오늘 학교에서 선생님한테 칭찬받았어!

부모: 응, 그렇구나.

자녀: 엄마, 안 궁금해? 나 진짜 기분 좋았어!

부모: 엄마 지금 바빠.

부모의 의사소통 방식은 자녀의 정서 발달과 자존감 형성에 직접적인 영향을 미친다. 감정 코칭형 부모 아래에서 성장한 자녀는 자신의 감정을 긍정적으로 받아들이고, 이를 조절하는 능력을 갖추게 된다. 또한, 이후의 대인관계에서도 정서적 안정감을 유지하며, 갈등을 건강하게 해결하는 법을 배울 수 있다. 반면, 억압형, 축소 전환형, 방임형 의사소통 방식은 자녀가 자신의 감정을 부정적으로 여기도록 만들고, 정서적 표현을 억제하게 만들 수 있다. 따라서 부모가 자녀의 감정을 존중하고 개방적인 대화를 통해 정서적 안정감을 제공해야 하며, 이는 자녀가 건강한 대인관계를 형성하는 데 기여할 수 있다.

3 부모자녀관계에서의 갈등과 해결

1) 발달 과정에 따른 부모-자녀 간의 갈등

부모자녀관계에서는 발달 단계에 따라 다양한 갈등이 발생할 수 있으며, 이는 자율성과 통제, 기대와 현실의 차이, 세대 차이, 역할의 변화 및 재정립 등과 관련이 깊다. 부모와 자녀는 서로 다른 입장에서 관계를 형성해 나가므로, 각 발달 단계에서 경험하는 갈등도 서로 다르게 나타난다. 여기에서는 배스터블과 다트(Bastabel & Dart, 2007)가 제시한 일반적인 발달 단계에 따라 부모와 자녀 사이의 관계에서 발생할 수 있는 갈등의 특징에 대해 살펴보고자 한다.

(1) 영아기(출생~1세)

이 시기의 주요 갈등은 신뢰 형성과 관련이 있다. 자녀의 입장에서 부모가 일관된 보살핌을 제공하지 않거나 즉각적인 반응을 보이지 않으면 불안을 느낄 수 있다. 예를 들어, 아기가 울 때 부모가 반응하지 않으면 자녀는 기본적인 신뢰를 형성하지 못하고 세상을 두려운 곳으로 인식할 가능성이 높다. 부모의 입장에서는 신생아기 동안 지속적인 돌봄과 희생이 요구되며, 충분한 휴식이나 개인시간을 가지지 못하는 것이 스트레스로 작용할 수 있다. 특히, 수면 부족과 육아 부담으로 인해 정서적 소진이 발생할 가능성이 높다.

(2) 유아기(1~2세)

이 시기에는 자율성을 발달시키려는 자녀의 욕구와 부모의 통제 사이에서 갈등이 발생할 수 있다. 자녀는 스스로 무언가를 하고 싶어 하지만, 부모는 아이가 위험에 빠질까 봐 지나치게 통제할 수도 있다. 예를 들어, 아이가 혼자 옷을 입겠다고 고집을 부리지만, 부모가 시간이 오래 걸린다며 도와주려 할 때 갈등이 발생할 수 있다. 부모는 자녀의 성장을 응원하지만, 일상적인 일처리에 시간이 오래 걸리는 것에 대한 답답함을 느낄 수 있다. 또한, 자녀가 자율성을 주장하는 과정에서 반항적인 태도를 보이면 양육 방식에 대한 고민이 깊어질 수 있다.

(3) 전학령기(3~5세)

이 시기에는 자녀가 스스로 계획하고 행동하려는 주도성을 보이기 시작하며, 이로 인해 부모와의 갈등이 생기기 쉽다. 자녀는 주변 세계에 대한 호기심이 커지고, 스스로 선택하고 시도해보려는 욕구가 강해진다. 예를 들어, 자녀가 마트에서 자신이 원하는 물건을 고르려 할 때, 부모가 그 선택이 적절하지 않다고 판단해 제지하면 자녀는 자신의 선택이 존중받지 못했다고 느낄 수 있다. 반면,

부모 입장에서는 자녀의 판단이 미숙하다고 생각되어 대신 결정해주는 것이 보호라고 여기지만, 이 과정이 반복되면 자녀는 결정을 하거나 새로운 시도 자체를 꺼려하게 되기 쉽다. 이에 부모는 이러한 자녀에게 답답함을 느끼거나 부모가 개입해주는 상황에 대해 부담감과 피로감을 느끼고, 자신의 양육 방식에 대한 회의감을 가질 수도 있다.

(4) 학령기(6~11세)

이 시기에는 성취와 비교가 주요한 갈등 요인이 될 수 있다. 자녀는 자신의 능력에 대한 확신을 얻고 싶어 하지만, 부모는 더욱 높은 성취를 기대할 수도 있다. 예를 들어, 부모가 자녀의 성적이나 학교활동에 대한 기대를 지나치게 높게 설정하면, 자녀는 부담감을 느끼고 실패할 때 열등감을 경험할 수 있다. 부모의 입장에서는 자녀가 잠재력을 충분히 발휘하도록 돕고 싶지만, 자녀가 원하는 방향과 부모가 기대하는 방향이 일치하지 않을 때 무력감을 느끼게 된다. 또한, 자녀가 노력을 기울이지 않는다고 판단될 경우, 부모는 실망감을 가지게 될 수도 있다.

(5) 청소년기(12~19세)

청소년기는 부모와 자녀 간의 갈등이 가장 빈번하게 발생하는 시기이다. 자녀는 자율성을 강조하며 스스로 결정을 내리고 싶어 하지만, 많은 부모들이 자녀의 안전과 미래를 걱정하며 간섭하려 한다. 예를 들어, 부모가 자녀에게 부모 관점에서의 진로를 강요하면, 자녀는 자신의 정체성 형성에 혼란을 겪고 반항하며 대항하기도 한다. 부모는 점차 자신과 정서적 거리를 두며, 부모의 가치관과 다르게 행동하는 자녀를 보며 불안해지기 쉽다.

(6) 성인 초기(20~40세)

이 시기의 주요 갈등은 자녀의 독립성과 부모의 보호 욕구 간의 충돌에서 비롯될 수 있다. 자녀는 자신의 삶을 개척하여 스스로 살아가기를 원하지만, 부모는 여전히 자녀에게 조언하고 도와주고 싶어 한다. 예를 들어, 물리적·정서적으로 독립하려는 자녀에게 부모가 경제적 지원이나 조언을 지속적으로 제공하려

한다면 갈등이 발생한다. 이러한 변화 속에서 부모는 자녀가 독립적으로 살아가는 모습을 보며 자부심을 느끼는 동시에, 정서적 소외감을 경험할 수도 있다.

각 발달 단계에서 부모와 자녀의 갈등은 자연스러운 현상이지만, 이를 어떻게 조율하고 해결하느냐에 따라 관계의 질이 결정된다. 부모는 자녀의 발달 단계에 따른 변화와 욕구를 이해하고, 자녀 역시 부모의 역할과 감정을 고려하는 태도를 가질 필요가 있다. 서로 존중하는 태도와 효과적인 의사소통이 부모자녀관계에서 갈등을 해결하는 중요한 요소가 될 수 있다.

2) 갈등해결을 위한 감정 코칭

어린 자녀일수록 부모의 감정 표현 방식을 보고 배우면서 감정을 인식하고 표현하는 법을 익힌다. 따라서 부모는 자녀에게 감정을 건강하게 표현하고 갈등을 해결하는 모형이 되어야 한다. 앞서 언급한 가트만이 제안한 감정 코칭은 부모가 자녀의 감정을 이해하고 건강하게 표현할 수 있도록 지도하는 방법으로 의사소통의 방식 중 하나이다. 감정 코칭은 부모가 자녀의 감정을 인정하고, 스스로 조절할 수 있도록 지도하며, 궁극적으로 문제해결을 지원하는 5가지 단계로 구성된다.

(1) 부모가 자녀의 감정을 인식하기

부모는 자녀가 보이는 감정적 신호를 인식하고 이를 존중해야 한다. 예를 들어, 자녀가 "형아가 내가 만들던 블록을 부쉈어요"라며 속상해할 때, 부모는 이를 무시하거나 억누르지 않고 자녀가 어떤 감정을 느끼고 있는지 알아차리는 것이 중요하다.

(2) 자녀가 감정을 표현하는 그 순간을 좋은 기회로 삼기

만약 부모가 자녀의 감정 표현에 부정적으로 반응하면, 자녀는 자신의 감정이 잘못되었다고 생각하고 감정을 숨기려 하거나 감정을 표현하는 순간을 불안해할 수 있다. 따라서 자녀가 감정을 표현하는 것이 괜찮다는 안정적인 분위기를 조성하는 것이 중요하다. 부모가 '이건 감정 코칭을 할 수 있는 좋은 기회야'

라고 생각하며 접근하는 것도 도움이 된다.

(3) 자녀의 감정을 공감하고 경청하기

자녀의 감정을 부정하지 않고 인정하는 것이 중요하다. 예를 들어, 자녀가 "친구가 나랑 안 놀아줘서 속상해"라고 말할 때, 부모가 "그런 일은 아무것도 아니야"라고 반응하면 자녀는 자신의 감정이 중요하지 않다고 느낄 수 있다. 대신, "그랬구나, 네가 많이 속상했겠어. 정말 힘든 일이었을 것 같아"라고 말하면 자녀는 자신의 감정이 존중받고 있다고 느낀다. 이때 눈을 맞추고 부드러운 말투를 사용하는 등 비언어적 메시지를 함께 활용하는 것이 효과적이다.

(4) 자녀가 감정을 표현할 수 있도록 돕기

부모는 자녀가 자신의 감정을 명확하게 표현할 수 있도록 도와야 한다. 자녀가 느끼는 감정을 구체적인 감정 단어(예: 분노, 짜증, 질투, 슬픔)와 연결할 수 있도록 지도하는 것이 중요하다. 예를 들어, "지금 마음이 어떠니?", "기분이 어때?"라고 물으면 자녀는 자신의 감정을 스스로 인식하고 언어로 표현할 기회를 가지게 된다. 이렇게 감정을 언어로 표현하는 과정에서 강한 감정이 점차 누그러지고, 감정을 언어로 소통하는 것이 효과적인 방법임을 깨닫게 된다.

(5) 스스로 문제를 해결할 수 있도록 하기

감정이 어느 정도 정리된 후에는 자녀가 갈등을 해결하는 방법을 스스로 찾아볼 수 있도록 돕는 단계이다. 예를 들어, 자녀가 "친구가 나랑 안 논다고 했어"라고 말할 때, 부모가 "그럼 네가 어떻게 하면 좋을지 우리 같이 생각해볼까?", "너는 어떻게 했으면 좋겠니?"라고 질문하면 자녀가 스스로 해결책을 고민할 기회를 가질 수 있다. 만약 자녀가 해결책을 찾는 데 어려움을 느낀다면, "그 친구에게 다시 이야기해보는 건 어때?", "네가 원한다면, 또 다른 친구를 사귀는 방법도 있어"와 같은 제안을 할 수도 있다. 다만, 자녀가 직접 해결책을 찾도록 기다려주는 것이 중요하며, 부모의 해결책을 강요하지 않는 것이 핵심이다.

4 부모로부터의 독립

부모자녀관계의 궁극적인 목표는 자녀가 독립적인 성인으로 성장하여 자신의 삶을 주체적으로 살아갈 수 있도록 돕는 데 있다. 독립은 단순히 경제적인 자립을 의미하는 것이 아니라, 심리적·정서적 독립까지 포함하는 개념이다. 자녀는 성장하면서 부모에게 의존하는 단계를 거쳐 자율성을 획득해야 하며, 부모 역시 자녀를 떠나보내는 과정에서 자신의 삶을 재정립하는 발달 과업을 거쳐야 한다. 따라서 부모와 자녀는 서로의 변화에 적응하며 성숙한 관계로 발전해야 한다.

1) 자녀의 독립과 부모의 재정립

자녀는 부모의 보호 아래 성장하지만, 궁극적으로는 자율적인 개인으로서 독립해야 한다. 이는 부모의 가치관과 기대에서 벗어나 자신의 정체성을 확립하고, 경제적·사회적으로 독립적인 삶을 영위하는 과정과 연결된다. 청소년기에는 부모와의 갈등을 경험하면서 독립성을 추구하며, 성인 초반에는 직업과 대인관계를 형성하며 독립적인 결정을 내리게 된다. 이 과정에서 부모는 자녀의 독립을 지지해야 하며, 과도한 간섭이나 의존을 피하는 것이 중요하다.

그러나 부모의 역할은 단순히 자녀를 독립시키는 것에 그치지 않는다. 자녀가 성장하여 부모의 직접적인 보호가 더 이상 필요하지 않게 되었을 때, 부모는 자신만의 삶을 찾고 새로운 의미를 부여하는 과정을 경험해야 한다. 연구에 따르면, 성인 자녀와의 관계에서 부모가 지나치게 개입하거나 의존하는 경우, 자녀의 심리적 부담이 증가하고 건강한 관계 형성이 어려워질 수 있다.

이와 관련하여 현대사회에서는 '캥거루족(Kangaroo Generation)' 현상이 하나의 사회적 문제로 대두되고 있다. 캥거루족은 성인이 된 후에도 경제적·정서적으로 부모에게 의존하며 독립하지 못하는 자녀를 의미하는 용어로, 이는 경제적 불안정성과 함께 심리적 독립 과정의 지연을 반영하는 개념이다. 특히 부모가 자녀의 독립을 지나치게 보호하려 하거나, 자녀가 독립을 준비하지 못한 경우 이러한 현상이 더욱 심화될 수 있다. 이는 부모와 자녀 모두에게 부담이 될 수 있으며, 부모의 노후 준비에 영향을 미치고 자녀는 자율성과 책임감을 갖추는 데 어려움을 겪을 수 있다. 따라서 부모는 자녀가 독립할 수 있도록 돕고, 자녀 역시 독립적인 삶을 위한 준비를 해야 한다.

2) 자녀의 독립 과정과 과제

자녀의 독립은 생애 발달 과정에서 점진적으로 이루어지는 중요한 과업이다. 특히 청소년기부터 성인기에 이르기까지 심리적 독립 과정이 두드러지며, 이는 자아정체성과 책임감을 형성하는 중요한 과정이 된다.

청소년기는 독립의 출발점으로, 자녀는 자율성과 자기결정을 강조하며 부모와의 심리적 거리를 조절하기 시작한다. 부모의 과도한 간섭은 자녀의 반항적인 태도를 유발할 수 있으며, 반대로 지나치게 방임하면 자녀가 독립을 준비할 기회를 충분히 갖지 못할 수도 있다. 따라서 부모는 적절한 자유를 허용하면서도 신뢰를 바탕으로 한 안내자 정도의 역할을 수행하는 것이 중요하다.

자녀가 성인 초반이 되면 경제적·사회적 독립이 본격적으로 이루어진다. 이 시기의 자녀는 학업을 마치고 취업을 하며 스스로 삶을 책임지는 경험을 하기 시작한다. 이 과정에서 부모가 자녀의 모든 결정에 개입하거나 경제적으로 과도하게 지원할 경우, 자녀의 독립 과정이 지연될 수 있다. 부모의 돌봄 역할은 줄이고, 자녀가 독립적인 결정을 내릴 수 있도록 정서적 지지를 제공하는 것이 필요하다.

성인기로 접어들면서 자녀는 자신의 가정을 꾸리거나 커리어를 안정시키면서 부모와의 관계를 재구성하게 된다. 이 시점에서 자녀는 부모에게 의존하는 것이 아니라, 정서적 지지를 상호교환하는 관계로 전환해야 한다. 부모 또한 자녀가 독립된 성인으로 성장했음을 인정하고, 과거의 보호자 역할에서 벗어나 독립적인 관계를 형성하는 것이 중요하다.

3) 부모의 과제

자녀가 독립하는 과정에서 부모 또한 변화에 적응해야 한다. 성인 자녀를 떠나보내는 것은 부모에게도 심리적 독립 과제이다. 부모가 자녀의 독립을 '자녀가 나를 떠나려는 것'이라고 생각한다면 심리적으로 받아들이기 힘든 과정이 될 수도 있다. 따라서 부모는 자녀의 건강한 독립을 위해서 해줄 수 있는 부모의 역할이 무엇일까의 관점에서 생각하여, 다음과 같은 과제를 생각해볼 수 있다.

(1) 자녀의 자율성 존중하기

자녀의 독립은 어느 날 갑자기 일어나는 일은 아니다. 자녀의 성장 과정에서 조금씩 그 능력을 키울 수 있는 기회가 주어져야 한다. 예를 들어, 학업이나 진로 선택에서 부모의 기대를 강요하기보다는 자녀의 선택을 지지하는 태도를 보이는 것이 바람직하다. 아동기부터 자녀가 자신의 결정을 내릴 기회를 가질 수 있도록 부모는 존중하는 자세를 가져야 한다.

(2) 경제적 지원을 점진적으로 줄이기

현대사회에서는 성인 초기의 자녀가 경제적으로 완전히 자립하기 어려운 경우가 많지만, 부모가 지속적으로 재정적 지원을 제공할 경우 자녀의 독립 과정은 지연될 수밖에 없다. 따라서 경제적 지원이 필요하더라도 점진적으로 줄이며 자녀가 책임감을 가질 수 있도록 도와야 한다.

(3) 정서적 지지는 유지하되 과도한 개입은 줄이는 것

부모는 자녀가 독립 과정에서 겪는 어려움을 이해하고 정서적으로 지지하되, 자녀가 필요할 때 도움을 요청할 수 있도록 적절한 거리감을 유지하고 개방적인 대화 환경을 조성하는 것이 중요하다.

(4) 부모 자신의 삶을 찾기

부모가 여전히 자녀의 삶을 통제하려 하면 갈등이 발생할 수 있다. 따라서 부모는 성인 자녀를 독립적인 존재로 존중하며 새로운 방식으로 관계를 형성할 필요가 있다. 이를 위해, 부모는 부부관계를 재정립하고 새로운 취미나 사회적 활동을 갖는 것이 건강한 적응 과정이 될 수 있다.

부모자녀관계는 시간의 흐름에 따라 변화하지만, 그 본질은 변하지 않는다. 자녀가 독립한다고 해서 부모와의 관계가 단절되는 것이 아니라, 성숙한 방식으로 재구성될 뿐이다. 자녀의 독립 과정이 단절이 아닌, 서로를 존중하고 지원하는 균형 잡힌 관계로 나아가는 과정이 될 수 있도록 해야 한다. 따라서 부모는 자녀가 자신의 삶을 주체적으로 살아갈 수 있도록 지지하면서도, 정서적 연결을 유지할 수 있도록 노력해야 한다. 자녀 역시 독립을 통해 성장해 나가면서도 부모와의 관계를 부담이 아닌 안정과 지지의 원천으로 받아들일 필요가 있다. 그러기 위해서는 가족 모임을 지속하거나 함께 시간을 보내는 등의 활동을 통해 정서적 유대감을 유지하는 것이 도움이 된다. 이 과정에서 부모는 자녀가 더 이상 보호받아야 할 존재가 아니라 독립적인 성인임을 인정하고, 자녀 역시 부모가 점점 연로해짐을 이해하고 정서적 지지를 제공하는 역할을 받아들이는 것이 중요하다.

서로를 존중하는 균형 잡힌 관계가 건강한 부모자녀관계를 형성하는 데 핵심적인 역할을 한다. 이러한 관계는 단순히 가족이라는 틀을 넘어, 평생에 걸쳐 지속될 수 있는 중요한 정서적 유산이 될 것이다. 부모와 자녀가 서로를 존중하며 성장하고 변화에 적응해 나갈 때, 부모자녀관계의 유대감은 더욱 견고해지며 서로에게 지속적인 정서적 지지와 버팀목이 되어줄 것이다.

요약

1. 부모자녀관계는 정서적 안정, 자존감 형성, 대인관계의 형성, 우울이나 불안과 같은 정신건강 문제와 깊은 관련이 있으며, 신생아기부터 노년기까지 발달 단계에 따라 전 생애에 걸쳐 다양한 방식으로 작용한다.
2. 부모자녀관계에 영향을 미치는 요인으로는 애착, 기질, 부모의 양육 방식, 정서 표현과 의사소통 방식이 있다. 이는 자녀의 정서적 안정, 자존감, 사회적 적응에 결정적인 역할을 하며, 이후 대인관계 형성과 정신건강에도 장기적인 영향을 미친다.
3. 부모-자녀 간의 갈등은 발달 단계에 따라 다양하게 나타나며, 이를 어떻게 조율하고 해결하느냐에 따라 관계의 질이 결정된다. 갈등해결을 위해서는 가트만이 제안한 감정 코칭을 활용할 수 있다.
4. 부모자녀관계의 궁극적인 목표는 자녀가 독립적인 성인으로 성장하여 자신의 삶을 주체적으로 살아갈 수 있도록 돕는 데 있다. 자녀의 독립은 심리적·경제적 자립을 포함하며, 부모는 자녀의 자율성을 존중하고 자신만의 삶을 재정립함으로써 자녀와 성숙한 관계로 나아가야 한다.

활동

1. 부모와의 관계를 되돌아보며 자신이 어떤 애착 유형을 형성했는지 생각해보고, 이를 통해 부모와의 관계가 자신의 대인관계와 정서적 안정에 미친 영향을 분석해보자.

1) 자신이 부모와 어떤 애착 유형(안정 애착, 불안-회피 애착, 불안-저항 애착, 혼란 애착)을 형성했는지 분석한다.

2) 부모와의 관계가 자신의 자존감이나 대인관계에 어떤 영향을 미쳤는지 작성한다.

3) 어린 시절과 현재를 비교하며 부모와의 관계에서 달라진 점과 여전히 유지되고 있는 점을 서술한다.

2. 부모님의 양육 방식(권위적, 허용적, 방임적, 권위주의적)을 분석하고, 나의 성장 과정에서 미친 영향을 탐색해보자.

1) 자신의 부모가 어떤 양육 방식을 주로 사용했는지 살펴보고, 그로 인해 형성된 자신의 성격적 특성을 분석한다.

2) 다른 나라의 양육 방식과 비교하여 논의하고, 각 문화에서의 부모자녀관계의 차이를 탐색한다.

3. 자신이 미래에 부모가 되었을 때의 양육 방식을 계획하고, 부모자녀관계에서 무엇을 중요하게 여기는 부모가 될 것인지 생각해보자.

1) 부모가 되었을 때 어떤 양육 방식을 적용할 것인지 설명한다.

2) 부모와 자녀 간의 건강한 관계를 유지하기 위한 핵심 요소 3가지를 선정하고, 그 이유를 설명한다.

3) 조별활동의 경우, 각자의 양육 방식을 공유하고, 현대사회에서 가장 효과적인 양육 방식이 무엇인지 토론한다.

4. 조별로 특정한 갈등 상황을 설정하여 부모와 자녀의 입장에서 역할극을 진행하며, 갈등해결 방법을 모색해보자.

1) 조별로 역할을 나누어 부모와 자녀의 입장에서 대화를 진행한다.

[상황 예시]
- 자녀가 원하는 진로를 선택하고 싶지만, 부모가 반대할 때
- 자녀가 독립을 원하지만 부모가 여전히 간섭할 때
- 부모와 자녀가 서로의 세대 차이로 인해 갈등을 겪을 때

2) 역할극 후, 갈등해결 방법을 조별로 토론하고, 가장 효과적인 해결 방법을 마련한다.

5. 현대사회에서 부모자녀관계에 영향을 미치는 사회적 요인을 분석해보자.

1) 현대사회에서 부모자녀관계에 영향을 미치는 주요 이슈(예: 경제적 불안정, 맞벌이 가정 증가, 스마트폰과 부모 자녀 소통, 조부모 육아 등)를 조사한다.

2) 각 조별로 특정 이슈를 선택하여 발표하고, 부모자녀관계에 미치는 영향을 분석한다.

3) 해당 이슈를 해결하기 위한 실질적인 방안을 토론하고 정리한다.

12장

일상에서 만나는 다문화와 다양성

심리학개론 수업에서 진행하는 팀 프로젝트를 위한 회의 일정을 정하고 있었다. 민수는 “저는 금요일에 기도를 하러 가야 해서 회의가 어려워요. 다른 요일로 하면 좋겠어요”라고 말했다. 영현이는 약간은 농담조로 “그 종교는 진짜 약간 복잡하네요”라고 반응했고, 민수를 포함해서 모두는 가볍게 웃어넘겼다. 그러나 그 이후로 민수는 팀 프로젝트 회의에 나오지 않았고, 심리학개론 수업도 수강을 취소했다. 영현이는 마음이 쓰여 자신이 한 말에 대해 곱씹어보았다. ‘나는 단지 잘 모르고 낯설었던 것뿐인데, 내가 한 말이 이상하다는 뉘앙스로 들린 건 아닐까?’ 하는 생각이 들어 후회스러웠다.

1 다문화와 다양성의 개념
2 다문화 수용과 정신건강
3 일상 속 타자화
4 다문화 수용 역량

언젠가부터 '다문화'라는 단어가 심심치 않게 들려온다. 우리 사회가 점차 다문화사회로 변해가고 있다는 이야기에도 익숙해지고 있다. 아마 '다문화'라는 표현이 낯선 사람들도 우리나라에 타국에서 온 결혼이주여성과 그 자녀, 유학생, 외국인 노동자 등 이전보다 다양한 국적의 사람들이 부쩍 많아졌다는 것에는 고개를 끄덕일 것이다. 그렇다면, 국적이나 인종이 다르다는 것만이 문화적 다양성을 초래하는가? 다른 국적과 인종의 유입이 우리나라를 '다문화사회'로 만들었다고 말할 수 있을까? 우리나라는 단일 민족임을 자부해왔지만, 실상 전라도와 경상도, 강원도 등 지역에 따라 언어와 생활의 역사가 이미 달랐고, 연령대와 성별에 따라서도 생각의 차이가 크다는 것을 경험해왔다.

다문화란 인종과 국적에 국한되는 것이 아니라 한 사람의 정체성에 영향을 줄 수 있는 모든 요소, 예를 들면 성별, 연령, 성적 지향, 지역 등을 총망라하는 개념이라고 볼 수 있다. 그런 관점에서 우리는 언제나 다문화 안에서 살아왔고, 여전히 다양성이 산재해있는 세상에 살고 있다. 그렇기에 서로 다른 문화를 가진 사람들이 서로의 다름을 인식하고 이해하면서도 따로 또 같이 지낼 수 있는 방법을 찾아내는 것은 우리의 정신건강에 매우 중요한 사안이다.

1 다문화와 다양성의 개념

문화(culture)란, '한 집단의 사람들 사이에서 공유되는 가치, 신념, 규범, 언어, 관습, 행동 양식으로, 개인의 정체성과 세계관 형성에 영향을 미치는 사회적 구성물'을 의미한다. 그리고 다문화(multiculturalism)란, '서로 다른 문화적 배경과 정체성을 가진 사람들이 공존하는 사회적 현실'을 의미한다. 그렇다면 '서로 다른 문화적 배경'의 범위는 어디까지일까? 보다 좁은 의미로 다름을 규정하는 협의의 다문화 정의와 보다 광범위하게 다름을 정의하는 광의의 다문화 관점을 모두 살펴보자.

1) 협의의 다문화

좁은 의미의 다문화는 주로 인종, 민족, 국적과 같은 명확한 문화적 차이를 중심으로 정의된다. 즉, 외국인 노동자, 이주민, 국제결혼 가정, 난민 등의 집단과의 차이를 강조하는 것이다. 특히 국내에서는 이렇게 협의의 다문화가 통용되는데, 즉 다문화를 주로 결혼이민자 가정이나 외국인 노동자 가정으로 한정하여 이해하는 경향이 있다.

그러나 국외의 사례를 보면, 이렇게 좁은 의미의 정의는 이미 낡은 것이다. 다문화에 대한 논의가 가장 활발하게 공론화된 미국의 사례를 참고해보면, 1990년대 초반에는 다문화 논의의 초점이 주로 인종적 소수자에 맞춰져 있었다는 것을 알 수 있다. 당시 미국사회의 주류 집단은 중산층 백인이었는데, 엄청난 속도로 인구 구성이 변화하여 인종적 소수자 집단이 수적으로 백인을 넘어설 정도로 증가하는 시기를 맞이했다. 그 과정에서 인종적 소수 집단이 주류 문화 안에서 소수로서 겪었던 편견과 차별의 요소가 뚜렷하게 드러났고, 이를 방지하는 정책을 마련할 필요가 있었다. 그리고 그들의 문화와 경험을 받아들여야 했다.

당시 인종 간의 문화적 차이나 그로 인한 차별의 요소는 매우 선명해서, 서로의 다름을 존중하고 포용해야 한다는 노력의 필요성은 명백한 것이었다. 이렇게 인종 간 차이를 중심으로 시작한 다문화 논의는 점차 사람의 정체성 차이를 가져오는 다른 문화적 차이에 대한 논의로 확장되었다. 서로에 대한 편견과 차별을 야기하는 문화적 차이가 인종에 국한되지 않았던 것이다. 그리하여 다문화의 개념과 범위는 점차 광의로 나아가게 되었다.

2) 광의의 다문화

넓은 의미에서 다문화는 한 사람의 정체성에 영향을 주는 모든 요소를 포함하는데, 여기에는 성별, 성적 지향, 장애 여부, 종교, 나아가 사회경제적 지위, 연령, 교육 수준 등이 속한다. 2017년 미국심리학회(American Psychological Association: APA)에서 발간한 다문화 지침서에서는 "개인의 정체성은 맥락과 시간에 따라 형성되며, 연령, 세대, 성별, 성 정체성, 인종, 민족, 종교, 언어, 성적 지향, 사회경제적 지위, 교육, 고용, 능력 상태, 출신 국가, 이민 상태, 역사적 및 지속적 소외 경험 등 다양한 문화적 영향에 의해 형성된다"고 설명하고 있다. 여기에서는 패멀라 헤이스(Pamela Hays)가 제시한 다문화 요소들을 소개하고자 한다(표 12.1 참조). 헤이스는 다양한 정체성을 'ADDRESSING'이라는 친숙한 두문자어를 통해 설명했다(Hays, 2008).

표 12.1 헤이스가 제안한 다문화 요소

요소	설명
연령 (**A**ge)	나이나 세대의 차이
후천적 장애 (**D**isability acquired)	사고 등으로 인한 장애
발달장애 (**D**isability developmental)	지적장애 등 발달적 장애
종교 (**R**eligion)	특정 종교 혹은 무종교, 영적 신념의 차이
민족 및 인종 (**E**thnicity)	인종적 배경(백인, 흑인, 아시아계, 라틴계 등)과 민족적 소속감
사회적 계층 (**S**ocial class)	경제력, 교육 수준, 직업 안정성 등을 포함하여 개인의 기회, 자원 접근, 사회적 평가에 영향을 미치는 사회경제적 지위 차이
성적 지향 (**S**exual orientation)	개인이 누구에게 정서적·성적 끌림을 느끼는가의 차이(이성애, 동성애, 양성애, 무성애 등)
토착적 관습 (**I**ndigenous heritage)	특정 지역의 고유한 문화와 역사의 뿌리를 가진 집단의 차이(지역 차이)
국적 (**N**ational origin)	어떤 나라에서 태어나 시민권을 가지고 있는지 차이
성별 (**G**ender)	생물학적 성과 성 정체성, 성 역할의 차이(남성, 여성, 논바이너리, 트렌스젠더, 여성다움, 남성다움 등)

광의의 다문화는 결국 개인 간 차이를 야기하는 대부분의 문화적 배경을 포함한다. 그리고 각 문화적 배경이 지닌 다양한 모습이 존중되고 수용될 때, 비로소 더 풍부하고 역동적인 다문화 사회가 이루어진다고 할 수 있다. 나아가, 개개인은 이 중 여러 문화적 배경을 독특하게 조합한 산물이다. 예를 들면, 나는 연령으로는 청년세대의 문화에 속하면서, 종교로는 불교의 문화권에 속해있고, 인종으로는 동양인이며, 성별로는 여성이고, 사회경제적으로는 중산층에 속한다고 말할 수 있다. 이러한 관점까지 오게 되면, 우리는 개개인이 각자 다른 문화적 배경을 지니고 있으며, 서로에게 '다른 문화권의 사람'이라고까지 말할 수 있게 된다. 즉, 서로가 서로의 다름을 이해하고 수용하며, 또 이해받고 수용받을 필요가 있는 존재인 것이다.

3) 우리 삶 속의 다문화

실제 우리는 얼마나 서로 비슷하며 얼마나 서로 다른 사람들과 함께 살아가고 있는가? 이 사회는 얼마나 많은 다양성을 내포하고 있는가? 우리 각자는 서로 비슷한 사람들과 관계를 맺으며 살아가는 경향이 있기 때문에, 내가 사는 사회가 어느 정도의 다양성을 내포하고 있는지, 나는 그중 주류에 속하는지 혹은 소수에 속하는지 등을 실감하기 어렵다. 각종 통계 자료를 살펴봄으로써 우리가 사는 사회의 다양함을 확인해보자.

우리 사회가 급속하게 다인종, 다민족사회로 나아가고 있다는 사실은 분명해 보인다. 2023년 우리나라 인구총조사 자료에 의하면, 한국인과 외국인의 혼인으로 이루어진 다문화 가구의 수는 약 39만 가구에 달한다. 2023년에 국내에서 성사된 전체 혼인 중 다문화 혼인은 약 10.6%를 차지하며, 이는 전년 대비 17.2%나 증가한 수치이다. 어느덧 서울·경기 지역의 읍·면·동 중 8곳에서는 전체 가구 중 다문화 가구의 비율이 10%를 넘겼으니, 해당 동네에서는 10쌍의 부부 중 1쌍이 다문화부부이다. 그리고 다문화 가구에서 태어나는 2세의 출생률 추이를 살펴보면, 2023년에 태어난 신생아 23만 명 중 다문화부부가 낳은 아이는 5.3%를 차지하여 1만 2천 명에 달했다. 즉, 한국인과 외국인이 함께 이룬 가정과 그 가정에서 태어난 아동의 수는 눈에 띄게 증가하고 있다.

연령과 지역, 결혼 유무와 관련한 다양성의 현황을 살펴보자. 아마 지금 이 책을 읽고 있는 독자의 연령은 대부분 19세에서 34세 사이에 해당하는 '청년' 세대에 속할 것이다. 우리나라 전체 인구 중 청년이 차지하는 비율은 얼마나 될까? 2023년을 기준으로 청년은 전체 연령대 중 20.4%인 1,020만 명 정도이며, 전체 연령대 내에서 비교적 소수에 해당한다. 그렇다면 같은 청년세대들은 대부분 비슷한 문화를 공유할까? 청년세대 중 대학 이상의 학력을 가진 비중은 53%로 반 정도에 해당하며, 나머지 절반은 대학 문화에 생소하다. 또, 같은 청년세대라 하더라도 출신 지역에 따른 문화적 배경은 서로 상이할 수 있는데, 이는 청년세대의 지역 간 이동이 활발하기 때문이다. 조사에 따르면, 중부권에서 태어난 청년의 34.3%가 고향을 떠나 이동하고, 호남권은 35.5%, 영남권은 25.6%의 청년이 자신의 출생지가 아닌 곳, 특히 수도권으로 이동한다. 반대로 수도권에서 태어난 청년도 그중 10.3%는 다른 지역으로 이동하는데, 중부권 지역으로의 이동이 58.3%로 가장 많다. 마지막으로 결혼 유무를 살펴보면, 한때 '결혼 적령기'라고 불릴 만큼 기혼자가 주류를 이루었던 30~34세 연령대는 이제 미혼의 비중이 56.3%로 과반수를 넘겼다. 한때 소수 집단이었던 미혼의 비중이 2000년에 비해 3배 가까이 증가한 것이다.

이러한 통계치들을 종합해보면, 지금 내 옆에는 나와 언뜻 비슷해 보이지만 사실은 매우 다른 문화적 배경을 지닌, 그 안에서 나름의 가치관과 신념과 행동양식을 형성해온 사람들이 함께하고 있음을 알 수 있다. 우리가 나의 친구와 동료와 선후배와 그리고 연인과 동질적이라기보다는 상당히 이질적이라고 보는 것이 어쩌면 당연할 것이다. 즉, 다문화는 길에서 가끔 만나는 외국인을 지칭하는 것이 아니라, 내 삶의 일부이고 곧 나를 의미한다.

2 다문화 수용과 정신건강

우리 모두는 다문화의 일부이며, 다양한 정체성이 공존하는 것은 우리 사회의 자연스러운 모습이다. 그러나 이러한 인식이 부족할 때, 사람들은 자신과 다른 집단을 '우리'와 다른 '타자'로 구분하며 낯설고 위협적인 존재로 인식하게 된다. 이를 타자화(othering)라고 하며, 다시 말해 나와 다르다는 이유만으로 경계의 시선을 보내고 거리를 두며 배척하는 태도를 말한다(Kirmayer, 2019). 이 과정에서 연령이나 종교, 출신 지역, 성별, 성적 지향 등의 다문화 요소는 나와 타자를 규정하는 근거가 된다. 그리고 한 개인을 바라볼 때 그 사람의 고유한 특성이나 경험보다는 그가 속한, 고로 '나와 다르고 내 편이 아닌' 집단의 이미지나 고정된 인식에 따라 판단하게 된다.

예를 들면, 어떤 사람이 성소수자라는 이유만으로 그의 성격, 능력, 가치관 등은 고려되지 않고, 그저 '성소수자'라는 정체성만을 근거로 판단하거나 평가하며 경계하는 경우가 이에 해당한다. 이러한 타자화는 고정관념, 차별, 사회적 불평등의 근거가 되며, 타자화를 당한 사람에게 상처와 낙인을 남긴다. 동시에 타자화를 하는 사람에게도 배타적 시선과 불신 속의 불안, 관계의 단절이라는 폐해를 남긴다. 따라서 타자화는 당하는 사람과 하는 사람 모두의 정신건강을 해치고 심리적 문제를 야기하는 사회심리적 현상이라고 할 수 있다.

1) 타자화를 당하는 사람의 정신건강

타자화의 대상이 되는 사람은 자신의 정체성이 단지 다수와 '다르다' 혹은 '소수이다'라는 이유만으로 반복적인 차별과 혐오에 노출된다. 이들은 일상에서 지속적으로 배제되고 고립되는 경험을 하게 되며, 계속해서 '나는 여기에 속하지 않는다'는 정서적 고립감을 느끼게 된다. 그 결과, 자신이 누구인가에 대해 자긍심보다는 부끄럽거나 감추고 싶어 하는 마음을 갖게 되고, 이는 정신건강에 부정적인 영향을 미친다(James & Prillesltensky, 2002). 이러한 경험이 장기화될 경우, 대인관계를 회피하게 되고 정신병리에 대한 취약성이 증가하며 삶의 전반적인 질이 파괴된다(Kirmayer, 2019; James & Prilleltensky, 2002).

이를 반영하듯 문화적으로 소수에 속하는 사람들에게 자존감의 저하, 우울, 불안 등 다양한 정신건강의 문제가 자주 보고된다(Gopalkrishnan & Bacacan, 2015). 이주 배경의 청소년, 성소수자, 장애인, 특정 종교를 가진 사람들은 일상에서 반복적으로 편견과 혐오 발언에 노출되어 사회적 소속감을 느끼기 어려울 뿐만 아니라 우울과 불안, 사회적 위축과 회피 등의 심리적 고통을 겪는다(Kirmayer, 2019; James & Prilleltensky, 2002). 특히, 다문화 가정의 자녀들은 온라인 커뮤니티에서 인종과 외모가 다르다는 이유만으로 비하성 댓글과 혐오 표현에 직면하는 경우가 많다. 이러한 경험은 또래 집단과 건강한 관계를 형성하는 것을 방해하고, 자신을 표현하거나 드러내는 것을 피하게 만들며, 스스로의 발언이나 행동을 검열하고 축소시킨다(조숙정·조일윤, 2024). 우리나라에서 그 수가 점차 늘어나면서 중요한 구성원으로 자라날 다문화 가정의 자녀들이 타자화로 인해 자아형성과 심리적 안정감, 대인관계, 사회 참여 등에 관한 발달에 있어 부정적인 영향을 받고 있다는 것은 심각한 문제이다.

2) 타자화를 하는 사람의 정신건강

타자화를 통해 본인과 다른 문화적 배경을 지닌 사람을 낯설고 위협적인 존재로 구분하는 사람들은 겉으로는 '우리는 달라'라고 선을 긋지만, 속으로는 두려움과 불안의 감정에 사로잡혀있다(Kirmayer, 2019). 이처럼 다름을 '위험'으로 받아들이는 순간부터, 그 자체로 지속적인 긴장감과 불안에 노출된다. 결과적으로 이러한 경계의 마음은 감정적인 피로감을 유발하고, 신뢰와 포용을 경험할 가능성을 줄인다. 타자화를 반복하는 사람일수록 연대감과 공감 능력, 심리적 유연성을 갖기 어려우며, 이는 정서적 안정감을 저해하고, 인간관계의 단절과 사회적 고립을 초래할 수 있다(James & Prillesltensky, 2002). 즉, 타자화를 하며 나와 다른 문화 사이에 선을 긋는 행위는, 결국 내가 나 스스로를 그 선 뒤로 가두고 고립시키는 것과 같다.

특히 타자화의 이면에 있는 불안은 사회적 위기 상황에서 더욱 증폭되어 타 집단에 대한 적대적 감정과 행동으로까지 악화되기도 한다. 대표적인 사례가 코로나19 팬데믹 시기에 전 세계적으로 확산되었던 아시안 혐오이다. 세계적 감염병이라는 전례 없는 공포 속에서 바이러스의 원인을 특정 민족에 대한 편견과 연결 짓는 인식이 퍼져나갔고, 이는 곧 아시아인 전체에 대한 차별, 공격, 폭력으로 이어졌다. 이러한 사례는 타자화가 어떻게 개개인의 불안에서 출발하여 집단적 편견과 폭력으로까지 확대되는가를 보여준다. 타자화는 그 대상이 되는 타인뿐만 아니라, 타자화를 실행하는 사람 자신까지도 괴로움과 위험에 밀어 넣는 양날의 검인 셈이다. 이러한 사례들을 떠올려보면, 일상에서 무심코 작동하는 타자화의 현상과 경험을 성찰하고 점검하는 일은 우리가 발 딛고 있는 다문화 사회를 건강하게 살아가기 위한 출발점이라고 할 수 있다.

3 일상 속 타자화

일상에서 가장 흔히 마주치는 타자화의 모습들이 있다. 고정관념과 차별, 그리고 미묘한 차별은 다문화에 대한 수용이 멈추고 타자화가 일어나는 대표적인 현상으로, 개인의 인식 속에 그리고 사회 전반에 깊게 뿌리내리고 있다. 이러한 개념들이 구체적으로 무엇을 의미하며, 우리의 일상에 어떻게 나타나는지 살펴보고, 이를 통해 나의 다문화 수용의 태도를 어떻게 성찰할 수 있을지 알아보자.

1) 고정관념과 차별

고정관념이란, 어떤 사람을 대할 때 그 개개인을 충분히 이해하고자 하지 않은 채 외관적 단서에 근거하여 그가 속한 집단의 일부 특성을 추론하고 그 특성을 융통성 없이 적용하는 행위를 말한다. 고정관념은 그것이 사실이든 아니든 특정 집단을 일부 이미지로 고정시키며 타자화하는 것이고, 개인의 다양한 문화적 경험에 대한 존중과 이해가 결여된 것이다. 예를 들어, 우리가 쉽게 접하는 고정관념으로는 다음과 같은 것들이 있다.

- 충청도 지역 출신은 말과 행동이 느리다.
- 흑인은 공격적이고 게으르다.
- 장애인은 도움을 필요로 하는 존재이다.
- 다문화 가정의 자녀는 교육 수준이 낮다.
- 무슬림은 위험하다.

이러한 고정관념에 따라 왜곡된 언행을 보이는 것을 차별이라고 한다. 직접적 차별로는 다음 표 12.2와 같은 예시를 들 수 있다.

표 12.2 고정관념에 따른 직접적 차별의 예시

고정관념	차별
다문화 가정의 자녀는 교육 수준이 낮다.	다문화 가정의 학생을 조별과제에서 배제한다.
장애인은 도움을 필요로 하는 존재이다.	장애 학생에 대해 동정과 부담을 표현하며 소외시킨다.
무슬림은 위험하다.	• 이슬람 문화권의 복장을 하고 있는 사람이 있을 경우 길을 돌아가거나 마주치기를 꺼려 한다. • 취업 장면에서 이슬람 문화권의 복장을 하고 있는 지원자에게 '협력' 관련 점수를 낮게 준다.

우리가 다문화를 얼마나 수용할 준비가 되어 있는지는 우리 사회에서 보고되는 차별의 정도를 통해 알 수 있을 것이다. 통계청의 조사에 의하면, 조사 인구의 90% 이상이 '다양한 집단들이 모두 동등한 대우를 받아야 한다'는 의견에 동의하는 것으로 나타났다. 즉, 대부분이 다문화를 수용하고 차별을 지양해야 한다는 인식을 갖추고 있다고 할 수 있다. 그러나 역설적으로 또 다른 조사에서는 응답자 5,000명 중 28.2%가 다른 인종의 사람을 친구로 삼고 싶지 않다고 응답하기도 했다. 한편, 70.4%의 사람들이 자신도 일상에서 차별로 인한 정신적, 감정적 피해를 경험한 적이 있다고 보고했다. 일상적 상황에서 차별을 경험한 사람들 중 46.1%는 자신의 인종, 민족, 피부색으로 인해 차별을 경험했다고 했다. 그리고 절반가량의 사람들이 자신이 연령으로 인해 차별을 받았다고 보고했고, 자신의 경제적 지위로 인해 차별을 겪었다는 비중도 45.2%에 달했다. 또, 장애(50.9%), 성별(69%), 그리고 종교(47.5%)로 인해 차별을 경험했다는 인식도 있었다. 이를 종합하면, 우리의 일상에서 많은 사람들이 차별을 경험하고 있고, 여전히 다문화에 대한 수용도가 낮은 실정임을 알 수 있다.

이 글을 읽는 당신은 어떠한가? 당신은 다양성을 수용하는 사람이라고 자신하는가? 나는 차별주의자인가 아니면 고정관념과 차별로부터 자유로운가? 혹시 '나는 외국인 친구를 사귀는 것에도 열려 있어' 혹은 '스스로를 다문화의 일부로 인식하고 다양성을 존중하는 것이 뭐가 어렵다는 거야?'라고 생각하고 있지는 않은가? 그러나 고정관념과 차별의 요소는 이미 당신이 생각하는 것보다 더 은

근하고 깊게 우리의 삶 속에 들어와 있기에, 다양성을 존중하려는 노력을 의도적으로 하지 않는다면 나도 모르게 미묘한 차별을 했거나 당했을 수 있다.

2) 미묘한 차별

미묘한 차별(micro-aggression)은 일상에서 무의식적으로 일어나는 언어 및 비언어적 차별을 포착하기 위해 제안된 개념이다. 전혀 차별의 의도 없이, 아무런 악의 없이, 나도 모르게 일어나는 차별로, 그렇기에 더 자각하기가 어렵다. 심지어 어떤 경우에는 칭찬의 형태를 띠기도 한다. 다음과 같은 예시에서 차별의 메시지를 알아차릴 수 있는지 살펴보자.

미묘한 차별의 사례

1. 민정이는 상담심리학 수업에서 발표팀 팀장을 맡게 되었다. 팀 발표를 성공적으로 마친 날, 한 팀원이 민정이에게 "고마워. 넌 여자인데도 진짜 리더십이 있더라. 네 덕에 발표를 잘 마친 것 같아"라고 말했다. 민정이는 팀원의 칭찬이 고마우면서도 어딘가 기분이 묘해졌다.
2. 아버지는 시외버스에서 내리며 기사에게 말했다. "어유, 여자 기사님이 운전을 참 잘하시네요. 코너링이 너무 좋아요. 아, 감사합니다"
3. 미연이는 아버지가 미국인이지만 우리나라에서 태어나고 자라서 한국어를 사용하는 것에 아무런 불편함이 없다. 그럼에도 교수는 강의 중에 미연이와 눈이 마주치면 갑자기 말의 속도를 늦추면서 천천히 설명한다. '한 번 발표라도 해서 나에 대한 오해를 풀어야 할 것 같다'는 생각이 들었다.
4. 현진이는 뇌병변장애가 있어 휠체어를 타고 학교를 다닌다. 그렇기에 현진이는 건물 내에서 엘리베이터를 이용해 오가야 한다. 그러나 가끔은 엘리베이터가 꽉 차서 타기 어려운 상황을 겪기도 하는데, 이럴 때는 공강시간이 길다면 이번 엘리베이터를 보내고 다음 엘리베이터를 기다리는 것을 선택한다. 그러나 가끔은 그럴 수 없는 때도 있다. 엘리베이터 문이 열리자마자 지나가던 동기가 말릴 틈도 없이 "현진아, 내가 도와줄게!"라며 휠체어 손잡이를 잡고 사람들을 제치며 엘리베이터 안으로 밀어 넣어주기 때문이다.

이러한 상황들이 왜 고정관념과 차별의 산물로 여겨지는 것일까? 각각의 상황은 미묘하게도 다음과 같은 특정한 고정관념에 기반하고 있다.

1. 민정이의 사례: 여성은 리더십이 낮다.
2. 아버지의 사례: 여성은 운전 실력이 떨어진다.
3. 미연이의 사례: 혼혈은 '외국인'으로 간주되며, 한국어에 서툴다.
4. 현진이의 사례: 장애인은 도움이 필요하다.

이러한 미묘한 차별은 각각의 사례만 보면 다소 사소해 보이고, 이것까지 차별이라고 하는 것이 과민한 반응이 아닌가 하는 의구심을 불러일으키기도 한다. 엄밀하게 의도를 따져보자면 차별이라기보다는 칭찬, 배려, 도움이었기 때문에 오히려 더 그렇다. 그러나, 이렇듯 '별 것 아니다'라고 치부되는 이유로 미묘한 차별은 인종, 성별, 성적 지향, 장애 등 다양한 정체성을 가진 사람들에게 반복적으로 축적되어 부정적인 영향을 미친다.

먼저, 반복되는 미묘한 차별은 그것을 겪는 사람에게 자신의 정체성에 대한 내적 혼란과 의심을 불러일으킬 수 있다. 예를 들어, 민정이가 반복적으로 "너 진짜 여자애 치고 똑똑하다. 리더십이 강하다" 혹은 "너는 겉은 여자인데 웬만한 남학생보다 리더십이 있다"와 같은 말을 듣는다고 가정해보자. 차츰 민정이에게는 자신의 성별과 능력에 관해 '내가 너무 튀나?' 또는 '내가 다른 여자애들과 그렇게 다른가? 리더십이 있는 게 이렇게 별일인가? 내가 이상한 건가?'와 같은 내적 의심과 혼란이 생겨날 수 있다. 일상에서 축적되는 미묘한 차별은 설사 부정적인 의도가 없었고 심지어 칭찬의 의도로 행해졌다 하더라도, 당하는 사람으로 하여금 스스로에 대한 의구심을 일으키고 위축되게 할 수 있다. 특히, 청소년이나 대학 신입생과 같이 자신에 대한 정체성을 확립해나가는 시기에는 더욱 민감하게 작용할 수 있다.

두 번째로, 미묘한 차별은 당사자에게 '스스로를 설명해야 하는가?'에 대한 고민과 피로감을 준다. 사례 중 혼혈인 미연이는 학교를 다니면서 많은 교수자에게 자신의 상황을 설명해야 하거나 자신의 언어 능력을 증명해야 할 것 같은 조급함을 느꼈을 것이다. 휠체어를 타는 현진이도 마찬가지이다. 현진이는 스스로의 선택으로 엘리베이터를 타지 않았다는 점, 자신이 항상 도움이 필요한 것은 아니라는 점을 누구에게까지 설명해야 하는가? 또 한편으로, 미연이와 현진이의 사례에서 교수와 친구는 친절과 배려에서 비롯된 차별적 행동을 보였다. 그렇기에 미연이와 현진이는 그 행동에 대해 항의는 커녕 자신의 입장을 설명하는 것조차 '굳이?'라는 생각이 들고, 되려 머쓱하고 미안한 감정을 느낄 수 있다. 즉, 그들은 일일이 설명하기도 어렵지만 그렇다고 무시하기도 힘든 피로감을 느끼며 결국 침묵해야 했을 것이다. 이렇듯 이러지도 저러지도 못하는 스트레스는 마음의 부대낌과 무력감을 일으킬 수 있다.

그리고 자신의 정체성에 대한 혼란과 스스로를 설명하는 것에 대한 압박은 결과적으로 '소외되고 있다'는 느낌을 전달한다. 미묘한 차별은 당사자로 하여금 자신이 어떤 보편적이고 전형적인 모습에서 벗어나 있다는 신호를 전달한다. 이 때문에 당사자는 고정관념이 문제라고 생각하면서도 소외되고 배제되어 있다는 느낌을 갖게 된다. 이렇듯 어떤 기준에서 벗어나 있다는 느낌과 스스로를 굳이 설명할 필요가 생긴다는 것은 '온전하지 않다'는 메시지를 느끼게 한다.

이 사소하고 눈에 띄지 않는 차별의 행위는 결국 반복됨으로써 누군가에게 마음의 생채기를 남기지만, '미묘'하고 '의도되지 않은' 차별인 만큼 차별을 행하는 사람의 입장에서는 자각하기가 매우 어렵다. 즉, 우리도 알게 모르게 미묘한 차별을 당해본 적이 있을 수 있고, 무의식 중에 미묘한 차별을 직접 한 경험도 있을 수 있다. 결과적으로, 우리 모두는 나의 문화를 제외한 다른 다양한 정체성에 어느 정도 무지할 수밖에 없고, 차별적 언행에서 자유롭지 못하다. 결국 우리가 할 수 있는 것은 끊임없이 다양성에 대해 성찰하고, 다양성을 존중하고자 노력하며, 그럼에도 실수하는 경우 이에 대처하며 다문화를 수용하는 역량을 키우는 것이다.

4 다문화 수용 역량

다양한 문화적 배경을 가진 사람과 건강하고 성숙한 교류를 하기 위해 3가지의 다문화 수용 역량을 키울 필요가 있다. 첫째, 나 자신의 문화적 배경과 그로 인한 나의 고정관념을 성찰하고 인식하는 역량이다. 둘째, 나의 문화를 포함하여 다양한 문화적 배경에 대해 구체적이고 객관적인 지식들을 학습하고 이해하는 역량이다. 마지막으로, 다양한 정체성을 가진 사람을 존중하며 민감하게 소통하는 기술의 역량이다. 해당 내용은 수와 동료들(Sue, Arredondo, & McDavis, 1992)이 제안한 다문화상담 역량(multicultural counseling competencies)의 3가지 차원을 바탕으로 했음을 밝힌다.

1) 자기인식

첫 번째 역량은 자기인식(awareness)으로, 나 자신의 문화적 배경과 경험, 가치관, 그리고 그로 인해 형성된 나의 고정관념을 인식하고, 이러한 요소들이 타인과의 상호작용에 어떤 영향을 미치고 있는지 이해하고자 노력하는 것이다. 미묘한 차별의 내용에서 알 수 있는 것처럼, 문화의 영향으로부터 중립적이고 무의식적인 차별에서 자유로운 사람은 없다. 그렇기에 다양한 인종, 종교, 성적 지향, 연령의 사람들과 건강하고 편안한 교류를 하기 위해서는, 가장 먼저 내가 의식적 혹은 무의식적으로 문화적 편향을 지니고 있다는 점을 인정하는 것이 중요하다. 그리고 내가 나의 문화적 배경과 경험을 통해 누렸던 특권을 인식하고, 내가 했던 차별과 당했던 차별의 경험을 인식하며, 이를 비롯하여 문화적 배경의 영향력으로부터 깨어있기 위한 성찰을 지속하는 것이 필요하다. 꾸준한 자기인식은 그 자체로 다문화에 대한 민감도와 수용도를 높일 수 있다. 그리고 이러한 자기인식이 부족한 사람은 좋은 의도로 차별적 언행을 할 가능성이 높다.

2) 지식

두 번째 역량은 내가 속한 문화, 그리고 다른 문화에 대해 구체적이고 객관적인 지식(knowledge)들을 보유하고, 계속해서 학습해 나가는 역량이다. 예를 들면, 무슬림에게는 예배시간을 지키는 것이 굉장히 중요하다는 사실, 디지털 문화와 함께 커온 1990년대 이후 출생자들에게는 SNS에서의 인간관계와 평판이 대면하는 관계에서만큼이나 중요하게 받아들여진다는 점 등을 알고 이해하는 것이다. 이렇듯 다양한 문화적 배경에 대한 지식은 책, 다큐멘터리, 여러 강의, 다른 문화권 사람들과의 진솔한 대화 등을 시도함으로써 적극적으로 확장시킬 수 있다. 이러한 노력에는 자신이 속한 문화가 '표준'이 아니며, 수많은 문화 중 하나라는 이해가 포함되어 있다. 다문화에 대한 해박한 지식과 학습의 노력은 실제 일상생활이나 업무 장면, 교육 장면 등에서 오해와 갈등을 예방하고, 효과적으로 소통하는 데 크게 기여한다.

3) 기술

세 번째 역량은 다양한 문화적 정체성을 가진 사람들과 민감하고 사려 깊게 상호작용하는 기술(skills)을 갖추는 것이다. 즉, 타인의 문화적 정체성과 경험을 존중하는 방식으로 말하고 행동하는 역량을 말한다. 나아가, 나와 문화적으로 다르거나 내가 잘 모르는 문화권의 대상과 소통해야 할 때 자신의 부족함과 모름을 극복하기 위해 누군가와 상의하거나, 관련 지식이 충분한 조력자를 찾아서 합류시키는 등의 대처 능력을 말하기도 한다. 이러한 상호작용의 기술에는 문화에 따라 비언어적 신호를 해석하는 것과 문화에 따른 표현 방식을 고려하여 언어 선택을 조절하는 것이 포함된다. 예를 들면, 문화에 따라 눈맞춤의 빈도와 강도, 신체 간 거리에 대한 관점이 다를 수 있고, 적절함의 기준이 상이할 수 있다. 이를 고려하여 상호작용할 수 있다면, 다른 문화권의 친구가 나와 눈맞춤을 지속하지 않을 때 '나랑 얘기하기 싫은가?'라고 해석하고 반응하기보다는, 해당 문화권에서 눈맞춤에 대해 어떤 관점을 가지고 있는지를 찾아보거나 물어보는 것을 선택할 수 있을 것이다. 또한, 장애가 있는 친구에게 도움이 필요해 보일 때 무작정 행동으로 표현하기보다는, 지금 도움이 필요한 상황이 맞는지, 내가 이러한 도움행동을 해도 되는지 등을 먼저 물을 것이다. 그리고 업무나 학교, 혹은 일상 장면에서 연애에 관한 이야기를 나눌 때 '이성관계'라는 말 대신 '연인관계'라거나 '낭만적 관계'와 같이 성적 지향에 따른 소외감을 고려한 단어를 선택하여 소통할 수 있을 것이다.

이러한 3가지 역량은 서로 독립적이면서도 상호보완적으로 작용하는 것으로 알려져 있다. 즉, 자기인식 없이 지식만 많다면 차별의 가능성이 있고, 지식과 자기인식이 있디라도 상호작용의 기술이 부족하다면 다문화 수용 역량이 실제 행동에 반영되지 못한다. 결과적으로, 현재 스스로 3가지 다문화 수용 역량을 어느 정도 갖추고 있는지 파악하고, 나에게 부족한 역량을 키우기 위한 실질적인 노력이 필요할 것이다.

다양한 문화적 배경과 정체성을 존중하고 배려하는 태도는 타고난 성격도 아니고, 특별한 재능도 아니며, 완성된 인격도 아니다. 그것은 연습이고 훈련이다. 몰랐던 것은 괜찮고, 실수할 수도 있다. 중요한 것은, 우리가 살아가는 이 다양성의 사회 속에서 나도 존중받고 타인도 존중하기 위해 멈추지 않고 연습해 나가는 자세다. 한 번쯤은 내가 무심코 던진 말이 누군가를 위축시킨 적이 있었을지도 모른다. 낯선 감정을 불편함으로 받아들이고, 나와 비슷한 누군가에게 그 불편함을 불만처럼 흘려보낸 적도 있었을 것이다. 만약 지금 다시 그 순간으로 돌아간다면, 나는 어떤 언어를 선택할 수 있을까. 그 불편함을 어떻게 다룰 수 있을까. 이렇게 다른 가능성을 고려하고, 더 존중하는 방식으로 반응할 수 있다면, 나는 이미 다문화사회의 건강한 일원으로 한 걸음을 내디딘 것이다.

요약

1. 우리는 이미 다양한 문화가 공존하는 다문화사회에 살고 있다.
2. 국적, 언어, 성별, 연령, 종교, 장애, 성적 지향 등 각기 다른 정체성과 배경을 지닌 사람들이 함께 살아가는 이 시대에, 다양성에 대한 존중과 수용은 누구에게나 필요한 필수 역량이다.
3. 타자화는 나와 다른 문화적 배경을 지닌 사람을 '티자'로 규정하고 경계하거나 배척하는 태도를 의미한다. 이러한 태도는 타자화를 하는 사람과 그것을 겪는 사람 모두의 정신건강에 부정적인 영향을 미칠 수 있다.
4. 일상 속 타자화의 대표적인 예로는 고정관념, 차별, 그리고 미묘한 차별과 같은 현상들이 있다.
5. 타자화를 극복하고 다양한 문화적 배경의 사람들과 성숙한 관계를 맺기 위해서는 자기인식, 지식, 기술이라는 3가지 다문화 역량이 필요하다.

활동

다문화 수용 역량을 증진하기 위한 실천 방안은 크게 혼자서 할 수 있는 활동과 타인과 함께 할 수 있는 활동으로 나눌 수 있다. 나의 문화적 배경과 고정관념을 넘어, 타인의 정체성과 세계관을 이해하고 수용하며 교류의 폭을 확장하기 위해서는 자기성찰뿐만 아니라 다른 사람과의 상호작용을 통해 배우는 경험도 중요하다.

1. 다문화 수용 역량 증진을 위한 '자기인식' 강화하기

혼자서 할 수 있는 활동

ADDRESSING으로 자기성찰 질문에 답해보기

다양한 문화적 정체성과 관련하여 자신의 위치와 경험을 되짚어보는 것은 자기인식을 증진하는 데 효과적이다. ADDRESSING 모형을 기반으로 구성된 자기성찰 도구로, 각 정체성 항목에 따라 스스로의 인식을 점검해볼 수 있다.

- 연령(Age): 나의 세대는 사회에서 어떤 위치에 있으며, 이는 내 사고방식과 행동에 어떤 영향을 미치는가?
- 후천적 장애(Disability acquired): 장애가 있는 사람의 삶에 대해 얼마나 이해하고 공감할 수 있는가?
- 종교(Religion): 나의 종교적 배경은 다른 종교나 신념을 어떻게 바라보게 하는가?
- 사회적 계층(Social class): 내가 자라온 경제적 환경은 어떠하며, 그것은 내 기회, 가치관, 관계 형성에 어떤 영향을 주었는가?
- 성별(Gender): 나는 성별이나 성적 지향에 대해 어떤 고정관념을 가지고 있으며, 이를 타인에게 강요하거나 암묵적으로 기대한 적은 없는가?

불편함을 호기심으로 전환하는 연습해보기

일상 속 대화에서 '거슬린다'거나 '불편하다'는 느낌을 받았다면, 내게 익숙하지 않은 세계관이 등장한 지점일 수 있다. 이러한 순간에는 자연스럽게 회피나 거부의 반응이 일어나기 쉽지만, 이를 자각하고 스스로에게 다음과 같은 질문을 던져보자. 나에게 익숙한 문화를 돌아보고, 나와 상대를 이해할 수 있는 순간으로 변모시킬 수 있다.

- 왜 나는 그 상황에서 불편함을 느꼈을까?
- 무엇이 나의 감정을 반응하게 했을까?
- 나는 어떤 기준이나 기대를 가지고 판단했을까?
- 상대방에게 그 표현은 어떤 의미였을까?

함께 할 수 있는 활동

너와 나의 '미묘한 차별' 나누기

나와 다른 문화적 배경(연령, 성별, 인종이나 국가, 성적 지향)을 지닌 친구와 함께 일상 속의 미묘한 차별 경험을 나눈다. 이 활동은 서로가 모르고 지나쳤지만 피로감을 유발할 수 있었던 표현이나 행동을 인식하도록 돕고, 비난이 아닌 정보 제공의 태도로 서로의 경험을 공유하는 데 목적이 있다. 신뢰관계가 형성된 사람과 진행하는 것이 바람직하며, 대화 후 느낀 점을 간단히 메모하거나 토의로 확장할 수 있다.

- 지난 1주일 동안 상대방이 무심코 한 말, 표정, 행동 중 불편함을 느낀 적이 있는지 솔직하게 나누기
  - 표현의 의도보다는 받아들여진 느낌과 맥락에 집중한다.
- 자주 사용하는 표현 중 미묘한 차별이 담긴 것 찾아주기
  - 예: 정상적인 가정, 너 되게 여자(남자)같다, 말투가 촌스럽다 등
  - 가능한 대안적 표현에 대해서도 함께 찾아줄 수 있다.
- 각자가 생각하는 '정상' 혹은 '보편' 기준에 대해 나누고, 서로의 차이 알아보기
- 이러한 대화 속에서 나의 고정관념과 그에 영향을 미친 문화적 배경의 요소 인식하기

2. 다문화 수용 역량 증진을 위한 '지식' 강화하기

혼자서 할 수 있는 활동

다문화 독학

무슬림 여성, 성소수자, 장애인, 탈북민 등 자신이 익숙하지 않은 정체성을 조사하고, 그들의 삶과 사회적 위치에 대해 이해해보는 활동이다. 주변의 다양한 방법들을 활용하여 정보를 조사하고, 내가 가지고 있었던 인식과의 비교를 통해 나의 오해를 바로잡고 정보를 확장한다.

- 다문화 주제 관련 교양강의 수강(다문화사회론, 젠더와 문화, 종교와 삶 등)
- 다문화 주제 관련 다큐멘터리와 영화, 도서, 영상 자료 찾아보기
- 대학생의 경우, 교내에서 개최하는 유학생과의 문화교류 행사나 프로그램 참여하기
- 지역사회에서 개최하는 외국인과의 문화교류 행사나 프로그램 참여하기
- 조사 전에 내가 가졌던 인식과 조사 과정에서 드러난 정보 비교 및 통합하기

함께 할 수 있는 활동

다문화 과외(peer-teaching)

내 주변에 있는, 나와 문화적 배경이 다른 사람(예: 유학생, 타지역 출신 학생, 다문화 가정 출신 친구 등)과 1:1로 티타임을 가지며 서로가 알고 있는 정보, 오해, 실제 경험 등을 '과외' 방식으로 설명하고 교환하는 활동이다. 인터뷰가 아닌 쌍방향 학습을 지향하며, 혼자 조사한 내용을 검증하거나, 그동안 몰랐던 사실을 자연스럽게 배워갈 수 있다. 서로가 교사이자 학습자라는 자세로 참여하는 것이 중요하다.

- 내가 조사하거나 궁금했던 문화적 주제 1~2가지를 정하고, 가능하면 내가 알고 있는 정보들을 정리해서 만난다.
  - 한국에서 사투리를 쓰면서 차별을 느낀 적이 있는가?
  - 유학 초기에 가장 힘들고 어려웠던 점은 무엇인가?
  - 무슬림 여성의 히잡 착용은 의무인가?
- 상대방이 제시하는 정보들을 개방적인 태도로 듣고, 질문만 하기보다는 내가 아는 내용이 있을 경우에는 적극적으로 설명한다.
- 조사한 내용에 틀린 것이 있거나 추가할 것이 있으면 꼭 말해달라고 요청한다.
- 상대방의 반응이나 의견을 듣고, 나에게 오해나 선입견이 있었는지 확인한다.
- 다음 만남에서는 누가 주제를 준비할 것인지 정한다.

3. 다문화 수용 역량 증진을 위한 '기술' 강화하기

혼자서 할 수 있는 활동

SNS에서 사용되는 다문화 배제 표현 분석하기

SNS, 커뮤니티, 댓글 등에서 발견되는 표현들 중 다양한 정체성을 배제하거나 고정관념을 반영한 표현을 스스로 수집하고, 그 표현들이 어떻게 사회적 배제를 재생산하는지 분석해 보는 활동이다. 비판보다는 이해와 학습의 시선으로 접근하며, 표현의 대안도 함께 고민한다.

- 인스타그램, 유튜브, 커뮤니티 등에서 다문화와 관련된 게시물의 댓글 또는 해시태그 조사하기
- 차별적/배제적 표현 3개 이상 수집하기
- 그 표현이 어떤 정체성을 향해있는지, 어떤 고정관념에 근거한 표현인지, 어떤 사회적 영향을 끼칠 수 있는지 분석하기
- 대안적 표현 고안하기

불편한 말을 들었을 때 대처표현 연습하기

나도 미묘한 차별의 경험자이기에, 일상에서 누군가의 말이나 행동이 불편했지만 즉각 반응하기 어려웠던 상황이 있을 수 있다. 이러한 경험을 떠올리고, 그 때 느꼈던 감정과 하고 싶었던 말을 구체적인 말의 형태로 만들어 연습해보는 활동이다. 이는 나의 문화적 배경을 고려하지 못한 언행을 직면했을 때, 비판이 아닌 경계 표현을 훈련하는 데 효과적이다. 이 활동은 혼자서 할 수도 있고, 타인과 함께 할 수도 있다.

- 과거 경험한 미묘한 차별 떠올리기
- 내가 그때 느꼈던 감정과, 반응하지 못했던 이유 떠올리기
- 상대방이 이해했으면 하는 나의 문화적 배경의 내용 정리하기
- 그 상황을 재구성하여, 내가 하고 싶은 말을 대사처럼 작성하기
- 내가 하고 싶은 말을 언제 어떻게 전달했다면 가장 효과적이었을지 판단하기
- 가능하면 나 전달법(10장 참조)을 활용하여 전달하기
    - "네 의도가 칭찬인 건 나도 잘 알고 고맙지만, 아까 '여자인데도 리더쉽이 있다'는 말은 여자는 원래 리더쉽이 없다는 말로 들리기도 해. 그냥 내 리더쉽이 어땠길래 도움이 됐다고 생각했는지 말해주면 잘 참고할게."
    - "말씀하시려는 뜻은 알겠지만, 제가 듣기에 어떤 표현은 MZ세대가 대체로 게으르다는 뉘앙스가 담긴 표현이라서 제가 자꾸 '그렇지 않다'고 설명을 하고 싶어져요."

함께 할 수 있는 활동

포용적 언어 캠페인 자료 만들기

포용적 언어(inclusive language)란, 성별, 신체, 출신, 가족 형태 등을 특정 기준으로 일반화하거나 배제하지 않는 언어를 말한다. 우리가 무심코 쓰는 표현 중 고정관념과 배제의 함의를 가진 표현을 찾고, 대체할 수 있는 포용적 언어를 소개하는 카드 뉴스나 포스터를 직접 제작해보는 활동을 할 수 있다.

- 일상에서 흔히 쓰는 차별적 표현 찾아오기
- 각 표현이 왜 문제가 될 수 있는지 나누기
- 차별적 표현과 이를 대체할 수 있는 포용적 표현 나열하기
    - 외국인 친구 → 유학생 친구
    - 장애우 → 장애인
    - 이성관계 → 연인관계, 낭만적 관계
    - 남편, 아내 → 파트너
    - 정상인 → 일반적인 경우

참고문헌

1장

권석만. (2010). 인생의 2막 대학생활. 학지사.

국립정신건강센터. (2024. 10. 18.). 한국형 정신건강 (우울, 불안, 스트레스) 평가도구 개발. https://www.ncmh.go.kr/ncmh/board/commonView.do?no=4729

이운영, 민윤기. (2018). 성인기 고독의 양상에 대한 연구. 사회과학연구, 29(4), 259-273.

임영진, 고영건, 신희천, & 조용래. (2012). 정신적 웰빙 척도(MHC-SF)의 한국어판 타당화 연구. 한국심리학회지: 일반, 31(2), 369-386.

Bronfenbrenner, U. (2000). Ecological theory. In A. Kazdin (Ed.), *Encyclopedia of psychology* (*Vol. 3*, pp. 129-133). American Psychological Association & Oxford University Press.

Diener, E., & Lucas, R. (1999). Personality and subjective well-being. In D. Kahneman, E. Diener, & N. Schwarz (Eds.), *Well-being: The foundation of hedonic psychology* (pp. 213-229). Russell Sage Foundation.

Howard, D. M., Adams, M. J., Clarke, T.-K., Hafferty, J. D., Gibson, J., Shirali, M., ... McIntosh, A. M. (2019). Genome-wide meta-analysis of depression identifies 102 independent variants and highlights the importance of the prefrontal brain regions. *Nature Neuroscience*, *22*, 343-352.

International Labour Organization. (2020, August 14). *Covid-19 may push half the world's youth into anxiety*. https://www.rfi.fr/en/international/20200814-covid-19-may-push-half-the-world-s-youth-into-anxiety-depression-international-labour-organization-economy-health

Kaiser Family Foundation. (2003, October 28). *New study finds children age zero to six spend as much time with TV, computers and video games as playing outside*. https://www.kff.org/about-us/

Keyes, C. L. M., & Lopez, S. J. (2002). Toward a science of mental health: Positive directions in diagnosis and intervention. In C. R. Snyder & S. J. Lopez (Eds.), *Handbook of positive psychology* (pp. 45-59). Oxford University Press.

Lykken, D. (1999). *Happiness: The nature and nurture of joy and contentment*. St. Martin's Press.

Lykken, D., & Tellegen, A. (1996). Happiness is a stochastic phenomenon. *Psychological Science*, *7*(3), 186-189.

Lyubomirsky, S., Sheldon, K. M., & Schkade, D. (2005). Pursuing happiness: The architecture of sustainable change. *Review of General Psychology*, *9*(2), 111-131.

Myers, D. G., & DeWall, C. N. (2022). 마이어스의 심리학 (신현정 & 김비아, 역). 시그마프레스. (원서 출판 연도: 2021)

Nestler, E. J., Peña, C. J., Smith, M., Ramakrishnan, A., Cates, H. M., Bagot, R. C., ... Shen, L. (2019). Early life stress alters transcriptomic patterning across reward circuitry in male and female mice. *Nature Communications*, *10*(1), Article 50.

Organisation for Economic Co-operation and Development. (2020, 2023). *Health status data*. OECD.Stat. https://stats.oecd.org/

Ralph, R. O., & Corrigan, P. W. (Eds.). (2005). *Recovery in mental illness: Broadening our understanding of wellness*. American Psychological Association.

Roese, N. J., & Vohs, K. D. (2012). Hindsight bias. *Perspectives on Psychological Science*, *7*(5), 411-426.

Ryff, C. D., & Keyes, C. L. M. (1995). The structure of psychological well-being revisited. *Journal of Personality and Social Psychology*, *69*(4), 719-727.

Tullett, A. M., Kay, A. C., & Inzlicht, M. (2015). Randomness increases self-reported anxiety and neurophysiological correlates of performance monitoring. *Social Cognitive and Affective Neuroscience, 10*(5), 628-635.

Vallone, R. P., Griffin, D. W., Lin, S., & Ross, L. (1990). Overconfident prediction of future actions and outcomes by self and others. *Journal of Personality and Social Psychology, 58*(4), 582-592.

Victor, C., & Yang, K. (2012). The prevalence of loneliness among adults: A case study of the United Kingdom. *The Journal of Psychology, 146*(1-2), 85-104.

Weissbourd, R., Batanova, M., Lovison, V., & Torre, E. (2020). *How the pandemic has deepened an epidemic of loneliness and what we can do about it.* Making Caring Common Project. https://www.makingcaringcommon.org

2장

김교헌, 전겸구. (1993). 중학생용 생활스트레스와 대처척도의 개발연구. 한국심리학회지: 임상, 13(1), 197-217.

김정희. (1995). 스트레스 평가와 대처의 정서적 경험에 대한 관계. 한국심리학회지: 상담 및 심리치료, 7(1), 44-69.

전겸구, 김교헌. (1991). 대학생용 생활스트레스 척도의 개발: 제어이론적 접근. 한국심리학회지: 임상, 10(1), 137-158.

홍강의, 정도언. (1982). 사회재적응평가척도 제작: 방법론적 연구. 신경정신의학, 21(1), 123-136.

Carlson, L. E., Speca, M., Faris, P., & Patel, K. D. (2007). One year pre-post intervention follow-up of psychological, immune, endocrine and blood pressure outcomes of mindfulness-based stress reduction (MBSR) in breast and prostate cancer outpatients. *Brain, Behavior, and Immunity, 21*(8), 1038-1049.

Centers for Disease Control and Prevention (CDC). (1993). Cigarette smoking-attributable mortality and years of potential life lost—United States, 1990. *Morbidity and Mortality Weekly Report, 42*, 645-649.

Fauvel, J. P., Quelin, P., Ducher, M., Rakotomalala, H., & Laville, M. (2001). Perceived job stress but not individual cardiovascular reactivity to stress is related to higher blood pressure at work. *Hypertension, 38*(1), 71-75.

Folkman, S., & Lazarus, R. S. (1980). An analysis of coping in a middle-aged community sample. *Journal of Health and Social Behavior, 21*, 219-239.

Folkman, S., & Moskowitz, J. T. (2004). Coping: Pitfalls and promise. *Annual Review of Psychology, 55*, 745-774.

Holmes, T. H., & Rahe, R. H. (1967). The Social Readjustment Rating Scale. *Journal of Psychosomatic Research, 11*, 213-218.

Holt-Lunstad, J., Smith, T. B., & Layton, J. B. (2010). Social relationships and mortality risk: A meta-analytic review. *PLoS Medicine, 7*(7), e1000316.

Hou, W. K., & Wan, J. H. (2012). Perceived control mediates the prospective impact of relationship quality in the year after colorectal cancer diagnosis. *Annals of Behavioral Medicine, 43*(1), 129-138.

Jacobson, E. (1938). *Progressive relaxation: A physiological and clinical investigation of muscle states and their significance in psychology and medical practice* (2nd ed.). University of Chicago Press.

Kabat-Zinn, J. (1994). *Wherever you go, there you are: Mindfulness meditation in everyday life.* Hyperion.

Kanner, A. D., Coyne, J. C., Schaefer, C., & Lazarus, R. S. (1981). Comparison of two modes of stress measurement: Daily hassles and uplifts versus major life events. *Journal of Behavioral Medicine, 4*(1), 1-39.

Langer, E. J., & Rodin, J. (1976). The effects of choice and enhanced personal responsibility for the aged: A field experiment in an institutional setting. *Journal of Personality and Social Psychology, 34*(2), 191-198.

Lazarus, R. S., & Folkman, S. (1984). *Stress, appraisal, and coping.* Springer.

Matthies, E., Hoeger, R., & Guski, R. (2000). Living

on polluted soil: Determinants of stress symptoms. *Environment and Behavior, 32*(2), 270-286.
Meichenbaum, D., & Cameron, R. (1983). Stress inoculation training: Toward a general paradigm for training coping skills. In D. Meichenbaum & M. E. Jaremko (Eds.), *Stress reduction and prevention* (pp. 115-154). Plenum Press.
Penley, J. A., Tomaka, J., & Wiebe, J. S. (2002). The association of coping to physical and psychological health outcomes: A meta-analytic review. *Journal of Behavioral Medicine, 25*(6), 551-603.
Pennebaker, J. W. (1988). Confiding traumatic experience and health. In S. Fisher & J. Reason (Eds.), *Handbook of life stress, cognition, and health* (pp. 669-682). John Wiley & Sons.
Pennebaker, J. W., & O'Heeron, R. C. (1984). Confiding in others and illness rate among spouses of suicide and accidental death victims. *Journal of Abnormal Psychology, 93*(4), 473-476.
Pennebaker, J. W., & Susman, J. R. (1988). Disclosure of traumas and psychosomatic processes. *Social Science & Medicine, 26*(3), 327-332.
Rotter, J. B. (1966). Generalized expectancies for internal versus external control of reinforcement. *Psychological Monographs: General and Applied, 80*(1), 1-28.
Selye, H. (1982). History and present status of the stress concept. In L. Goldberger & S. Breznitz (Eds.), *Handbook of stress: Theoretical and clinical aspects* (pp. 7-17). Free Press.
Taylor, S. E., & Stanton, A. (2007). Coping resources, coping processes, and mental health. *Annual Review of Clinical Psychology, 3*, 129-153.
Troxel, W. M., Matthews, K. A., Bromberger, J. T., & Sutton-Tyrrell, K. (2003). Chronic stress burden, discrimination, and subclinical carotid artery disease in African American and Caucasian women. *Health Psychology, 22*(3), 300-309.

3장

대한상공회의소. (2004. 10. 22.). 국내 CEO들의 특성 조사. https://www.korcham.net/nCham/Service/Economy/appl/KcciReportDetail.asp?SEQ_NO_C010=20041022014&CHAM_CD=B001
송고. (2015. 10. 7.). 성공한 리더는 반드시 외향적 성격인가?…'글쎄'. 연합뉴스. https://www.yna.co.kr/view/AKR20151007005100072?input=1195m
여럿이하나. (2010. 10. 31.). EBS 다큐 프라임 - 당신의 성격 3부 나는 내성적인 사람입니다.(1) [동영상]. https://www.youtube.com/watch?v=rvHxwB6GcN8
유태용, 이기범, & Ashton, M. C. (2004). 한국판 HEXACO 성격검사의 구성타당화 연구. 한국심리학회지: 사회 및 성격, 18(3), 61-75. https://www.kdca.go.kr/injury/biz/injury/damgInfo/siSucdeMain.do

Brown, T. A., & Sellbom, M. (2021). Associations between MMPI...3 scale scores and the DSM...5 personality disorders. *Journal of Clinical Psychology, 77*(12), 2943-2964.
Kang, W., Steffens, F., Pineda, S., Widuch, K., & Malvaso, A. (2023). Personality traits and dimensions of mental health. *Scientific Reports, 13*(1), Article 7091.
KBS교양. (2013. 8. 12.). Speech - 강연 100℃ 정종철 EP56 [동영상]. https://www.youtube.com/watch?v=FW7FB_7v2UU

4장

국립정신건강센터. (2022. 1. 20.). 2021년 정신건강실태조사보고서. 국립정신건강센터. https://www.mohw.go.kr/board.es?mid=a10411010100&bid=0019&act=view&list_no=369858
국립정신건강센터. (2022. 9. 26.). 2022년 국민정신건강지식 및 태도조사 결과보고서. 국립정신건강센터. https://www.ncmh.go.kr/ncmh/board/boardView.do?no=9219&bn=newsView&menu_cd=04_02_00_01
권석만. (2023). 현대이상심리학(제3판). 학지사.
관계부처 합동. (2022. 7. 27.). 제3차('21-'25) 국

가건강검진종합계획. 국립정신건강센터. https://www.mohw.go.kr/board.es?mid=a10107010100&bid=0046&act=view&list_no=372338&list_depth=1

American Psychiatric Association. (2013). *Diagnostic and statistical manual of mental disorders* (5th ed.; DSM-5). American Psychiatric Publishing.

American Psychiatric Association. (2022). *Diagnostic and statistical manual of mental disorders* (5th ed., text rev.; DSM-5-TR). American Psychiatric Publishing.

Bateson, G., Jackson, D., Haley, J., & Weakland, J. (2007). Toward a theory of schizophrenia. *Systems Research and Behavioral Science, 1*(4), 251-264.

Beck, A. T., Rush, A. J., Shaw, B. F., & Emery, G. (1979). *Cognitive therapy of depression.* Guilford Press.

Carpenter, J., Andrews, L., Witcraft, S., Powers, M., Smits, J., & Hofmann, S. (2018). Cognitive behavioral therapy for anxiety and related disorders: A meta‥analysis of randomized placebo‥controlled trials. *Depression and Anxiety, 35*(5), 502-514.

Comer, R. J. (2011). *Fundamentals of abnormal psychology.* Macmillan.

Compton, M. T., & Shim, R. S. (2020). Mental illness prevention and mental health promotion: When, who, and how. *Psychiatric Services, 71*(9), 981-983.

Cuthbert, B. N. (2014). The RDoC framework: Facilitating transition from ICD/DSM to dimensional approaches that integrate neuroscience and psychopathology. *World Psychiatry, 13*(1), 28-35.

Fai, C., Chan, S., Chung, Y., Ng, S., Hui, C., Suen, Y., & Chen, E. (2021). The predictive power of expressed emotion and its components in relapse of schizophrenia: A meta-analysis and meta-regression. *Psychological Medicine, 51*, 365-375.

Felner, R. D., Jason, L. A., & Moritsugu, J. N. (Eds.). (1983). *Preventive psychology: Theory, research, and practice.* Pergamon.

Furukawa, T., Shinohara, K., Sahker, E., Karyotaki, E., Miguel, C., Ciharova, M., ... Cuijpers, P. (2021). Initial treatment choices to achieve sustained response in major depression: A systematic review and network meta‥analysis. *World Psychiatry, 20*(1), 28-41.

Gruenberg, A. M. (2007). Treating bipolar disorder: A clinician's guide to interpersonal and social rhythm therapy. *Psychological Medicine, 36*(4), 567-568.

Mendez, V., Pineiro, G., Perez, P., Miguez, P., Galan, C., Candan, M., ... Garcia, S. (2024). Grading of recommendations of psychological interventions in the rehabilitation of patients with schizophrenia. *European Psychiatry.*

Morin, L., & Franck, N. (2017). Rehabilitation interventions to promote recovery from schizophrenia: A systematic review. *Frontiers in Psychiatry, 8.*

Perlick, D. A., Miklowitz, D. J., Lopez, N., Chou, J., Kalvin, C., Adzhiashvili, V., & Aronson, A. (2010). Family-focused treatment for caregivers of patients with bipolar disorder. *Bipolar Disorders, 12*(6), 627-637.

Reed, G. M., First, M. B., Kogan, C. S., Hyman, S. E., Gureje, O., Gaebel, W., ... Saxena, S. (2019). Innovations and changes in the ICD‥11 classification of mental, behavioural and neurodevelopmental disorders. *World Psychiatry, 18*(1), 3-19.

Regier, D. A., Kuhl, E. A., & Kupfer, D. J. (2013). The DSM‥5: Classification and criteria changes. *World Psychiatry, 12*(2), 92-98.

Rende, R., & Plomin, R. (1992). Diathesis-stress models of psychopathology: A quantitative genetic perspective. *Applied & Preventive Psychology, 1*(4), 177-182.

Roisko, R., Wahlberg, K., Miettunen, J., & Tienari, P. (2014). Association of parental communication deviance with offspring's psychiatric and thought disorders: A systematic review and meta-analysis. *European Psychiatry, 29*, 20-31.

Saha, S., Chant, D., Welham, J., & McGrath, J. (2005). A systematic review of the prevalence of schizophrenia. *PLOS Medicine, 2*(5), e141.

Song, P., Zha, M., Yang, Q., Zhang, Y., Li, X., & Rudan, I. (2021). The prevalence of adult attention-deficit hyperactivity disorder: A global systematic review and meta-analysis. *Journal of Global Health*, *11*, Article 04009.

Tyrer, P. (2014). A comparison of DSM and ICD classifications of mental disorder. *Advances in Psychiatric Treatment*, *20*(4), 280-285.

Zubin, J., & Spring, B. (1977). Vulnerability-stress: A new view of schizophrenia. *Journal of Abnormal Psychology*, *86*(2), 103-126.

5장

국립정신건강센터. (2022. 1. 20.). 2021년 정신건강 실태조사보고서. 국립정신건강센터. https://www.mohw.go.kr/board.es?mid=a10411010100&bid=0019&act=view&list_no=369858

김영애. (2012). 알코올중독 부모 가정의 자녀가 경험하는 심리적 어려움에 관한 질적 연구. 한국청소년상담학회지, 20(1), 45-67.

김혜련, 박수경. (2011). 알코올 중독자 부모를 둔 청소년의 자녀 역할과 학교 적응과의 관계에서 부모애착과 교사관심의 조절효과. Human Ecology Research, 49(4), 1-20.

질병관리본부. (2017). 우리나라 대학생의 음주행태 심층조사. 질병관리본부.

질병관리청. (2022). 2021 국민건강영양조사. https://www.kdca.go.kr/contents.es?mid=a20601040100

한국건강증진개발원. (2022). 2021년 대학생 음주 행태조사. 한국건강증진개발원.

한국정보화진흥원. (2016). 스마트폰 과의존 통합척도. 한국정보화진흥원.

Abel, J. P., Buff, C. L., & Burr, S. A. (2016). Social media and the fear of missing out: Scale development and assessment. *Journal of Business & Economics Research*, *14*(1), 33-44.

American Psychiatric Association. (2023). *Diagnostic and statistical manual of mental disorders* (5th ed., text rev.; DSM-5-TR; S. Shin et al., Trans.). 학지사. (Original work published 2022)

Appel, H., Gerlach, A. L., & Crusius, J. (2016). The interplay between Facebook use, social comparison, envy, and depression. *Current Opinion in Psychology*, *9*, 44-49.

Bude, H. (2015). 불안의 사회학 (이미옥, 역). 동녘. (원전 출판 연도: 2014)

Deci, E. L., & Ryan, R. M. (1985). *Intrinsic motivation and self-determination in human behavior*. Plenum.

de Vries, D. A., & Kühne, R. (2015). Facebook and self-perception: Individual susceptibility to negative social comparison on Facebook. *Personality and Individual Differences*, *86*, 217-221.

Festinger, L. (1954). A theory of social comparison processes. *Human Relations*, *7*(2), 117-140.

Highsmith, P. (1955). *The talented Mr. Ripley*. Coward-McCann.

Koob, G. F., & Le Moal, M. (2001). Drug addiction, dysregulation of reward, and allostasis. *Neuropsychopharmacology*, *24*(2), 97-129.

Kuntsche, E., Knibbe, R., Gmel, G., & Engels, R. (2006). Who drinks and why? A review of socio-demographic, personality, and contextual issues behind the drinking motives in young people. *Addictive Behaviors*, *31*(10), 1844-1857.

Pariser, E. (2011). *The filter bubble: What the Internet is hiding from you*. Penguin Press.

Przybylski, A. K., Murayama, K., DeHaan, C. R., & Gladwell, V. (2013). Motivational, emotional, and behavioral correlates of fear of missing out. *Computers in Human Behavior*, *29*(4), 1841-1848.

Tversky, A., & Kahneman, D. (1973). Availability: A heuristic for judging frequency and probability. *Cognitive Psychology*, *5*(2), 207-232.

Wegner, D. M., Schneider, D. J., Carter, S. R., & White, T. L. (1987). Paradoxical effects of thought suppression. *Journal of Personality and Social Psychology*, *53*(1), 5-13.

Whiteside, S. P., & Lynam, D. R. (2001). The five factor model and impulsivity: Using a structural model of personality to understand impulsive behavior. *Personality and Individual Differences*, *30*(4), 669-689.

6장

김수연, 강동웅. (2019. 9. 30.). 자살위험 학생 수 2만명 넘어…10대들의 '위험한 자해문화' 심각. 동아닷컴. https://www.donga.com/news/Society/article/all/20190930/97663233/1

김수진. (2017). 비자살적 자해의 위험요인과 보호요인 개관. 청소년학연구, 24(9), 31-53.

박다해. (2019. 5. 29.). 청소년 자해 상담, 1년 새 3배 늘었다. 한겨레. http://www.hani.co.kr/arti/society/rights/895831.html

보건복지부. (2024). 2023년 자살사망통계 발표. 보건복지부. https://www.mohw.go.kr/board.es?mid=a10503010100&bid=0027&act=view&list_no=1483270&tag=&nPage=1

성요안나, 배유빈, 김소정. (2019). 비자살적 자해에 대한 국내연구 개관: 2000-2018년 연구들을 중심으로. 인지행동치료, 19(2), 251-280.

양정우. (2019. 5. 29.). 자해로 상담받은 청소년 3배 늘었다. 연합뉴스. https://www.yna.co.kr/view/AKR20190529078500005

이재호, 조윤영, 전정윤. (2018. 11. 11.). 중고생 7만여명 "자해 경험"…우리 아이는 상관없다고요?. 한겨레. http://www.hani.co.kr/arti/society/society_general/869668.html

질병관리청 국가손상정보포털. (2024. 3. 18.). 자해·자살. https://kdca.go.kr/injury/biz/injury/damgInfo/siSucdeMain.do

홍진표. (2023). 자살의 정신사회적 위험요인. 한국자살예방협회(편), 자살예방의 모든 것: 이론과 정책. 학지사.

American Psychiatric Association. (2013). *Diagnostic and statistical manual of mental disorders* (5th ed.; DSM-5). American Psychiatric Publishing.

Andover, M. A., Pepper, C. M., Ryabchenko, K. A., Orrico, E. G., & Gibb, B. E. (2005). Self-mutilation and symptoms of depression, anxiety, and borderline personality. *Suicide and Life-Threatening Behavior*, *35*(5), 581-591.

Bae, J. J. (2018). The analysis of the relationship between Gatekeeper education for suicide prevention and suicide rate (Master's thesis). 서울대학교 석사학위 청구논문.

Bertolote, J. M. (2014). Prevention of suicidal behavior. In M. K. Nock (Ed.), *The Oxford handbook of suicide and self-injury* (pp. 355-367). Oxford University Press.

Chapman, A. L., Gratz, K. L., & Brown, M. Z. (2006). Solving the puzzle of deliberate self-harm: The experiential avoidance model. *Behaviour Research and Therapy*, *44*(3), 371-394.

Durkheim, E. (2008). 자살론 (황보종우, 역). 청아출판사. (원서 출판 연도: 1897)

Evans, K. L., Tyrer, P., Catalan, J., Schmidt, U., Davidson, K., Dent, J., ... Thompson, S. (1999). Manual-assisted cognitive behavior therapy (MACT): A randomized controlled trial of a brief intervention with bibliotherapy in the treatment of recurrent deliberate self-harm. *Psychological Medicine*, *29*(1), 19-25.

Forman, E. M., Berk, M. S., Henriques, G. R., Brown, G. K., & Beck, A. T. (2004). History of multiple suicide attempts as a behavioral marker of severe psychopathology. *American Journal of Psychiatry*, *161*(3), 437-443.

Graff, H., & Mallin, R. (1967). The syndrome of the wrist cutter. *American Journal of Psychiatry*, *124*(1), 36-42.

Grandclerc, S., De Labrouhe, D., Spodenkiewicz, M., Lachal, J., & Moro, M. R. (2016). Relations between nonsuicidal self-injury and suicidal behavior in adolescence: A systematic review. *PLOS ONE*, *11*(4), Article e0153760.

Hawton, K., Houston, K., Haw, C., Townsend, E., & Harries, L. (2003). Comorbidity of Axis I and Axis II disorders in patients who attempted suicide. *American Journal of Psychiatry*, *160*(8), 1494-1500.

Houston, M. N. (2022). 자살 및 자해 행동 상담 및 심리치료 워크북 (이동훈, 전홍진, 이화정, 김성연, 김해진, & 황희훈, 역). 박영스토리. (원서 출판 연도: 2017)

Jacobson, C. M., & Gould, M. (2007). The epidemiology and phenomenology of non-suicidal self-injurious behavior among adolescents: A critical review of the literature. *Archives of Suicide Research*, *11*(2), 129-147.

Joiner, T. E. (2005). *Why people die by suicide*. Harvard University Press.

Kang, J., Park, J., Lee, H., Lee, M., Kim, S., Koyanagi, A., ... Yon, D. K. (2023). National trends in depression and suicide attempts and COVID-19 pandemic-related factors, 1998-2021: A nationwide study in South Korea. *Asian Journal of Psychiatry, 88*, Article 103727.

Kim, S., Seo, D. G., Park, J. C., Son, Y., Lee, J. H., Yoon, D., ... Lee, J. S. (2022). Development and validation of the Self-Harm Screening Inventory (SHSI) for adolescents. *PLOS ONE, 17*(2), e0262723.

Kposowa, A. (2000). Marital status and suicide in the National Longitudinal Mortality Study. *Journal of Epidemiology and Community Health, 54*(4), 254-261.

Lesage, F., Duprat, F., Fink, M., Guillemare, E., Coppola, T., Lazdunski, M., & Hugnot, J. P. (1994). Cloning provides evidence for a family of inward rectifier and G...protein coupled K+ channels in the brain. *FEBS Letters, 353*(1), 37-42.

Linehan, M. M. (2000). Behavioral treatments of suicidal behaviors: Definitional obfuscation and treatment outcomes. In R. W. Maris, S. S. Canetto, J. L. McIntosh, & M. M. Silverman (Eds.), *Review of suicidology* (pp. 84-111). Guilford Press.

Luoma, J. B., & Pearson, J. L. (2002). Suicide and marital status in the United States, 1991-1996: Is widowhood a risk factor? *American Journal of Public Health, 92*(9), 1518-1522.

Mann, J. J., Apter, A., Bertolote, J., Beautrais, A., Currier, D., Haas, A., ... Hendin, H. (2005). Suicide prevention strategies: A systematic review. *Journal of the American Medical Association, 294*(16), 2064-2074.

Moscicki, E. K. (2001). Epidemiology of completed and attempted suicide: Toward a framework for prevention. *Clinical Neuroscience Research, 1*(5), 310-323.

Moscicki, E. K. (2014). Suicidal behaviors among adults. In M. K. Nock (Ed.), *The Oxford handbook of suicide and self-injury*. Oxford University Press.

Muehlenkamp, J. J., Claes, L., Havertape, L., & Plener, P. L. (2012). International prevalence of adolescent non-suicidal self-injury and deliberate self-harm. *Child and Adolescent Psychiatry and Mental Health, 6*, Article 10.

Muehlenkamp, J. J., & Gutierrez, P. M. (2007). Risk for suicide attempts among adolescents who engage in non-suicidal self-injury. *Archives of Suicide Research, 11*(1), 69-82.

Nock, M. K. (2009). Why do people hurt themselves? New insights into the nature and functions of self-injury. *Current Directions in Psychological Science, 18*(2), 78-83.

Nock, M. K., & Favazza, A. R. (2009). Nonsuicidal self-injury: Definition and classification. In M. K. Nock (Ed.), *Understanding nonsuicidal self-injury: Origins, assessment, and treatment* (pp. 9-18). American Psychological Association.

Nock, M. K., & Prinstein, M. J. (2004). A functional approach to the assessment of self-mutilative behavior. *Journal of Consulting and Clinical Psychology, 72*(5), 885-890.

Park, S. C., Choi, J., Oh, Y., Lee, H.-Y., Yook, V., Kim, B., ... Lee, D.-W. (2020). Suicide CARE (Standardized Suicide Prevention Program for Gatekeeper Intervention in Korea): An update. *Psychiatry Investigation, 17*(9), 911-924.

Paul, T., Schroeter, K., Dahme, B., & Nutzinger, D. O. (2002). Self-injurious behavior in women with eating disorders. *American Journal of Psychiatry, 159*(3), 408-411.

Posner, K., Brodsky, B., Yershova, K., Buchanan, J., & Mann, J. (2014). The classification of suicidal behavior. In M. K. Nock (Ed.), *The Oxford handbook of suicide and self-injury* (pp. 7-22). Oxford University Press.

Rich, C. L., Young, D., & Fowler, R. C. (1986). San Diego suicide study: I. Young vs old subjects. *Archives of General Psychiatry, 43*(6), 577-582.

Selby, E. A., Joiner, T. E., Jr., & Ribeiro, J. D. (2014). Comprehensive theories of suicidal behaviors. In M. K. Nock (Ed.), *The Oxford handbook of suicide and self-injury* (pp. 286-307). Oxford University Press.

Shneidman, E. S. (1985). *Definition of suicide*. Wiley-Blackwell.

Slee, N., Spinhoven, P., Garnefski, N., & Arensman, E. (2008). Emotion regulation as mediator of treatment outcome in therapy for deliberate self-harm. *Clinical Psychology and Psychotherapy, 15*(4), 205-216.

Son, Y., Kim, S., & Lee, J. S. (2021). Self-injurious behavior in community youth. *International Journal of Environmental Research and Public Health, 18*(4), 1955.

Stanley, B., Brodsky, B., Nelson, J. D., & Dulit, R. (2007). Brief dialectical behavior therapy (DBT-B) for suicidal behavior and non-suicidal self-injury. *Archives of Suicide Research, 11*(4), 337-341.

Stanley, B., Fineran, V., & Brodsky, B. (2014). Psychological treatments for nonsuicidal self-injury. In M. K. Nock (Ed.), *The Oxford handbook of suicide and self-injury* (pp. 409-418). Oxford University Press.

Swannell, S. V., Martin, G. E., Page, A., Hasking, P., & St John, N. J. (2014). Prevalence of nonsuicidal self‐injury in nonclinical samples: Systematic review, meta‐analysis and meta‐regression. *Suicide and Life‐Threatening Behavior, 44*(3), 273-303.

Taylor, L., Oldershaw, A., Richards, C., Davidson, K., Schmidt, U., & Simic, M. (2011). Development and pilot evaluation of a manualized cognitive behavioral treatment package for adolescent self-harm. *Behavioural and Cognitive Psychotherapy, 39*, 619-625.

Taylor, L., Simic, M., & Schmidt, U. (2015). *Cutting down: A CBT workbook for treating young people who self-harm.* Routledge.

Tørmoen, A. J., Groholt, B., Haga, E., Brager-Larsen, A., Miller, A., Walby, F., ... Mehlum, L. (2014). Feasibility of dialectical behavior therapy with suicidal and self-harming adolescents with multiple problems: Training, adherence, and retention. *Archives of Suicide Research, 18*(4), 432-444.

Valencia-Agudo, F., Burcher, G. C., Ezpeleta, L., & Kramer, T. (2018). Nonsuicidal self-injury in community adolescents: A systematic review of prospective predictors, mediators and moderators. *Journal of Adolescence, 65*, 25-38.

Van Orden, K. A., Witte, T. K., Cukrowicz, K. C., Braithwaite, S. R., Selby, E. A., & Joiner, T. E. (2010). The Interpersonal Theory of Suicide. Psychological Review, 117(2), 575-600.

Ward-Ciesielski, E. F., & Linehan, M. M. (2014). Psychological treatment of suicidal behaviors. In M. K. Nock (Ed.), *The Oxford handbook of suicide and self-injury* (pp. 367-384). Oxford University Press.

Wester, K. L., & McKibben, B. (2016). Participants' experiences of nonsuicidal self-injury: Supporting existing theory and emerging conceptual pathways. *Journal of Mental Health Counseling, 38*(1), 12-27.

Whitlock, J., Muehlenkamp, J., Eckenrode, J., Purington, A., Abrams, G. B., ... Kress, V. (2013). Nonsuicidal self-injury as a gateway to suicide in young adults. *Journal of Adolescent Health, 52*(4), 486-492.

Wester, K., Trepal, H., & King, K. (2018). Nonsuicidal self‐injury: Increased prevalence in engagement. *Suicide and Life‐Threatening Behavior, 48*(6), 690-698.

7장

대한수면연구학회. (n.d.). 건강한 수면을 위한 10계명. 대한수면연구학회.

조용래. (2007). 정서조절곤란의 평가: 한국판 척도의 심리측정적 속성. 한국심리학회지: 임상, 26(4), 1015-1038.

Aldao, A., & Nolen-Hoeksema, S. (2012). When are adaptive strategies most predictive of psychopathology? *Journal of Abnormal Psychology, 121*(1), 276-281.

Damasio, A. R. (1994). Descartes' error and the future of human life. *Scientific American, 271*(4), 144.

David, S. (2016). *Emotional agility: Get unstuck, embrace change, and thrive in work and life.* Avery/Penguin Random House.

Ehring, T. (2021). Thinking too much: Rumination and psychopathology. *World Psychiatry, 20*(3), 441-442.

Ekman, P. (1992). Are there basic emotions? *Psychological Review, 99*(3), 550-553.

Hariri, A. R., & Holmes, A. (2006). Genetics of emotional regulation: The role of the serotonin transporter in neural function. *Trends in Cognitive Sciences*, *10*(4), 182-191.

Lang, P. J. (2014). Emotion's response patterns: The brain and the autonomic nervous system. *Emotion Review*, *6*(2), 93-99.

Levenson, R. W., Carstensen, L. L., Friesen, W. V., & Ekman, P. (1991). Emotion, physiology, and expression in old age. *Psychology and Aging*, *6*(1), 28-35.

Macklem, G. L. (2008). *Practitioner's guide to emotion regulation in school-aged children*. Springer.

Nummenmaa, L., Glerean, E., Hari, R., & Hietanen, J. K. (2014). Bodily maps of emotions. *Proceedings of the National Academy of Sciences of the United States of America*, *111*(2), 646-651.

Robinson, A. L., Mansfield-Green, S., & Lafrance, G. (2014). Disordered eating behaviours in an undergraduate sample: Associations among gender, body mass index, and difficulties in emotion regulation. *Canadian Journal of Behavioural Science*, *46*(3), 320-326.

Sloan, E., Hall, K., Moulding, R., Bryce, S., Mildred, H., & Staiger, P. K. (2017). Emotion regulation as a transdiagnostic treatment construct across anxiety, depression, substance, eating and borderline personality disorders: A systematic review. *Clinical Psychology Review*, *57*, 141-163.

Thompson, R. A. (1991). Emotional regulation and emotional development. *Educational Psychology Review*, *3*(4), 269-307.

8장

이항심. (2020). 새로운 시대를 대비하는 나만의 경쟁력, 시그니처. 다산북스.

Keyes, C. L. M. (2002). The mental health continuum: From languishing to flourishing in life. *Journal of Health and Social Behavior*, *43*(2), 207-222.

Keyes, C. L. M. (2005). Mental illness and/or mental health? Investigating axioms of the complete state model of health. *Journal of Consulting and Clinical Psychology*, *73*(3), 539-548.

Keyes, C. L. M. (2007). Promoting and protecting mental health as flourishing: A complementary strategy for improving national mental health. *American Psychologist*, *62*(2), 95-108.

Luthans, F., Luthans, K. W., & Luthans, B. C. (2004). Positive psychological capital: Beyond human and social capital. *Business Horizons*, *47*(1), 45-50.

Luthans, F., Youssef, C. M., & Avolio, B. J. (2007). *Psychological capital: Developing the human competitive edge*. Oxford University Press.

Peterson, C., & Seligman, M. E. P. (2004). *Character strengths and virtues: A handbook and classification*. Oxford University Press.

Seligman, M. E. P. (2011). *Flourish: A visionary new understanding of happiness and well-being*. Free Press.

World Health Organization. (2005). *Promoting mental health: Concepts, emerging evidence, practice*. World Health Organization.

9장

박선영, 권석만. (2012). 삶의 의미에 대한 이론적 고찰과 임상적 함의. 한국심리학회지: 일반, 31(3), 741-768.

원두리, 김교헌, 권선중. (2005). 한국판 삶의 의미척도의 타당화 연구: 대학생을 대상으로. 한국심리학회지: 건강, 10(2), 211-225.

Baumeister, R. F., & Landau, M. J. (2018). Finding the meaning of meaning: Emerging insights on four grand questions. *Review of General Psychology*, *22*(1), 1-10.

Breitbart, W., Pessin, H., Rosenfeld, B., Applebaum, A. J., Lichtenthal, W. G., Li, Y., ... Fenn, N. (2018). Individual meaning... centered psychotherapy for the treatment of psychological and existential distress: A randomized controlled trial in patients with advanced cancer. *Cancer, 124*(15), 3231-3239.

Breitbart, W. S., & Poppito, S. (2014). *Meaning-centered group psychotherapy for patients with advanced cancer: A treatment manual*. Oxford University Press.

Czekierda, K., Banik, A., Park, C. L., & Luszczynska, A. (2017). Meaning in life and physical health: Systematic review and meta-analysis. *Health Psychology Review, 11*(4), 387-418.

Ebersole, P. (1998). Types and depth of written life meaning. In P. T. P. Wong & P. S. Fry (Eds.), *The human quest for meaning: A handbook of psychological research and clinical applications* (pp. 179-191). Lawrence Erlbaum Associates.

Emmons, R. A. (2003). Personal goals, life meaning, and virtue: Wellsprings of a positive life. In C. L. M. Keyes & J. Haidt (Eds.), *Flourishing: Positive psychology and the life well-lived* (pp. 105-128). American Psychological Association.

Flett, G. L. (2024). Mattering and feelings of not mattering in suicide risk and prevention: Conceptualization, review, and public health recommendations. In M. Zangeneh (Ed.), *Essentials in health and mental health: Unlocking the Keyes to wellness*. Springer.

Frankl, V. E. (1959). *Man's search for meaning*. Simon and Schuster.

George, L. S., & Park, C. L. (2016). Meaning in life as comprehension, purpose, and mattering: Toward integration and new research questions. *Review of General Psychology, 20*(3), 205-220.

Greenberg, J., Pyszczynski, T., & Solomon, S. (1986). The causes and consequences of a need for self-esteem: A terror management theory. In R. F. Baumeister (Ed.), *Public self and private self* (pp. 189-212). Springer.

Hayes, S. C. (2004). Acceptance and commitment therapy, relational frame theory, and the third wave of behavioral and cognitive therapies. *Behavior Therapy, 35*(4), 639-665.

Hayes, S. C., Strosahl, K. D., & Wilson, K. G. (2012). *Acceptance and commitment therapy: The process and practice of mindful change*. The Guilford Press.

Heintzelman, S. J., & King, L. A. (2014). (The Feeling of) Meaning-as-information. *Personality and Social Psychology Review, 18*(2), 153-167.

Hill, C. E. (2018). *Meaning in life: A therapist's guide*. American Psychological Association.

Jurica, J., Barenz, J., Shim, Y., Graham, K., & Steger, M. F. (2014). Ultimate concerns from existential and positive psychological perspectives. In A. Batthyany & P. Russo-Netzer (Eds.), *Meaning in positive and existential psychology* (pp. 115-128). Springer.

King, L. A., & Hicks, J. A. (2021). The science of meaning in life. *Annual Review of Psychology, 72*(1), 561-584.

Krause, N. (2009). Meaning in life and mortality. *Journals of Gerontology Series B: Psychological Sciences and Social Sciences, 64*(4), 517-527.

Li, J. B., Dou, K., & Liang, Y. (2020). The relationship between presence of meaning, search for meaning, and subjective well-being: A three-level meta-analysis based on the Meaning in Life Questionnaire. *Journal of Happiness Studies, 22*, 467-489.

Martela, F., & Steger, M. F. (2016). The three meanings of meaning in life: Distinguishing coherence, purpose, and significance. *Journal of Positive Psychology, 11*(5), 531-545.

McKnight, P. E., & Kashdan, T. B. (2009). Purpose in life as a system that creates and sustains health and well-being: An integrative, testable theory. *Review of General Psychology, 13*(3), 242-251.

Newman, D. B., Nezlek, J. B., & Thrash, T. M. (2018). The dynamics of searching for meaning and presence of meaning in daily life. *Journal of Personality, 86*, 368-379.

Park, C. L. (2010). Making sense of the meaning literature: An integrative review of meaning making and its effects on adjustment to stressful life events. *Psychological Bulletin, 136*(2), 257-301.

Pew Research Center. (2021). *What makes life meaningful? Views from 17 advanced economies*. https://www.pewresearch.org/global/2021/11/18/what-makes-life-meaningful-views-from-17-advanced-economies/

Roepke, A. M., Jayawickreme, E., & Riffle, O. M. (2014). Meaning and health: A systematic review. *Applied Research in Quality of Life*, *9*, 1055-1079.

Ryff, C. D., & Singer, B. H. (2008). Know thyself and become what you are: A eudaimonic approach to psychological well-being. *Journal of Happiness Studies*, *9*, 13-39.

Sedikides, C., & Gregg, A. P. (2008). Self-enhancement: Food for thought. *Perspectives on Psychological Science*, *3*, 102-116.

Seligman, M. E. P. (2011). *Flourish: A visionary new understanding of happiness and well-being*. Simon and Schuster.

Steger, M. F. (2012). Experiencing meaning in life: Optimal functioning at the nexus of well-being, psychopathology, and spirituality. In P. T. P. Wong (Ed.), *The human quest for meaning: A handbook of psychological research and clinical applications* (5th ed., pp. 165-187). Routledge.

Steger, M. F. (2022). Making meaning in life: A thematic review of successful experimental psychological and psychotherapeutic interventions. In A. C.-K. Chan, M. F. Steger, R. C.-F. Chui, N. Y.-F. Siu, S. C. P. Wong, & B. Y.-H. Lam (Eds.), *Proceedings of the Meaning in Life International Conference 2022 - Cultivating, Promoting, and Enhancing Meaning in Life Across Cultures and Life Span* (pp. 5-20). Atlantis Press.

Steger, M. F., Frazier, P., Oishi, S., & Kaler, M. (2006). The meaning in life questionnaire: Assessing the presence of and search for meaning in life. *Journal of Counseling Psychology*, *53*(1), 80.

Steger, M. F., Kawabata, Y., Shimai, S., & Otake, K. (2008). The meaningful life in Japan and the United States: Levels and correlates of meaning in life. *Journal of Research in Personality*, *42*(3), 660-678.

Steger, M. F., Shim, Y., Rush, B. R., Brueske, L. A., Shin, J. Y., & Merriman, L. A. (2013). The mind's eye: A photographic method for understanding meaning in people's lives. *Journal of Positive Psychology*, *8*(6), 530-542.

Steger, M. F., Shim, Y., Barenz, J., & Shin, J. Y. (2014). Through the windows of the soul: A pilot study using photography to enhance meaning in life. *Journal of Contextual Behavioral Science*, *3*(1), 27-30.

Wilson, K. G., Sandoz, E. K., Kitchens, J., & Roberts, M. (2010). The Valued Living Questionnaire: Defining and measuring valued action within a behavioral framework. *The Psychological Record*, *60*, 249-272.

Wong, P. P. (2010). Meaning therapy: An integrative and positive existential psychotherapy. *Journal of Contemporary Psychotherapy*, *40*, 85-93.

10장

Axelrod, R., & Hamilton, W. D. (1981). The evolution of cooperation. *Science*, *211*(4489), 1390-1396.

Baumeister, R. F., & Leary, M. R. (1995). The need to belong: Desire for interpersonal attachments as a fundamental human motivation. *Psychological Bulletin*, *117*(3), 497-529.

Brown, B. (2012). *Daring greatly: How the courage to be vulnerable transforms the way we live, love, parent, and lead*. Gotham.

Brown, P., & Levinson, S. C. (1987). *Politeness: Some universals in language usage*. Cambridge University Press.

Byrne, R. W., & Whiten, A. (1988). *Machiavellian intelligence: Social expertise and the evolution of intellect in monkeys, apes, and humans*. Oxford University Press.

De Waal, F. (2016). *Are we smart enough to know how smart animals are?*. W. W. Norton & Company.

Dunbar, R. I. (1996). *Gossip, grooming, and the evolution of language*. Harvard University Press.

Dunbar, R. I. (1998). The social brain hypothesis. *Evolutionary Anthropology*, *6*(5), 178-190.

Ekman, P. (1992). *Telling lies: Clues to deceit in the marketplace, politics, and marriage*. W. W. Norton & Company.

Fehr, E., & Gächter, S. (2002). Altruistic punishment in humans. *Nature, 415*(6868), 137-140.

Fincham, F. D., & Beach, S. R. (2010). Relationship satisfaction: The role of attributions and expectations. *Current Directions in Psychological Science, 19*(2), 78-82.

Gambetta, D. (2000). *Trust: Making and breaking cooperative relations.* Basil Blackwell.

Gordon, T. (1970). *Parent effectiveness training: The proven program for raising responsible children.* Wyden Books.

Hess, E. H. (1965). Attitude and pupil size. *Scientific American, 213*(5), 46-54.

Kahneman, D. (2011). *Thinking, fast and slow.* Farrar, Straus and Giroux.

Kruger, J., & Epley, N. (2005). Egocentrism over e-mail: Can we communicate as well as we think? *Journal of Personality and Social Psychology, 89*(6), 925-936.

Loftus, E. F., & Palmer, J. C. (1974). Reconstruction of automobile destruction: An example of the interaction between language and memory. *Journal of Verbal Learning and Verbal Behavior, 13*(5), 585-589.

Mehrabian, A. (1971). *Silent messages: Implicit communication of emotions and attitudes.* Wadsworth.

Miller, G. (2000). *The mating mind: How sexual choice shaped the evolution of human nature.* Anchor.

Nussbaum, M. C. (2011). *Creating capabilities: The human development approach.* Harvard University Press.

Pittam, J. (1994). *Voice in social interaction: An interdisciplinary approach.* Sage.

Rogers, C. R., & Farson, R. E. (1987). *Active listening.* University of Chicago Press.

Rosenberg, M. B. (1999). *Nonviolent communication: A language of life.* PuddleDancer Press.

Satir, V. (1988). *The new peoplemaking.* Science and Behavior Books.

Tomasello, M. (2008). *Origins of human communication.* MIT Press.

Trivers, R. L. (1971). The evolution of reciprocal altruism. *Quarterly Review of Biology, 46*(1), 35-57.

Turkle, S. (2011). *Alone together: Why we expect more from technology and less from each other.* Basic Books.

Zahavi, A. (1975). Mate selection—A selection for a handicap. *Journal of Theoretical Biology, 53*(1), 205-214.

11장

민병배, 오현숙, 이주영. (2021). 기질 및 성격 검사 통합 매뉴얼 개정판. 마음사랑

Ainsworth, M. S. (1979). Infant-mother attachment. *American Psychologist, 34*(10), 932-937.

Bagley, C., & Mallick, K. (2001). Normative data and mental health construct validity for the Rosenberg Self-Esteem Scale in British adolescents. *International Journal of Adolescence and Youth, 9*(2), 117-126.

Bartholomew, K. (1990). Assessment of individual differences in adult attachment. *Psychological Inquiry, 5*(1), 23-67.

Bastable, S. B., & Dart, M. A. (2007). *Developmental stages of the learner.* Jones & Bartlett Learning.

Baumrind, D. (1991). The influence of parenting style on adolescent competence and substance use. *Journal of Early Adolescence, 11*(1), 56-95.

Bowlby, J. (1988). *A secure base: Parent-child attachment and healthy human development.* Basic Books.

Cloninger, C. R. (1994). *The Temperament and Character Inventory (TCI): A guide to its development and use.* Center for Psychobiology of Personality, Washington University.

DiPietro, J., Hodgson, D., Costigan, K., & Johnson, T. (1996). Fetal antecedents of infant temperament. *Child Development, 67*(5), 2568-2583.

Erikson, E. H. (1950). *Childhood and society.* W. W. Norton & Company.

Gottman, J. M., Katz, L. F., & Hooven, C. (1997). *Meta-emotion: How families communicate emotionally.* Lawrence Erlbaum Associates.

Hoffman, M. (2016). Stress, the placenta, and fetal programming of behavior: Genes' first encounter with the environment. *The American Journal of Psychiatry, 173*(7), 655-657.

Kindsvatter, A., & Desmond, K. J. (2013). Addressing parent-child conflict: Attachment-based interventions with parents. *Journal of Counseling and Development, 91*(1), 105-112.

Main, M., & Solomon, J. (1990). Procedures for identifying infants as disorganized/disoriented during the Ainsworth Strange Situation. In M. T. Greenberg, D. Cicchetti, & E. M. Cummings (Eds.), *Attachment in the preschool years: Theory, research, and intervention* (pp. 121-160). University of Chicago Press.

Rothbart, M. K., Ahadi, S. A., & Hershey, K. L. (2001). Temperament and social behavior in childhood. *Merrill-Palmer Quarterly, 47*(1), 1-22.

Thomas, A., & Chess, S. (1977). *Temperament and development.* Brunner/Mazel.

Turan, N., Kocalevent, R., Quintana, S., Erdur-Baker, Ö., & Diestelmann, J. (2016). Attachment orientations: Predicting psychological distress in German and Turkish samples. *Journal of Counseling and Development, 94*(1), 91-102.

Urban, J. R. (2020). Attachment theory and its relationship with anxiety. *The Kabod, 6*(2).

12장

국가인권위원회. (2024). 2023년 인권의식실태조사. 국가인권위원회. https://kosis.kr/statHtml/statHtml.do?orgId=129&tblId=DT_129001_B021

통계청. (2023). 인구주택총조사 결과로 분석한 우리나라 청년세대의 변화. 통계청. https://kostat.go.kr/board.es?mid=a10301020200&bid=203&act=view&list_no=428215

통계청. (2024. 7. 11). 2023년 국제인구이동통계. https://kostat.go.kr/board.es?mid=a10301020500&bid=206&act=view&list_no=431783

통계청. (2024. 11. 7). 2023년 다문화 인구동태 통계. https://kostat.go.kr/board.es?mid=a10301020300&bid=204&act=view&list_no=433604

이경희. (2011). 한국 다문화교육 정책에 대한 비판적 고찰. 교육문화연구, 17(3), 65-88.

조숙정, 조일윤. (2024). 디지털시대 다문화가정에 대한 온라인상 혐오 양상에 관한 연구. 다문화사회와 교육연구, 16, 319-350.

American Psychological Association. (2017). *Multicultural guidelines: An ecological approach to context, identity, and intersectionality.* American Psychological Association. https://www.apa.org/about/policy/multicultural-guidelines.pdf

Brosch, T., Prati, F., & Sander, D. (2023). Affective underpinnings of diversity attitudes in times of crisis: How fear and value orientations shape solidarity and exclusion. *Group Processes & Intergroup Relations, 26*(1), 82-102.

D'Andrea, M., Daniels, J., & Heck, R. (1991). Evaluating the impact of multicultural counseling training. *Journal of Counseling & Development, 70*(1), 143-150.

Fuertes, J. N., Miville, M. L., Mohr, J. J., Sedlacek, W. E., & Gretchen, D. (2000). Factor structure and short form of the Miville-Guzman Universality-Diversity Scale. *Measurement and Evaluation in Counseling and Development, 33*(3), 157-169.

Gopalkrishnan, N. (2018). Cultural diversity and mental health: Considerations for policy and practice. *Frontiers in Public Health, 6*, article 179.

Hays, P. A. (2008). *Addressing cultural complexities in practice: Assessment, diagnosis, and therapy* (2nd ed.). American Psychological Association.

James, S., & Prilleltensky, I. (2002). Cultural diversity and mental health: Towards integrative practice. *Clinical Psychology Review, 22*(8), 1133-1154.

Kirmayer, L. J. (2019). The politics of diversity: Pluralism, multiculturalism and mental health. *Transcultural Psychiatry, 56*(6), 1119-1138.

Sue, D. W., Arredondo, P., & McDavis, R. J. (1992). Multicultural counseling competencies and standards: A call to the profession. *Journal of Counseling & Development, 70*(4), 477-486.

저자 소개

조성근 | 충남대학교 심리학과 교수

서울신학대학교 신학과 학사
미국 Illinois Institute of Technology 심리학과 석사
미국 University of Hawaii at Manoa 심리학과 박사(임상심리학 전공)
(현) 한국건강심리학회 회장
(전) 한국임상심리학회 학술부회장
(전) 충남대학교 심리성장과자기조절센터 센터장

김소정 | 영남대학교 심리학과 조교수

고려대학교 심리학과 학사, 석사, 박사(임상 및 상담심리학 전공)
(현) 한국임상심리학회 임상심리교육정책연구위원장
(현) 한국트라우마스트레스학회 교육위원장
(전) 한양대학교병원 정신건강의학과 임상심리전문가(수련감독자)
(전) 미국 The Pennsylvania State University 방문연구원

김주은 | 충남대학교 심리학과 부교수

한동대학교 상담심리학과 학사
미국 Columbia University 심리학과 석사
미국 Syracuse University 심리학과 박사(임상심리학 전공)
(현) 대전중구중독관리통합지원센터 센터장
(전) 캐나다 Centre for Addiction and Mental Health 임상심리 레지던트

박수미 | 한남대학교 상담심리학과 조교수

중앙대학교 심리학과 학사, 석사
서울대학교 의과대학 임상의과학과 박사(임상의과학 전공)
(전) 서울특별시 보라매병원 정신건강의학과 임상심리전문가(수련감독자)

박준호 | 경상국립대학교 심리학과 교수

성균관대학교 산업심리학과 학사, 심리학과 석사, 박사(임상심리학 전공)
(현) 한국심리학회 심리검사심의위원장
(전) 한국건강심리학회 회장

배성훈 | 가톨릭꽃동네대학교 자율전공학부 상담심리전공 조교수

가톨릭꽃동네대학교 사회복지학과 학사
성신여자대학교 심리학과 석사
충북대학교 심리학과 박사(임상심리학 전공)
(현) 가톨릭꽃동네대학교 부설 심리상담센터장
(전) 한국학교심리학회 학술위원장
(전) 명지대학교 통합치료대학원 겸임교수

심예린 | 충남대학교 심리학과 부교수

이화여자대학교 심리학과 학사, 석사
미국 Colorado State University 심리학과 박사(상담심리학 전공)
(현) 충남대학교 심리성장과자기조절센터 부센터장
(현) 한국상담심리학회 부편집위원장
(전) 미국 University of Pennsylvania Positive Psychology Center 박사후연구원
(전) 한국상담심리학회 학술위원장

이운영 | 충남대학교 교육대학원 초빙부교수

성균관대학교 섬유공학과 학사
충남대학교 심리학과 석사, 박사(기초심리학 전공)

이항심 | 건국대학교 상담학과 및 상담심리학과 부교수

이화여자대학교 영문학과 학사(심리학과 복수전공)
이화여자대학교 심리학과 석사
미국 University of Missouri-Columbia 교육·학교·상담심리학과 박사(상담심리학 전공)
(현) 건국대학교 미래의일연구소 소장
(현) 한국생애개발상담학회 이사
(현) 미국심리학회 Society for Vocational Psychology 의장
(전) 미국 Oklahoma State University 상담 및 상담심리학과 교수

원성두 | 대구가톨릭대학교 심리학과 조교수

강원대학교 행정학과 학사
아주대학교 심리학과 석사, 박사(임상심리학 전공)
(현) DCU마음건강센터 센터장
(현) 한국임상심리학회 수석부회장
(전) 계요병원 임상심리과장
(전) 아주대학교 심리학과 대우조교수

조은이 | 선문대학교 상담심리학과 조교수

가톨릭대학교 심리학과 학사, 석사
서울대학교 교육학과 박사(교육상담 전공)
(현) 한국상담학회 편집위원
(현) 한국실존주의상담학회 학술위원장
(전) 광운대학교 상담복지정책대학원 조교수
(전) 서울대학교 교육학과 박사후연구원

홍예영 | 심리상담센터 나다움 대표

가톨릭꽃동네대학교 사회복지학과 학사
가톨릭대학교 상담심리대학원 석사
서울여자대학교 교육심리학과 박사(상담 및 임상심리학 전공)
(현) 가톨릭꽃동네대학교 겸임교수
(전) 서울사이버대학교 겸임교수
(전) 명지대학교 통합치료대학원 겸임교수